高等学校“十二五”应用型经管规划教材

新编经济法

（第2版）

陈兆明　主　编◎
左　蕾　任　健　副主编◎

電子工業出版社
Publishing House of Electronics Industry
北京·BEIJING

内 容 简 介

本书根据国家教育部关于普通高等院校经济管理类专业开设课程的要求，结合截至 2015 年 4 月的新法律法规，系统介绍了企业管理与决策中需要了解和掌握的法律制度。本书共 10 章，全面系统地反映了经济法律制度的全貌，注重理论和实践的结合，深入浅出、通俗易懂，具有较强的可读性、操作性；全面阐述了经济法的基本理论、经济主体法律制度、经济运行法律制度、经济调控法律制度和经济纠纷解决法律制度等问题。

图书在版编目（CIP）数据

新编经济法 / 陈兆明主编. —2 版. —北京：电子工业出版社，2015.9
高等学校“十二五”应用型经管规划教材
ISBN 978-7-121-27333-9

Ⅰ. ①新… Ⅱ. ①陈… Ⅲ. ①经济法—中国—高等学校—教材 Ⅳ. ①D922.29

中国版本图书馆 CIP 数据核字（2015）第 234603 号

策划编辑：姜淑晶
责任编辑：张　京
印　　刷：北京盛通商印快线网络科技有限公司
装　　订：北京盛通商印快线网络科技有限公司
出版发行：电子工业出版社
　　　　　北京市海淀区万寿路 173 信箱　邮编 100036
开　　本：787×1 092　1/16　印张：18　字数：461 千字
版　　次：2012 年 2 月第 1 版
　　　　　2015 年 9 月第 2 版
印　　次：2020 年 8 月第 5 次印刷
定　　价：43.00 元

凡所购买电子工业出版社图书有缺损问题，请向购买书店调换。若书店售缺，请与本社发行部联系，联系及邮购电话：（010）88254888。

质量投诉请发邮件至 zlts@phei.com.cn，盗版侵权举报请发邮件至 dbqq@phei.com.cn。

服务热线：（010）88258888。

前　言

经济法是中国社会主义市场经济法律体系的重要组成部分，是保障市场经济发展的重要法律手段。随着中国市场经济逐步走向成熟，市场规则日趋完善，企业经营管理者迫切需要了解企业的法律环境，熟悉主要经济法律、法规的基本内容，学会有效运用法律手段保护自己的合法权益。

本书根据国家教育部关于普通高等院校经济管理类专业开设课程的要求，结合独立学院学生的学习特点，系统介绍企业管理与决策中需要了解和掌握的法律制度。

本书是根据我们在多年经济法课程讲授中的体会编写的，并借鉴了国内多部相关教材。我们希望通过本书的编写探索出一条在理工科院校讲授经济法课程的有效路径，力求将一本具有实用性、可读性和启发性的经济法教材呈现给读者。

具体来说，本书有以下四个特点。

（一）在内容取舍上，根据经济管理类专业特点，只要是与企业有关的、企业管理者应当掌握和了解的重要经济法律制度，我们就予以选用。

（二）考虑经济管理类专业学生需要深度掌握法律知识，加强了教材的针对性，在介绍具体的法律、法规时，并非泛泛而论，而是抓住重点，主要围绕权利、义务和责任加以阐述。

（三）要使理工科院校的学生通过学习经济法有所收获，必须调动他们学习的积极性，如果仅停留在对法条的机械记忆上，学生会丧失学习的兴趣，从而收效甚微。我们尽量做到语言简洁、通俗易懂，去掉了一些特别细微的知识点，避免学生感到无所适从。

（四）注重理论与实践的结合，以培养学生运用法律分析手段解决实际问题的能力。本书在兼顾理论性的基础上，更着力于法律在实践中的应用。书中包括大量的习题、案例，这些题目基本都是从司法实践中选取的，并在每章后配有复习思考题与参考答案。

本书由陈兆明担任主编，左蕾、任健担任副主编。具体编写分工如下：陈兆明编写第一～四、六、七章，左蕾编写第八～十章，任健编写第五章；陈兆明对本书进行统稿、修改和定稿。本书第 1 版于 2012 年由电子工业出版社出版。2015 年 4 月，由陈兆明结合相关法律法规的最新规定，对本书第 1 版进行了全面的修订。

在本书的编写过程中参考并使用了法学界理论研究的成果，得到了电子工业出版社及淮阴工学院等方面的大力支持和帮助，成书之际，谨表深切谢意。

由于编者水平有限，书中论述难免有不当之处，敬请读者批评指正。

编　者

目 录

第一章 经济法基础知识

本章要点

- 经济法的产生、发展
- 经济法的概念和特征
- 经济法的调整范围
- 经济法的渊源
- 经济法律关系
- 解决经济纠纷的主要途径和方式——仲裁、民事诉讼

第一节 经济法概述

一、经济法的产生

一般认为，现代意义上的经济法产生于19世纪末20世纪初，即资本主义社会由自由资本主义向垄断资本主义过渡阶段。这一时期由于西方各国相继完成了产业革命，推动了生产的社会化，引起各国市场和经济体制发生重大变革，国家的职能也开始变化，导致了经济法这一新的法律部门的产生。以上即为经济法产生的根源。例如，美国 1890 年通过的规范托拉斯行为的《谢尔曼法》、德国 1896 年通过的规范不正当竞争行为的《反不正当竞争法》等，都是经济法产生初期的重要立法。此外，在第一次世界大战期间所产生的一些“战时统制法”，如德国1919年的《煤炭经济法》等，以及在1929年大萧条以后所产生的“危机对策法”，如美国 1933 年的《证券法》等，都体现了国家对市场经济活动的干预和协调，它们都是经济法领域的重要立法。

相对于上述立法，“经济法”作为一个词语的出现要更早一些。例如，法国空想社会主义者摩莱里（Morelly）和德萨米（Dezamy），就分别在其著作《自然法典》（1755）和《公有法典》（1842）中提及“经济法”的概念。但他们所谈到的经济法与现代法学意义上的经济法还是有一定的差别的。

在德国和日本等大陆法系国家，对于经济法的研究较为深入；在美国和英国等英美法系国家，虽然一般不强调“经济法”之名，但也同样在财政、税收、金融和市场竞争等方面，存在着大量的“经济法规范”。事实上，只要是搞现代市场经济的国家，就离不开宏观调控和市场规制，就需要有相关的经济法规范。从这个意义上说，实质意义上的经济法规范在各

国是普遍存在的。

在中国，随着改革开放事业的不断发展，经济法也逐步产生和发展起来，在国家经济和社会发展方面所起到的作用日益明显，受到了广泛重视。目前，经济法已经成为中国法律体系中的一个独立的、重要的法律部门。

【例 1-1】经济法就是与经济有关的法，而与经济有关的法在古代社会就有，因此，经济法应当是很古老的。（　　）

【答案】×

【解析】经济法是一个新兴的法律部门，并不是很古老的；经济法是 19 世纪末 20 世纪初随着市场经济进入到垄断阶段才产生的，并随着第一次世界大战和 20 世纪 30 年代的大危机而逐渐发展起来的。在中国，经济法的真正发展是在改革开放以后。因此，不能认为与经济有关的法都是经济法，也不能由此认为经济法是自古有之的。

二、经济法的概念

经济法是国家为了协调国民经济发展而制定的调整国民经济管理关系和市场运行关系的法律规范的总称，或从社会整体本位出发，调整国家为管理、协调市场经济运行而产生的经济关系的法律规范的总称。简单地说，经济法就是调整宏观调控关系和市场规制关系的法律规范的总称。

上述经济法的概念表明，经济法作为现代国家解决特定领域里的问题的一种重要手段，是调整两类特殊社会关系的法律规范的总称。要理解经济法的概念，就必须理解经济法所调整的两类社会关系，即宏观调控关系和市场规制关系。

所谓宏观调控，通常是指对宏观经济运行的调节和控制；所谓市场规制，通常是指对微观市场行为的规范和制约。对于在宏观调控和市场规制过程中所发生的宏观调控关系和市场规制关系，还可以作进一步的具体分类。

经济法所调整的上述社会关系都非常重要，直接影响经济法体系的构成，并由此影响经济法的法制建设。

【例 1-2】经济法就是调整经济关系的法，它规范各种经济行为。（　　）

【答案】×

【解析】经济法并不是调整一切经济关系的法，它只是调整特定经济关系的法。任何一个法律部门，无论多么重要，也都有自己的边界。经济法虽然是一个非常重要的法律部门，但它主要调整两种社会关系，即宏观调控关系和市场规制关系，并不是调整所有的经济关系，也不是规范各种经济行为。在一国的法律体系中，民商法等法律部门同样调整一定的经济关系，这些法律部门都有其各自的职能和作用，不能互相替代。

三、经济法的体系

经济法的体系，通常是指各类经济法规范所构成的和谐统一的整体。由于经济法主要调整两类社会关系，即宏观调控关系和市场规制关系，因而经济法体系也包括两大部分，即宏观调控法和市场规制法。

在把经济法规范分为宏观调控法和市场规制法的基础上，还可根据各类规范的具体调整范围，作出进一步的分类。例如，从宏观调控的角度来看，世界各国主要运用财税、金融和计划三类经济政策及相应的三类经济手段，来进行宏观调控，这些政策及手段的法律化，就分别是财税调控法规范、金融调控法规范和计划调控法规范，从而构成了宏观调控法的三大类别。又如，从市场规制的角度来看，各国主要通过竞争政策和消费者政策来进行直接的市场规制，而这些政策的法律化，就构成了一国的竞争法和消费者保护法，并可以进一步分为反垄断法、反不正当竞争法、消费者保护法规范，从而构成了市场规制法的三大类别。

可见，经济法体系包括宏观调控法和市场规制法两大部分。其中，宏观调控法包括三个部门法，即财税调控法、金融调控法和计划调控法，分别简称财税法、金融法和计划法；市场规制法也包括三个部门法，即反垄断法、反不正当竞争法和消费者保护法。

上述对经济法体系中的各个部门法的描述，可以概括为“财金计划调控法，两反一保规制法”。这是经济法体系的基本构成。

当然，对上述部门法还可以进一步细分，如财税法包括财政法与税法两个具体的部门法。其中，财政法包括财政体制法和财政收支法，具体包括预算法、国债法、政府采购法和转移支付法等；税法包括税收体制法与税收征纳法，而税收征纳法又可以进一步分为税收征纳实体法（如所得税法、财产税法等）与税收征纳程序法等。

此外，由于对一些领域需要进行特别监管，因而如银行监管、证券监管、保险监管和能源监管等得到了进一步强化，这些都是在一般市场规制的基础上发展起来的特别市场规制，相应地，银行、证券、保险和能源等领域的监管法律规范，也都属于市场规制法，只不过是比一般市场规制法更加严格的特别市场规制法，都属于经济法的重要组成部分。

【例 1-3】经济法的体系是一个多层次的、内在和谐统一的整体。（ ）

【答案】√

【解析】从部门法的角度看，经济法的体系由宏观调控法和市场规制法两大部分构成，同时，这两大部分又分别由多个部门法构成，其中的每个部门法又可以进一步细分为更低层级的部门法，从而使经济法体系形成了一个多层次的、内在和谐统一的整体。

【例 1-4】经济法的体系主要包括两大部分，即宏观调控法和市场规制法，这是法学界的基本共识。（ ）

【答案】√

【解析】对于经济法的体系，曾长期有不同的认识，经过多年的努力，法学界已经达成了基本的共识，即经济法的体系主要由宏观调控法和市场规制法两个部分组成，宏观调控法调整宏观调控关系，市场规制法调整市场规制关系。宏观调控法主要包括财税调控法、金融调控法和计划调控法；市场规制法主要包括反垄断法、反不正当竞争法和消费者保护法。上述各个部门法规范，体现在大量的经济法的立法中。

此外，人们通常比较熟悉的各类市场监管法，都属于市场规制法。因此，也有人将市场规制法称为市场监管法。

四、经济法的渊源

经济法的渊源，从形式意义上说，是指经济法规范的表现形式。明确经济法的渊源，有助于更全面地理解经济法的体系，同时，也有助于更好地理解现实立法之间的内在关联，从而有助于完善经济法的立法。此外，明确经济法的渊源，既有利于政府部门更好地进行宏观调控和市场规制，也有助于法院更好地审理经济法案件。只有明确经济法的渊源，才能找到适用经济法的最为确切的规范依据，从而更好地实现经济法规范体系的漏洞和不足，推进立法机关更好地完善经济法的体系；使广大的市场主体可以更好地找到相关的法律依据，作为保护自己权益的工具，从而更好地推进国家的法治。

经济法的主要法律渊源包括以下五类。

（一）宪法

宪法作为国家的根本大法，无疑是经济法的最重要渊源。随着宪法的“经济性”的突出，许多宪法规定都与经济法直接相关。其中，有些宪法规范对于经济法具有总体上的意义，而有些宪法规范甚至就是某些经济法领域的法律的直接立法依据，这些都使宪法成为经济法的重要渊源。

例如，我国《宪法》第十五条规定，国家加强经济立法，完善宏观调控。这一规定对于经济法特别是宏观调控法就具有整体上的意义。另外，在宪法领域里，有关财政、税收、金融和计划等领域的规定，也都是经济法的重要渊源。在其他国家的宪法里，还有反垄断和保护公平竞争等方面的规定，这些也都是经济法的重要渊源。

（二）法律

法律也是经济法的重要渊源。由于经济法的调整涉及国民的基本权利，因而需要通过法律的形式来加以保护。对此，我国《立法法》第八条中已有规定，特别是涉及“基本经济制度及财政、税收、海关、金融和外贸的基本制度”等，只能制定法律。而上述《立法法》所列举的需要制定法律的领域，恰恰是经济法所需要调整的重要领域，从而使法律成为经济法的非常重要的渊源。

目前，我国在经济法领域里已经有了一些成文法律。宏观调控方面，包括财税领域的《预算法》、《企业所得税法》、《个人所得税法》、《政府采购法》和《会计法》等；金融领域的《中国人民银行法》、《商业银行法》、《证券法》和《保险法》等；此外，与计划、产业政策等相关的还有《价格法》和《中小企业促进法》等。在市场规制法方面，则包括《反垄断法》、《反不正当竞争法》、《消费者权益保护法》、《产品质量法》和《广告法》等。上述法律，都是经济法的重要渊源。

此外，全国人民代表大会每年审批通过的年度预算和年度计划，从法理上说，应与其他法律具有相同的法律效力，只不过在时间效力上有所不同而已。在全国审批通过的年度预算、年度国民经济和社会发展计划中，集中体现了国家的经济政策和社会政策等，涉及宏观调控和市场规制，具有约束力，因而也是经济法的重要渊源。它们与经济法领域的具体法律、法规配合，共同发挥着重要的作用。

（三）行政法规

行政法规是中国最高行政机关国务院根据宪法和法律，或者根据国家立法机关的授权决定，依法制定的规范性文件。根据我国《行政法规制定程序条例》的规定，行政法规的名称一般为条例，也可以称规定和办法等。在经济法领域，由于中央政府是进行宏观调控和市场规制的重要主体，所以，大量的经济法规实际上是由国务院制定的。特别是在授权立法大量存在的情况下，经济法方面的行政法规更多。例如，在税收领域，与所开征的各个税种相对应，我国有如《增值税暂行条例》、《消费税暂行条例》、《营业税暂行条例》、《资源税暂行条例》和《车船税暂行条例》等十几个税收暂行条例。由此可见，税法的主要渊源，不是税收法律，而是税收法规。类似的情况，在经济法的其他领域也屡见不鲜，如《国库券条例》、《国家金库条例》、《金融机构撤销条例》、《人民币管理条例》和《外汇管理条例》等。

此外，值得一提的是，大量的经济法领域的法律都是需要国务院予以进一步具体化的，其重要形式就是相关法律的实施条例，如《预算法实施条例》和《企业所得税法实施条例》等。由于许多法律规定具有原则性，所以这些实施条例在经济法的实施方面发挥着非常重要的作用。

从数量上看，相对于法律而言，经济法方面的行政法规比较多。由于中国正处于改革、转型时期，在许多情况下，先制定法律可能条件并不成熟，往往需要先制定行政法规，待条件成熟后再制定法律，因此，在经济法的许多领域，行政法规扮演着重要角色。

（四）部门规章

国务院所属的各部、委、行、署及具有行政管理职能的直属机构，是部门规章的制定主体，其中，有多个部门是有权进行宏观调控和市场规制的重要主体。这些部门制定和实施相关规章，是为了实现宏观调控和市场规制的目标，由此使部门规章的专业性也十分突出。在许多情况下，部门规章的内容更专业、更细致，制定程序更灵活、更便捷，从而更能及时地体现国家的经济政策和社会政策。由于部门规章的具体实施与市场主体、国家和社会的联系更为密切，其作用也更为直接和具体。

经济法领域的大量部门规章，主要来自那些负有宏观调控和市场规制职能的部门，这些部门的规章在宏观调控和市场规制方面的作用更大。目前，财政部、国家税务总局、中国人民银行、国家发展和改革委员会（以下简称国家发改委）、国家工商行政管理总局、国家质检总局、商务部及相关的各类监督管理委员会（如银监会、证监会和保监会）等部门所制定的规章，都是经济法的重要渊源，在实践中发挥着重要作用。

近些年来，为了更好地进行宏观调控和市场规制，多个部门还经常协调联合发布部门规章，以更好地解决经济和社会生活中突出的热点问题和难点问题。例如，对房地产市场和证券市场等领域的调控，以及对市场秩序的整顿等，经常由多个部委联合发布规章。

（五）地方性法规

省、自治区、直辖市，以及较大市的人民代表大会及其常委会依据本地具体情况，可以依法制定地方性法规。地方性法规不得违反上位法，它主要是对相关宏观调控法和市场规制法的具体落实。因此，其实施的空间范围是受局限的，同时，体现了经济法所关注的地方的差异性。

中国地域辽阔，各地区发展不平衡，在宏观调控和市场规制的某些方面，也不可能“一刀切”，因而在法律、法规中往往会给地方留出立法空间。例如，在多个税收的暂行条例中，都规定了幅度比例税率，由地方具体规定实际适用的税率。事实上，针对许多法律，各个地方都制定了地方性法规，以配合相关法律的实施。除了上述税法领域的规定以外，在宏观调控法和市场规制法的许多领域，已经制定了不少地方性法规，例如，《吉林省反不正当竞争条例》、《河南省消费者权益保护条例》，以及《广东省实施〈反不正当竞争法〉办法》、《江西省实施〈消费者权益保护法〉办法》等。此外，与行政法规或规章的制定情况类似，有些地方性法规的制定可能比国家的相关法律或法规还要早，从而为国家的相关立法积累了经验。

上述五类法律形式是经济法的主要法律渊源，目前在经济法的法制建设方面发挥着重要的作用。但从全国范围来看，特别是从建立统一市场、统一法制的角度来说，不宜盲目地扩大地方性法规的数量。地方性法规对于相关实体权利义务的规定，一定要同相关经济法的法律规定的要求相一致，不应突破。事实上，中国有大量法律充分考虑了地方的差异性，给地方留出了立法空间。

【例 1-5】经济法的渊源与经济法的立法有什么关联？

【解析】中国是大陆法系国家，以成文法为主，因此，大量的经济法规范都体现在经济法的具体立法中，通过多层次的经济法的立法表现出来，于是各类经济法的立法，就成了经济法的渊源。

了解各种形式的经济法渊源，有助于认识经济法立法的基本情况。中国经济法的渊源主要包括宪法、法律、行政法规、部门规章和地方性法规等。依照严格的法定原则，法律应成为经济法的主要渊源，但由于经济法非常复杂，需要有多种层次的法律渊源，因此，在中国现实的立法中，行政法规和部门规章也是经济法的重要表现形式。

【例 1-6】经济法的渊源既然是经济法的立法体现，因而应当是没有效力层级之分的，都应该无差别地执行，这才体现经济法制的统一性。（　　）

【答案】×

【解析】经济法的渊源虽然是经济法的立法体现，但经济法的立法本身就是有效力层级之分的；宪法具有最高的法律效力，法律的效力要高于行政法规的效力，而行政法规的效力则要高于部门规章和地方性法规的效力。因此，对于各类经济法的立法，并不是要无差别地执行，尤其要注意下位法不能违反上位法，不能与上位法相冲突。

强调效力的层级，强调下位法不能与上位法相冲突，正是为了有利于保持经济法制的统一。因此，在实践中如果部门规章或地方性法规违反了法律和行政法规，或者行政法规违反了法律，或者法律违反了宪法，这些违反上位法的规范都是无效的。

第二节　经济法律关系

一、经济法律关系的概念、种类和特征

（一）经济法律关系的概念

经济法律关系是指经济法律关系主体，根据经济法的规定，在参加国家协调本国经济运行过程中所形成的经济职权和经济职责，以及经济权利和经济义务关系。

经济职权是指国家机构依法在协调经济运行过程中行使领导和组织经济建设职能时所享有的经济管理权力和经济管理责任。

经济职责是指国家机关依照法律的规定必须为或不为一定行为的责任。

经济权利是指经济法律关系主体依法可以为或不为、要求他人为或不为一定行为的权利。

经济义务是指经济法律关系一方为满足另一方的要求必须为一定行为或不为一定行为的拘束。

（二）经济法律关系的种类

经济法律关系可以根据不同标准进行分类。

1）按经济内容经济法律关系可以分为计划法律关系、合同法律关系、税收法律关系和信贷法律关系等。

2）按法律性质经济法律关系可以分为：① 组织法律关系，是指各类主体在实行组织管理职能方面所发生的经济法律关系；② 财产法律关系，是指以一定的具体的财产形态为客体或与财产相关的行为为客体所发生的经济法律关系。

3）按结构形态经济法律关系可以分为：① 经济管理法律关系，是一种纵向的经济管理关系；② 经营协调法律关系，是一种市场运行中的横向经济关系。

（三）经济法律关系的特征

1）经济法律关系是一种思想社会关系。社会关系可以分为物质社会关系和思想社会关系。前者属于经济基础范畴，后者属于上层建筑。物质社会关系在被法律调整后，成为思想社会关系。因此，作为需要由国家调整的物质社会关系被经济法确认后，即成为具有法律关系性质的思想社会关系。

2）经济法律关系是一种带有强制性、具有特定经济内容的经济职权和经济职责，以及经济权利和经济义务的关系。

3）经济法律关系是国家协调经济活动形成的法律关系。

二、经济法律关系的构成要素

（一）经济法律关系主体

1．经济法律关系主体的概念

经济法律关系主体是指国家在协调本国经济运行过程中，参加经济法律关系、依法享有经济职权，承担经济职责并依法享有经济权利和承担经济义务的当事人。

经济法律关系主体包括：国家机关、经济组织、事业单位、社会团体、经济组织内部机构、个体工商户和农村承包经营户、公民。

2．经济法律关系主体资格的取得

（1）经济法律关系主体资格取得的法律依据

经济法律关系主体资格取得的法律依据为宪法、国家机构的组织法、一些重要的经济法律所调整的经济关系、一些专项和综合的经济法规。

（2）经济法律关系主体资格取得的方式

1）国家机关取得的基本方式：依据宪法、法律、法规，以及国家机关的决定、命令和特别授权。

2）企业法人和非法人社会组织：通过核准登记注册的方式。

3）从事工商经营的个体户，经工商行政管理部门核准，取得营业执照；农村的村民在法律、法规允许的范围内，依承包合同取得；公民个人依税法取得税收法律关系主体资格。

4）企业内部组织或分支机构依附的企业已经取得的法律主体资格，作为内部组织和分支机构而依法取得受限制的派生主体资格。

3．经济法律关系主体的种类

1）经济法律关系决策主体：国家权力机关，经济法律关系的决策主体；企业，行使企业的内部决策权的经济法律关系决策主体企业。经济法津关系决策主体是最重要最为广泛的主体。

2）经济法律关系管理主体：国家各级行政机关和企事业单位。

3）经济法律关系实施主体：有法人资格的企业法人、不享有法人资格的合伙企业、个体经营户和农村承包经营户等。

4）经济法律关系消费主体：为生产消费需要而购买、使用商品或接受服务，享受消费者权益的社会主体，包括自然人和社会组织。

5）经济法律关系监督主体：权力监督和行政监督以及社会监督等主体。

（二）经济法律关系内容

经济法律关系内容是指经济法律规范所确认的经济法律关系主体的经济职权、经济职责、经济权利和经济义务。

1. 经济职权

经济职权是指国家机构依法在协调经济运行过程中行使领导和组织经济建设职能时所享有的经济管理权力和经济管理责任。

行使的主体为国家各级权力机关（中国共产党中央委员会、中央人民政府、全国人民代表大会及地方各级人民代表大会）和各级国家行政机关（国务院和各级人民政府）。

经济职权有如下特征：经济职权是一种国家专属独有的国家权力；经济职权是一种基于法律的规定而直接产生的权力；经济职权的行使受到法律的严格限制；经济职权是国家在国民经济宏观上的决策与管理，是以宏观调控为中心内容的。

经济职权的内容：宏观调控权（包括宏观决策权和经济调节权）、市场管理权、经济监督权。

2. 经济职责

经济职责是指国家机关依照法律的规定必须为或不为一定行为的责任。

表现形式：主动作为的经济职责、被动作为和不作为的经济职责。

显著特征：范围的法定性、专属性。

3. 经济权利

经济权利是指经济法律关系主体依法可以为或不为、要求他人为或不为一定行为的资格。

具体内容：财产所有权。财产分为无形财产和有形财产两类。财产所有权包括对财产的使用权，占有权、收益权和处分权，生产经营权（企业有权根据市场需要，依法制定自己的生产经营计划，选择生产经营方式，开展营销活动，享有实行独立核算、自负盈亏、自我约束、自我发展的生产经营活动的自主权），联合经营权、投资权，承包经营权。

4. 经济义务

经济义务是指经济法律关系一方为满足另一方的要求必须为一定行为或不为一定行为的约束。经济义务包括：贯彻执行国家宪法、法律和行政法规的义务，正确行使经济权利的义务，服从国家协调经济运行活动中的组织和领导的义务，承担经济法律责任的义务。

（三）经济法律关系客体

经济法律关系客体是指经济法律关系中的经济职权和经济职责或经济权利和经济义务所直接指向的对象。

1）经济法律特征：作为经济法律关系客体的物既有广泛性的一面，又有限制性的一面；经济协调是经济法律关系的重要客体；经济法律关系的客体结构复杂。

2）经济法律种类：宏观协调行为，宏观协调行为所及的物，科学技术成果。

三、经济法律关系的产生、变更和终止

（一）经济法律关系产生、变更和终止的含义

1. 经济法律关系的产生

经济法律关系的产生也称经济法律关系确立、发生，是指由于一定的法律事实的出现，而使经济法律关系主体之间必然形成某种经济职权和经济职责或经济权利和经济义务关系。

如签订买卖合同，就会在买卖双方当事人之间产生买卖权利和义务关系。

2. 经济法律关系的变更

经济法律关系的变更，是指依法形成的经济法律关系，由于主客观情况的变化，引起原来的经济法律关系的构成要素的改变。

经济法律关系的三个基本要素——主体、内容和客体，只要让其中一个要素发生改变，便可引起经济法律关系的变更。

例如，签订买卖合同的主体合并或买卖的标的变更或买卖双方的权利义务发生变化，均会导致买卖关系的变更。需要注意的是，经济法律关系的变更需要依法进行，否则要承担相应的法律责任。

3. 经济法律关系的终止

经济法律关系的终止，是指经济法律关系主体之间经济职权和经济职责或经济权利和经济义务的消灭。

例如，签订的买卖合同，当事人履行义务完毕、被宣告无效或被撤销，均会使先前的买卖关系消灭。

（二）经济法律关系产生、变更和终止的条件

在现实的社会经济活动中，经济法律关系处在不断地产生、变更和终止的运动过程中。但是，它的产生、变更和终止需要具备一定的条件。

1. 法律规范

法律规范是经济法律关系产生、变更和终止的法律依据，没有法律规范，就不会有相应的法律关系。经济法律关系中的权利和义务关系是法律调整和规范法律关系主体参与经济活动的过程中所形成的经济权利和经济义务关系，是法律规定的权利和义务关系的现实化。但是，需要注意的是，法律规范的规定只是法律关系主体的一般性的权利和义务关系，针对的是不特定的主体，并不是现实的经济法律关系本身。

2. 法律事实

经济法律关系产生、变更和终止还需要具备一个直接的前提条件，那就是“一定的客观情况”，法律上称为法律事实。

经济法律事实是指法律规范所规定的、能够引起经济法律关系产生、变更和终止的客观情况或现象，它是法律规范和法律关系联系的中介。

法律事实具有两个基本特征：第一，法律事实是一种外在的客观现象，人们的心理活动或心理现象不能看做是法律事实；第二，法律事实是具有法律意义的客观现象，与人类生活无直接关系的其他客观现象，如宇宙中的天体运行现象，就不是法律事实。

按照其发生是否与当事人的意志有关为标准，可将法律事实分为法律事件和法律行为两类。

法律事件是指不以当事人的主观意志为转移的客观事实。法律事件包括自然现象引起的

事件和社会现象引起的事件，前者如自然灾害，人的生、老、病、死等，后者如社会革命和战争等。这些事件的出现都是当事人所不能控制的，也是不可避免的。但是，它的出现能引起经济法律关系的产生、变更或终止。

法律行为是指当事人所作出的、能够引起经济法律关系产生、变更和终止的有意识的活动。这种法律事实的出现，不管是合法的还是非法的，是善意的还是恶意的，都体现了当事人的主观意志，也都能引起一定的经济法律关系的产生、变更或终止。

任何经济法律关系的产生、变更和终止，都离不开法律事实。在现实经济活动中，有的经济法律关系的产生、变更和终止，只需要一个法律事实的出现即可，也有的经济法律关系的产生、变更和终止，需要两个或两个以上法律事实的出现。这种引起经济法律关系的产生、变更和终止的两个或两个以上的法律事实的总和，被称为经济法律关系的事实构成。此时，只有组成事实构成的两个或两个以上的法律事实全部具备，经济法律关系才能产生、变更或终止。

第三节　经济法主体的法律责任

经济法主体的法律责任简称经济法责任，是经济法主体因实施了违反经济法规定的行为而应承担的法律后果，或者说，是因实施了违法行为，侵害了经济法所保护的法益，而应受到的经济法上的制裁。

经济法主体在行使职权和权利，实施调制行为或对策行为的过程中，也要承担一定的职责和义务，如果违反了法定的职责和义务，就要依法承担经济法责任。因此，经济法责任问题既是经济法总论中的一个重要问题，也是经济法制度实施方面的一个重要问题。

一、经济法责任的分类

经济法主体的法律责任，可以依据不同的标准，作出不同的分类。其中，法律门类的标准和法律主体的标准是非常重要的。

第一，依据法律门类的标准，根据经济法主体违反的经济法的法律部门的不同，可以将经济法责任分为两类，即违反宏观调控法的责任和违反市场规制法的责任。

第二，依据法律主体的标准，根据违法主体的不同，可以将经济法责任分为调控主体和规制主体的法律责任，以及接受调控和规制的主体的法律责任等。

二、经济法责任的独立性与特殊性

（一）经济法责任的独立性

经济法主体的法律责任并不是民事责任、行政责任和刑事责任的简单相加，而是有其独立性。一般认为，经济法是为解决现代问题而产生的高层次的法，因而它必然要以传统部门法的发展为基础，必然要与之存在密切的关联，人为地割断它们之间的内在联系是不对的。但是，这并不意味着经济法没有自己的责任形式，也不意味着经济法主体的责任只是传统部门法各类责任的简单相加或随机综合。

事实上，经济法主体的责任同其他部门法主体的责任有着明显的不同。例如，同民事责任相比，由于经济法上的调控和规制主体与市场主体并非处于同一层面，而是各自负有不同的职责和义务，所以它们所承担的法律责任必然与平等的民事主体所承担的民事责任有很大区别，并且，不同类别的经济法主体所承担的法律责任可能有很大的差别，而民事主体所承担的民事义务和相应的法律责任则一般是无差别的。

经济法与民法、刑法、行政法和诉讼法等一样，都是重要的部门法，违反上述不同的部门法所应当承担的法律责任当然也是不同的。因此，经济法作为一个独立的部门法，也就应当有自己独立的责任，或者说，经济法责任在整个责任体系中，应当有其独立的地位。

（二）经济法责任的特殊性

1．责任承担上的双重性

经济法主体承担法律责任的双重性，是指其具体承担的法律责任，可能由本法责任和他法责任构成。其中，本法责任是经济法主体违反了经济法规范所应当承担的法律责任，即经济法责任；而他法责任是指经济法主体在违反了经济法规定的同时，也违反了其他部门法规范，从而也应承担相应的法律责任，这些责任可能是民事责任和行政责任等，因而不属于经济法责任。

在中国现行立法中，由于诸多方面的原因，对调控机关或规制主体本身的责任一般不直接作出规定，而往往是通过对调控主体或规制主体的相关工作人员的行政责任甚至刑事责任的规定来体现。这主要是因为经济法上的调控或规制一般更具有抽象行为的特征，而且具有普遍的执行力；同时，调控主体或规制主体在保障公共利益方面负有重要责任，需要持续地对社会公众负责，因而往往很难追究相关机关的直接责任，特别是民事的或刑事的责任。于是，其工作人员的行政责任就往往成为代其承担责任的具体形式。

【例 1-7】经济法责任既包括本法责任，也包括他法责任。（　　）

【答案】×

【解析】只有本法责任才属于经济法责任，他法责任恰恰是经济法以外的其他法律上的责任。经济法主体在责任的具体承担上具有“双重性”，并不是经济法责任本身具有“双重性”。

2．责任承担上的非单一性

同上述的双重性特征密切相关，经济法主体在责任承担上具有非单一性的特征，即经济法主体所承担的责任往往较重，表现为存在多种责任的竞合。这主要是因为经济法主体的违法行为不仅会侵害具体的个体利益，而且还会侵害公共秩序和公共利益。因此，经济法主体往往不仅要承担民事责任和行政责任，而且还可能受到刑事制裁，这也是为什么在形式意义的经济法中往往有承担刑事责任的规定的重要原因。从中、外经济法的具体立法来看，在税法、金融法、反垄断法、反不正当竞争法和消费者保护法等立法中，都可能有刑事责任方面的规定。

上述承担责任的双重性或非单一性，与法律责任的社会性有关。由于经济法上的法律责任制度与其所保护的社会公益密切相关，所以经济法对违法行为的制裁，是站在全社会的高度上的，既然经济法主体的违法行为不仅可能侵害第三人的利益，而且还会侵害社会公益，如宏观调控不当，就可能给社会、经济发展带来很大的损害；如果市场规制不当，则可能会严重损害市场秩序。因此，经济法主体的违法责任应当比民事责任和行政责任的规定更加严格。其责任承担的目标、内容和方式，不仅有经济性的，而且有社会性的；不仅有补偿性的，而且还有惩罚性的。

3. 经济法责任的经济性

经济法具有突出的经济性，因而经济法责任也具有突出的经济性，主要体现为经济性责任。在传统的法律制度中，经济性质责任被分散到民事、行政和刑事责任中，但其共有的经济性往往被忽视。在经济法上，尤其应当关注责任的经济性，因为经济法主要是通过引导人们的趋利避害的行为来实现其调整目标的，经济性责任能够在规范人们的行为方面发挥着重要作用，并确保经济法的实效。

【例 1-8】经济法责任具有突出的经济性，因而都是经济性责任。（　）

【答案】×

【解析】经济法责任确实具有突出的经济性，经济性责任确实是经济法责任的主要形式，但经济法责任中也包含非经济性责任。只有把多种责任形式并用，才能更好地实现经济法的调整目标。尽管非经济性责任同经济性责任联系非常密切，但仍然有区分的必要。

三、经济法责任的具体类型

依据不同的分类标准，可以将经济法责任分为多种具体类型。

首先，按照承责主体的不同，可以将经济法责任分为调控和规制主体的责任，以及接受调控和规制的主体的责任。同时，上述责任也可以细分为国家责任、企业责任、社团责任和个人责任等。

其次，按照追究责任的目的，可以把经济法责任分为赔偿性责任和惩罚性责任。这种分类在许多部门法领域都可以适用。例如，民法上的损害赔偿、税法上的滞纳金等，一般都被看作赔偿性或补偿性责任的形式；而财产罚、自有罚和剩余罚等，无论是侧重于物质还是侧重于精神，无论是体现为传统的刑罚还是行政罚，抑或新型的某种“罚”，往往会被看作惩罚性责任的形式。同理，经济法主体可能承担的诸多责任，既可能是对私人主体和公共主体损失的一种补偿，也可能是对违法行为人的一种惩罚。因此，赔偿性责任并非都是民事责任，惩罚性责任也并非都是行政责任或刑事责任。

最后，依据责任的性质，还可以把经济法责任分为经济性责任和非经济性责任，或者财产性责任和非财产性责任。由于明确责任的重要目的在于“定纷止争”，而各类纷争实际上都与一定的利益相关联，要使法律保护的利益不受侵害，就必须注意经济上的补偿或惩处。因此，在许多法律制度中，罚款、罚金和没收财产等经济性责任的追究较为普遍，经济法的立法中也有大量的罚款规定。此外，非经济性的责任也很重要，如政治性责任、社会性责任和道义性责任等，如果体现在经济法的具体立法上，则同样属于经济法责任。

通过上述对经济法责任的具体类型的介绍，可以看到：法律责任的分类标准是多方面的，并非只是民事责任、刑事责任和行政责任三大责任。不同类型的责任之间可能存在一定的交叉和内在关联，各个不同的部门法可能只是对某类责任形式更为侧重，但未必意味着要排除其他的责任类型。无论是赔偿性的还是惩罚性的责任，无论是经济性的还是非经济性的责任，同样可能体现或贯穿于经济法、民法、行政法和刑法等部门法的责任体系中。

例如，从赔偿性责任和惩罚性责任的分类来看，在违反民法所要承担的法律责任中，损害赔偿就具有赔偿性或补偿性，而惩罚性的违约金则具有惩罚性；在违反行政法所要承担的法律责任中，国家赔偿就具有补偿性，而罚款则具有惩罚性。

此外，经济性责任与非经济性责任的分类，也可以适用于诸多部门法。例如，在违反民法所可能承担的法律责任中，经济性的责任可以是损害赔偿和违约金等形式，而非经济性的责任则可以是赔礼道歉和消除影响等；在违反行政法所可能承担的法律责任中，经济性的责任可以是罚款和没收财产等，非经济性的责任形式则可以是记过和开除等；在违反刑法所可能承担的法律责任中，所受的自由罚是非经济性的责任，而所受的财产罚则是经济性的责任等。当然，经济性责任同非经济性责任也存在内在关联。

四、不同主体的责任差异与司法救济

由于经济法主体的身份和地位、行为目标和宗旨有别，各自的法律待遇、享有权利或权利的法律依据不同，相应的义务各异，因而所需承担的违约责任也不同。例如，调控主体的权利和义务来源于宪法性的组织法或具体的经济法，其违反法定义务所需承担的责任，就不可能是民事主体承担的私法性质的责任，而应当是公法性质的责任，甚至是违宪责任。

由于经济法主体的责任存在差异，对其能否追究责任及如何追究责任，在法律规定上有所不同，在司法救济方面也会不同。通常，对于接受调控或规制的主体的责任追究，与其他法律领域的主体的责任追究类似，并不存在特别的问题。

此外，在市场规制法领域，由于规制主体的责任一般是可以特定化的，所以可以通过司法途径来追究其责任。但在宏观调控法领域，由于调控主体的行为往往被认为属于抽象行为，并因而在现行制度上不可诉，要追究其责任比较困难。由于调控主体本身的角色就具有多重性（如可能既是宏观调控的主体，也是行政主体或立法主体等），它在保障经济和社会稳定发展，保障社会公共利益，或者其他的公共物品提供方面，具有十分重要的作用，因而一般很难让它歇业、关闭，或者处以自由罚；同时，由于经济来源的财政补偿性，处罚的经济后果最终还是要由纳税人来承担，一般也很难对其进行有实际意义的经济处罚，因此，通常只能由相关的直接责任主体先行承担，而调控主体则承担政治性责任（如引咎辞职等），使其付出信用降低的代价。

在宏观调控法领域，与受控主体有关的情况可能有两类：第一，在受控主体可以特定化的情况下，相关损害或所造成的侵害是易于明确的，如具体的预算单位、具体的纳税人和具体的银行违法行为等，都是可以归责的；同时，调控主体对于各类具体主体可能造成的损害，也是大略可以计量的。第二，当受控主体为不确定的多数人，且具体的个体足够多及调控主体并无过错但却造成了可观损害时，在司法救济上就存在一定的问题。是否要追究调控主体的责任及如何追究其责任，目前还是制度设计上的重要问题。

【例 1-9】经济法领域的司法救济普遍缺少法律依据，因而追究法律责任的困难是很大的。（　　）

【答案】×

【解析】上述观点是不正确的。随着中国经济法的法制建设的发展，经济法领域的司法救济已经有了多方面的法律依据。对于各类接受调控和规制的主体的法律责任的追究及对从事市场规制行为的规制主体的法律责任的追究，无论在理论上还是实践上，都已经没有问题了；只是在对从事宏观调控行为的调控主体的法律责任的追究方面，还存在一定的障碍。随着立法与司法的发展，对于调控主体的责任追究问题也将逐步解决。

五、赔偿性责任与惩罚性责任

如前所述，经济法的责任形态，既可能是赔偿性责任（或补偿性责任），也可能是惩罚性责任；既可能是经济性责任或财产性责任，也可能是非经济性责任或非财产性责任。上述各类责任形式，体现为立法规定中的一些具体责任形式，如国家赔偿、超额赔偿、实际履行、信用减等、资格减免和引咎辞职等。下面着重以赔偿性责任与惩罚性责任为例，对经济法的具体责任形式略作介绍。

（一）赔偿性责任

经济法主体可能承担的赔偿性责任，主要有两类：一类是国家赔偿，另一类是超额赔偿。国家赔偿的主体是国家，超额赔偿的主体是市场主体。

经济法上的国家赔偿，不是狭义的行政赔偿或司法赔偿，而更主要是立法赔偿。因为在严格的法定原则的约束下，调控主体的调控失当，往往与立法失误或立法性决策的失误有关，因而当其给国民造成损害时，就不应当给予一般的行政赔偿或司法赔偿，而应当给予立法赔偿。这与传统的国家赔偿的发生原因、存在领域、制度目标、法律依据、赔偿对象和基本理念等，都是不同的。

与国家的赔偿性责任相关联，国家还可能承担一种实际履行的责任。因为国家或政府的主要责任，就是提供公共物品，如果政府不能有效提供公共物品，就可能给市场主体造成不良影响。因此，如外部竞争环境的营造、市场秩序的维持和必要的宏观调控等公共物品的提供，都需要政府实际履行。

国家赔偿责任主要是由调控主体和规制主体来承担的。除了国家的赔偿性责任以外，在经济法上还必须关注接受调控和规制的市场主体之间存在的超额赔偿制度。通常，各类法律制度所涉及的赔偿责任，主要包括三类，即等额赔偿、少额赔偿和超额赔偿。其中，民事责任中的损害赔偿一般要求等额赔偿，因而具有补偿性；现行的狭义的国家赔偿制度，一般实行少额赔偿（即受偿主体往往不能得到等额或足额补偿）；而在经济法上，则主要强调超额补偿，包括市场规制法中的双倍赔偿和三倍赔偿制度等。所谓超额，同样也是相对的，实际上是强调在对私人损害进行补偿的同时，对由此导致的社会损害也要进行补偿，这样，同传统的赔偿相比，就看似超额补偿。这也是经济法责任同传统法律责任的不同之处。

上述的超额赔偿责任，也称惩罚性赔偿，其称谓表明，它带有一定的惩罚性。因此，它在一定意义上，反映了赔偿性责任与惩罚性责任的结合，反映了人类在责任运用和责任创新方面的发展，为此，还需要关注惩罚性责任。

（二）惩罚性责任

通常，在给私人造成损害的情况下，主要依据私法的规定来确立和追究赔偿责任，就可以使私人损害得到补偿。但是，如果违法者损害了社会公共利益，给更多的或不特定的主体造成了更大范围的秩序上的损害，就必须在其尽量补偿私人损害的同时，对其予以更为严厉的惩戒和处罚，从而使其承担惩罚性责任。这在市场规制法中体现得尤其突出。

由于各类主体受经济或财政方面的约束不同，违法主体所能够承担的责任及具体形式，以及权利人所获得的补救也不同。随着法律的发展，对违法者的惩罚，不只是罚款、罚金，也不只是金钱罚或自由罚，而是可以包括资格罚、能力罚和声望罚等，这些惩罚尤其会直接影响市场主体的行为能力，因而会对其产生根本性的甚至是致命的影响。

与上述的资格、能力和声望等方面的惩罚性责任相对应，经济法上的惩罚性责任，不仅体现为罚款，还体现为信用减等和资格减免等惩罚性措施。

例如，在资格减免方面，国家可以通过对经济法主体的资格减损或免除，来对其作出惩罚。因为在市场经济条件下，主体的资格非常重要，它同主体的存续和收益等都紧密相关。取消各种资格，如吊销营业执照、剥夺其某种经济法主体的资格，使其失去某种活动能力，特别是从事某种市场行为的能力，无疑是对经济法主体的一种重要惩罚。

又如，在信用减等方面，由于市场经济通常被称为“信用经济”，因此，如果对某类主体在信用上降低其等级，则同样是一种较重的惩罚。在普遍实行的信誉评估制度、纳税信息公告制度、各种“黑名单”制度等相关制度中，都可能涉及信用减等措施。此外，国家信用的下降等，也可以视为一种广义上的信用减等形式。

在惩罚性责任中，罚款是一种很常用的形式。对于罚款、惩罚性的违约金和罚金等责任形式，过去人们过于强调其部门法归属，但它们在经济实质上是没有区别的。因此，在现实的立法中，罚款同样是经济法的重要责任形式。

第四节　经济纠纷的解决

一、经济仲裁

（一）仲裁协议

1．仲裁协议的概念

仲裁协议是指当事人申请进行经济仲裁的法律依据。没有仲裁协议，仲裁委员会不受理任何一方的仲裁申请。

当事人达成仲裁协议后，一方向人民法院起诉的，人民法院不予受理。因此，尽管争议当事人可以自由选择仲裁或诉讼，但一旦选择仲裁后，实际上就排除了诉讼的适用。

2．仲裁协议的内容

仲裁协议有两种形式：一是合同中订立的仲裁条款；二是以其他书面形式在纠纷发生前或纠纷发生后达成的仲裁协议。

仲裁协议应包括三项主要内容：请求仲裁的意思表示、仲裁事项和选定的仲裁机构。

通常，争议各方均倾向于在本国进行仲裁，作为折中方案，一般选择第三者作为仲裁地，但国际投资争议一般都在东道国进行仲裁。

3．仲裁协议无效

有下列情形之一的，仲裁协议无效。

1）约定的仲裁事项超出法律规定的仲裁范围。

2）无民事行为能力人或限制民事行为能力人订立的仲裁协议。

3）一方采取胁迫手段，迫使对方订立仲裁协议的。

仲裁协议独立存在，合同的变更、解除、终止或无效，不影响仲裁协议的效力。仲裁庭有权确认合同的效力。

4．对仲裁协议效力的异议

当事人对仲裁协议的效力有异议的，可以请求仲裁委员会作出决定或请求人民法院作出裁定。一方请求仲裁委员会作出决定，另一方请求人民法院作出裁定的，由人民法院裁定。

当事人对仲裁协议的效力有异议，应当在仲裁庭首次开庭前提出。

仲裁协议书（样本）

甲方：（姓名或名称、住址）

乙方：（姓名或名称、住址）

甲乙双方就____________（写明仲裁的事由）达成仲裁协议如下：

如果双方在履行__________合同过程中发生纠纷，双方自愿将此纠纷提交________仲裁委员会仲裁，其仲裁裁决对双方有约束力。

本协议一式三份，甲乙双方各执一份，________仲裁委员会一份。

本协议自双方签字之日起生效。

甲方：（签字、盖章）

乙方：（签字、盖章）

年　月　日

（二）仲裁程序

1．申请与受理

当事人申请仲裁应当符合下列条件。

1）有仲裁协议。

2）有具体的仲裁请求和事实、理由。

3）属于仲裁委员会的受理范围。

当事人申请仲裁，应当向仲裁委员会递交仲裁协议、仲裁申请书及副本。

仲裁申请书应当载明：① 当事人的姓名、性别、年龄、职业、工作单位、住所、电话，法人或其他组织的名称、住所、电话和法定代表人或主要负责人的姓名、职务；② 仲裁请求、事实根据和理由；③ 证据、证人姓名和住所；④ 所申请的仲裁委员会的名称；请仲裁的年月日；⑥ 申请人的签名、盖章。

仲裁委员会收到仲裁申请书之日起 5 日内，认为符合受理条件的，应当受理，并通知当事人；认为不符合受理条件的，应当书面通知当事人不予受理，并说明理由。

一方当事人因另一方当事人的行为或其他原因，可能使裁决不能执行或难以执行的，可以申请财产保全。

当事人申请财产保全的，仲裁委员会应当将当事人的申请依照民事诉讼法的有关规定提交人民法院。申请有错误的，申请人应当赔偿被申请人因财产保全所遭受的损失。

2．仲裁庭的组成

当事人应当在仲裁规则规定的期限内约定仲裁庭的组成方式或选定仲裁员，没有约定或未选定的，由仲裁委员会主任指定。

仲裁庭可以由三名仲裁员或一名仲裁员组成。由三名仲裁员组成的，设首席仲裁员。

仲裁庭组成后，仲裁委员会应当将仲裁庭的组成情况书面通知当事人。

仲裁员有下列情形之一的，必须回避，当事人也有权提出回避申请。

1）是本案当事人或当事人、代理人的近亲属。

2）与本案有利害关系。

3）与本案当事人、代理人有其他关系，可能影响公正仲裁的。

4）私自会见当事人、代理人，或者接受当事人、代理人的请客送礼的。

仲裁员因回避或其他原因不能履行职责的，应当依法重新选定或指定仲裁员。

3．开庭和裁决

仲裁应当开庭进行。当事人协议不开庭的，仲裁庭可以根据仲裁申请书、答辩书及其他材料作出裁决。

仲裁不公开进行。当事人协议公开的，可以公开进行，但涉及国家秘密的除外。

申请人经书面通知，无正当理由不到庭或未经仲裁庭许可中途退庭的，可以视为撤回仲裁申请。

被申请人经书面通知，无正当理由不到庭或未经仲裁庭许可中途退庭的，可以缺席裁决。

当事人应当对自己的主张提供证据。仲裁庭认为有必要收集的证据，可以自行收集。

在证据可能灭失或以后难以取得的情况下，当事人可以申请证据保全。当事人申请证据保全的，仲裁委员会应当将当事人的申请提交证据所在地的基层人民法院。

仲裁庭在作出裁决前，可以先行调解。当事人自愿调解的，仲裁庭应当调解。调解不成的，应当及时作出裁决。调解达成协议的，仲裁庭应当制作调解书或根据协议的结果制作裁决书。调解书与裁决书具有同等法律效力。

裁决书自作出之日起发生法律效力。

（三）申请撤销裁决

当事人提出证据证明裁决有下列情形之一的，可以向仲裁委员会所在地的中级人民法院申请撤销裁决。

1）没有仲裁协议的。

2）裁决的事项不属于仲裁协议的范围或仲裁委员会无权仲裁的。

3）仲裁庭的组成或仲裁的程序违反法定程序的。

4）裁决所根据的证据是伪造的。

5）对方当事人隐瞒了足以影响公正裁决的证据的。

6）仲裁员在仲裁该案时有索贿受贿、徇私舞弊、枉法裁决行为的。

人民法院经组成合议庭审查核实裁决有前款规定情形之一的，应当裁定撤销。

人民法院认定该裁决违背社会公共利益的，应当裁定撤销。

当事人申请撤销裁决的，应当自收到裁决书之日起 6 个月内提出。人民法院应当在受理撤销裁决申请之日起 2 个月内作出撤销裁决或驳回申请的裁定。

人民法院受理撤销裁决的申请后，认为可以由仲裁庭重新仲裁的，通知仲裁庭在一定期限内重新仲裁，并裁定中止撤销程序。仲裁庭拒绝重新仲裁的，人民法院应当裁定恢复撤销程序。

（四）执行

当事人应当履行裁决。一方当事人不履行的，另一方当事人可以依照民事诉讼法的有关规定向人民法院申请执行。受申请的人民法院应当执行。

一方当事人申请执行裁决，另一方当事人申请撤销裁决的，人民法院应当裁定中止执行。

人民法院裁定撤销裁决的，应当裁定终结执行。撤销裁决的申请被裁定驳回的，人民法院应当裁定恢复执行。

二、经济诉讼

经济纠纷诉讼案件在中国一般适用民事诉讼程序，由民事审判庭审理；对于行政机关的有关侵权案件则适用行政诉讼程序，由行政审判庭审理。

（一）诉讼程序与诉讼制度

在诉讼活动中，人民法院起着主导作用。诉讼活动必须严格遵守法定的诉讼程序和诉讼制度进行。

中国人民法院审理经济纠纷案件实行两审终审制。一般包括一审程序、二审程序和执行程序三个阶段。

一审普通程序分为起诉和受理、审理前准备、开庭审理阶段。

在诉讼活动中，双方当事人享有对等的诉讼权利，任何一方不得优于另一方。原告有起诉的权利，被告有应诉、答辩和提起反诉的权利；原告有变更或放弃诉讼请求的权利，被告有承认和反驳诉讼请求的权利。此外，原、被告双方都有申请回避、提起上诉、申请执行和用书面或口头方式陈述各自的主张、意见，进行争辩和反驳的权利。

人民法院审理经济纠纷案件，依法进行调解，促使当事人互谅互让，达成和解协议。若调解未能达成协议，人民法院应及时判决，人民法院的生效裁判具有法律约束力。当事人不履行裁判义务，法院可根据法律规定强制执行。

当事人在法律规定的范围内有处分自己实体权利和诉讼权利的自由。但当事人处分权利不得损害国家、集体和其他公民的利益。

中国民事、行政诉讼实行合议、回避、公开审判和两审终审制度。一般包括一审程序、二审程序和执行程序三个阶段。

合议制度是指由三名以上的法官或法官与陪审员组成合议庭，对案件进行审理并作出裁判的法律制度。合议制度是一种集体审判制度，可以避免由一人审判可能产生的不足，有利于提高审判质量，保证案件的正确处理。

回避制度是指与案件有利害关系的审判人员和其他人员等，不得参加该案的审判活动。回避的理由因案件的性质不同而有所不同，在法定范围内的人员，如果具备以下情形之一的，应当回避：① 是本案当事人或当事人的近亲属；② 与本案有其他直接利害关系；③ 担任过本案的证人、鉴定人、辩护人和诉讼代理人的；④ 与本案当事人有其他关系，可能影响公正处理案件的。回避方式有自行回避与申请回避两种。

两审终审制度，一般包括一审程序、二审程序和执行程序三个阶段。一般的经济案件，若当事人不服人民法院的一审判决、裁定，有权在法定期间内向二审人民法院上诉。二审人民法院所作的判决、裁定为生效的判决、裁定，当事人不得再上诉。最高人民法院所作的判决、裁定，为终审判决、裁定，当事人不得上诉。

小知识

判决与裁定

判决是指人民法院在审理民事、行政和刑事案件终结时，根据案件事实和法律就实体问题所作出的结论和决定。判决必须采用书面形式作出，是法院行使审判权的体现。

裁定是指人民法院在审理民事、行政、刑事案件案件或判决执行过程中，就诉讼程序问题或部分实体问题所作出的决定。例如，驳回自诉裁定、驳回上诉或抗诉裁定、关于延期执行的裁定和减刑裁定等。裁定既可采用书面，也可采用口头形式作出。例如，延期审理、传唤未到庭的证人、更换不符合条件的当事人等可以口头裁定，但必须将口头裁定记入笔录。

裁定和判决之间的区别：① 判决是解决案件的实体问题，作出案件结论和决定，而裁定既解决程序问题，也解决部分实体问题。例如，人民法院作出驳回自诉，撤销原判，发回原审人民法院重新审判，以及当事人因耽误期限，而提出的应当在期满以前完成的诉讼申请是否准许等裁定，是使用裁定解决程序问题。例如，人民法院在罪犯的执行期间依法作出减刑和假释等裁定，是使用裁定解决实体问题。② 在一个案件中，发生法律效力并被执行的判决只有一个，而发生法律效力的裁定可以有若干个。③ 判决必须用书面形式表现出来，而裁定既可用书面形式，又可用口头形式。口头裁定作出后，记入笔录即可。④ 上诉、抗诉期限不同。不服第一审民事、行政判决的上诉、抗诉期限为 15 日，而不服第一审民事、行政裁定的上诉、抗诉期限为 10 日。不服第一审刑事判决的上诉、抗诉期限为 10 日，而不服第一审刑事裁定的上诉、抗诉期限为 5 日。

1．受理与答辩期限

人民法院收到诉状后应当在 7 日内决定是否立案；应当在立案之日起 5 日内将起诉状副本发送被告；被告可在收到之日起 15 日内提出答辩状；人民法院应当在收到之日起 5 日内将答辩状副本发送原告。

2．上诉期限

法院审理实行两审终审制度，一审判决作出之后，如果当事人不上诉，第一审判决即生效；如果当事人选择上诉，二审判决为终审判决，在作出之日后生效。

当事人不服地方人民法院第一审判决的，有权在判决书送达之日起 15 日内向上一级人民法院提起上诉；当事人不服地方人民法院第一审裁定的，有权在裁定书送达之日起 10 日内向上一级人民法院提起上诉。

当事人对已经发生法律效力的判决和裁定，认为有错误的，可以申请再审（审判监督），但不停止判决和裁定的执行，再审判决可以上诉。

（二）人民法院的收案范围与案件管辖

1．收案范围

1）因民法、婚姻法、收养法和继承法等调整的平等主体之间的财产关系和人身关系发生的民事案件，如合同纠纷、房产纠纷和侵害名誉权纠纷等。

2）因经济法和劳动法调整的社会关系发生的争议，法律规定适用民事诉讼程序审理的案件，如企业破产案件和劳动合同纠纷等。

3）适用特别程序审理的选民资格案件和宣告公民失踪、死亡等非讼案件。

4）按照督促程序解决的债务案件。

5）按照公示催告程序解决的宣告票据和有关事项无效的案件。

2．案件管辖

中国经济纠纷案件管辖分为级别管辖、地域管辖、指定管辖、移送管辖和协议管辖。

1）级别管辖。人民法院分为 4 级，此外还有专门法院。

2）地域管辖。① 一般地域管辖：一般由被告住所地人民法院管辖，即原告就被告原则。对被劳动教养的人或被监禁的人提起的诉讼由原告住所地人民法院管辖；原告住所地与经常居住地不一致的，由原告经常居住地人民法院管辖。② 特殊地域管辖：（a）因合同纠纷提起的诉讼，由被告住所地或合同履行地人民法院管辖；当事人可书面协议选择被告住所地、合同履行地、合同签订地、原告住所地、标的物所在地人民法院管辖。（b）因保险合同纠纷提起的诉讼，由被告住所地或保险标的物所在地人民法院管辖。（c）因票据纠纷提起的诉讼，由票据支付地或被告住所地人民法院管辖。（d）因铁路、公路、水上和航空事故请求损害提起的诉讼，由事故发生地或车辆、船舶最先到达地、航空器最先降落地或被告住所地人民政府管辖。

3．诉讼时效

诉讼时效期间是指当事人请求人民法院保护其民事权利的法定期间，包括普通诉讼时效期间（2 年）和特别诉讼时效期间（1 年）。

1）普通诉讼时效期间。普通诉讼时效一般是 2 年，是指当你知道你的权利被侵害之日起，在 2 年内提起诉讼。

2）特别诉讼时效期间。特别情况下诉讼时效是 1 年，适用于 1 年的特别诉讼时效期间的情形包括：身体受到伤害要求赔偿的；出售质量不合格产品未声明的；延付或拒付租金的；寄存财物被丢失或损毁的。

3）最长时效。诉讼时效期间从当事人知道或应当知道权利被侵害之日起计算，但从权利被侵害之日起超过 20 年，人民法院不予保护。

复习思考题

案例分析

1．国庆放长假，受聘于上海某公司的黎民准备与妻子趁假期外出旅游。黎民查阅了不少旅行社登载的旅游广告，决定选择新江旅行社提供的昆明—大理五日游。于是黎民在 9 月 25 日到新江旅行社办妥了手续，预约为 10 月 2 日上午飞往昆明，10 月 7 日上午飞回上海；在云南旅游期间由进口空调大巴接送至旅馆及各景点；住宿条件为三星级宾馆、双人房；旅行社承担第一门票及三餐，每日餐费为 50 元/人；旅行社为每名游客提供人身意外伤害险，保额为 2 万元；每人费用为 4500 元。黎民当时付款 9000 元。9 月 30 日，旅行社与黎民又进行了确认，并告之具体起程时间。

10 月 2 日上午，参加旅行的游客来到指定地点，应到 45 个人（包括 1 名导游），实到 44 人，有 1 位叫万林的游客因昨夜打麻将而突发脑梗死死亡。大家来到机场，不料由于机场有大雾，班机推迟了 2 小时才起飞。到达昆明后，游客在机场又等了近 2 小时，才开来了一辆国产大巴车，且未开空调。游客们表示不满，而司机则责怪他们迟到违约。车至旅馆后，游客们发现该旅馆实为二星级宾馆，而且因当时为旅游旺季，在双人房里均加铺一张。游客们提出不满意见，但在旅游期间一直未能解决。在以后几天的旅游中，游客们对景点游览时间太短、三餐价高质次等颇为不满。10 月 6 日，在去一景点游览的途中，游客与司机、导游又发生争执。司机竟然殴打游客，将黎民等三人打伤并摔坏了黎民的一架照相机，后在当地警方的干涉下，司机被治安拘留。

结束这次不愉快的旅行回到上海后，游客们纷纷向新江旅行社和消费者协会投诉，黎民等三人向保险公司要求赔偿。

分析：本例中的法律事实及其引起的法律后果。

2．甲公司与乙研究所签订了一份技术合同，约定双方联合开发研制一种营养口服液。合同中的仲裁条款约定："因履行合同发生的争议，由双方协商解决。协商不成，由仲裁机构进行仲裁。"在履行合同过程中，双方发生争议。乙提出在本单位所在地A市申请仲裁，甲不同意。后经过双方协商重新达成仲裁协议，约定将合同争议提交甲所在地的B市经济仲裁委员会进行仲裁。事后，乙担心B市经济仲裁委员会实行地方保护主义，又转而向合同履行地的C市人民法院起诉，但未向法院说明此前曾有两份仲裁协议。C市人民法院受理了乙的起诉，并向甲送达了起诉的副本，甲参加诉讼并进行了答辩。法院经审理后判决甲败诉。甲立即上诉，理由是甲、乙之间事先有仲裁协议，法院不应受理此案，所以法院的判决无效。

分析：① 第一份仲裁协议是否为有效协议？② 第二份仲裁协议是否为有效协议？③ 乙向C市人民法院起诉是否合法？④ 甲的理由能否成立？

参考答案

案例分析

1．案例中有这样一些事实：① 黎民等游客与新江旅行社约定昆明—大理五日游。② 10月2日上午飞机误点。③ 游客万林在旅行前死亡。④ 游客们到达昆明后，旅行社未提供起初约定的住宿、就餐及出行条件。⑤ 司机殴打黎民等三名游客。⑥ 黎明等游客受伤并有财物的损坏。

【几种观点】

1）旅行社从始至终处于违约状态，对其违约行为应该负完全的责任。保险公司对黎民等三人应当给予赔偿。

2）旅行社没有违约及违法行为，其无法按照起初约定提供吃住行，是由于云南旅游火暴这一旅行社无法抗拒的客观事实引起的，所以无须承担责任。司机及导游等人的行为是个人行为，不是保险公司的责任，应由他们本人承担后果，保险公司无须赔偿。

3）旅行社对飞机误点而推迟旅游时间不承担责任；对在云南期间的旅游服务质量问题应承担违约责任；对司机及导游的行为，旅行社因雇佣关系而应承担责任，但若保险公司已进行赔偿，则旅行社不再承担任何责任。

【评析意见】

首先，法律关系的发生、变更和消灭要求具备三个条件：一是有相应的法律规范依据，没有法律规范则法律关系将失去存在的前提；二是有主体，即有权利义务的直接承担者；三是有法律事实的出现，即出现了法律规范中假定出现的情况。法律规范不会自然而然地形成法律关系，两者之间的桥梁便是法律事实。那么，什么是法律事实呢？能够引起法律关系发生、变更和消灭的客观情况在法学上就称为法律事实。法律事实以是否以当事人的意志为转移可分为行为和事件。行为以当事人意志为转移，又可分为合法行为和违法行为。合法行为受到法律确认和保护，违法行为不受法律保护且还要受到法律的制裁。事件则不以当事人的意志为转移，又可分为绝对事件和相对事件。自然现象，如地震、洪水、台风和海啸等自然灾害，以及时间的流逝、人的死亡等引起的法律关系的发生、变更和消灭属于绝对事件。社会现象，如爆发战争和政变等虽属于人的行为，但并不是由当事人的意志所决定的，属于相对事件。法律事实的区分，有利于确定法律关系的存在状态，以及分清由此产生的法律后果的承担。

其次，有的法律关系的发生、变更和消灭，只需一个法律事实出现即可成立；有的法律关系的发生、变更和消灭则需要两个或两个以上的法律事实同时具备方可成立。引起某一法律关系发生、变更和消灭的数个法律事实的总和，称为事实构成。

最后，在本例中，① 黎民等游客与新江旅行社约定昆明—大理五日游，这是合法行为，引起了游客与旅行社之间的旅游劳务法律关系的发生，受到法律法规的保护。② 10月2日上午飞机误点是因机场大雾，是自然现象引起的乘客与航空公司的运输法律关系发生变更（时间延后）。这种绝对事件往往被认为是不可抗力，当事人都无过错，所以任何一方均不应承担责任。③ 游客万林在旅行前死亡，他与旅行社的旅行劳务法律关系随之终止，他的死亡不是他自己和旅行社所能决定的，是绝对事件。④ 游客们到达云南后，旅行社未提供起初约定的住宿、就餐及出行条件，是违约行为，应当承担违约责任。如果旅游合同中已约定违约责任，就按约定做；若没有约定，则按照民法通则和消费者权益保护法等规定，须承担赔礼道歉和赔偿等责任。⑤ 司机殴打黎民等三名游客是违法行为，侵犯了他人合法的财产权利和人身权利，应受到法律制裁。⑥ 受伤的游客可以向保险公司请求保险金。保险赔偿关系的发生需要签订保险合同和发生保险事故两个法律事实出现才能成立。本例中以上两个事实均已出现，所以引起了保险赔偿关系的发生。保险公司赔偿后，可以向加害人追偿。受伤的游客也可直接要求新江旅行社给予损害赔偿，因为导游、司机都是旅行社的雇佣人员，他们在行使职务时给第三人造成的损害，旅行社应承担后果。

2．本案的核心是仲裁协议的法律效力，以及仲裁与诉讼的关系。

1）第一份仲裁协议（合同中的仲裁条款）因不具备仲裁协议的必备内容而无效。由于合同当事人没有指定具体的经济仲裁委员会，该仲裁条款实际无法履行，因而无效。

2）第二份仲裁协议有效。甲、乙通过再次协商，共同选定B市经济仲裁委员会作为仲裁机构，符合仲裁协议的必备内容，有法律效力。

3）乙向C市人民法院起诉不合法。第二份仲裁协议有效，当事人应当依照约定向B市经济仲裁委员会申请仲裁。C市人民法院如果知道甲、乙之间有第二份仲裁协议，则将不会受理乙的起诉。

4）C市人民法院审理甲、乙之间的合同争议有合法依据。由于乙起诉时并没有向C市人民法院声明甲、乙之间有仲裁协议，法院予以受理。当起诉副本送达甲时，甲不仅没有在首次开庭前提出异议（声明甲、乙之间有仲裁协议，法院不应当受理），还出庭进行答辩，视为甲放弃了仲裁协议，C市人民法院有权依法进行审理并作出判决。如果甲在C市人民法院首次开庭前提出异议，法院将不能受理此案，但当法院已经依法判决后再提出异议，则异议不能成立。

第二章 公司法律制度

本章要点

- 公司的概念与特征
- 公司的主要种类
- 公司的设立
- 公司的资本及股份
- 公司的组织机构
- 公司债券
- 公司合并与分立
- 公司解散与清算

第一节 公司法律制度概述

一、公司的概念和种类

（一）公司的概念

由于各国立法对公司规定不同，加之不同类型的公司法律特征有一定区别，所以公司的概念并不统一。根据我国《公司法》的规定，公司是指依法设立的，以赢利为目的的，由股东投资形成的企业法人。

1．依法设立

依法设立是指公司必须依法定条件、法定程序设立。一方面，要求公司的章程、资本、组织机构和活动原则等必须合法；另一方面，要求公司设立必须经过法定程序，进行工商登记。公司通常依《公司法》设立，但还须依公司登记管理法定程序设立，特殊公司的设立还必须符合《商业银行法》、《保险法》和《证券法》等法律的规定。

2．以赢利为目的

以赢利为目的是指公司设立以经营并获取利润为目的，且股东出资设立公司的目的也是为了赢利，即从公司经营中取得利润。因此，赢利目的不仅要求公司本身为赢利而活动，而且要求公司有利润时应当分配给股东。如果其所赢利润不进行分配，而是用于社会公益等其他目的，则不属于以赢利为目的的公司性质。

3．以股东投资行为为基础设立

根据《公司法》规定，公司设立必须具备的法定条件之一是达到法定的注册资本，而注册资本来源于股东的投资，即由股东按法定和章程约定的出资方式及约定比例出资形成，因此没有股东的投资行为就不能设立公司。

4．具有法人资格

公司是企业法人，应当符合《民法通则》规定的法人条件，主要是独立的法人财产和独立承担民事责任。《公司法》规定的有限责任公司和股份有限公司都具有法人资格，股东以其认缴的出资额或认购的股份为限对公司承担有限责任，公司要以全部财产对公司的经营活动包括法定代表人、工作人员和代理人代表公司进行的经营活动产生的债务承担责任。

（二）公司的种类

按照法律的规定及学理的解释，可以对公司作出以下分类。

1．以公司资本结构和股东对公司债务承担责任的方式为标准分类

1）有限责任公司是指股东以其认缴的出资额为限对公司承担责任，公司以其全部财产对公司的债务承担责任的公司。

2）股份有限公司是指将公司全部资本分为等额股份，股东以其认购的股份为限对公司承担责任，公司以其全部财产对公司的债务承担责任的公司。

3）无限公司是指由两个以上的股东组成，全体股东对公司的债务承担无限连带责任的公司。无限公司与合伙具有基本相同的法律属性，但不同的是有些国家规定无限公司具有法人资格。

4）两合公司是指由负无限责任的股东和负有限责任的股东组成，无限责任股东对公司债务负无限连带责任，有限责任股东仅就其认缴的出资额为限对公司债务承担责任，其中无限责任股东是公司经营管理者，有限责任股东则是不参与经营管理的出资者。

中国《公司法》规定的公司形式仅为有限责任公司和股份有限公司。

2．以公司的信用基础为标准分类

1）资合公司是指以资本的结合作为信用基础的公司，其典型的形式为股份有限公司。此类公司仅以资本的实力取信于人，股东个人是否有财产、能力或信誉与公司无关。股东对公司债务以出资额为限承担有限的责任，共同设立公司原则上不以相互信任为前提。

2）人合公司是指以股东个人的财力、能力和信誉作为信用基础的公司，其典型的形式为无限公司。人合公司的财产及责任与股东的财产及责任没有完全分离，其不以自身资本为信用基础，法律上也不规定设立公司的最低资本额，股东可以用劳务、信用和其他权利出资，企业的所有权和经营权一般也不分离。

3）资合兼人合的公司是指同时以公司资本和股东个人信用作为公司信用基础的公司，其典型的形式为两合公司。

3．以公司组织关系为标准分类

1）母公司和子公司。在不同公司之间基于股权而存在控制与依附关系时，因持有其他公司股权而处于控制地位的是母公司，因其股权被持有而处于依附地位的则是子公司。母子公司之间虽然存在控制与被控制的组织关系，但它们都具有法人资格，在法律上是彼此独立的企业。我国《公司法》规定，公司可以设立子公司，子公司具有法人资格，依法独立承担民事责任。

2）总公司与分公司。分公司是公司依法设立的以公司名义进行经营活动，其法律后果由本公司承担的分支机构。相对分公司而言，公司称为总公司或本公司。分公司没有独立的公司名称、章程，没有独立的财产，不具有法人资格，但可领取营业执照，进行经营活动，其民事责任由总公司承担。我国《公司法》规定，公司可以设立分公司，分公司不具有法人资格，其民事责任由公司承担。

（三）我国《公司法》对有限责任公司与股份有限公司的不同规定

我国《公司法》规定的有限责任公司与股份有限公司主要存在以下区别。

1）设立方式不同。有限责任公司只能以发起方式设立，公司资本只能由发起人认缴，不允许向社会筹集。股份有限公司既可以发起设立，也可以募集设立，即由发起人认缴公司设立时发行的一部分股份，其余股份向社会公开募集或向特定对象募集。

2）股东人数上下限规定不同。有限责任公司的股东人数无下限规定，仅作了 50 人以下的上限规定，允许设立一人有限责任公司和国有独资公司。股份有限公司对发起人的股东人数有上下限的规定，为 2 人以上 200 人以下，而且须由半数以上的发起人在中国境内有住所。

3）股权的表现形式不同。有限责任公司股东以出资证明书作为股权表现形式，出资证明书通常为纸面形式；股份有限公司股东以股票作为股权表现形式，股票可以采取纸面形式，但目前通常为无纸化形式。有限责任公司股东的出资证明书必须采取记名方式；股份有限公司的股票除法律另有规定外，既可以采取记名方式，也可以采取无记名方式。

4）股权转让方式不同。有限责任公司的股东转让其股权受到一定法律限制，除公司章程另有规定外，在股东之间可以自由转让其全部或部分股权；对于股东向股东以外的人转让股权的，法律有限制性规定。股份有限公司的股票以自由转让为原则，股票还可以依法在证券交易所上市交易。

5）组织机构不同。有限责任公司的组织机构设置较股份有限公司更为灵活，如公司股东人数较少或规模较小，可以不设董事会，只设一名执行董事，可以不设监事会，只设 1～2 名监事；股份有限公司则必须设置股东大会、董事会和监事会，依法规范运作。

6）公司所有权与经营权分离程度不同。有限责任公司的两权分离程度较低，其股东多通过出任经营职务直接参与公司的经营管理，决定公司事务。股份有限公司尤其是向社会公众发行股票的股份有限公司，其两权分离程度较高，所以必须强调组织机构与法人治理机制的完善，法律也对其规定较多强制性义务。

7）信息披露义务不同。股份有限公司具有开放性，负有法律规定的信息披露义务，其财务状况和经营情况等要依法进行公开披露，以保障社会投资者的利益。有限责任公司则因其为非开放型公司而不受此限制。

二、公司法的概念与性质

（一）公司法的概念

公司法是规定公司法律地位，调整公司组织关系，规范公司在设立、变更与终止的法律规范的总称。公司法的概念有广义和狭义之分。狭义的公司法，仅指《公司法》这一形式意义上的规范性文件；广义的公司法，则是调整公司组织关系、规范公司行为的法律规范的总称，其表现形式不仅包括《公司法》，还包括《公司登记管理条例》等。

我国《公司法》由第八届全国人大常委会第 5 次会议于 1993 年 12 月 29 日通过，自 1994 年 7 月 1 日起施行；全国人大常委会于 1999 年、2004 年对《公司法》进行了两次小的修改，2005 年 10 月 27 日，第十届全国人大常务委员会第 18 次会议对《公司法》进行了较大规模的修订并自 2006 年 1 月 1 日起施行；2013 年 12 月 28 日，第十二届全国人民代表大会常务委员会第六次会议决定，对《中华人民共和国公司法》作出修改，此次修改公司法共 12 处，条文顺序也作出相应的调整，并自 2014 年 3 月 1 日起施行。

（二）公司法的性质

公司法是组织法与行为法的结合，在调整公司组织关系的同时，也对与公司组织活动有关的行为加以调整，如公司股份的发行和转让等。公司法规定公司的法律地位，调整公司股东之间、股东与公司之间的关系，规范公司的设立、变更与终止活动，规范公司内部组织机构的设置与运作、公司与其他企业间的控制关系等。

《公司法》的立法宗旨是规范公司的组织和行为，保护公司、股东和债权人的合法权益，维护社会经济秩序，促进社会主义市场经济的发展。

为了实现上述立法宗旨，公司从事经营活动，必须遵守法律、行政法规，遵守社会公德、商业道德，诚实守信，接受政府和社会公众的监督，承担社会责任。公司的合法权益受法律保护，不受侵犯。

三、公司法人财产权

《公司法》规定，公司作为企业法人享有法人财产权。公司的财产虽然源于股东的投资，但股东一旦将财产投入公司，便丧失对该财产的直接支配的权利，只享有公司的股权，由公司享有对该财产的支配权利，即法人财产权。法人财产权是指公司拥有由股东投资形成的法人财产，并依法对财产行使占有、使用、受益和处分的权利。因此，投资于公司的财产需要通过对资本的注册与股东的其他财产明确分开，在公司成立后股东不得抽逃投资，或者占用、支配公司的资金、财产。

公司的法人财产权既是公司作为法人对外承担责任的基础，也是公司对股东履行责任的基础，因此《公司法》作出如下规定。

1）公司向其他企业投资或为他人提供担保，按照公司章程的规定由董事会或股东会、股东大会决议，公司章程对投资或担保的总额及单项投资或担保的数额有限额规定的，不得超过规定的限额。

2）公司为公司股东或实际控制人提供担保的，必须经股东会或股东大会决议，接受担保的股东或受实际控制人支配的股东，不得参加上述规定事项的表决，该项表决由出席会议的其他股东所持表决权的过半数通过。

3）公司可以向其他企业投资，但除法律另有规定外，不得成为对所投资企业的债务承担连带责任的出资人。修订前的《公司法》曾规定公司只能向其他有限责任公司、股份有限公司投资，而且除国务院规定的投资公司和控股公司外，所累计投资额不得超过本公司净资产的 50%修订后的《公司法》赋予了公司更大的经营自由。

【例 2-1】 A 公司是由甲出资 20 万元、乙出资 50 万元、丙出资 30 万元、丁出资 80 万元共同设立的有限责任公司，丁申请 A 公司为其银行贷款作担保，为此 A 公司召开股东会，甲、乙、丙、丁均出席会议，乙明确表示不同意。根据《公司法》的规定，下列关于会议决议的表述中，正确的是（　　）。

A. 该决议必须经甲、乙、丙、丁四个股东全部通过，因乙不同意而不能通过

B. 该决议必须经甲、乙、丙三个股东全部通过，因乙不同意而不能通过

C. 该决议必须经全体股东所持表决权的过半数通过，因甲、丙、丁所持表决权占72%，因此通过

D. 该决议必须经甲、乙、丙股东所持表决权的过半数通过，因甲、丙所持表决权仅占50%，因此不通过

【解析】正确答案为D。根据《公司法》的规定，公司为公司股东提供担保，必须经股东会或股东大会决议，接受担保的股东不得参加该事项的表决，该项表决由出席会议的其他股东所持表决权的过半数通过。上述公司为丁作担保的决议必须经出席会议的甲、乙、丙三股东所持表决权的过半数通过，因乙不同意，而甲、丙所持表决权仅占50%，未过半数，因此决议不能通过。

第二节　公司的登记管理

公司登记是国家赋予公司法人资格与企业经营资格，并对公司的设立、变更和注销加以规范、公示的法律行为。《公司法》规定，设立公司，应当依法向公司登记机关申请设立登记。符合规定设立条件的，由公司登记机关分别登记为有限责任公司或股份有限公司。公司经公司登记机关依法登记，领取企业法人营业执照，方取得企业法人资格。未经公司登记机关登记的，不得以公司名义从事经营活动。

公司登记分为设立登记、变更登记和注销登记。公司设立分公司的，也应当进行必要的登记。

一、登记管辖

我国的公司登记机关是工商行政管理机关。公司登记实行国家、省（自治区、直辖市）和市（县）三级管辖制度。

根据《公司登记管理条例》的规定，国家工商行政管理总局负责下列公司的登记：① 国务院国有资产监督管理机构履行出资人职责的公司及该公司投资设立并持有50%以上股份的公司；② 外商投资的公司；③ 依照法律、行政法规或国务院决定的规定，应当由国家工商行政管理总局登记的公司；④ 国家工商行政管理总局规定应当由其登记的其他公司。

省（自治区、直辖市）工商行政管理局负责本辖区内下列公司的登记：① 省（自治区、直辖市）人民政府国有资产监督管理机构履行出资人职责的公司及该公司投资设立并持有50%以上股份的公司；② 省（自治区、直辖市）工商行政管理局规定由其登记的自然人投资设立的公司；③ 依照法律、行政法规或国务院决定的规定，应当由省（自治区、直辖市）工商行政管理局登记的公司；④ 国家工商行政管理总局授权登记的其他公司。

设区的市（地区）工商行政管理局、县工商行政管理局，以及直辖市的工商行政管理分局、设区的市工商行政管理局的区分局，负责本辖区内下列公司的登记：① 国家工商行政管理总局及省（自治区、直辖市）工商行政管理局负责登记公司以外的其他公司；② 国家工商行政管理总局和省、自治区、直辖市工商行政管理局授权登记的公司。但是，其中的股

份有限公司由设区的市（地区）工商行政管理局负责登记。

二、登记事项

新修订的《公司登记管理条例》（2014 年 3 月 1 日起施行）规定，公司的登记事项包括：名称、住所、法定代表人姓名、注册资本、公司类型、经营范围、营业期限、有限责任公司股东或股份有限公司发起人的姓名或者名称。公司的登记事项应当符合法律、行政法规的规定，不符合法律、行政法规规定的，公司登记机关不予登记。

（一）名称

公司名称应当符合国家有关规定，并只能使用一个名称。有限责任公司必须在公司名称中标明“有限责任公司”或“有限公司”字样；股份有限公司必须在公司名称中标明“股份有限公司”或“股份公司”字样。经公司登记机关核准登记的公司名称受法律保护。

（二）住所

住所是公司进行经营活动的场所，同时也是发生纠纷时确定诉讼及行政管辖的依据，是向公司送达文件的法定地址。公司的住所是公司主要办事机构所在地。经公司登记机关登记的公司的住所只能有一个。公司的住所应当在其公司登记机关辖区内。

（三）法定代表人

公司的法定代表人依照公司章程的规定，由董事长、执行董事或经理担任。

（四）公司类型

公司登记的类型包括有限责任公司和股份有限公司。一人有限责任公司应当在公司登记中注明自然人独资或法人独资，并在公司营业执照中载明。

（五）注册资本

注册资本是公司制企业章程规定的全体股东或发起人认缴的出资额或认购的股本总额，并在公司登记机关依法登记。公司的注册资本是公司的登记机关登记注册的资本额，也叫法定资本。公司的注册资本应当以人民币表示，法律、行政法规另有规定的除外。注册资本反映的是公司法人财产权，所有的股东投入的资本一律不得抽回，由公司行使财产权。

（六）经营范围

经营范围是股东选择的公司生产和经营的商品类别、品种服务项目。经营范围由公司章程规定，并应依法登记。公司的经营范围中属于法律、行政法规规定须经批准的项目，应当依法经过批准。公司可以修改公司章程，改变经营范围，但是应当办理变更登记。

（七）营业期限

营业期限是指公司存续的有效时间，分为有期限和无期限两种。有期限又分两种情形：一是自拟期限，指股东或发起人在章程上载明了营业期限；二是法定期限，指管理机关要求在章程上必须标明的期限；而无期限是法律不强制要求公司表明存续期的一种态度。除少数国家外（如法国规定 99 年，比利时规定 30 年），包括我国在内的多数国家和地区的《公司法》不规定营业期限，属公司自拟行为。

另外，股东出资应当符合《公司法》的规定。股东以货币、实物、知识产权和土地使用权以外的其他财产出资的，其登记办法由国家工商行政管理总局会同国务院有关部门规定。股东不得以劳务、信用、自然人姓名、商誉、特许经营权或设定担保的财产等作价出资。公司的注册资本应当以人民币表示，法律、行政法规另有规定的除外。

三、设立登记

公司设立登记是指公司的设立人依照《公司法》规定的设立条件与程序向公司登记机关提出设立申请，并提交法定登记事项文件，公司登记机关审核后对符合法律规定的准予登记，并发给《企业法人营业执照》的活动。

（一）公司名称预先核准

设立公司应当申请名称预先核准。

设立有限责任公司的，应当由全体股东指定的代表或共同委托的代理人向公司登记机关申请名称预先核准；设立股份有限公司的，应当由全体发起人指定的代表或共同委托的代理人向公司登记机关申请名称预先核准。

预先核准的公司名称保留期为6个月。预先核准的公司名称在保留期内，不得用于从事经营活动，不得转让。

（二）公司的设立登记

1．有限责任公司的设立登记

申请设立有限责任公司，应当由全体股东指定的代表或共同委托的代理人向公司登记机关申请设立登记。设立国有独资公司，应当由国务院或地方人民政府授权的本级人民政府国有资产监督管理机构作为申请人，申请设立登记。法律、行政法规或国务院规定设立有限责任公司必须报经批准的，应当自批准之日起 90 日内向公司登记机关申请设立登记。逾期申请设立登记的，申请人应当报批准机关确认原批准文件的效力或另行报批。

2．股份有限公司的设立登记

设立股份有限公司，应当由董事会向公司登记机关申请设立登记。以募集方式设立股份有限公司的，应当于创立大会结束后 30 日内向公司登记机关申请设立登记。以募集方式设立股份有限公司公开发行股票的，还应当提交国务院证券监督管理机构的核准文件。

依法设立的公司，由公司登记机关发给《企业法人营业执照》。公司营业执照签发日期为公司成立日期。公司凭公司登记机关核发的《企业法人营业执照》刻制印章，开立银行账户，申请纳税登记。

四、变更登记

公司变更登记事项，应当向原公司登记机关申请办理变更登记。未经变更登记的，公司不得擅自改变登记事项。

1．变更登记应提交的文件

公司申请变更登记，应当向公司登记机关提交下列文件：① 公司法定代表人签署的变更登记申请书，② 依照《公司法》作出的变更决议或决定，③ 国家工商行政管理总局规定要求提交的其他文件。公司变更登记事项涉及修改公司章程的，应当提交由公司法定代表人签署的修改后的公司章程或公司章程修正案。变更登记事项依照法律、行政法规或国务院决定规定在登记前须经批准的，还应当向公司登记机关提交有关批准文件。

2．变更登记的要求

1）名称、法定代表人、经营范围变更登记，公司应当自变更决议或决定作出之日起 30

日内申请变更登记。

2）注册资本变更登记。增加注册资本的，有限责任公司股东认缴新增资本的出资和股份有限公司的股东认购新股，应当分别按照《公司法》设立有限责任公司缴纳出资和设立股份有限公司缴纳股款的有关规定执行；股份有限公司以公开发行新股方式或上市公司以非公开发行新股方式增加注册资本的，还应当提交国务院证券监督管理机构的核准文件；公司法定公积金转增为注册资本的，验资证明应当载明留存的该项公积金不少于转增前公司注册资本的 25%。公司增加注册资本的，应当自变更决议或者决定作出之日起 30 日内申请变更登记。

公司减少注册资本的，应当自公告之日起 45 日后申请变更登记，并应当提交公司在报纸上登载公司减少注册资本公告的有关证明和公司债务清偿或债务担保情况的说明。

公司变更实收资本的，应当提交依法设立的验资机构出具的验资证明，并应当按照公司章程载明的出资时间、出资方式缴纳出资。公司应当自足额缴纳出资或股款之日起 30 日内申请变更登记。

3）股东变更登记。有限责任公司股东转让股权的，应当自转让股权之日起 30 日内申请变更登记，并应当提交新股东的主体资格证明或自然人身份证明。有限责任公司的自然人死亡后，其合法继承人继承股东资格的，公司应当依照上述规定申请变更登记。

有限责任公司的股东或股份有限公司的发起人改变姓名或名称的，应当自改变姓名或名称之日起 30 日内申请变更登记。

4）分公司变更登记。公司登记事项变更涉及分公司登记事项变更的，应当自公司变更登记之日起 30 日内申请分公司变更登记。

5）公司合并、分立的变更登记。合并、分立而存续的公司，其登记事项发生变化的，应当申请变更登记；因合并、分立而解散的公司，应当申请注销登记；因合并、分立而新设立的公司，应当申请设立登记。

公司合并、分立的，应当自公告之日起 45 日后申请登记，提交合并协议和合并、分立决议或决定，以及公司在报纸上登载公司合并、分立公告的有关证明和债务清偿或债务担保情况的说明。法律、行政法规或国务院决定规定公司合并、分立必须报经批准的，还应当提交有关批准文件。

【例 2-2】根据公司法律制度的规定，下列有关公司变更登记的表述中，符合规定的是（　　）。

A. 有限责任公司股东转让股权的，应当自转让股权之日起 60 日内申请变更登记

B. 公司变更名称的，应当在作出变更决议或决定之日起 30 日内申请变更登记

C. 公司减少注册资本的，应当自公告之日起 60 日内申请变更登记

D. 公司分立的，应当自分立决议或决定作出之日起 45 日后申请变更登记

【解析】正确答案为 B。根据《公司法》规定，A 项有限责任公司股东转让股权的，应当自转让股权之日起 30 日内申请变更登记；C 项公司减少注册资本和 D 项公司分立的，应当自公告之日起 45 日后申请变更登记，因此 B 为正确选项。

五、注销登记

公司解散有两种情况，一是不需要清算的，如因合并、分立而解散的公司，因其债权债

务由合并、分立后继续存续的公司承继；二是应当清算的，即公司债权债务无人承继的，公司解散应当申请注销登记，经公司登记机关注销登记，公司终止。公司解散，依法应当清算的，清算组应当自成立之日起10日内将清算组成员、清算组负责人名单向公司登记机关备案。

《公司登记管理条例》规定，有下列情形之一的，公司清算组应当自公司清算结束之日起30日内向原公司登记机关申请注销登记：① 公司被依法宣告破产；② 公司章程规定的营业期限届满或公司章程规定的其他解散事由出现，但公司通过修改公司章程而存续的除外；③ 股东会、股东大会决议解散或一人有限责任公司的股东、外商投资的公司董事会决议解散；④ 依法被吊销营业执照、责令关闭或被撤销；⑤ 人民法院依法予以解散；⑥ 法律、行政法规规定的其他解散情形。

经公司登记机关注销登记，公司终止。

六、分公司的登记

分公司是指公司在其住所以外设立的从事经营活动的机构。分公司不具有企业法人资格。

分公司的登记事项包括：名称、营业场所、负责人和经营范围。分公司的名称应当符合国家有关规定。分公司的经营范围不得超出公司的经营范围。

公司设立分公司的，应当自决定作出之日起30日内向分公司所在地的公司登记机关申请登记；法律、行政法规或国务院决定规定必须报经有关部门批准的，应当自批准之日起30日内向公司登记机关申请登记。

分公司的公司登记机关准予登记的，发给营业执照。公司应当自分公司登记之日起30日内，持分公司的营业执照到公司登记机关办理备案。

分公司被公司撤销、依法责令关闭和吊销营业执照的，公司应当自决定作出之日起30日内向该分公司的公司登记机关申请注销登记。申请注销登记应当提交公司法定代表人签署的注销登记申请书和分公司的营业执照。公司登记机关准予注销登记后，应当收缴分公司的营业执照。

七、年度报告公示

公司应当于每年1月1日至6月30日，通过企业信用信息公示系统向公司登记机关报送上一年度年度报告，并向社会公示。年度报告公示的内容以及监督检查办法由国务院制定。

八、证照和档案管理

《企业法人营业执照》、《营业执照》分为正本和副本，正本和副本具有同等法律效力。国家推行电子营业执照，电子营业执照与纸质营业执照具有同等法律效力。《企业法人营业执照》正本或者《营业执照》正本应当置于公司住所或者分公司营业场所的醒目位置。公司可以根据业务需要向公司登记机关申请核发营业执照若干副本。

任何单位和个人不得伪造、涂改、出租、出借、转让营业执照。营业执照遗失或者毁坏的，公司应当在公司登记机关指定的报刊上声明作废，申请补领。公司登记机关依法作出变更登记、注销登记、撤销变更登记决定，公司拒不缴回或者无法缴回营业执照的，由公司登记机关公告营业执照作废。

公司登记机关对需要认定的营业执照，可以临时扣留，扣留期限不得超过 10 天。

借阅、抄录、携带、复制公司登记档案资料的，应当按照规定的权限和程序办理。任何单位和个人不得修改、涂抹、标注、损毁公司登记档案资料。

营业执照正本、副本样式，电子营业执照标准以及公司登记的有关重要文书格式或者表式，由国家工商行政管理总局统一制定。

第三节　有限责任公司的设立和组织机构

一、有限责任公司的设立

（一）有限责任公司设立的条件

根据《公司法》的规定，设立有限责任公司，应当具备下列条件。

1．股东符合法定人数

《公司法》规定，有限责任公司由 50 个以下股东出资设立。《公司法》对有限责任公司股东人数没有规定下限，即有限责任公司股东人数可以为 1 个或 50 个以下股东，既可以是自然人，也可以是法人。

2．有符合公司章程规定的全体股东认缴的出资额

1）有限责任公司的注册资本为在公司登记机关登记的全体股东认缴的出资额。法律、行政法规以及国务院决定对有限责任公司注册资本实缴、注册资本最低限额另有规定的，从其规定。

2）股东出资方式。股东可以用货币出资，也可以用实物、知识产权和土地使用权等可以用货币估价并可以依法转让的非货币财产作价出资；但是，法律、行政法规规定不得作为出资的财产除外。实物出资是指以房屋、机器设备、工具、原材料和零部件等有形资产的所有权出资。知识产权出资是指以无形资产，包括著作权、专利权、商标权和非专利技术等所有权出资。

与修订前的《公司法》相比：一是除法律、行政法规以及国务院决定对公司注册资本实缴、注册资本最低限额另行规定的以外，取消了关于“公司股东（发起人）应自公司成立之日起 2 年内缴足出资，投资公司在 5 年内缴足出资”的规定；取消了“一人有限责任公司的股东应当一次足额缴纳出资”的规定。转而采取公司股东（发起人）“自主约定”认缴出资额、出资方式、出资期限等，并记载于公司章程的方式。二是除对公司注册资本最低限额另行规定的以外，取消了“有限责任公司、一人有限责任公司、股份有限公司最低注册资本分别应达 3 万元、10 万元、500 万元”的规定；取消了“全体股东的货币出资金额不得低于公司注册资本的 30%”的规定。

3．股东共同制定公司章程

公司章程是记载公司组织、活动基本准则的公开性法律文件。设立有限责任公司必须由股东共同依法制定公司章程。股东应当在公司章程上签名、盖章。公司章程对公司、股东、董事、监事和高级管理人员具有约束力。

公司章程所记载的事项可以分为必备事项和任意事项。必备事项是法律规定的在公司章程中必须记载的事项，或称绝对必要事项；任意事项是由公司自行决定是否记载的事项，包括公司有自主决定权的一些事项。

根据《公司法》的规定，有限责任公司章程应当载明下列事项：① 公司名称和住所；② 公司经营范围；③ 公司注册资本；④ 股东的姓名或名称；⑤ 股东的出资方式、出资额和出资时间；⑥ 公司的机构及其产生办法、职权和议事规则；⑦ 公司法定代表人；⑧ 股东会会议认为需要规定的其他事项。

4．有公司名称，建立符合有限责任公司要求的组织机构

公司的名称是公司的标志。公司设立自己的名称时，必须符合法律、法规的规定，并应当经过公司登记管理机关进行预先核准登记。公司应当设立符合有限责任公司要求的组织机构，即股东会、董事会或执行董事、监事会或监事等。

5．有公司住所

设立公司必须有住所。没有住所的公司，不得设立。公司以其主要办事机构所在地为住所。

（二）有限责任公司设立的程序

1．订立公司章程

股东设立有限责任公司，必须先订立公司章程，将要设立的公司基本情况及各方面的权利义务加以明确规定。

2．股东缴纳出资

股东应当按期足额缴纳公司章程中规定的各自所认缴的出资额。股东以货币出资的，应当将货币出资足额存入为设立有限责任公司而在银行开设的账户；以非货币财产出资的，应当依法办理其财产权的转移手续。这里的手续，是指过户手续，即将原来属于股东所有的财产，转移为属于公司所有的财产。例如，股东以房产出资的，必须到房管部门办理房屋所有权转移手续，将房屋所有权人由股东改为公司。股东不按照规定缴纳出资的，除应当向公司足额缴纳外，还应当向已按期足额缴纳出资的股东承担违约责任。

与修订前的《公司法》相比，修订后的《公司法》删除第二十九条“股东缴纳出资后，必须经依法设立的验资机构验资并出具证明”。

3．中请设立登记

股东的首次出资经依法设立的验资机构验资后，由全体股东指定的代表或共同委托的代理人向公司登记机关申请设立登记。公司经核准登记后，领取公司营业执照，公司企业法人营业执照签发日期为公司成立日期。

有限责任公司成立后，发现作为设立公司出资的非货币财产的实际价额显著低于公司章程所定价额的，应当由交付该出资的股东补足其差额，公司设立时的其他股东承担连带责任。

有限责任公司成立后，应当向股东签发出资证明书。出资证明书是确认股东出资的凭证，应当载明下列事项：① 公司名称；② 公司成立日期；③ 公司注册资本；④ 股东的姓名或者名称、缴纳的出资额和出资日期；⑤ 出资证明书的编号和核发日期，出资证明书由公司盖章。

有限责任公司应当置备股东名册。股东名册是公司为记载股东情况及其资本事项而设置的簿册。记载于股东名册的股东，可以依股东名册主张行使股东权利。公司应当将股东的姓名或名称及其出资额向公司登记机关登记，登记事项发生变更的，应当办理变更登记。未经登记或变更登记的，不得对抗第三人。

【例 2-3】甲、乙、丙共同出资设立一有限责任公司。其中，公司章程规定丙以房产出资 30 万元。公司成立后又吸收丁入股。后查明，丙作为出资的房产仅值 20 万元、丙现有可执行的个人财产为 6 万元。下列处理方式中，符合《公司法》规定的是（　）。

A. 丙以现有可执行财产补交差额，不足部分由丙在 3 年内用公司分得的利润予以补足

B. 丙以现有可执行财产补交差额，不足部分由甲、乙补足

C. 丙以现有可执行财产补交差额，不足部分由甲、乙、丁补足

D. 丙无须补交差额，甲、乙、丁都不承担补足出资的连带责任

【解析】正确答案为 B。根据《公司法》的规定，有限责任公司成立后，发现作为设立公司出资的非货币财产的实际价额显著低于公司章程所定价额时，应当由交付该出资的股东补足其差额，公司设立时的其他股东承担连带责任。本例中，甲、乙作为公司设立时的股东，在丙以现有可执行财产补足差额后，不足的部分应由甲、乙承担连带责任。

二、有限责任公司的组织机构

（一）股东会

1．股东会的职权

有限责任公司股东会由全体股东组成。股东会是公司的权力机构，依法行使下列职权：① 决定公司的经营方针和投资计划；② 选举和更换非由职工代表担任的董事、监事，决定有关董事和监事的报酬事项；③ 审议批准董事会的报告；④ 审议批准监事会或监事的报告；⑤ 审议批准公司的年度财务预算方案和决算方案；⑥ 审议批准公司的利润分配方案和弥补亏损方案；⑦ 对公司增加或减少注册资本作出决议；⑧ 对发行公司债券作出决议；⑨ 对公司合并、分立、变更公司形式、解散和清算等事项作出决议；⑩ 修改公司章程；⑪ 公司章程规定的其他职权。

2．股东会的形式

股东会会议分为定期会议和临时会议。定期会议应当按照公司章程的规定按时召开。代表 1/10 以上表决权的股东，1/3 以上的董事，监事会或不设监事会的公司的监事提议召开临时会议的，应当召开临时会议。

3．股东会的召开

首次股东会会议由出资最多的股东召集和主持，依法行使职权。以后的股东会会议，公司设立董事会的，由董事会召集，董事长主持；董事长不能履行职务或不履行职务的，由副董事长主持；副董事长不能履行职务或不履行职务的，由半数以上董事共同推荐一名董事主持。公司不设董事会的，股东会会议由执行董事召集和主持。董事会或执行董事不能履行或者不履行召集股东会会议职责的，由监事会或不设监事会的公司的监事召集和主持；监事会或监事不召集和主持的，代表 1/10 以上表决权的股东可以自行召集和主持。所谓不能履行职务，是指因生病和出差在外等客观上的原因导致其无法履行职务的情形。所谓不履行职务，是指不存在无法履行职务的客观原因，但以其他理由或根本就没有理由而不履行职务的情形。

召开股东会会议，应当于会议召开 15 日前通知全体股东；但是，公司章程另有规定或全体股东另有约定的除外。股东会应当对所议事项的决定作成会议记录，出席会议的股东应

当在会议记录上签名。

4．股东会的决议

股东会会议由股东按照出资比例行使表决权；但是，公司章程另有规定的除外。股东会的议事方式和表决程序，除《公司法》有规定的外，由公司章程规定。

股东会会议作出修改公司章程、增加或减少注册资本的决议，以及公司合并、分立、解散或变更公司形式的决议，必须经代表2/3以上表决权的股东通过。

（二）董事会

董事会是公司股东会的执行机构，对股东会负责。

1．董事会的组成

有限责任公司设董事会（依法不设董事会的除外），其成员为3～13人。两个以上的国有企业或其他两个以上的国有投资主体投资所设立的有限责任公司，其董事会成员中应当有公司职工代表；其他有限责任公司董事会成员中也可以有公司职工代表。董事会中的职工代表由公司职工通过职工代表大会、职工大会或其他形式民主选举产生。

董事会设董事长1人，可以设副董事长。董事长、副董事长的产生办法由公司章程规定。

董事任期由公司章程规定，但每届任期不得超过3年。董事任期届满，连选可以连任。董事任期届满未及时改选，或者董事会在任期内辞职导致董事会成员低于法定人数的，在改选出的董事就任前，原董事仍应当依照法律、行政法规和公司章程的规定，履行董事职务。

2．董事会的职权

董事会对股东会负责，行使下列职权：① 召集股东会会议，并向股东会报告工作；② 执行股东会的决议；③ 决定公司的经营计划和投资方案；④ 制定公司的年度财务预算方案、决算方案；⑤ 制定公司的利润分配方案和弥补亏损方案；⑥ 制定公司增加或减少注册资本及发行公司债券的方案；⑦ 制定公司合并、分立、变更公司形式、解散的方案；⑧ 决定公司内部管理机构的设置；⑨ 决定聘任或解聘公司经理及其报酬事项，并根据经理的提名决定聘任或解聘公司副经理、财务负责人及其报酬事项；⑩ 制定公司的基本管理制度；⑪ 公司章程规定的其他职权。

3．董事会的召开

董事会会议由董事长召集和主持；董事长不能履行职务或不履行职务的，由副董事长召集和主持；副董事长不能履行职务或不履行职务的，由半数以上董事共同推举一名董事召集和主持。

4．董事会的决议

董事会的议事方式和表决程序，除《公司法》有规定的外，由公司章程规定。董事会应当对所议事项的决定作成会议记录，出席会议的董事应当在会议记录上签名。

董事会决议的表决，实行一人一票。

有限责任公司股东人数较少或规模较小的，可以设1名执行董事，不设董事会。执行董事可以兼任公司经理。执行董事的职权由公司章程规定。

【例2-4】下列关于有限责任公司董事会的表述中，不符合《公司法》规定的有（　　）。

A．董事会成员中应当有公司职工代表

B．董事任期由公司章程规定，但每届任期不得超过3年

C. 董事长和副董事长依法由公司董事会选举产生

D. 董事长和副董事长不召集和主持董事会的，必须由全体董事共同推举一名董事召集和主持

【解析】正确答案为 ACD。根据中国《公司法》的规定，两个以上的国有企业或其他两个以上的国有投资主体投资设立的有限责任公司，其董事会成员中所应当有公司职工代表，其他有限责任公司董事会成员中也可以有，不是应当有。董事长、副董事长的产生办法由公司章程规定而不是公司董事会选举产生。董事长和副董事长不召集和主持董事会的，由半数以上董事共同推举一名董事召集和主持，而不是必须由全体董事共同推举。

5．经理

有限责任公司可以设经理，由董事会决定聘任或解聘。

经理对董事会负责，行使下列职权：① 主持公司的生产经营管理工作，组织实施董事会决议；② 组织实施公司年度经营计划和投资方案；③ 拟订公司内部管理机构设置方案；④ 拟订公司的基本管理制度；⑤ 制定公司的具体规章；⑥ 提请聘任或解聘公司副经理、财务负责人；⑦ 决定聘任或解聘除应由董事会决定聘任或解聘以外的负责管理人员；⑧ 董事会授予的其他职权。公司章程对经理职权另有规定的，从其规定。经理列席董事会会议。

（三）监事会

监事会是公司的监督机构。

1．监事会的组成

有限责任公司设立监事会，其成员不得少于 3 人。股东人数较少或规模较小的有限责任公司，可以设 1～2 名监事，不设立监事会。监事会应当包括股东代表和适当比例的公司职工代表，其中职工代表的比例不得低于 1/3，具体比例由公司章程规定。监事会中的职工代表由公司职工通过职工代表大会、职工大会或其他形式民主选举产生。

监事会设主席 1 人，由全体监事过半数的监事选举产生。监事会主席召集和主持监事会会议；监事会主席不能履行职务或不履行职务的，由半数以上监事共同推举 1 名监事召集和主持监事会会议。董事、高级管理人员不得兼任监事。

监事的任期每届为 3 年。监事任期届满，连选可以连任。监事任期届满未及时改选，或者监事在任期内辞职导致监事会成员低于法定人数的，在改选出的监事就任前，原监事仍应当依照法律、行政法规和公司章程的规定，履行监事职务。

2．监事会的职权

监事会、不设监事会的公司的监事行使下列职权：① 检查公司财务；② 对董事、高级管理人员执行公司职务的行为进行监督，对违反法律、行政法规、公司章程或股东会决议的董事、高级管理人员提出罢免的建议；③ 当董事、高级管理人员的行为损害公司的利益时，要求董事、高级管理人员予以纠正；④ 提议召开临时股东会会议，在董事会不履行规定的召集和主持股东会会议职责时召集和主持股东会会议；⑤ 向股东会会议提出提案；⑥ 依照《公司法》的规定，对董事、高级管理人员提起诉讼；⑦ 公司章程规定的其他职权。

监事可以列席董事会会议，并对董事会决议事项提出质询或建议。监事会、不设监事会的公司的监事发现公司经营情况异常，可以进行调查；必要时，可以聘请会计师事务所等协助其工作，费用由公司承担。

监事会、不设监事会的公司的监事行使职权所必需的费用，由公司承担。

3．监事会的决议

监事会每年度至少召开 1 次会议，监事可以提议召开临时董事会会议。监事会的议事方式和表决程序，除《公司法》有规定的外，由公司章程规定。监事会决议应当经半数以上监事通过。监事会应当对所议事项的决定作成会议记录，出席会议的监事应当在会议记录上签名。

三、一人有限责任公司的特别规定

（一）一人有限责任公司的概念

一人有限责任公司是指只有一个自然人股东或一个法人股东的有限责任公司。

一人有限责任公司是独立的企业法人，具有完全的民事权利能力、民事行为能力和民事责任能力，是有限责任公司中的特殊类型。

（二）一人有限责任公司的特别规定

《公司法》规定，一人有限责任公司的设立和组织机构适用特别规定，没有特别规定的，适用有限责任公司的相关规定。这些特别规定，具体包括以下几方面。

1）一个自然人只能投资设立一个一人有限责任公司，该一人有限责任公司不能投资设立新的一人有限责任公司。

2）一人有限责任公司应当在公司登记中注明自然人独资或法人独资，并在公司营业执照中载明。

3）一人有限责任公司不设股东会。法律规定的股东会职权由股东行使，当股东行使相应职权作出决定时，应当采用书面形式，并由股东签字后置备于公司。

4）一人有限责任公司应当在每一会计年度终了时编制财务会计报告，并经会计师事务所审计。

5）一人有限责任公司的股东不能证明公司财产独立于股东自己财产的，应当对公司债务承担连带责任。

与修订前的《公司法》相比：删去第五十九条第一款“一人有限责任公司的注册资本最低限额为人民币 10 万元，股东应当一次足额缴纳公司章程规定的出资额，不允许分期缴付出资”。

四、国有独资公司的特别规定

（一）国有独资公司的概念

国有独资公司是指国家单独出资、由国务院或地方人民政府委托本级人民政府国有资产监督管理机构履行出资人职责的有限责任公司。

与一般意义上的有限责任公司相比较，国有独资公司具有以下特征。

1．公司股东的单一性

国有独资公司的股东只有 1 个。

2．第一股东的特定性

国有独资公司的股东只能是国有资产监督管理机构。

（二）国有独资公司的特别规定

《公司法》规定，国有独资公司的设立和组织机构适用特别规定，没有特别规定的，适用有限责任公司的相关规定。这些特别规定，具体包括以下六个方面。

1）国有独资公司章程由国有资产监督管理机构制定，或者由董事会制定报国有资产监督管理机构批准。

2）国有独资公司不设股东会，由国有资产监督管理机构行使股东会职权。国有资产监督管理机构可以授权公司董事会行使股东会的部分职权，决定公司的重大事项，但公司的合并、分立、解散、增减注册资本和发行公司债券，必须由国有资产监督管理机构决定；其中，重要的国有独资公司合并、分立、解散、申请破产的，应当由国有资产监督管理机构审核后，报本级人民政府批准。上述所称重要的国有独资公司，按照国务院的规定确定。

3）国有独资公司设立董事会，依照法律规定的有限责任公司董事会的职权和国有资产监督管理机构的授权行使职权。董事会成员中应当有公司职工代表。董事会成员由国有资产监督管理机构委派；但是，董事会成员中的职工代表由公司职工代表大会选举产生。董事每届任期不得超过 3 年。董事会设董事长 1 人，可以设副董事长。董事长、副董事长由国有资产监督管理机构从董事会成员中指定。

4）国有独资公司设经理，由董事会聘任或解聘。国有独资公司经理的职权与一般有限责任公司经理的职权相同。经国有资产监督管理机构同意，董事会成员可以兼任经理。

5）国有独资公司的董事长、副董事长、董事和高级管理人员，未经国有资产监督管理机构同意，不得在其他有限责任公司、股份有限公司或其他经济组织兼职。

6）国有独资公司设监事会，其成员不得少于 5 人，其中职工代表的比例不得低于 1/3，具体比例由公司章程规定。监事会成员由国有资产监督管理机构委派；但是，监事会中的职工代表由公司职工代表大会选举产生。监事会主席由国有资产监督管理机构从监事会成员中指定。

第四节　有限责任公司的股权转让

一、股东的股权

公司股东是持有公司股份或出资的人，股东的股权是基于股东资格而享有的权利，根据《公司法》的规定，公司股东依法享有资产受益、参与重大决策和选择管理者等权利。

（一）股东权分类

1）以股东权行使的目的是为股东个人利益还是涉及全体股东共同利益为标准，可以将股东权分为共益权和自益权。共益权是指股东依法参加公司事务的决策和经营管理的权利，它是股东基于公司利益同时兼为自己的利益而行使的权利，包括股东会或股东大会参加权、提案权和质询权，在股东会或股东大会的表决权、累积投票权，股东会或股东大会召集请求权和自行召集权，了解公司事务、查阅公司账簿和其他文件的知情权，提起诉讼权等权利。自益权是指股东仅以个人利益为目的而行使的权利，即依法从公司取得收益、财产或处分自己股权的权利，包括股利分配请求权、剩余财产分配权、新股认购优先权、股份质押权和股份转让权等。

2）以股权行使的条件为标准划分，分为单独股东权和少数股东权。单独股东权是指每一单独股份均享有的权利，即只持有一股股份的股东也可单独行使的权利，如自益权和表决权等。少数股东权是指须单独或共同持有占股本总额一定比例以上股份方可行使的权利，如请求召开临时股东会或股东大会的权利等。

（二）股东滥用股东权的责任

《公司法》规定，公司股东应当遵守法律、行政法规和公司章程，依法行使股东权利，不得滥用股东权利损害公司或其他股东的利益；不得滥用公司法人独立地位和股东有限责任损害公司债权人的利益。股东滥用股东权利应承担以下责任。

1）公司股东滥用股东权利给公司或其他股东造成损失的，应依法承担赔偿责任。

2）公司股东滥用公司法人独立地位和股东有限责任，逃避债务，严重损害公司债权人利益的，应当对公司债务承担连带责任。这一规定在中国确立了公司法人人格否认原则。公司法人人格否认，是指为阻止公司独立人格的滥用和保护公司债权人利益及社会公共利益，就具体法律关系中的特定事实，否认公司与股东各自独立的人格及股东的有限责任，责令股东对公司债权人或公共利益直接负责，以实现公平、正义的法律制度。如果公司股东滥用公司法人独立地位和股东有限责任，转移公司资产，逃避债务，严重损害公司债权人利益，则公司债权人可以追究股东的连带责任。

3）《公司法》规定公司的控股股东、实际控制人、董事、监事和高级管理人员不得利用其关联关系损害公司利益，违反规定给公司造成损失的，应当承担赔偿责任。

控股股东，是指其出资额占有限责任公司资本总额 50%以上或其持有的股份占股份有限公司股本总额 50%以上的股东，以及出资额或持有股份的比例虽然不足 50%，但依其出资额或持有的股份所享有的表决权已足以对股东会、股东大会的决议产生重大影响的股东。实际控制人，是指虽不是公司的股东，但通过投资关系、协议或其他安排，能够实际支配公司行为的人。高级管理人员，是指公司的经理、副经理、财务负责人、上市公司董事会秘书和公司章程规定的其他人员。关联关系，是指公司控股股东、实际控制人、董事、监事、高级管理人员与其直接或间接控制的企业之间的关系，以及可能导致公司利益转移的其他关系。但是，国家控股的企业之间不因为同受国家控股而具有关联关系。

二、有限责任公司股东转让股权

有限责任公司股东转让股权，包括股东之间转让股权、股东向股东以外的人转让股权和人民法院强制转让股东股权三种情形。

（一）股东之间转让股权

《公司法》规定，有限责任公司的股东之间可以相互转让全部或部分股权。《公司法》对股东之间转让股权没有作任何限制，这是因为，股东向公司的其他股东转让股权，无论是转让全部股权还是转让部分股权，都不会有新股东的产生，因此也就没有必要对这种转让进行限制。

（二）股东向股东以外的人转让股权

《公司法》规定，股东向股东以外的人转让股权，应当经其他股东过半数同意。股东应就其股权转让事项书面通知其他股东征求同意，其他股东自接到书面通知之日起满 30 日未答复的，视为同意转让。其他股东半数以上不同意转让的，不同意的股东应当购买该转让的股权；不购买的，视为同意转让。

经股东同意转让的股权，在同等条件下，其他股东有优先购买权。两个以上股东主张行使优先购买权的，协商确定各自的购买比例；协商不成的，按照转让时各自的出资比例行使优先购买权。

但是，公司章程对股权转让另有规定的，从其规定，即公司章程可以对股东之间的股权转让及股东向股东以外的人转让股权作出的与《公司法》不同的规定。一旦公司章程对股权转让作出了不同的规定，就应当依照公司章程的规定执行。

（三）人民法院强制转让股东股权

人民法院依照法律规定的强制执行程序转让股东的股权时，应当通知公司及全体股东，其他股东在同等条件下有优先购买权。其他股东自人民法院通知之日起满 20 日不行使优先购买权的，视为放弃优先购买权。人民法院依照法律规定的强制执行程序转让股东的股权，是指人民法院依照民事诉讼法等法律规定的执行程序，强制执行生效的法律文书时，以拍卖、变卖或其他方式转让有限责任公司股东的股权。

有限责任公司股东转让股权后，公司应当注销原股东的出资证明书，向新股东签发出资证明书，并相应修改公司章程和股东名册中有关股东及其出资额的记载。对公司章程的该项修改不需要再由股东会表决。

三、有限责任公司股东退出公司

（一）股东退出公司的法定条件

《公司法》规定，有下列情形之一的，对股东会该项决议投反对票的股东可以请求公司按照合理的价格收购其股权，退出公司。

1）公司连续 5 年不向股东分配利润，而公司该 5 年连续赢利，并且符合公司法规定的分配利润条件的。

2）公司合并、分立、转让其主要财产的。

3）公司章程规定的营业期限届满或章程规定的其他解散事由出现，股东会会议通过决议修改章程使公司存续的。

根据上述规定，股东退出公司应当满足两个条件：一是具备上述三种情形之一，二是对股东会上述事项决议投了反对票，投赞成票的股东就不能以上述事项为由，要求退出公司。

（二）股东退出公司的法定程序

1. 请求公司收购其股权

股东要求退出公司时，首先应当请求公司收购其股权。股东请求公司收购其股权时，其所要求的价格不应过高，而应当是合理的价格，这样才能既满足股东的要求，保护要求退出公司的股东的权益，又不损害公司和其他股东的权益。

2. 依法向人民法院提起诉讼

股东请求公司收购其股权，应当尽量通过协商的方式解决。但如果协商不成，根据《公司法》规定，自股东会会议决议通过之日起 60 日内，股东与公司不能达成股权收购协议的，股东可以自股东会会议决议通过之日起 90 日内向人民法院提起诉讼。

第五节　股份有限公司的设立和组织机构

一、股份有限公司的设立

（一）股份有限公司的设立方式

股份有限公司的设立，可以采取发起设立或募集设立的方式。

发起设立，是指由发起人认购公司应发行的全部股份而设立公司。以发起设立的方式设立股份有限公司的，在设立时其股份全部由该公司的发起人认购，而不向发起人之外的任何社会公众发行股份。因此，以发起设立方式设立的股份有限公司，在其发行新股之前，其全部股份都由发起人持有，公司的全部股东都是设立公司的发起人。

募集设立，是指由发起人认购公司应发行股份的一部分，其余股份向社会公开募集或向特定对象募集而设立公司。以募集设立方式设立股份有限公司的，在公司设立时，认购公司应发行股份的人不仅有发起人，而且还有发起人以外的人。因此，法律对采用募集设立方式设立公司规定了较为严格的程序，以保护广大投资者的利益，保证正常的经济秩序。

（二）股份有限公司的设立条件

《公司法》规定，设立股份有限公司，应当具备下列条件。

1．发起人符合法定人数

发起人是指依法筹办创立股份有限公司事务的人。发起人既可以是自然人，也可以是法人；既可以是中国公民，也可以是外国公民。

设立股份有限公司，应当有 2 人以上 200 人以下为发起人，其中须有半数以上的发起人在中国境内有住所。发起人在中国境内有住所，就中国公民而言，是指公民以其户籍所在地为居住地或其经常居住地在中国境内；就外国公民而言，是指其经常居住地在中国境内；就法人而言，是指其主要办事机构所在地在中国境内。因此，发起人是否在中国有住所，要视其经常居住地或主要办事机构所在地是否在中国境内。

股份有限公司发起人承担公司筹办事务。发起人应当签订发起人协议，明确各自在公司设立过程中的权利和义务。

2．有符合公司章程规定的全体发起人认购的股本总额或者募集的实收股本总额

股份有限公司采取发起设立方式设立的，注册资本为在公司登记机关登记的全体发起人认购的股本总额。在发起人认购的股份缴足前，不得向他人募集股份。

股份有限公司采取募集方式设立的，注册资本为在公司登记机关登记的实收股本总额。

法律、行政法规以及国务院决定对股份有限公司注册资本实缴、注册资本最低限额另有规定的，从其规定。

以发起设立方式设立股份有限公司的，发起人应当书面认足公司章程规定其认购的股份，并按照公司章程规定缴纳出资。以非货币财产出资的，应当依法办理其财产权的转移手续。

发起人不依照前款规定缴纳出资的，应当按照发起人协议承担违约责任。

发起人认足公司章程规定的出资后，应当选举董事会和监事会，由董事会向公司登记机关报送公司章程以及法律、行政法规规定的其他文件，申请设立登记。

3．股份发行、筹办事项符合法律规定

发起人为了设立股份有限公司而发行股份时，以及在进行其他的筹办事项时，都必须符合法律规定的条件和程序，不得有所违反。例如，向社会公开募集股份，应当依法报国务院证券监督管理机构核准，并公告招股说明书、认股书；应当同依法设立的证券公司签订承销协议，通过证券公司承销其发行的股份；应当在法定的期限内召开创立大会，依法决定有关事项；应当在法定的期限内依法向公司登记机关申请设立登记等。

4．发起人制定公司章程，采用募集方式设立的须经创立大会通过

股份有限公司的章程是指记载有关公司组织和行动基本规则的文件。公司章程对公司、股东、董事、监事和高级管理人员具有约束力。设立公司必须依法制定章程。对于以发起设立方式设立的股份有限公司，由全体发起人共同制定公司章程；对于以募集设立方式设立的股份有限公司，发起人制定的公司章程，还应当经有其他认股人参加的创立大会通过，以出席会议的认股人所持表决权的半数以上通过，方为有效。

股份有限公司章程应当载明下列事项：① 公司名称和住所；② 公司经营范围；③ 公司设立方式；④ 公司股份总数、每股金额和注册资本；⑤ 发起人的姓名或者名称、认购的股份数、出资方式和出资时间；⑥ 董事会的组成、职权、任期和议事规则；⑦ 公司法定代表人；⑧ 监事会的组成、职权、任期和议事规则；⑨平共处公司利润分配办法；⑩ 公司的解散事由与清算办法；⑪ 公司的通知和公告办法；⑫ 股东大会会议认为需要规定的其他事项。

5．有公司名称，建立符合股份有限公司要求的组织机构

（略）

6．有公司驻所

（略）

（三）股份有限公司的设立程序

1．发起设立方式设立股份有限公司的程序

1）发起人书面认足公司章程规定其认购的股份。

2）缴纳出资。发起人以书面认足公司章程规定其认购的股份后，对于公司章程规定一次缴纳的，应即缴纳全部出资；对于公司章程规定分期缴纳的，应即缴纳首期出资。如果发起人不是以货币出资，而是以实物、知识产权和土地使用权等非货币财产出资的，则应当依法进行评估作价，核实财产，在此基础上，应当依法办理其财产权的转移手续。发起人不按照规定缴纳出资的，应当按照发起人协议的约定承担违约责任。

3）选举董事会和监事会。发起人首次缴纳出资后，应当选举董事会和监事会，建立公司的组织机构。

4）申请设立登记。发起人在选举董事会和监事会后，董事会应当向公司登记机关报送公司章程、由依法设立的验资机构出具的验资证明，以及法律、行政法规规定的其他文件，申请设立登记。一旦公司登记机关予以登记，发给公司营业执照，公司即告成立。

2．募集设立方式设立股份有限公司的程序

（1）发起人认购股份

发起人认购的股份不得少于公司股份总数的 35%；但是法律、行政法规另有规定的，从其规定。这里应当注意的是，发起人认购的股份是指所有发起人认购股份的总额，而不是某

一个发起人认购的股份。

（2）向社会公开募集股份

发起人向社会公开募集股份，必须公告招股说明书，并制作认股书。认股书由认股人填写认股股数、金额、住所，并签名、盖章。认股人按照所认购股数缴纳股款。

发起人向社会公开募集股份，应当由依法设立的证券公司承销，签订承销协议。承销有代销和包销两种方式。代销是指证券公司代发行人发行股票，在承销期结束时，将未售出的股票全部退还给发行人的承销方式。包销是指证券公司将发行人的股票按照协议全部购入或在承销期结束时将售余股票全部自行购入的承销方式。

发起人向社会公开募集股份，应当同银行签订代收股款协议。代收股款的银行应当按照协议代收和保存股款，向缴纳股款的认股人出具收款单据，并负有向有关部门出具收款证明的义务。

（3）召开创立大会

发行股份的股款缴足后，必须经依法设立的验资机构验资并出具证明。发起人应当在股款缴足之日起 30 日内主持召开公司创立大会，创立大会由发起人和认股人组成。

发起人应当在创立大会召开 15 日前将会议日期通知各认股人或予以公告。创立大会应有代表股份总数过半数的发起人、认股人出席，方可举行。创立大会行使下列职权：① 审议发起人关于公司筹办情况的报告；② 通过公司章程；③ 选举董事会成员；④ 选举监事会成员；⑤ 对公司的设立费用进行审核；⑥ 对发起人用于抵作股款的财产的作价进行审核；⑦ 发生不可抗力或经营条件发生重大变化直接影响公司设立的，可以作出不设立公司的决议。创立大会对上述所列事项作出决议，必须经出席会议的认股人所持表决权过半数通过。

发行的股份超过招股说明书规定的截止期限尚未募足的，或者发行股份的股款缴足后，发起人在 30 日内未召开创立大会的，或者创立大会作出不设立公司决议的，认股人可以按照所缴股款并加算银行同期存款利息，要求发起人返还。

发起人、认股人缴纳股款或交付抵作股款的出资后，除上述情形外不得抽回其股本。

【例 2-5】下列关于创立大会的表述中，符合《公司法》规定的有（　　）。

A. 发起人应当在股款缴足之日起 60 日内主持召开公司创立大会

B. 发起人未按期召开创立大会的，认股人可以按照所缴股款并加算银行同期存款利息，要求发起人返还

C. 创立大会应有代表股份总数过半数的发起人、认股人出席，方可举行

D. 创立大会对通过公司章程作出决议，必须经出席会议的认股人所持表决权 2/3 以上通过

【解析】正确答案为 BC。根据中国《公司法》规定，A 选项中发起人应当在股款缴足之日起 30 日内主持召开公司创立大会，而不是 60 日。D 选项中创立大会对通过公司章程作出决议，必须经出席会议的认股人所持表决权过半数通过，而不是 2/3 以上。

（4）申请设立登记

董事会应于创立大会结束后 30 日内，向公司登记机关申请设立登记。公司登记机关依法核准登记后，应当发给公司企业法人营业执照。自公司企业法人营业执照签发之日起，公司即告成立。

股份有限公司成立后，发起人未按照公司章程的规定缴足出资的，应当补缴；其他发起

人承担连带责任。

股份有限公司成立后，发现作为设立公司出资的非货币财产的实际价额显著低于公司章程所定价额的，应当由交付该出资的发起人补足其差额；其他发起人承担连带责任。

股份有限公司应当将公司章程、股东名册、公司债券存根、股东大会会议记录、董事会会议记录、监事会会议记录和财务会计报告置备于本公司，供股东查阅。

（四）股份有限公司发起人承担的责任

根据《公司法》的规定，股份有限公司的发起人应当承担下列责任：① 公司不能成立时，对设立行为所产生的债务和费用负连带责任；② 公司不能成立时，对认股人已缴纳的股款，负返还股款并加算银行同期存款利息的连带责任；③ 在公司设立过程中，由于发起人的过失致使公司利益受到损害的，应当对公司承担赔偿责任。

二、股份有限公司的组织机构

股份有限公司的组织机构由股东大会、董事会和监事会等组成。

（一）股东大会

1．股东大会的性质和组成

股份有限公司的股东大会是公司的权力机构，依法行使职权。股东大会作为公司的权力机构，虽然对外并不直接代表公司，对内也不直接从事经营活动，但却有权决定公司的重大事项，股东大会作出的决定，公司的其他机构，如董事会和监事会都必须执行。

股份有限公司的股东大会由全体股东组成，公司的任何一个股东，无论其所持股份有多少，都是股东大会的成员。

2．股东大会的职权

股份有限公司股东大会的职权与有限责任公司股东会的职权的规定基本相同。

此外，根据中国证券监督管理委员会发布的《上市公司章程指引》的规定，上市公司的股东大会还有权对公司聘用和解聘会计师事务所作出决议；审议代表公司发行在外有表决权股份总数的 5%以上的股东的提案；审议法律、法规和公司章程规定应当由股东大会决定的其他事项。

3．股东大会的形式

股份有限公司的股东大会分为年会和临时股东大会两种。

年会是指依照法律和公司章程的规定每年按时召开的股东大会。《公司法》规定，股东大会应当每年召开 1 次年会。

临时股东大会是指股份有限公司在出现召开临时股东大会的法定事由时，应当在法定期限 2 个月内召开的股东大会。《公司法》规定，有下列情形之一的，应当在 2 个月内召开临时股东大会：① 董事人数不足《公司法》规定人数或公司章程所定人数的 2/3 时；② 公司未弥补的亏损达实收股本总额的 1/3 时；③ 单独或合计持有公司 10%以上股份的股东请求时；④ 董事会认为必要时；⑤ 监事会提议召开时；⑥ 公司章程规定的其他情形。

4．股东大会的召开

股东大会会议由董事会召集，董事长主持；董事长不能履行职务或不履行职务的，由副董事长主持；副董事长不能履行职务或不履行职务的，由半数以上董事共同推举一名董事主持。董事会不能履行或不履行召集股东大会会议职责的，监事会应当及时召集和主持；监事会不召集和主持的，连续 90 日以上单独或合计持有公司 10%以上股份的股东可以自行召集和主持。

召开股东大会会议，应当将会议召开的时间、地点和审议的事项于会议召开 20 日前通知各股东；临时股东大会应当于会议召开 15 日前通知各股东；发行无记名股票的，应当于会议召开 30 日前公告会议召开的时间、地点和审议事项。

单独或合计持有公司 3%以上股份的股东，可以在股东大会召开 10 日前提出临时提案并书面提交董事会；董事会应当在收到提案后 2 日内通知其他股东，并将该临时提案提交股东大会审议。临时提案的内容应当属于股东大会职权范围，并有明确议题和具体决议事项。股东大会不得对上述通知中未列明的事项作出决议。无记名股票持有人出席股东大会会议的，应当于会议召开 5 日前至股东大会闭会时将股票交存于公司。

5．股东大会的决议

股东出席股东大会会议，所持每一股份有一表决权。股东可以委托代理人出席股东大会会议，代理人应当向公司提交股东授权委托书，并在授权范围内行使表决权。公司持有的本公司股份没有表决权。

股东大会作出决议，必须经出席会议的股东所持表决权过半数通过。但是，股东大会作出修改公司章程、增加或减少注册资本的决议，以及公司合并、分立、解散或变更公司形式的决议，必须经出席会议的股东所持表决权的 2/3 以上通过。

《公司法》和公司章程规定公司转让、受让重大资产或对外提供担保等事项必须经股东大会作出决议的，董事会应当及时召集股东大会会议，由股东大会就上述事项进行表决。所谓重大资产，通常是指公司转让、受让的资产总额、资产净额和主营业务收入三项指标中的任意一项指标，占公司最近一个会计年度经审计的合并报表的相对应指标的 50%以上的资产。公司转让、受让重大资产是指股份有限公司与他人之间按照重大资产转让、受让协议出售、购买重大资产的行为。重大资产的重组往往对公司的生存和发展具有重大的影响，因此，公司章程可以规定公司重大资产的转让和受让须由股东大会作出决议。为他人提供担保是指股份有限公司作为担保人为他人的债务关系提供担保。按照《中华人民共和国担保法》的规定，当他人不能按期履行债务时，担保人须承担连带责任。对外提供担保可能对股份有限公司的生存和发展产生重大影响，因此，公司章程可以规定对外提供担保须由股东大会作出决议。

股东大会选举董事、监事，可以依照公司章程的规定或股东大会的决议，实行累积投票制。累积投票制，是指股东大会选举董事或监事时，每一股份拥有与应选董事或监事人数相同的表决权，股东拥有的表决权可以集中使用。例如，某股东拥有 100 股，每股一票，选出 6 位董事，通常的办法是让该股东给选中的 6 位董事候选人的每一位投 100 票，总共 600 票。而累积投票法则可以将这 600 票投给一位董事候选人，或根据自己的意愿分投给选中的各候选人。

股东大会应当对所议事项的决定作成会议记录，主持人、出席会议的董事应当在会议记录上签名。会议记录应当与出席股东的签名册及代理出席的委托书一并保存。

（二）董事会

1．董事会的性质和组成

股份有限公司的董事会是股东大会的执行机构，对股东大会负责。

股份有限公司设董事会，其成员为 5～19 人。董事会成员中可以有公司职工代表，董事会中的职工代表由公司职工通过职工代表大会、职工大会或其他形式民主选举产生。

股份有限公司的董事任期由公司章程规定，但每届任期不得超过 3 年。董事任期届满，连选可以连任。董事任期届满未及时改选，或者董事在任期内辞职导致董事会成员低于法定人数的，在改选出的董事就任前，原董事仍应当依照法律、行政法规和公司章程的规定，履行董事职务。

2．董事会的职权

股份有限公司董事会的职权与有限责任公司董事会的职权的规定基本相同。

3．董事会的召开

董事会设董事长 1 人，可以设副董事长。董事长和副董事长由董事会以全体董事的过半数选举产生。董事长召集和主持董事会会议，检查董事会决议的实施情况。副董事长协助董事长工作，董事长不能履行职务或不履行职务的，由副董事长履行职务；副董事长不能履行职务或不履行职务的，由半数以上董事共同推举 1 名董事履行职务。

董事会每年度至少召开 2 次会议，每次会议应当于会议召开 10 日前通知全体董事和监事。代表 1/10 以上表决权的股东、1/3 以上董事或监事会，可以提议召开董事会临时会议。董事长应当自接到提议后 10 日内，召集和主持董事会会议。董事会召开临时会议，可以另定召集董事会的通知方式和通知时限。

4．董事会的决议

董事会会议应有过半数的董事出席方可举行。董事会作出决议，必须经全体董事的过半数通过。董事会决议的表决，实行一人一票，即每个董事只能享有一票表决权。

董事会会议应由董事本人出席；董事因故不能出席，可以书面委托其他董事代为出席，委托书中应载明授权范围。董事会应当对会议所议事项的决定作成会议记录，出席会议的董事应当在会议记录上签名。

董事应当对董事会的决议承担责任。董事会的决议违反法律、行政法规或公司章程、股东大会决议，致使公司遭受严重损失的，参与决议的董事对公司负赔偿责任。但经证明在表决时曾表明异议并记载于会议记录的，该董事可以免除责任。需要注意的是，并不是在所有的情况下，也不是所有的董事都对公司负赔偿责任。只有具备了下列三个条件，董事才对公司负赔偿责任：一是董事会的决议违反了法律、行政法规或公司章程、股东大会决议；二是董事会的决议致使公司遭受严重损失；三是该董事参与了董事会的决议并对某项决议表示了同意。对该决议持相反意见并记载于会议记录的董事，不对公司负赔偿责任。

5．经理

股份有限公司设经理，由董事会决定聘任或解聘。股份有限公司经理的职权与有限责任公司经理的职权的规定基本相同。公司董事会可以决定由董事会成员兼任公司经理。

【例 2-6】某股份有限公司召开董事会，下列各项中，符合公司法律制度规定的有(　　)。

A. 董事长因故不能出席会议，会议由副董事长主持

B. 通过了有关公司董事报酬的决议

C. 通过了免除乙的经理职务，聘任副董事长担任经理的决议

D. 董事会的决议违反法律，致使公司遭受严重损失的，参与决议的全体董事对公司负赔偿责任

【解析】正确答案为 AC。根据《公司法》的规定，董事长不能履行职务时，由副董事长

履行职务，所以A项正确；决定董事薪酬事项属于公司股东大会的职权，不属于董事会职权，所以B项错误；聘任或解聘公司经理属于董事会职权，且公司董事会可以决定由董事会成员兼任经理，所以C项正确；董事会的决议违反法律、行政法规或公司章程、股东大会决议，致使公司遭受严重损失的，参与决议的董事对公司负赔偿责任，但经证明在表决时曾表示异议并记载于会议记录的，该董事可以免除责任，所以D项错误。

（三）监事会

股份有限公司依法应当设立监事会，监事会为公司的监督机构。

1. 监事会的组成

股份有限公司监事会成员不得少于3人，应当包括股东代表和适当比例的公司职工代表，其中职工代表的比例不得低于 1/3，具体比例由公司章程规定。监事会中的职工代表由公司职工代表大会、职工大会或其他形式民主选举产生。

董事、高级管理人员不得兼任监事。监事的任期每届为3年。监事任期届满，连选可以连任。监事任期届满未及时改选，或者监事在任期内辞职导致监事会成员低于法定人数的，在改选出的监事就任前，原监事仍应当依照法律、行政法规和公司章程的规定，履行监事职务。

2. 监事会的职权

股份有限公司监事会的职权与有限责任公司监事会的职权的规定基本相同。

监事可以列席董事会会议，并对董事会决议事项提出质询或建议。监事会发现公司经营情况异常，可以进行调查；必要时，可以聘请会计师事务所等协助其工作，费用由公司承担。

监事会行使职权所必需的费用，由公司承担。

3. 监事会的召开

监事会设主席1人，可以设副主席。监事会主席和副主席由全体监事过半数选举产生。监事会主席召集和主持监事会会议；监事会主席不能履行职务或不履行职务的，由监事会副主席召集和主持监事会会议；监事会副主席不能履行职务或不履行职务的，由半数以上监事共同推举1名监事召集和主持监事会会议。

监事会每6个月至少召开1次会议。监事可以提议召开临时董事会会议。监事会的议事方式和表决程序，除《公司法》有规定的外，由公司章程规定。监事会应当对所议事项的决定作成会议记录，出席会议的监事应当在会议记录上签名。

三、上市公司组织机构的特别规定

上市公司，是指其股票在证券交易所上市交易的股份有限公司。《公司法》对上市公司组织及活动原则的特别规定，主要包括以下四个方面。

（一）增加股东大会特别决议事项

上市公司在一年内购买、出售重大资产或担保金额超过公司资产总额30%的，应当由股东大会作出决议，并经出席会议的股东所持表决权的2/3以上通过。

（二）上市公司设立独立董事

独立董事是指既不是公司股东，又不在公司担任除董事外的其他职务，并与其受聘的上市公司及其主要股东不存在可能妨碍其进行独立客观判断的关系的董事。独立董事除了应履行董事的一般职责外，主要职责在于对控股股东及其选任的上市公司的董事、高级管理人员，以及其与公司进行的关联交易等进行监督。

中国证券监督管理委员会发布《关于在上市公司建立独立董事制度的指导意见》（以下简称《指导意见》）（证监会[2001]102 号）的通知，要求上市公司要建立独立董事制度。独立董事应当具备与其行使职权相适应的任职条件。

担任独立董事应当符合下列基本条件。

1）根据法律、行政法规及其他有关规定，具备担任上市公司董事的资格。

2）具有《指导意见》所要求的独立性。

3）具备上市公司运作的基本知识，熟悉相关法律、行政法规、规章及规则。

4）具有 5 年以上法律、经济或其他履行独立董事职责所必需的工作经验。

5）公司章程规定的其他条件。

下列人员不得担任独立董事。

1）在上市公司或其附属企业任职的人员及其直系亲属、主要社会关系（直系亲属是指配偶、父母和子女等；主要社会关系是指兄弟姐妹、岳父母、儿媳女婿、兄弟姐妹的配偶和配偶的兄弟姐妹等）。

2）直接或间接持有上市公司已发行股份 1%以上或是上市公司前十名股东中的自然人股东及其直系亲属。

3）在直接或间接持有上市公司已发行股份 5%以上的股东单位或在上市公司前五名股东单位任职的人员及其直系亲属。

4）最近一年内曾经具有前三项所列举情形的人员。

5）为上市公司或附属企业提供财务、法律和咨询等服务的人员。

6）公司章程规定的其他人员。

7）中国证监会认定的其他人员。

独立董事除依法行使股份有限公司董事的职权外，还行使下列职权：① 对公司关联交易、聘用或解聘会计师事务所等重大事项进行审核并发表独立意见；② 就上市公司董事、高级管理人员的提名、任免、报酬、考核事项及其认为可能损害中小股东权益的事项发表独立意见。独立董事发表的独立意见应当作成记录，并经独立董事书面签字确认。股东有权查阅独立董事发表的独立意见。

（三）上市公司设立董事会秘书

董事会秘书是指掌管董事会文件并协助董事会成员处理日常事务的人员。董事会秘书是董事会设置的服务席位，既不能代表董事会，也不能代表董事长。上市公司董事会秘书是公司的高级管理人员，承担法律、行政法规及公司章程对公司高级管理人员所要求的义务，享有相应的工作职权，获得相应的报酬。

上市公司设立董事会秘书，负责公司股东大会和董事会会议的筹备、文件保管及公司股权管理，办理信息披露事务等事宜。

（四）增设关联关系董事的表决权排除制度

上市公司董事与董事会会议决议事项所涉及的企业有关联关系的，不得对该项决议行使表决权，也不得代理其他董事行使表决权。该董事会会议由过半数的无关联关系董事出席即可举行，董事会会议所作决议须经无关联关系董事过半数通过。出席董事会的无关联关系董事人数不足 3 人的，应将该事项提交上市公司股东大会审议。关联关系，是指上市公司的董事与董事会决议事项所涉及的企业之间存在直接或间接的利益关系。

【例 2-7】某上市公司董事会成员有 11 人，根据公司章程的规定对与其甲股东签订重要采购合同的事宜召开临时董事会会议，其中张董事是甲股东的公司董事长，李董事、刘董事因故没有参加会议，表决时有三个董事不同意。下列关于该次决议的表述中，正确的有（ ）。

A. 该董事会会议由于过半数的无关联关系董事出席，所以可以举行

B. 该董事会会议决议经参加会议的无关联关系董事半数以上通过，有效

C. 该董事会会议决议未经无关联关系董事过半数通过，无效

D. 该董事会会议决议经全体董事过半数以上通过，有效

【解析】正确答案为 AC。根据中国《公司法》的规定，上市公司董事与董事会会议决议事项所涉及的企业有关联关系的，不得对该项决议行使表决权，因此，能够行使表决权的董事只有 10 人。该董事会会议由过半数的无关联关系董事出席即可举行，本公司有无关联关系董事 8 人参加，已过半数。董事会会议所作决议须无关联关系董事（10 人）过半数通过，即至少应当经无关联关系董事 6 人同意，但决议只有 5 人同意，因此不通过，无效。

第六节 股份有限公司的股份发行和转让

一、股份发行

（一）股份和股票的概念

股份是指将股份有限公司的注册资本按相同的金额或比例划分为相等的份额。股份作为代表公司资本的一部分，是公司资本的最小划分单位，股东根据其出资额度计算其持有的股份数量，所有股东持有的股份加起来所代表的资本数额即为公司的资本总额。股份有限公司的股份具有平等性，公司每股金额相等，所表现的股东权利和义务是相等的。

股票是指公司签发的证明股东所持股份的凭证，是股份的表现形式。股票具有以下性质。

1）股票是有价证券。股票是一种具有财产价值的证券，股票记载股票种类、票面金额及代表的股份数，反映股票的持有人对公司的权利。

2）股票是证权证券。股票表现的是股东的权利，任何人只要合法占有股票，其就可以依法向公司行使权利，而且公司股票发生转移时，公司股东的权益也即随之转移。

3）股票是要式证券。股票应当采取纸面形式或国务院证券监督管理机构规定的其他形式，其记载的内容和事项应当符合法律的规定。

4）股票是流通证券。股票可以在证券交易市场依法进行交易。

（二）股票的种类

依据不同的标准，可以将股票分为以下三类。

1．普通股和优先股

普通股和优先股是按照股东权利、义务的不同进行的分类。

普通股是指享有普通权利、承担普通义务的股份，是股份的最基本形式。依照规定，普通股股东享有决策参与权、利润分配权、优先认股权和剩余资产分配权。

优先股是指享有优先权的股份。公司对优先股的股利须按约定的股利率支付，不受公司赢利大小的影响，当年可供分配股利的利润不足以按约定的股利率支付优先股利的，由以后

年度可供分配股利的利润补足。在公司进行清算时，优先股股东先于普通股股东取得公司剩余财产。但是，优先股股东不参与公司决策，不参与公司红利分配。实践中，发行优先股的很少。

2．国有股、发起人股和社会公众股

国有股、发起人股和社会公众股是按照投资主体性质的不同进行的分类。

国有股包括国家股和国有法人股。国家股是指有权代表国家投资的政府部门或机构以国有资产投入公司形成的股份或依法定程序取得的股份。国有法人股是指具有法人资格的国有企业、事业及其他单位以其依法占用的法人资产向独立于自己的股份公司出资形成或依法定程序取得的股份。

发起人股是指股份有限公司的发起人认购的股份。

社会公众股是指个人和机构以合法财产购买并可依法流通的股份。

3．记名股票和无记名股票

记名股票和无记名股票是按照票面上是否记载股东的姓名或名称进行的分类。

记名股票是指在票面上记载股东姓名或名称的股票。我国《公司法》规定，公司向发起人、法人发行的股票，应当为记名股票，并应当记载该发起人、法人的名称或姓名，不得另立户名或以代表人姓名记名。

无记名股票是指在票面上不记载股东姓名或名称的股票。我国《公司法》规定，发行无记名股票的，公司应当记载其股票数量、编号及发行日期。

除上述分类以外，中国的股票还可根据发行对象的不同分为 A 股、B 股和 H 股等；按股东有无表决权分为表决权股和无表决权股等。

（三）股份的发行原则

股份的发行是指股份有限公司为了筹集公司资本而出售和分配股份的法律行为。

《公司法》规定，股份的发行，实行公平、公正的原则，同种类的每股份应当具有同等权利。同次发行的同种类股票，每股的发行条件和价格应当相同；任何单位或个人所认购的股份，每股应当支付相同价额。据此，股份发行应当遵循下列原则。

1．公平、公正的原则

所谓公平，首先是指发行的股份所代表权利的公平，即在同一次发行中的同一种股份应当具有同等的权利，享有同等的利益，同类股份必须同股同权、同股同利；其次是指股份发行条件的公平，即在同次股份发行中，相同种类的股份，每股的发行条件和发行价格应当相同。

所谓公正，是指在股份的发行过程中，应保持公正性，不允许任何人通过内幕交易、价格操纵和价格欺诈等不正当行为获得超过其他人的利益。

2．同股同价原则

同股同价是指同次发行的同种类股票，每股的发行条件和价格应当是相同的，任何单位或个人所认购的股份，每股应当支付相同的价额，对于同一种类的股票不允许针对不同的投资主体规定不同的发行条件和发行价格。这是股权平等原则在股份发行中的具体体现。

（四）股票的发行价格

股票的发行价格是指股票发行时所使用的价格，也是投资者认购股票时所支付的价格。股票的发行价格可以分为平价发行的价格和溢价发行的价格。平价发行是指股票的发行价格与股票的票面金额相同，也称等价发行和券面发行。溢价发行是指股票的实际发行价格超过其票面金额。

《公司法》规定，股票发行价格可以按票面金额，也可以超过票面金额，但不得低于票面金额。因为，低于票面金额发行股票，违背资本充实原则，使股票发行募集的资金低于公司相应的注册资本数额。

（五）公司发行新股

发行新股是指股份有限公司成立后再向社会募集股份的法律行为。股份有限公司发行新股是股份有限公司向社会募集股份，增加公司注册资本的行为。

公司发行新股，股东大会应当对下列事项作出决议：① 新股种类及数额；② 新股发行价格；③ 新股发行的起止日期；④ 向原有股东发行新股的种类及数额。

公司经国务院证券监督管理机构核准公开发行新股时，必须公告新股招股说明书和财务会计报告，并制作认股书。公司公开发行新股应当由依法设立的证券公司承销，签订承销协议，并同银行签订代收股款协议。公司发行新股，可以根据公司经营情况和财务状况，确定其作价方案。公司发行新股募足股款后，必须向公司登记机关办理变更登记并公告。

二、股份转让

（一）股份转让的概念

股份转让，是指股份有限公司的股份持有人依法自愿将自己所拥有的股份转让给他人，使他人取得股份成为股东或增加股份数额的法律行为。

股份转让具有以下特点。

1）股份转让在公司法中特指股份有限公司的股份转让。《公司法》将有限责任公司股东转让出资的行为称为股权转让（或称出资的转让）。

2）股份转让须依法进行。所谓依法转让，是指股份持有人在转让自己的股份时必须按照《公司法》和有关法律、行政法规的规定将自己的股份转让给他人，如上市公司上市交易的股票必须在法定的证券交易所进行转让等。

3）股份转让属于相对自由的转让。在股份转让中，只要股东转让行为符合法定要求，其他人就无权干涉股份持有人转让自己的股份。股份有限公司的股份转让，对于股份持有人来讲，是将自己的出资收回；对于取得股份的人来讲，意味着成为公司的股东或增加股份数额。股份转让不影响公司资本的稳定。

4）股份转让在特定情况下受到一定限制，如公司的发起人、董事、监事和高级管理人员所持股份的转让要受到一定限制等。

5）股份转让以股票转让的形式出现。股份的转让，是通过股票的转让来完成的，是以股票的形式出现的。由于股票分为记名股票和无记名股票，所以，股份转让也分为记名股份的转让和无记名股份的转让。

6）股份转让是一种法律行为。股份转让人和受让人的行为必须符合法律、行政法规规定的要求。

（二）股份转让的法律规定

《公司法》对股份有限公司的股份转让作出了具体的规定，主要包括以下内容。

1）股份转让的地点。股东持有的股份可以依法转让。股东转让其股份，应当在依法设立的证券交易所进行或按照国务院规定的其他方式进行。

2）股份转让的方式。记名股票，由股东以背书方式或法律、行政法规规定的其他方式转让，转让后由公司将受让人的姓名或名称及住所记载于股东名册。股东大会召开前 20 日内或公司决定分配股利的基准日前 5 日内，不得进行上述规定的股东名册的变更登记。但是，法律对上市公司股东名册变更登记另有规定的，从其规定。无记名股票的转让，由股东将该股票交付给受让人后即发生转让的效力。

3）股份转让的限制。① 对发起人转让股份的限制：发起人持有的本公司股份，自公司成立之日起 1 年内不得转让。公司公开发行股份前已发行的股份，自公司股票在证券交易所上市交易之日起 1 年内不得转让。② 对公司董事、监事和高级管理人员转让股份的限制：公司董事、监事和高级管理人员应当向公司申报所持有的本公司的股份及其变动情况，在任职期间每年转让的股份不得超过其所持有本公司股份总数的 25%；所持本公司股份自公司股票上市交易之日起 1 年内不得转让。上述人员离职后半年内，不得转让其所持有的本公司股票。公司章程可以对公司董事、监事和高级管理人员转让其所持有的本公司股份作出其他限制性规定。

4）公司不得收购本公司股份。但是，有下列情形之一的除外：① 减少公司注册资本；② 与持有本公司股份的其他公司合并；③ 将股份奖励给本公司职工；④ 股东因对股东大会作出的公司合并、分立决议持异议，要求公司收购其股份的。公司因上述第①项至第③项的原因收购本公司股份的，应当经股东大会决议。公司依照上述规定收购本公司股份后，属于第①项情形的，应当自收购之日起 10 日内注销；属于第②项、第④项情形的，应当在 6 个月内转让或注销。公司依照上述第③项规定收购的本公司股份，不得超过本公司已发行股份总额的 5%；用于收购的资金应当从公司的税后利润中支出；所收购的股份应当在 1 年内转让给职工。

5）公司不得接受本公司的股票作为质押权的标的，这主要是为了防止变相违规收购本公司股份。质押的意义在于当公司的债权得不到偿还时，公司有权将债务人的质押物进行变卖。但是，当公司以本公司的股票作为自己质押权的标的时，一旦债务人不能履行自己的债务，极易出现变相收购本公司股份的情形。

6）记名股票被盗、遗失或灭失，股东可以依照《民事诉讼法》规定的公示催告程序，请求人民法院宣告该股票失效。人民法院宣告该股票失效后，股东可以向公司申请补发股票。公示催告的期间，由人民法院根据情况决定，但不得少于 60 日。公示催告期间，转让票据权利的行为无效。

7）上市公司的股票，依照有关法律、行政法规及证券交易所规则上市交易。

第七节　公司董事、监事和高级管理人员的资格和义务

一、公司董事、监事和高级管理人员的资格

公司董事、监事和高级管理人员在公司中处于重要的地位并具有法定的职权，因此需要对其任职资格作一些限制性的规定，以保证其具有正确履行职责的能力和条件。对此一些国家和地区均有规定，是世界通行的做法。

《公司法》规定，有下列情形之一的，不得担任公司的董事、监事和高级管理人员。

1）无民事行为能力或限制民事行为能力。无民事行为能力的人是指10周岁以下的未成年人和不能辨认自己行为的精神病人。限制民事行为能力的人是指 10周岁以上的未成年人和不能完全辨认自己行为的精神病人。

2）因贪污、贿赂、侵占财产、挪用财产或破坏社会主义经济秩序，被判处刑罚，执行期满未逾5年，或者因犯罪被剥夺政治权利，执行期满未逾5年。

3）担任破产清算的公司、企业的董事或厂长、经理，对该公司、企业的破产负有个人责任的，自该公司、企业破产清算完毕之日起未逾3年。

4）担任因违法被吊销营业执照、责令关闭的公司、企业的法定代表人，并负有个人责任的，自该公司、企业被吊销营业执照之日起未逾3年。

5）个人所负数额较大的债务到期未清偿。

公司违反《公司法》的上述规定选举、委派董事、监事或聘任高级管理人员的，该选举、委派或聘任无效。公司董事、监事和高级管理人员在任职期间出现上述所列情形的，公司应当解除其职务。

二、公司董事、监事和高级管理人员的义务

公司董事、监事和高级管理人员应当遵守法律、行政法规和公司章程，对公司负有忠实义务和勤勉义务。公司董事、监事和高级管理人员不得利用职权收受贿赂或有其他非法收入，不得侵占公司的财产。

《公司法》规定，公司董事、监事和高级管理人员不得有下列行为。

1）挪用公司资金。

2）将公司资金以其个人名义或以其他个人名义开立账户存储。

3）违反公司章程的规定，未经股东会、股东大会或董事会同意，将公司资金借贷给他人或以公司财产为他人提供担保。

4）违反公司章程的规定或未经股东会、股东大会同意，与本公司订立合同或进行交易。

5）未经股东会或股东大会同意，利用职务便利为自己或他人谋取属于公司的商业机会，自营或为他人经营与所任职公司同类的业务。

6）接受他人与公司交易的佣金归为己有。

7）擅自披露公司秘密。

8）违反对公司忠实义务的其他行为。公司董事和高级管理人员违反上述规定所得的收入应当归公司所有。

公司董事、监事和高级管理人员执行公司职务时违反法律、行政法规或公司章程的规定，给公司造成损失的，应当承担赔偿责任。

公司股东会或股东大会要求董事、监事和高级管理人员列席会议的，董事、监事和高级管理人员应当列席并接受股东的质询。董事和高级管理人员应当如实向公司监事会或不设监事会的有限责任公司的监事提供有关情况和资料，不得妨碍监事会或监事行使职权。

三、股东诉讼

（一）股东代表诉讼

股东代表诉讼也称股东间接诉讼，是指当董事、监事和高级管理人员或其他人的违反法

律、行政法规或公司章程的行为给公司造成损失，公司拒绝或怠于向该违法行为人请求损害赔偿时，具备法人资格的股东有权代表其他股东，代替公司提起诉讼，请求违法行为人赔偿公司损失的行为。股东代表诉讼的目的，是为了保护公司利益和股东整体利益，而不仅仅是个别股东的利益。为保护个别股东利益而进行的诉讼是股东直接诉讼。

根据侵犯人身份的不同与具体情况的不同，提起股东代表诉讼有以下两种程序。

1．公司董事、监事和高级管理人员的行为给公司造成损失时股东代表公司提起诉讼的程序

按照《公司法》的规定，公司董事、监事和高级管理人员执行公司职务时违反法律、行政法规或公司章程的规定，给公司造成损失的，应当承担赔偿责任。为了确保责任者真正承担相应的赔偿责任，《公司法》对股东代表诉讼作了如下规定。

1）公司董事和高级管理人员执行公司职务时违反法律、行政法规或公司章程的规定的，股东通过监事会或监事提起诉讼。公司董事和高级管理人员执行公司职务时违反法律、行政法规或公司章程的规定，给公司造成损失的，有限责任公司的股东、股份有限公司连续 180 日以上单独或合计持有公司 1%以上股份的股东，可以书面请求监事会或不设监事会的有限责任公司的监事向人民法院提起诉讼。180 日以上连续持股期间，应为股东向人民法院提起诉讼时，已期满的持股时间；规定的合计持有公司 1%以上股份，是指两个以上股东持股份额的合计。

2）监事执行公司职务时违反法律、行政法规或公司章程的规定的，股东通过董事会或董事提起诉讼。监事执行公司职务时违反法律、行政法规或公司章程的规定，给公司造成损失的，有限责任公司的股东、股份有限公司连续 180 日以上单独或合计持有公司 1%以上股份的股东，可以书面请求董事会或不设董事会的有限责任公司的执行董事向人民法院提起诉讼。

3）股东直接提起诉讼。监事会、不设监事会的有限责任公司的监事，或者董事会、执行董事，收到有限责任公司的股东、股份有限公司连续 180 日以上单独或合计持有公司 1%以上股份的股东的书面请求后，拒绝提起诉讼，或者自收到请求之日起 30 日内未提起诉讼，或者情况紧急、不立即提起诉讼将会使公司利益受到难以弥补的损害的，有限责任公司的股东、股份有限公司连续 180 日以上单独或合计持有公司 1%以上股份的股东，有权为了公司的利益，以自己的名义直接向人民法院提起诉讼。

2．其他人的行为给公司造成损失时股东提起诉讼的程序

公司董事、监事和高级管理人员以外的其他人侵犯公司合法权益，给公司造成损失的，有限责任公司的股东、股份有限公司连续 180 日以上单独或合计持有公司 1%以上股份的股东，可以通过监事会或监事、董事会或董事向人民法院提起诉讼，或者直接向人民法院提起诉讼。提起诉讼的具体程序，依照上述股东对公司董事、监事和高级管理人员给公司造成损失的行为提起诉讼的程序进行。

（二）股东直接诉讼

股东直接诉讼是指股东对董事和高级管理人员违反规定损害股东利益的行为提起的诉讼。《公司法》规定，公司董事和高级管理人员违反法律、行政法规或公司章程的规定，损害股东利益的，股东可以依法直接向人民法院提起诉讼。

【例 2-8】公司所有股东对公司董事和高级管理人员执行公司职务时违反法律规定给公司

造成损失的，可以以自己的名义直接向人民法院提起诉讼。（　）

【解析】正确答案为×。根据我国《公司法》规定，公司董事和高级管理人员执行公司职务时违反法律、行政法规或公司章程的规定，给公司造成损失的，有限责任公司的股东、股份有限公司连续 180 日以上单独或合计持有公司 1%以上股份的股东，可以书面请求监事会或不设监事会的有限责任公司的监事向人民法院提起诉讼。监事会、不设监事会的有限责任公司的监事，收到有限责任公司的股东、股份有限公司连续 180 日以上单独或合计持有公司 1%以上股份的股东的书面请求后，拒绝提起诉讼，或者自收到请求之日起 30 日内未提起诉讼，或者情况紧急、不立即提起诉讼将会使公司利益受到难以弥补的损害的，有限责任公司的股东、股份有限公司连续 180 日以上单独或者合计持有公司 1%以上股份的股东，才有权为了公司的利益，以自己的名义直接向人民法院提起诉讼。

第八节　公司债券

一、公司债券的概念和种类

（一）公司债券的概念

公司债券是指公司依照法定程序发行、约定在一定期限还本付息的有价证券。

公司债券与公司股票有如下不同的法律特征。

1）公司债券的持有人是公司的债权人，对于公司享有民法上规定的债权人的所有权利，而股票的持有人则是公司的股东，享有《公司法》所规定的股东权利。

2）公司债券的持有人，无论公司是否赢利，对公司享有按照约定给付利息的请求权，而股票持有人，则必须在公司赢利时才能依法获得股利分配。

3）公司债券到了约定期限，公司必须偿还债券本金，而股票持有人仅在公司解散时方可请求分配剩余财产。

4）公司债券的持有人享有优先于股票持有人获得清偿的权利，而股票持有人必须在公司全部债务清偿之后，方可就公司剩余财产请求分配。

5）公司债券的利率一般是固定不变的，风险较小，而股票股利分配的高低，与公司经营好坏密切相关，所以常有变动，风险较大。

（二）公司债券的种类

依照不同的标准，公司债券可分类如下。

1．记名公司债券和无记名公司债券

记名公司债券是指在公司债券上记载债权人姓名或名称的债券；无记名公司债券是指在公司债券上不记载债权人姓名或名称的债券。区分记名公司债券和无记名公司债券的法律意义在于两者转让的要求不同。记名公司债券的转让，转让人须在债券上背书；而无记名公司债券的转让，转让人交付债券即发生转让的法律效力。

2．可转换公司债券和不可转换公司债券

可转换公司债券是指可以转换为公司股票的公司债券，这种公司债券在发行时规定了转换为公司股票的条件与办法。当条件具备时，债券持有人拥有将公司债券转换为公司股票的选择权。不可转换公司债券是指不能转换为公司股票的公司债券。凡在发行债券时未作出转

换约定的，均为不可转换公司债券。

二、公司债券的发行

（一）公司债券发行的条件

公司发行公司债券应当符合《证券法》规定的发行条件。《证券法》规定，公开发行公司债券，应当符合下列条件。

1）股份有限公司的净资产不低于人民币 3000 万元，有限责任公司的净资产不低于人民币 6 000 万元。

2）累计债券余额不超过公司净资产的 40%。

3）最近 3 年平均可分配利润足以支付公司债券 1 年的利息。

4）筹集的资金投向符合国家产业政策。

5）债券的利率不超过国务院限定的利率水平。

6）国务院规定的其他条件。

公开发行公司债券筹集的资金，必须用于核准的用途，不得用于弥补亏损和非生产性支出。

上市公司发行可转换为股票的公司债券，除应当符合上述规定的条件外，还应当符合《证券法》关于公开发行股票的条件，并报国务院证券监督管理机构核准。

有下列情形之一的，不得再次公开发行公司债券：① 前一次公开发行的公司债券尚未募足；② 对已公开发行的公司债券或其他债务有违约或延迟支付本息的事实，仍处于继续状态；③ 违反规定，改变公开发行公司债券所募资金的用途。

（二）公司债券发行的程序

1．由公司的权力机关作出决议

有限责任公司、股份有限公司发行公司债券，由公司董事会制定方案，公司股东会和股东大会作出决议。国有独资公司发行公司债券，由国家授权投资的机构或国家授权的部门作出决定。

2．报有关部门或机构批准

申请公开发行公司债券，应当向国务院授权的部门或国务院证券监督管理机构报送向下列文件：① 公司营业执照；② 公司章程；③ 公司债券募集办法；④ 资产评估报告和验资报告；⑤ 国务院授权的部门或者国务院证券监督管理机构规定的其他文件。依照规定聘请保荐人的，还应当报送保荐人出具的发行保荐书。上市公司发行可转换为股票的公司债券，应当报国务院证券监督管理机构核准。

国务院授权的部门或国务院证券监督管理机构应当自受理公司债券发行申请文件之日起 3 个月内，依照法定条件和法定程序作出予以核准或不予核准的决定。国务院授权的部门或国务院证券监督管理机构对已作出的核准公司债券发行的决定，发现不符合法定条件或法定程序，尚未发行公司债券的，应当予以撤销，停止发行。已经发行尚未上市的，撤销发行核准决定，发行人应当按照发行价并加算银行同期存款利息返还公司债券持有人；保荐人应当与发行人承担连带责任，但是能够证明自己没有过错的除外；发行人的控股股东、实际控制人有过错的，应当与发行人承担连带责任。

3．公告公司债券募集办法

发行公司债券的申请经国务院授权的部门核准后，应当公告公司债券募集办法。公司债券募集办法中应当载明下列主要事项：① 公司名称；② 债券募集资金的用途；③ 债券总额和债券的票面金额；④ 债券利率的确定方式；⑤ 还本付息的期限和方式；⑥ 债券担保情况；⑦ 债券的发行价格、发行的起止日期；⑧ 公司净资产额；⑨ 已发行的尚未到期的公司债券总额；⑩ 公司债券的承销机构。

公司以实物券方式发行公司债券的，必须在债券上载明公司名称、债券票面金额、利率、偿还期限等事项，并由法定代表人签名，公司盖章。

4．置备公司债券存根簿

公司债券可以为记名债券，也可以为无记名债券。公司发行公司债券应当置备公司债券存根簿。

发行记名公司债券的，应当在公司债券存根簿上载明下列事项：① 债券持有人的姓名或名称及住所；② 债券持有人取得债券的日期及债券的编号；③ 债权总额，债券的票面金额、利率、还本付息的期限和方式；④ 债券的发行日期。

发行无记名公司债券的，应当在公司债券存根簿上载明债券总额、利率、偿还期限和方式、发行日期及债券的编号。

发行可转换为股票的公司债券的，应当在债券上标明可转换公司债券字样，并在公司债券存根簿上载明可转换公司债券的数额。

三、公司债券的转让

《公司法》规定，公司债券可以转让，转让价格由转让人与受让人约定。公司债券在证券交易所上市交易的，按照证券交易所的交易规则转让。

根据公司债券种类的不同，公司债券的转让有不同的方式。记名公司债券，由债券持有人以背书方式或法律、行政法规规定的其他方式转让；转让后由公司将受让人的姓名或名称及住所记载于公司债券存根簿，以备公司存查。无记名公司债券的转让，由债券持有人将该债券交付给受让人后即发生转让的效力。受让人一经持有该债券，即成为公司的债权人。

发行可转换为股票的公司债券的，公司应当按照其转换办法向债券持有人换发股票，但债券持有人对转换股票或不转换股票有选择权。

第九节 公司财务和会计

一、公司财务和会计的作用

公司财务和会计是公司经营活动中的一项基础工作，其在公司中的作用主要表现如下。

（一）有利于保护投资者和债权人的利益

投资者除参加决定一些重大事项外，一般不参与公司日常的生产经营活动，投资者往往是通过了解公司的生产经营状况和公司财务、会计情况，来维护自身的利益。公司财务和会计工作的规范化，可以保证公司正确核算经营成果，保证公司资产的完整和利润的合理分配，使债权人的利益得到保护。

（二）有利于吸收社会投资

公司的潜在投资者作出投资于公司的决定都依赖于公司财务和会计信息的披露。公司财务、会计制度的规范化和公开化，可以使社会各方面都能方便地了解公司的经营状况和赢利能力。对经营状况比较好的公司，可以起到吸收社会投资的作用。

（三）有利于政府的宏观管理

公司在统一的财务和会计制度规定下筹集分配资金，记录反映经济业务，有利于政府掌握情况，制定政策，实施管理。

二、公司财务和会计的基本要求

（一）公司应当依法建立财务、会计制度

公司应当依照法律、行政法规和国务院财政部门的规定建立本公司的财务和会计制度。

（二）公司应当依法编制财务会计报告

公司应当在每一会计年度终了时编制财务会计报告，并依法经会计师事务所审计。公司财务会计报告主要包括：资产负债表、利润表、现金流量表和所有者权益（或股东权益）变动表等报表及附注。公司财务会计报告应当依照《会计法》和《企业财务会计报告条例》等法律、行政法规和国务院财政部门制定的国家统一的会计制度制作。对于上市公司，在每一会计年度的上半年结束之日，还应当制作中期财务会计报告。

（三）公司应当依法披露有关财务和会计资料

有限责任公司应当按照公司章程规定的期限将财务会计报告送交各股东。股份有限公司的财务会计报告应当在召开股东大会年会的 20 日前置备于本公司，供股东查阅；公开发行股票的股份有限公司必须公告其财务会计报告。

（四）公司应当依法建立账簿并开立账户

公司除法定的会计账簿外，不得另立会计账簿。对公司资产，不得以任何个人名义开立账户存储。

（五）公司应当依法聘用会计师事务所对财务会计报告审查验证

公司聘用和解聘承办公司审计业务的会计师事务所，依照公司章程的规定，由股东会、股东大会或董事会决定。公司股东会、股东大会或董事会就解聘会计师事务所进行表决时，应当允许会计师事务所陈述意见。公司应当向聘用的会计师事务所提供真实和完整的会计凭证、会计账簿、财务会计报告及其他会计资料，不得拒绝、隐匿和谎报。

三、利润分配

（一）公司利润分配顺序

公司利润，按照会计概念，是指公司在一个会计年度期间生产经营收入及其他收入扣除成本和费用等后的余额。

根据我国公司法及税法等相关法律的规定，公司应当按照如下顺序进行利润分配。

1）弥补以前年度的亏损，但不得超过税法规定的弥补期限。我国税法规定：企业某一纳税年度发生的亏损可以用下一年度的所得弥补，下一年度的所得不足以弥补的，可以逐年延续弥补，但最长不得超过 5 年。本处亏损是指企业依照《企业所得税法》和实施条例的规定，将每一纳税年度的收入总额减除不征税收入、免税收入和各项扣除后小于零的数额。

2）缴纳所得税即公司应依我国《企业所得税法》规定缴纳企业所得税。

3）弥补在税前利润弥补亏损之后仍存在的亏损。

4）提取法定公积金。

5）提取任意公积金。

6）向股东分配利润。

公司弥补亏损和提取公积金后所余税后利润，有限责任公司按照股东实缴的出资比例分配，但全体股东约定不按照出资比例分配的除外；股份有限公司按照股东持有的股份分配，但股份有限公司章程规定不按持股比例分配的除外。

公司股东会、股东大会或董事会违反规定，在公司弥补亏损和提取法定公积金之前向股东分配利润的，股东必须将违反规定分配的利润退还公司。公司持有的本公司股份不得分配利润。

（二）公积金

公积金是公司在资本之外所保留的资金金额，又称附加资本或准备金。公司为增强自身财力，扩大营业范围和预防意外亏损，从利润中提取一定的资金，以用于扩大资本，或弥补亏损。提取公积金制度是国家规定的一项强制性制度，各国公司法一般都有规定。

1. 公积金的种类

公积金分为盈余公积金和资本公积金两类。

1）盈余公积金。盈余公积金是从公司税后利润中提取的公积金，分为法定公积金和任意公积金两种。

法定公积金按照公司税后利润的10%提取，当公司法定公积金累计额为公司注册资本的50%以上时可以不再提取。公司的法定公积金不足以弥补以前年度亏损的，在依照规定提取法定公积金之前，应当先用当年利润弥补亏损。任意公积金按照公司股东会或股东大会决议，从公司税后利润中提取。

2）资本公积金是直接由资本原因等形成的公积金，股份有限公司以超过股票票面金额的发行价格发行股份所得的溢价款，以及国务院财政部门规定列入资本公积金的其他收入，应当列为公司资本公积金。

2. 公积金的用途

公司的公积金应当按照规定的用途使用。公司的公积金主要有以下用途。

1）弥补公司亏损。公司的亏损按照国家税法规定可以用缴纳所得税前的利润弥补，超过用所得税前利润弥补期限仍未补足的亏损，可以用公司税后利润弥补；发生特大亏损，税后利润仍不足弥补的，可以用公司的公积金弥补。但是，资本公积金不得用于弥补公司的亏损。

2）扩大公司生产经营。公司可以根据生产经营的需要，用公司的公积金来扩大公司的生产经营规模，增强公司实力。

3）转增公司资本。公司为了实现增加资本的目的，可以将公积金的一部分转为资本。对用任意公积金转增资本的，法律没有限制，但用法定公积金转增资本时，《公司法》规定，法定公积金转为资本时，所留存的该项公积金不得少于转增前公司注册资本的25%。

第十节　公司合并、分立、增资、减资

一、公司合并

公司合并是指两个以上的公司依照法定程序变为一个公司的行为。其形式有两种：一是吸收合并，二是新设合并。吸收合并是指一个公司吸收其他公司加入本公司，被吸收的公司解散。新设合并是指两个以上公司合并设立一个新的公司，合并各方解散。

公司合并应遵循以下程序。

1）签订合并协议。公司合并，应当由合并各方签订合并协议。合并协议应当包括：并后存续公司或新设公司的名称、住所；合并各方的债权债务处理办法；合并各方的资产状况及其处理办法等其他事项。

2）编制资产负债表及财产清单。

3）作出合并决议。签订合并协议并编制资产负债表及财产清单后，应当就公司合并的有关事项作出合并决议。有限责任公司的股东会在对公司合并作出决议时，必须经代表 2/3 以上表决权的股东通过；股份有限公司的股东大会在对公司合并作出决议时，必须经出席会议的股东所持表决权的 2/3 以上通过；国有独资公司的合并协议，由国有资产监督管理机构决定。重要的国有独资公司的合并，应当由国有资产监督管理机构审核后，报本级人民政府批准。

4）通知债权人。公司应当自作出合并决议之日起 10 日内通知债权人，并于 30 日内在报纸上公告。债权人自接到通知书之日起 30 日内，未接到通知书的自公告之日起 45 日内，可以要求公司清偿债务或者提供相应的担保。

5）依法进行登记。公司合并后，登记事项发生变更的，应当依法向公司登记机关办理变更登记；公司解散的，应当依法办理公司注销登记；设立新公司的，应当依法办理公司设立登记。

公司合并时，合并各方的债权、债务，应当由合并后存续的公司或者新设的公司承继。

二、公司分立

公司分立是指一个公司依法分为两个以上的公司。《公司法》未明确规定公司分立的形式，一般有两种：一是派生分立，即公司以其部分财产和业务另设一个新的公司，原公司存续；二是新设分立，即公司以其全部财产设立两个以上的新公司，原公司解散。

公司分立的程序与公司合并的程序基本一样，要签订分立协议，编制资产负债表及财产清单，作出分立决议，通知债权人，办理工商登记等。

公司分立前的债务由分立后的公司承担连带责任。但是，公司在分立前与债权人就债务清偿达成的书面协议另有约定的除外。

三、公司增资和减资

（一）公司注册资本的减少

公司需要减少注册资本时，必须编制资产负债表及财产清单。

公司减少注册资本时，应当自接到减少注册资本决议之日起 10 日内通知债权人，并于

30 日内在报纸上公告。债权人自接到通知书之日起 30 日内，未接到通知书的自公告之日起 45 日内，有权要求公司清偿债务或提供相应的担保。公司减少注册资本，应当依法向公司登记机关办理变更登记。

（二）公司注册资本的增加

有限责任公司增加注册资本时，股东认缴新增资本的出资，按照《公司法》设立有限责任公司缴纳出资的有关规定执行。股份有限公司为增加注册资本发行新股时，股东认购新股，依照《公司法》设立股份有限公司缴纳股款的有关规定执行。公司增加注册资本，应当依法向公司登记机关办理变更登记。

【例 2-9】根据《公司法》的规定，公司减少注册资本时，应当依法通知债权人并在报纸上公告。下列有关公司通知债权人及公告的表述中，符合《公司法》规定的是（　　）。

A. 公司应自作出减少注册资本决议之日起 10 日内通知债权人，并于 30 日内在报纸上公告

B. 公司应自作出减少注册资本决议之日起 15 日内通知债权人，并于 45 日内在报纸上公告

C. 公司应自作出减少注册资本决议之日起 30 日内通知债权人，并于 60 日内在报纸上公告

D. 公司应自作出减少注册资本决议之日起 30 日内通知债权人，并于 90 日内在报纸上公告

【解析】正确答案为 A。根据《公司法》的规定，公司减少注册资本时，应当自作出减少注册资本决议之日起 10 日内通知债权人，并于 30 日内在报纸上公告。

第十一节　公司解散和清算

一、公司解散的原因

根据《公司法》的规定，公司解散的原因有以下情形：① 公司章程规定的营业期限届满或公司章程规定的其他解散事由出现；② 股东会或股东大会决议解散；③ 因公司合并或分立需要解散；④ 依法被吊销营业执照、责令关闭或者被撤销；⑤ 人民法院依法予以解散。

公司有上述第①项情形的，可以通过修改公司章程而存续。公司依照规定修改公司章程的，有限责任公司须经持有 2/3 以上表决权的股东通过，股份有限公司须经出席股东大会会议的股东所持表决权的 2/3 以上通过。

《公司法》规定，公司经营管理发生严重困难，继续存续会使股东利益受到重大损失，通过其他途径不能解决的，持有公司全部股东表决权 10%以上的股东，可以请求人民法院解散公司。

2008 年 5 月 5 日最高人民法院颁布的《关于适用〈公司法〉若干问题的规定（二）》规定，单独或合计持有公司全部股东表决权 10%以上的股东，以下列事由之一提起解散公司诉讼，并符合《公司法》有关规定的，人民法院应予受理。

1）公司持续两年以上无法召开股东会或股东大会，公司经营管理发生严重困难的。

2）股东表决时无法达到法定或公司章程规定的比例，持续两年以上不能作出有效的股东会或股东大会决议，公司经营管理发生严重困难的。

3）公司董事长期冲突，且无法通过股东会或股东大会解决，公司经营管理发生严重困难的。

4）经营管理发生其他严重困难，公司继续存续会使股东利益受到重大损失的情形。

股东以知情权和利润分配请求权等权益受到损害，或者公司亏损和财产不足以偿还全部债务，以及公司被吊销企业法人营业执照未进行清算等为由，提起解散公司诉讼的，人民法院不予受理。

股东提起解散公司诉讼应当以公司为被告。经人民法院调解公司收购原告股份的，公司应当自调解书生效之日起 6 个月内将股份转让或注销。股份转让或注销之前，原告不得以公司收购其股份为由对抗公司债权人。公司被依法宣告破产的，依照有关企业破产的法律制度实施破产清算。

二、公司解散时的清算

（一）成立清算组

公司解散时，应当依法进行清算。根据《公司法》的规定，公司应当在解散事由出现之日起 15 日内成立清算组。根据最高人民法院的司法解释，有下列情形之一，债权人申请人民法院指定清算组进行清算的，人民法院应予受理。

1）公司解散逾期不成立清算组进行清算的。

2）虽然成立清算组但故意拖延清算的。

3）违法清算可能严重损害债权人或股东利益的。

具有上述情形，而债权人未提起清算申请，公司股东申请人民法院指定清算组对公司进行清算的，人民法院应予受理。

有限责任公司的清算组由股东组成，股份有限公司的清算组由董事或股东大会确定的人员组成。人民法院受理公司清算案件，应当及时指定有关人员组成清算组。清算组成员可以从下列人员或机构中产生。

1）公司股东、董事、监事和高级管理人员。

2）依法设立的律师事务所、会计师事务所和破产清算事务所等社会中介机构。

3）依法设立的律师事务所、会计师事务所和破产清算事务所等社会中介机构中具备相关专业知识并取得执业资格的人员。

（二）清算组的职权

根据《公司法》的规定，清算组在清算期间行使下列职权：① 清理公司财产，分别编制资产负债表和财产清单；② 通知、公告债权人；③ 处理与清算有关的公司未了结的业务；④ 清缴所欠税款及清算过程中产生的税款；⑤ 清理债权、债务；⑥ 处理公司清偿债务后的剩余财产；⑦ 代表公司参与民事诉讼活动。

清算组在公司清算期间代表公司进行一系列民事活动，全权处理公司经济事务和民事诉讼活动。根据《公司法》的规定，清算组成员应当忠于职守，依法履行清算义务。清算组成员不得利用职权收受贿赂或其他非法收入，不得侵占公司财产。清算组成员因故意或重大过失给公司或债权人造成损失的，应当承担赔偿责任。

（三）清算工作程序

1．登记债权

清算组应当自成立之日起10日内通知债权人，并于60日内在报纸上公告。债权人应当自接到通知书之日起30日内，未接到通知书的自公告之日起45日内，向清算组申报其债权。债权人在规定的期限内未申报债权，在公司清算程序终结前补充申报的，清算组应予登记。债权人补充申报的债权，可以在公司尚未分配财产中依法清偿。公司清算程序终结，是指清算报告经股东会、股东大会或人民法院确认完毕。

清算组未按照前款规定履行通知和公告义务，导致债权人未及时申报债权而未获清偿，清算组成员对因此造成的损失承担赔偿责任。

债权人申报债权，应当说明债权的有关事项，并提供证明材料。清算组应当对债权进行登记。在申报债权期间，清算组不得对债权人进行清偿。

2．清理公司财产，制定清算方案

清算组应当对公司财产进行清理，编制资产负债表和财产清单，制定清算方案。清算方案应当报股东会、股东大会或人民法院确认。清算组执行未经确认的清算方案给公司或债权人造成损失，公司、股东或债权人有权要求清算组人员承担赔偿责任。

公司解散时，股东尚未缴纳的出资均应作为清算财产。股东尚未缴纳的出资，包括到期应缴未缴的出资，以及依照《公司法》第二十六条和第八十一条的规定分期缴纳尚未届满缴纳期限的出资。

清算组在清理公司财产、编制资产负债表和财产清单后，发现公司财产不足清偿债务的，应当依法向人民法院申请宣告破产。人民法院指定的清算组在清理公司财产、编制资产负债表和财务清单时，发现公司财产不足清偿债务的，可以与债权人协商制作有关债务清偿方案。债务清偿方案经全体债权人确认且不损害其他利害关系人利益的，人民法院可依清算组的申请裁定予以认可。

3．清偿债务

公司财产在分别支付清算费用、职工的工资、社会保险费用和法定补偿金，缴纳所欠税款，清偿公司债务后的剩余财产，有限责任公司按照股东的出资比例分配，股份有限公司按照股东持有的股份比例分配。清算期间，公司存续，但不得开展与清算无关的经营活动。公司财产在未按上述规定清偿前，不得分配给股东。

4．公告公司终止

公司清算结束后，清算组应当制作清算报告，报股东会、股东大会或人民法院确认，并报送公司登记机关，申请注销公司登记，公告公司终止。

公司未经清算即办理注销登记，导致公司无法进行清算，债权人有权要求有限责任公司的股东、股份有限公司的董事和控股股东，以及公司的实际控制人对公司债务承担清偿责任。

复习思考题

一、单项选择题

1．甲、乙两公司与郑某、张某欲共同设立一有限公司，并在拟订公司章程时约定了各自的出资方式。在下列有关各股东的部分出资方式中，符合公司法律制度规定的是（　　）。

A．甲公司以其获得的某知名品牌特许经营权评估作价20万元出资

B．乙公司以其企业商誉评估作价30万元出资

C．郑某以其享有的某项专利权评估作价40万元出资

D．张某以其设定了抵押权的某房产评估作价50万元出资

2．某公司的注册资本为50万元，根据《公司法》的规定，该公司的股东法定人数应为（　　）。

A．2人以上　　B．50人以下

C．5人以上50人以下　　D．2人以上50人以下

3．甲、乙、丙于2014年2月分别出资50万元、30万元、20万元设立一家有限责任公司，2015年6月查实甲的机器设备50万元在出资时仅值20万元，下列说法错误的是（　　）。

A．甲的行为属于出资不实

B．甲应补交其差额30万元

C．如果甲的财产不足补交差额，则必须退出有限责任公司

D．如果甲的财产不足补交差额，则由乙和丙承担连带责任

4．根据《公司法》的规定，规模较小且不设董事会的有限责任公司的法定代表人为（　　）。

A．股东会指定的负责人　　B．执行董事

C．总经理　　D．执行监事

5．下列关于一人有限责任公司的表述中，不符合《公司法》对其所作特别规定的是（　　）。

A．一人有限责任公司的注册资本最低限额为人民币10万元

B．一人有限责任公司的股东可以分期缴纳公司章程规定的出资额

C．一个自然人只能投资设立一个一人有限责任公司

D．一人有限责任公司的股东不能证明公司财产独立于股东自己财产的，应当对公司债务承担连带责任

6．某三家公司拟募集设立一股份有限公司，在招股说明书上记载的下列事项符合法律规定的是（　　）。

A．认股人一旦认购股份就不得撤回

B．由某银行代售股份和代收股款

C．公司章程由创立大会通过

D．发起人认购的股份为公司股份总数的30%

7．直接或间接持有上市公司已发行一定比例股份的自然人股东不得担任独立董事，该比例为（　　）。

A．5%　　B．2%　　C．3%　　D．1%

8．乙属于中原股份有限公司的发起人之一，中原股份有限公司于2012年9月1日正式成立，则乙持有的该公司股票在（　　）之前不得转让。

A．2015年9月1日　　B．2015年6月1日

C．2013年9月1日　　D．2014年9月1日

9．甲有限责任公司拟公开发行公司债券，在下列有关该公司资产额的表述中，符合《证券法》规定公开发行公司债券条件的是（　　）。

A．该公司总资产额为人民币3000万元

B．该公司净资产额为人民币3000万元

C．该公司总资产额为人民币6000万元

D．该公司净资产额为人民币6000万元

10．某公司注册资本1亿元，累计提取法定公积金余额3000万元。年度税后利润为1500万元，该公司当年应当提取的法定公积金数额是（　　）。

A．150万元　　B．200万元　　C．300万元　　D．500万元

二、多项选择题

1．对有限责任公司和股份有限公司股东责任的表述，下列各选项中正确的有（　　）。

A．有限责任公司股东以实缴的出资额为限对公司承担责任

B．有限责任公司股东以其认缴的出资额为限对公司承担责任

C．股份有限公司股东以其认购的股份为限对公司承担责任

D．股份有限公司股东以其所持股份为限对公司承担责任

2．下列属于公司中股东的共益权的是（　　）。

A．股东会议的参加权　　B．新股认购优先权

C．股份质押权　　D．股东会议表决权

3．某有限责任公司共有股东15人，股东韩某拟向王某转让出资，使王某成为公司的新股东。韩某按照规定通知了其他股东，其他股东8人同意，6人不同意。对该股东会议情况的下列表述中，不正确的有（　　）。

A．同意转让的股东超过其他股东的半数，股东韩某可以转让出资

B．同意转让的股东未达到全体股东的2/3，股东韩某不能转让出资

C．股东韩某不能转让该出资

D．不同意转让的股东应当购买股东韩某拟转让的出资

4．某股份有限公司董事会由11名董事组成，下列情形中，能使董事会决议得以顺利通过的有（　　）。

A．6名董事出席会议，一致同意　　B．7名董事出席会议，5名同意

C．6名董事出席会议，5名同意　　D．11名董事出席会议，7名同意

三、判断题

1．设立公司应当申请名称预先核准。预先核准的公司名称在保留期内，不得用于从事经营活动，不得转让。　　（　　）

2．甲和乙是亲兄弟，他们共同投资设立 A 有限责任公司和 B 有限责任公司，并分别担任两个公司的董事长。在日常经营中，他们主要以 A 公司的名义对外从事经营活动，接到预付款后又通过 A 公司和 B 公司签订合同的方式，将 A 公司的资金转移到 B 公司的账户上，当 A 公司被债权人追讨时，发现 A 公司账户上根本没有钱。甲应对 A 公司的债务承担连带责任。（　　）

3．甲、乙、丙三人设立以商品批发为主兼营商品零售的有限责任公司，该公司的法定资本最低限额为 10 万元。（　　）

4．有限责任公司股东会会议由董事会召集，董事长主持。董事长不履行职责的，由副董事长主持；副董事长不履行职责的，由半数以上董事共同推举一名董事主持。（　　）

5．有限责任公司监事会设主席 1 人，由全体监事过半数选举产生。（　　）

6．国有独资公司监事会成员不得少于 5 人，其中职工代表的比例不得低于 1/3，具体比例由公司章程规定。（　　）

7．股东对外转让出资，其他股东在同等条件下有优先购买权，其他股东自人民法院通知之日起 30 日之内不行使优先购买权的，视为放弃优先购买权。（　　）

8．根据中国《公司法》的规定，股份有限公司创立大会作出的决议必须经出席会议的认股人所持表决权的过半数通过。（　　）

9．股东大会应当将所议事项的决定做成会议记录，主持人、出席会议的股东应当在会议记录上签名。（　　）

10．在股份有限公司的董事会开会时，董事因故不能出席的，可以书面委托他人代为出席。（　　）

11．A 公司是一家上市公司，B 公司和 C 公司均是 A 公司的关联企业。A 公司共有 9 名董事，其中董事甲、乙同时是 B 公司的董事，丙同时是 C 公司的董事。当 A 公司讨论为 B 公司提供担保事项时，全体董事均出席了会议，如果包括甲、乙、丙在内的 5 名董事反对，则该事项不能通过。（　　）

12．股份有限公司接受本公司的股票作为质押权标的的，必须经股东大会决议。（　　）

13．对于记名公司债券的转让，转让人须在债券上背书；而无记名公司债券的转让，转让人交付债券即产生转让的法律效力。（　　）

14．公司债券可以转让，转让价格由转让人与受让人约定。公司债券在证券交易所上市交易的，按照证券交易所的交易规则转让。（　　）

15．A、B 两个公司合并成立了 C 公司，C 公司要求 B 公司的债务人 D 公司按照规定偿还到期债务，D 公司以债权人 B 已经不存在为由拒绝偿还债务，D 公司的主张不符合法律规定。（　　）

四、案例分析

1．中国证监会在对 A 上市公司（以下简称 A 公司）进行例行检查中，发现以下事实。

（1）A 公司于 2012 年 5 月 6 日由 B 企业、C 企业等 6 家企业作为发起人共同以发起设立方式成立，2013 年 8 月 9 日，A 公司获准发行社会公众股，并于同年 10 月 10 日在证券交易所上市。

（2）2015 年 3 月 5 日，B 企业将所持有的 A 公司的部分股份转让给了 D 公司，此项转让未征得其他股东的同意。

（3）2015 年 4 月 6 日，A 公司董事会召开会议，通过了拟发行公司债券的方案和提议召开临时股东大会审议该发行公司债券方案的决议。

（4）2015 年 4 月 25 日，在临时股东大会上，除审议通过了发行公司债券的决议外，还根据 C 企业的提议，临时增加了一项增选一名公司董事的议案，以上两项经出席会议的股东所持表决权的过半数通过。

要求：根据以上的材料结合法律规定，回答下列问题并说明理由。

（1）B 企业转让 A 公司股份的行为是否符合法律规定？

（2）A 公司董事会决议是否符合法律规定？

（3）A 公司临时股东大会通过发行公司债券的决议和增选一名公司董事的决议是否符合法律规定？

2．A 有限责任公司有甲、乙、丙、丁四位股东，没有设立董事会和监事会。股东甲持有 40%的股份，担任公司执行董事；股东乙持有 30%的股份，担任公司监事；股东丙持有 20%的股份；股东丁持有 10%的股份。2015 年 9 月 1 日，股东乙提议召开临时股东会，按照公司章程的规定，审议如下事项：为股东乙担任董事的 B 公司提供担保。全体股东出席了临时股东会，虽然股东丁持反对意见，但是股东会还是通过了该项决议。为此，股东丁要求公司按照合理的价格收购其股权，退出公司。

要求：根据以上事实，并结合相关法律规定，分别回答下列问题。

（1）股东乙是否有权提议召开临时股东会？说明理由。

（2）本题中由股东会对“为 B 公司提供担保”作出决议是否符合法律规定？说明理由。

（3）股东丁要求退出公司是否符合法律规定？说明理由。

3．甲、乙、丙、丁四个国有企业和戊有限责任公司投资设立股份有限公司，注册资本为 8 000 万元。2015 年 8 月 1 日，该股份有限公司召开的董事会会议情形如下。

（1）该公司共有董事 7 人，有 5 人亲自出席。列席本次董事会的监事 A 向会议提交了另一名因故不能到会的董事出具的代为行使表决权的委托书，该委托书委托 A 代为行使本次董事会的表决权。

（2）董事会会议结束后，所有决议事项均载入会议记录，并由出席董事会会议的全体董事和列席会议的监事签名后存档。

2015 年 9 月 1 日，公司召开的股东大会作出更换监事的决议，由公司职工代表曹某代替公司职工代表赵某。

要求：根据上述情况和公司法律制度的相关规定，回答下列问题。

（1）在董事会会议中 A 能否接受委托代为行使表决权？说明理由。

（2）董事会会议记录是否存在不妥之处？说明理由。

（3）股东大会会议决定更换职工监事是否合法？说明理由。

参考答案

一、单项选择题

1．【正确答案】C

【答案解析】本题考核点是公司股东的出资方式。根据规定，股东不得以劳务、信用、自然人姓名、商誉、特许经营权或设定担保的财产等作价出资。因此选项 A、B、D 中所述的出资方式是错误的。

2.【正确答案】B

【答案解析】本题考核点是有限责任公司的股东人数。根据规定，股份有限公司注册资本最低限额为 500 万元，由此可以判断该公司为有限责任公司，其股东人数为 50 人以下。

3.【正确答案】C

【答案解析】本题考核点是股东出资的规定。根据规定，有限责任公司成立后，发现作为出资的实物、工业产权、土地使用权的实际价额显著低于公司章程所定价额的，应当由交付该出资的股东补交其差额，公司设立时的其他股东对其承担连带责任。本题应由乙和丙对其承担连带责任。

4.【正确答案】B

【答案解析】本题考核点是有限责任公司的组织架构设置。根据规定，股东人数较少或规模较小的有限责任公司，可以设 1 名执行董事，不设董事会。执行董事为公司的法定代表人，可以兼任公司经理。

5.【正确答案】A

【答案解析】本题考核点是一人有限责任公司的特别规定。与修订前的《公司法》相比：删去第五十九条第一款“一人有限责任公司的注册资本最低限额为人民币 10 万元，股东应当一次足额缴纳公司章程规定的出资额，不允许分期缴付出资”。

6.【正确答案】C

【答案解析】本题考核点是股份有限公司的设立。发起人未按期召开创立大会的，认股人可以按照所缴股款并加算银行同期存款利息，要求发起人返还，所以选项 A 错误。发起人向社会公开募集股份，应当由依法设立的证券公司承销，签订承销协议，所以选项 B 错误。募集设立的，发起人认购的股份不得少于公司股份总数的 35%，所以选项 D 错误。

7.【正确答案】D

【答案解析】本题考核点是不得担任独立董事的情形。根据规定，直接或间接持有上市公司已发行股份 1%以上，或者上市公司前 10 名股东中的自然人股东及其直系亲属不得担任独立董事。

8.【正确答案】C

【答案解析】本题考核点是股份有限公司股东转让股票的限制。根据规定，发起人持有的本公司的股份，自公司成立之日起，一年内不得转让。

9.【正确答案】D

【答案解析】本题考核点是有限责任公司发行公司债券的条件。根据规定，有限责任公司公开发行公司债券的，其净资产不得低于人民币 6000 万元。

10.【正确答案】A

【答案解析】本题考核点是公积金提取的规定。根据《公司法》的规定，法定公积金按照公司税后利润的 10%提取，当公司法定公积金累计额为公司注册资本的 50%以上时可以不再提取。甲公司 2006 年利润 1500 万，按 10%提取 150 万元，加上原累计的法定公积金 3000 万元，提取后累计总额 3150 万元，未超过注册资本的 50%。

二、多项选择题

1．【正确答案】BC

【答案解析】本题考核点是有限责任公司和股份有限公司的概念。中国《公司法》规定的有限责任公司和股份有限公司都具有法人资格，股东以其认缴的出资额或认购的股份为限对公司承担有限责任（即使股东出资不到位，也不影响其责任的承担）。

2．【正确答案】AD

【答案解析】本题考核点是股东的共益权。共益权是指股东依法参加公司事务的决策和经营管理的权利，它是股东基于公司利益同时兼为自己的利益而行使的权利，包括股东会或股东大会参加权、提案权、质询权、在股东会或股东大会上的表决权、累计投票权、股东会或股东大会召集请求权和自行召集权，了解公司事务、查阅公司账簿和其他文件的知情权，提起诉讼权等权利。选项 BC 属于自益权。

3．【正确答案】BCD

【答案解析】本题考核点是有限责任公司股东对外转让股权的相关规定。股东向股东以外的人转让股权，应当经其他股东过半数同意。其他股东半数以上不同意转让的，不同意的股东应当购买该转让的股权；不购买的，视为同意转让。

4．【正确答案】AD

【答案解析】本题考核点是股份有限公司董事会会议制度。根据规定，董事会决议必须有过半数的董事出席方可举行；董事会的决议必须经全体董事（而非出席会议）的过半数通过方可实施。

三、判断题

1．【正确答案】对

【答案解析】本题考核点是公司的登记管理。根据规定，预先核准的公司名称在保留期内，不得用于从事经营活动，不得转让。

2．【正确答案】对

【答案解析】本题考核点是滥用公司法人独立地位和股东有限责任。公司股东滥用公司法人独立地位和股东有限责任，逃避债务，严重损害公司债权人利益的，应当对公司债务承担连带责任。

3．【正确答案】错

【答案解析】本题考核点是有限责任公司的注册资本。修订后的《公司法》，除对公司注册资本最低限额另行规定的以外，取消了“有限责任公司、一人有限责任公司、股份有限公司最低注册资本分别应达 3 万元、10 万元、500 万元”的规定；取消了“全体股东的货币出资金额不得低于公司注册资本的 30%”的规定。

4．【正确答案】对

【答案解析】本题考核点是有限责任公司股东会会议制度。本题的表述是正确的。

5．【正确答案】对

【答案解析】本题考核点是有限责任公司的监事会主席的产生方式。本题的表述是正确的。

6．【正确答案】对

【答案解析】本题考核点是国有独资公司的监督管理。本题的表述是符合规定的。

7.【正确答案】错

【答案解析】本题考核点是股东的优先购买权。股东对外转让出资，其他股东在同等条件下有优先购买权，其他股东自人民法院通知之日起 20 日之内不行使优先购买权的，视为放弃优先购买权。

8.【正确答案】对

【答案解析】本题考核点是创立大会的决议通过方式。创立大会对在职权内作出的决议，必须经出席会议的认股人所持表决权的过半数通过。

9.【正确答案】错

【答案解析】本题考核点是股东大会的相关规定。根据规定，股东大会应当将所议事项的决定做成会议记录，主持人、出席会议的董事应当在会议记录上签名。

10.【正确答案】错

【答案解析】本题考核点是股份有限公司董事会会议的有关规定。根据《公司法》的规定，股份有限公司的董事会开会时，董事应亲自出席，董事因故不能出席时，可以书面委托其他董事（而非他人）代为出席，但应在书面委托书中载明授权范围。

11.【正确答案】错

【答案解析】本题考核点是关联关系董事的表决权排除制度。本题 A 公司相对于 B 公司来说，无关联关系董事有 7 人（包括丙）。根据有关规定，上市公司董事会会议所作决议须经无关联关系董事过半数通过。本题情形有 4 名无关联关系董事同意，符合过半数的规定。

12.【正确答案】错

【答案解析】本题考核点是股份有限公司的股票转让。按照法律规定，公司不得接受本公司的股票作为质押权的标的。

13.【正确答案】对

【答案解析】本题考核点是公司债券的转让。本题的表述是正确的。

14.【正确答案】对

【答案解析】本题考核点是公司债券的转让。本题的表述是正确的。

15.【正确答案】对

【答案解析】本题考核点是公司合并各方的债权债务承担。根据规定，合并各方的债权债务，应当由合并后存续的公司或是新设的公司承继。

四、案例分析

1.【正确答案】（1）B 企业转让 A 公司股份的行为符合法律规定。根据《公司法》规定，发起人持有的本公司股份，自公司成立之日起 1 年内不得转让；公司公开发行股份前已发行的股份，自公司股票在证券交易所上市交易之日起 1 年内不得转让。2015 年 3 月 5 日不在上述两个时间限制内，所以 B 企业可以将部分股份转让给 D 公司。

（2）A 公司董事会决议符合法律规定。根据《公司法》规定，董事会认为必要时可以提议召开临时股东大会；董事会行使的职权之一是制定公司增加或减少注册资本，以及发行公司债券的方案。所以本题中董事会的决议符合法律规定。

（3）首先，A 公司临时股东大会通过发行公司债券的决议符合法律规定。根据《公司法》规定，对发行公司债券作出决议属于股东大会的职权，股东大会决议经出席会议的股东所持表决权的过半数通过即可。其次，A 公司临时股东大会通过增选一名公司董事的决议不符合法律规定。根据《公司法》规定，临时股东大会不得对通知中未列明的事项作出决议。

2.【正确答案】(1) 股东乙有权提议召开临时股东会。根据规定，代表 1/10 以上表决权的股东，1/3 以上的董事，监事会或不设监事会的公司的监事提议召开临时会议的，应当召开临时会议。

(2) 股东会对“为 B 公司提供担保”作出决议符合法律规定。根据规定，公司向其他企业投资或为他人提供担保，按照公司章程的规定由董事会、股东会或股东大会作出决议。

(3) 股东丁要求退出公司不符合法律规定。根据规定，有下列情形之一的，对股东会该项决议投反对票的股东可以请求公司按照合理的价格收购其股权，退出公司：① 公司连续 5 年不向股东分配利润，而公司该 5 年连续赢利，并且符合公司法规定的分配利润条件的；② 公司合并、分立、转让主要财产的；③ 公司章程规定的营业期限届满或章程规定的其他解散事由出现，股东会会议通过决议修改章程使公司存续的。本题中，A 公司不具有上述情形。

3.【正确答案】(1) A 不能接受委托代为行使表决权。根据规定，董事因故不能出席董事会会议的，可以书面委托其他董事代为出席。但 A 为监事，不是董事，所以不能代为行使表决权。

(2) 董事会会议记录存在不妥之处。根据规定，董事会会议记录应由出席会议的董事在会议记录上签名，列席董事会会议的监事无须在会议记录上签名，而该公司列席董事会会议的监事在会议记录上签名，是不符合规定的。

(3) 股东大会会议作出由公司职工代表曹某代替公司职工代表赵某的决议不符合《公司法》的规定。根据《公司法》的规定，股份有限公司职工代表出任的监事不是由公司股东大会选举产生的，而是由职工代表大会、职工大会或者其他民主形式选举产生的。本题由公司股东大会选举职工代表出任监事是不符合规定的。

第三章 合伙企业法律制度

本章要点

- 合伙企业的设立
- 合伙企业的事务管理
- 合伙企业的解散和清算
- 违反合伙企业的法律责任

第一节 合伙企业法律制度概述

一、合伙企业的概念及分类

合伙，是指两个以上的人为共同的目的，相互约定共同出资、共同经营、共享收益和共担风险的自愿联合。合伙企业，是指自然人、法人和其他组织依照《中华人民共和国合伙企业法》（以下简称《合伙企业法》）在中国境内设立的普通合伙企业和有限合伙企业。

二、合伙企业法的概念和基本原则

（一）合伙企业法的概念

理论上，合伙企业法有广义和狭义之分。狭义的合伙企业法，是指由国家立法机关依法制定的《合伙企业法》。该法于 1997 年 2 月 23 日由第八届全国人民代表大会常务委员会第 24 次会议通过，2006 年 8 月 27 日第十届全国人民代表大会常务委员会第 23 次会议修订。广义的合伙企业法，是指国家立法机关或其他有权机关依法制定的、调整合伙企业合伙关系的各种法律规范的总称。

（二）合伙企业法的基本原则

《合伙企业法》规定了下列基本原则：① 协商原则；② 自愿、平等、公平、诚实信用原则；③ 守法原则；④ 合法权益受法律保护原则；⑤ 依法纳税原则。

第二节　普通合伙企业

一、普通合伙企业的概念

普通合伙企业，是指由普通合伙人组成，合伙人对合伙企业债务依照《合伙企业法》规定承担无限连带责任的一种合伙企业。普通合伙企业具有以下特点。

1）由普通合伙人组成。所谓普通合伙人，是指在合伙企业中对合伙企业的债务依法承担无限连带责任的自然人、法人和其他组织。《合伙企业法》规定，国有独资公司、国有企业、上市公司，以及公益性的事业单位、社会团体不得成为普通合伙人。

2）合伙人对合伙企业债务依法承担无限连带责任，法律另有规定的除外。所谓无限连带责任，包括两个方面：一是连带责任。所有的合伙人对合伙企业的债务都有责任向债权人偿还，不管自己在合伙协议中所承担的比例如何。一个合伙人不能清偿对外债务的，其他合伙人都有清偿的责任。但是，当某一合伙人偿还合伙企业的债务超过自己所应承担的数额时，有权向其他合伙人追偿。二是无限责任。所有的合伙人不仅以自己投入合伙企业的资金和合伙企业的其他资金对债权人承担清偿责任，而且在不够清偿时还要以合伙人自己所有的财产对债权人承担清偿责任。

但是，在特殊情况下，合伙人可以不承担无限连带责任。按照《合伙企业法》中“特殊普通合伙企业”的规定，对以专业知识和专门技能为客户提供有偿服务的专业服务机构，可以设立为普通合伙企业。在这种特殊的普通合伙企业中，对合伙人本人执业行为中因故意或重大过失引起的合伙企业债务，其他合伙人以其在合伙企业中的财产份额为限承担责任；在执业行为中因故意或重大过失引起合伙企业债务的合伙人，应当承担无限连带责任；对合伙人本人执业行为中非故意或重大过失引起的合伙企业的债务和合伙企业的其他债务，全体合伙人承担无限连带责任。对合伙人执业行为中因故意或重大过失引起的企业债务，以合伙企业财产对外承担责任后，该合伙人应当按照合伙协议的约定对给合伙企业造成的损失承担赔偿责任。

二、合伙企业的设立

（一）合伙企业的设立条件

1）有两个以上合伙人。合伙人为自然人的，应当具有完全民事行为能力。合伙企业合伙人至少为 2 人以上，对于合伙企业合伙人数的最高限额，中国合伙企业法未作规定，完全由设立人根据所设企业的具体情况决定。

关于合伙人的资格，《合伙企业法》作了以下限定：① 合伙人可以是自然人，也可以是法人或其他组织。如何组成，除法律另有规定外不受限制。② 合伙人为自然人的，应当具有完全民事行为能力。无民事行为能力人和限制民事行为能力人不得成为合伙企业的合伙人。③ 国有独资公司、国有企业、上市公司，以及公益性的事业单位、社会团体不得成为普通合伙人。

2）有书面合伙协议。合伙协议，是指由各合伙人通过协商，共同决定相互间的权利义务，达成的具有法律约束力的协议。合伙协议应当依法由全体合伙人协商一致，以书面形式订立。合伙协议应当载明下列事项：① 合伙企业的名称和主要经营场所的地点；② 合伙目的和合伙经营范围；③ 合伙人的姓名或名称、住所；④ 合伙人的出资方式、数额和缴付期限；⑤ 利润分配、亏损分担方式；⑥ 合伙事务的执行；⑦ 入伙与退伙；⑧ 争议解决办法；⑨ 合伙企业的解散与清算；⑩ 违约责任等。合伙协议经全体合伙人签名、盖章后生效。合伙人按照合伙协议享有权利，履行义务。修改或补充合伙协议，应当经全体合伙人一致同意；但是，合伙协议另有约定的除外。合伙协议未约定或约定不明确的事项，由合伙人协商决定；协商不成的，依照《合伙企业法》和其他有关法律、行政法规的规定处理。

3）有合伙人认缴或实际缴付的出资。合伙协议生效后，合伙人应当按照合伙协议的规定缴纳出资。合伙人可以用货币、实物、知识产权、土地使用权或其他财产权利出资，也可以用劳务出资。合伙人的劳务出资形式是有别于公司出资形式的重要之处。合伙人以实物、知识产权、土地使用权或其他财产权利出资，需要评估作价的，可以由全体合伙人协商确定，也可以由全体合伙人委托法定评估机构评估。合伙人以劳务出资的，其评估办法由全体合伙人协商确定，并在合伙协议中载明。合伙人应当按照合伙协议约定的出资方式、数额和缴付期限，履行出资义务。以非货币财产出资的，依照法律、行政法规的规定，需要办理财产权转移手续的，应当依法办理。

4）有合伙企业的名称和生产经营场所。普通合伙企业应当在其名称中标明“普通合伙”字样，其中，特殊的普通合伙企业应当在其名称中标明“特殊普通合伙”字样，合伙企业的名称必须和“合伙”联系起来，名称中必须有“合伙”二字。

5）法律、行政法规规定的其他条件。

【例 3-1】 甲、乙、丙拟设立一普通合伙企业，并订立了一份合伙协议，部分内容如下。① 甲的出资为现金 1000 元和劳务作价 5 万元；② 乙的出资为现金 5 万元，于合伙企业成立后半年内缴付；③ 丙的出资为作价 8 万元的房屋一栋，不办理财产权转移手续，且丙保留对房屋的处分权；④ 合伙企业的经营期限，于合伙企业成立满 1 年时再协商确定。

要求：分析该协议的上述四项内容是否符合《合伙企业法》的规定。

【解析】 1）根据《合伙企业法》的规定，合伙人可以用货币、实物、知识产权、土地使用权或其他财产权利出资，也可以用劳务出资；合伙人以实物、知识产权、土地使用权或其他财产权利出资，需要评估作价的，可以由全体合伙人协商确定，也可以由全体合伙人委托法定评估机构评估；合伙人以劳务出资的，其评估办法由全体合伙人协商确定，并在合伙协议中载明。因此，甲以现金和劳务出资，符合《合伙企业法》的规定。

2）根据《合伙企业法》的规定，设立合伙企业，应当具备下列条件：① 有两个以上合伙人。合伙人为自然人的，应当具有完全民事行为能力。② 有书面合伙协议。③ 有各合伙人认缴或实际缴付的出资。④ 有合伙企业的名称和生产经营场所。⑤ 法律、行政法规规定的其他条件。从上述合伙企业设立条件第三项的规定，有各合伙人认缴或实际缴付的出资，可知合伙人可以实际一次性缴付出资，也可以“认缴”的形式分期出资，但“认缴”必须在合伙协议中有所体现，不能随意进行。乙的出资于合伙企业成立后半年内缴付符合《合伙企业法》的规定。

3）根据《合伙企业法》的规定，合伙人应当按照合伙协议约定的出资方式、数额和缴付期限履行出资义务；以非货币财产出资的，依照法律、行政法规的规定，需要办理财产权转移手续的，应当依法办理。丙以房屋出资，但不办理财务产转移手续，且保留对该房屋的处分权，则该房屋并未成为合伙企业的财产。因此，丙的出资不符合《合伙企业法》的规定。

4）根据《合伙企业法》的规定，合伙协议应当载明的事项中并不包括合伙企业的经营期限，因此，合伙企业的经营期限并不一定要在合伙企业成立时确定，该项内容符合《合伙企业法》的规定。

（二）合伙企业的设立登记

1）申请人向企业登记机关提交相关文件。该类文件有：① 全体合伙人签署的设立登记申请书；② 合伙协议书；③ 全体合伙人的身份证明；④ 全体合伙人指定的代表或共同委托代理人的委托书；⑤ 全体合伙人对各合伙人认缴或实际缴付出资的确认书；⑥ 经营场所证明；⑦ 其他法定的证明文件。

此外，法律、行政法规规定设立合伙企业须经批准的，还应当提交有关批准文件。合伙协议约定或全体合伙人决定，委托一个或数个合伙人执行合伙事务的，还应当提交全体合伙人的委托书。

2）企业登记机关核发营业执照。合伙企业的营业执照签发日期，为合伙企业的成立日期。合伙企业领取营业执照前，合伙人不得以合伙企业名义从事合伙业务。

合伙企业设立分支机构，应当向分支机构所在地的企业登记机关申请登记，领取营业执照。合伙企业登记事项发生变更的，执行合伙事务的合伙人应当自作出变更决定或发生变更事由之日起 15 日内，向企业登记机关申请办理变更登记。

三、合伙企业财产

（一）合伙企业财产的构成

根据《合伙企业法》的规定，合伙人的出资、以合伙企业名义取得的收益和依法取得的其他财产，均为合伙企业的财产。从这一规定可以看出，合伙企业财产由以下三部分构成。

1）合伙人的出资。《合伙企业法》规定，合伙人可以用货币、实物、知识产权、土地使用权或其他财产权利出资，也可以用劳务出资，这些出资形成合伙企业的原始财产。需要注意的是，合伙企业的原始财产是全体合伙人“认缴”的财产，而非各合伙人“实际缴纳”的财产。

2）以合伙企业名义取得的收益。合伙企业作为一个独立的经济实体，有自己的独立利益，因此，企业以其名义取得的收益作为合伙企业获得的财产，当然归属于合伙企业，成为合伙财产的一部分。以合伙企业名义取得的收益，主要包括合伙企业的公共积累资金、未分配的盈余、合伙企业债权、合伙企业取得的工业产权和非专利技术等财产权利。

3）依法取得的其他财产。根据法律、行政法规的规定合法取得的其他财产，如合法接受的赠与财产等。

（二）合伙企业财产的性质

合伙企业的财产具有独立性和完整性两方面的特征。所谓独立性，是指合伙企业的财产独立于合伙人，合伙人出资以后，一般来说，便丧失了对其作为出资部分的财产的所有权或持有权、占有权，合伙企业的财产权主体是合伙企业，而不是单独的每个合伙人。所谓完整性，是指合伙企业的财产作为一个完整的统一体而存在的，合伙人对合伙企业财产权益的表现形式仅是依照合伙协议所确定的财产收益份额或比例。

根据《合伙企业法》的规定，合伙人在合伙企业清算前，不得请求分割合伙企业的财产；但法律另有规定的除外。合伙人在合伙企业清算前私自转移或处分合伙企业财产的，合伙企业不得以此对抗善意第三人。在确认善意取得的情况下，合伙企业的损失只能向合伙人进行追索，而不能向善意第三人追索。合伙企业也不能以合伙人无权处分其财产而对善意第三人的权利要求进行对抗，即不能以合伙人无权处分其财产而主张其与善意第三人订立的合同无效。当然，如果第三人是恶意取得，即明知合伙人无权处分而与之进行交易，或者与合伙人通谋共同侵犯合伙企业权益，则合伙企业可以据此对抗第三人。

（三）合伙人财产份额的转让

合伙人财产份额的转让，是指合伙企业的合伙人向他人转让其在合伙企业中的全部或部分财产份额的行为。由于合伙人财产份额的转让将会影响到合伙企业及各合伙人的切身利益，所以，《合伙企业法》对合伙人财产份额的转让作了以下限制性规定。

1）除合伙协议另有约定外，合伙人向合伙人以外的人转让其在合伙企业中的全部或部分财产份额时，须经其他合伙人一致同意。这一规定适用于合伙人财产份额的外部转让。所谓合伙人财产份额的外部转让，是指合伙人把其在合伙企业中的全部或部分财产份额转让给合伙人以外的第三人的行为。合伙人财产份额的外部转让，只有经其他合伙人一致同意，才表明其他合伙人同意与受让人共同维持原合伙企业，合伙企业才能继续存续下去。如果其他合伙人不同意接受受让人，则合伙企业无法继续存续下去。“合伙人向合伙人以外的人转让其在合伙企业中的全部或部分财产份额时，须经其他合伙人一致同意”，是一项法定的原则，且这项原则是在合伙协议中没有规定的情况下才有法律效力。如果合伙协议有另外的约定，即合伙协议约定，合伙人向合伙人以外的人转让其在合伙企业中的全部或部分财产份额时，无须经过其他合伙人一致同意，例如，约定 2/3 以上合伙人同意或一定出资者比例同意的情况下，则应执行合伙协议的规定。

2）合伙人之间转让在合伙企业中的全部或部分财产份额时，应当通知其他合伙人。这一规定适用于合伙人财产份额的内部转让。所谓合伙人财产份额的内部转让，是指合伙人将其在合伙企业中的全部或部分财产份额转让给其他合伙人的行为。合伙人财产份额的内部转让因不涉及合伙人以外的人参加，合伙企业存续的基础没有发生实质性变更，因此不需要经过其他合伙人一致同意，只需要通知其他合伙人即可产生法律效力。

3）合伙人向合伙人以外的人转让其在合伙企业中的财产份额的，在同等条件下，其他合伙人有优先购买权；但是，合伙协议另有约定的除外。所谓优先购买权，是指在合伙人转让其财产份额时，在多数人接受转让的情况下，其他合伙人基于同等条件可先于其他非合伙人购买的权利。优先购买权的发生存在两个前提：一是合伙人财产份额的转让没有约定的转让条件、转让范围的限制。也就是说，合伙协议没有“另外约定”或另外的限制，如有另外约定或限制，则应依约定或限制办理。二是优先受让的前提是同等条件。同等条件，主要是指受让的价格条件，当然也包括其他条件。这一规定的目的在于维护合伙企业现有合伙人的利益，维护合伙企业在现有基础上的稳定。

合伙人以外的人依法受让合伙人在合伙企业中的财产份额的，经修改合伙协议即成为合伙企业的合伙人，依照《合伙企业法》和修改后的合伙协议享有权利，履行义务。合伙人以外的人成为合伙人须修改合伙协议，未修改合伙协议的，不应算做法律所称的“合伙企业的合伙人”。

此外，由于合伙人财产份额出质可能导致该财产份额依法发生权利转移，《合伙企业法》规定，合伙人以其在合伙企业中的财产份额出质的，须经其他合伙人一致同意；未经其他合伙人一致同意，其行为无效，由此给善意第三人造成损失的，由行为人依法承担赔偿责任。合伙人财产份额的出质，是指合伙人将其在合伙企业中的财产份额作为质押物来担保债权人债权实现的行为。对合伙人财产份额出质的规定，包括以下两方面的内容：一是合伙人可以以其在合伙企业中的财产份额作为质物，与他人签订质押合同，但必须经其他合伙人一致同意，否则，合伙人的出质行为无效，即不产生法律上的效力，不受法律的保护。二是合伙人非法出质给善意第三人造成损失的，依法承担赔偿责任。合伙人擅自以其在合伙企业中的财产份额出质，违背了合伙企业存续的基础，具有主观上的过错。合伙人非法出质给善意第三人造成损失的，应当依法赔偿因其过错行为给善意第三人所造成的损失。

【例 3-2】除合伙协议另有约定外，合伙人向合伙人以外的人转让其部分财产份额时须满足的条件是（ ）。

A. 应当通知其他合伙人　　B. 应经其他合伙人一致同意

C. 应经其他合伙人半数以上同意　　D. 须全体合伙人 2/3 以上多数同意

【解析】正确答案是 B。《合伙企业法》规定，除合伙协议另有约定外，合伙人向合伙人以外的人转让其在合伙企业中的全部或部分财产份额时，须经其他合伙人一致同意；合伙人之间转让在合伙企业中的全部或部分财产份额时，应当通知其他合伙人。

【例 3-3】根据《合伙企业法》的规定，普通合伙企业的下列行为中，必须经全体合伙人一致同意的有（ ）。

A. 合伙人之间转让其在合伙企业中的财产份额

B. 合伙人向合伙人以外的人转让其在合伙企业中的财产份额

C. 合伙人以其在合伙企业中的财产份额出质

D. 执行合伙企业事务的合伙人以合伙企业名义为他人提供担保

【解析】正确答案是 BCD。合伙人之间转让在合伙企业中的全部或部分财产份额时，应当通知其他合伙人，不须经全体合伙人一致同意。

四、合伙事务执行

（一）合伙事务执行的形式

根据《合伙企业法》的规定，合伙人执行合伙企业事务，可以有以下两种形式。

1. 全体合伙人共同执行合伙事务

全体合伙人共同执行合伙事务这是合伙事务执行的基本形式，也是在合伙企业中经常使用的一种形式，尤其是在合伙人较少的情况下更为适宜。在采取这种形式的合伙企业中，按照合伙协议的约定，各个合伙人都直接参与经营，处理合伙企业的事务，对外代表合伙企业。

2. 委托一个或数个合伙人执行合伙事务

委托一个或数个合伙人执行合伙事务是在各合伙人共同执行合伙事务的基础上引申而来的。在合伙企业中，有权执行合伙事务的合伙人并不都愿意行使这种权利，而愿意委托其中的一个或数个合伙人执行合伙事务，从而就从共同执行合伙事务的基本形式中，引申出了共同委托一部分人去执行合伙事务的形式。按照合伙协议的约定或经全体合伙人决定，可以委托一个或数个合伙人对外代表合伙企业，执行合伙事务。

关于合伙企业事务委托给一个或数个合伙人执行时，其他未接受委托的合伙人是否还可以再执行合伙企业事务的问题，《合伙企业法》对此作了明确规定，即委托一个或数个合伙人执行合伙事务的，其他合伙人不再执行合伙事务。这一规定主要是考虑到按照合伙协议的约定或经全体合伙人决定，将合伙事务委托给部分合伙人执行，没有必要再由其他合伙人执行，否则容易引起冲突与矛盾。当然，对合伙协议或全体合伙人作出的决定以外的某些事项，如果没有委托一个或数个合伙人执行时，则可以由全体合伙人共同执行或由全体合伙人决定委托给某一个特定的合伙人办理。

合伙人可以将合伙事务委托一个或数个合伙人执行，但并非所有的合伙事务都可以委托给部分合伙人决定。根据《合伙企业法》的规定，除合伙协议另有约定外，合伙企业的下列事项应当经全体合伙人一致同意：① 改变合伙企业的名称；② 改变合伙企业的经营范围、主要经营场所的地点；③ 处分合伙企业的不动产；④ 转让或处分合伙企业的知识产权和其他财产权利；⑤ 以合伙企业名义为他人提供担保；⑥ 聘任合伙人以外的人担任合伙企业的经营管理人员。

（二）合伙人在执行合伙事务中的权利和义务

1．合伙人在执行合伙事务中的权利

根据《合伙企业法》的规定，合伙人在执行合伙事务中的权利主要包括以下内容。

1）合伙人对执行合伙事务享有同等的权利。合伙企业的特点之一就是合伙经营，各合伙人无论出资多少，都有权平等享有执行合伙企业事务的权利。

2）执行合伙事务的合伙人对外代表合伙企业。合伙人在代表合伙企业执行事务时，不是以个人的名义进行一定的民事行为，而是以合伙企业事务执行人的身份组织实施企业的生产经营活动。合伙企业事务执行人与代理人不同，代理人以被代理人的名义行事，代理权源于被代理人的授权；而合伙企业事务执行人虽以企业名义活动，但其权利来自法律的直接规定。合伙企业事务执行人与法人的法定代表人也不同，法定代表人是法律规定的并经过一定登记手续而产生的法人单位的代表，他不一定是该法人单位的出资者；而合伙企业事务执行人则是因其出资行为取得合伙人身份，并可以对外代表合伙企业。考虑到法人和其他组织可以参与合伙，《合伙企业法》同时规定，作为合伙人的法人、其他组织执行合伙企业事务的，由其委托的代表执行。

3）不执行合伙事务的合伙人的监督权利。《合伙企业法》规定，不执行合伙事务的合伙人有权监督执行事务合伙人执行合伙事务的情况。这一规定有利于维护全体合伙人的共同利益，同时也可以促进合伙事务执行人更加认真谨慎地处理合伙企业事务。合伙事务是合伙企业的公共事务，事务的执行情况涉及每个合伙人的个人利益，每个合伙人都有权去关心合伙企业的利益。因此，不执行合伙事务的合伙人有权监督执行事务的合伙人执行合伙事务的情况。

4）合伙人查阅合伙企业会计账簿等财务资料的权利。合伙经营是一种以营利为目的的经济活动，合伙人之间的财产共有关系、共同经营关系、连带责任关系决定了全体合伙人形成了以实现合伙目的为目标的利益共同体。每个合伙人都有权利而且有责任关心了解合伙企业的全部经营活动。因此，查阅合伙企业会计账簿等财务资料，作为了解合伙企业经营状况和财务状况的有效手段，成为合伙人的一项重要权利。

5）合伙人有提出异议的权利和撤销委托的权利。在合伙人分别执行合伙事务的情况下，由于执行合伙事务的合伙人的行为所产生的亏损和责任要由全体合伙人承担，所以，《合伙企业法》规定，合伙人分别执行合伙事务的，执行事务合伙人可以对其他合伙人执行的事务

提出异议。提出异议时，应当暂停该项事务的执行。如果发生争议，则依照有关规定作出决定。受委托执行合伙事务的合伙人不按照合伙协议或全体合伙人的决定执行事务的，其他合伙人可以决定撤销该委托。上述“依照有关规定作出决定”，是指合伙人对合伙企业有关事项作出决议，按照合伙协议约定的表决办法办理。合伙协议未约定或约定不明确的，实行合伙人一人一票并经全体合伙人过半数通过的表决办法。

2．合伙人在执行合伙事务中的义务

根据《合伙企业法》的规定，合伙人在执行合伙事务中的义务主要包括以下内容：

1）合伙事务执行人向不参加执行事务的合伙人报告企业经营状况和财务状况。《合伙企业法》规定，由一个或数个合伙人执行合伙事务的，执行事务合伙人应当定期向其他合伙人报告事务执行情况，以及合伙企业的经营和财务状况，其执行合伙事务所产生的收益归合伙企业，所产生的费用和亏损由合伙企业承担。

2）合伙人不得自营或同他人合作经营与本合伙企业相竞争的业务。各合伙人组建合伙企业是为了合伙经营、共享收益，如果某一合伙人自己又从事或与他人合作从事与合伙企业相竞争的业务，势必影响合伙企业的利益，背离合伙的初衷；同时还可能形成不正当竞争，使合伙企业处于不利地位，损害其他合伙人的利益。因此，《合伙企业法》规定，合伙人不得自营或同他人合作经营与本合伙企业相竞争的业务。

3）合伙人不得同本合伙企业进行交易。合伙企业中每个合伙人都是合伙企业的投资者，如果自己与合伙企业交易，就包含了与自己交易，也包含了与别的合伙人交易，而这种交易极易造成损害他人的利益。因此，《合伙企业法》规定，除合伙协议另有约定或经全体合伙人一致同意外，合伙人不得同本合伙企业进行交易。

4）合伙人不得从事损害本合伙企业利益的活动。合伙人在执行合伙事务的过程中，不得为了自己的私利，损害其他合伙人的利益，也不得与其他人恶意串通，损害合伙企业的利益。

（三）合伙事务执行的决议办法

《合伙企业法》规定，合伙人对合伙企业有关事项作出决议，按照合伙协议约定的表决办法办理。合伙协议未约定或约定不明确的，实行合伙人一人一票并经全体合伙人过半数通过的表决办法。《合伙企业法》对合伙企业的表决办法另有规定的，从其规定。这一规定确定了合伙事务执行决议的三种办法。

1）由合伙协议对决议办法作出约定。这种约定有两个前提：一是不与法律相抵触，即法律有规定的按照法律的规定执行，法律未作规定的可在合伙协议中约定。二是在合伙协议中作出的约定，应当由全体合伙人协商一致共同作出。至于在合伙协议中所约定的决议办法，是采取全体合伙人一致通过，还是采取 2/3 以上多数通过，或者采取其他办法，由全体合伙人视所决议的事项而作出约定。

2）实行合伙人一人一票并经全体合伙人过半数通过的表决办法。这种办法也有一个前提，即合伙协议未约定或约定不明确的，才实行一人一票并经全体合伙人过半数通过的表决办法。需要注意的是，对各合伙人，无论出资多少和以何物出资，表决权数应以合伙人的人数为准，即每个合伙人对合伙企业有关事项均有同等的表决权，采用经全体合伙人过半数通过的表决办法。

3）依照《合伙企业法》的规定作出决议。例如，《合伙企业法》规定，合伙人按照合伙协议的约定或经全体合伙人决定，可以增加或减少对合伙企业的出资；又如《合伙企业法》规定，处分合伙企业的不动产、改变合伙企业的名称等，除合伙协议另有约定外，应当经全体合伙人一致同意，等等。

（四）合伙企业的损益分配

1. 合伙损益

合伙损益包括两方面的内容：一是合伙利润，是指以合伙企业的名义从事经营活动所取得的经济利益，它反映了合伙企业在一定期间的经营成果。二是合伙亏损，是指以合伙企业的名义从事经营活动所形成的亏损。合伙亏损是全体合伙人所共同面临的风险，或者是共同承担的经济责任。

2. 合伙损益分配原则

合伙损益分配包含合伙企业的利润分配与亏损分担两个方面，对合伙损益分配原则，《合伙企业法》作了原则规定，主要内容如下。

1）合伙企业的利润分配、亏损分担，按照合伙协议的约定办理；合伙协议未约定或约定不明确的，由合伙人协商决定；协商不成的，由合伙人按照实缴出资比例分配、分担；无法确定出资比例的，由合伙人平均分配、分担。

2）合伙协议不得约定将全部利润分配给部分合伙人或由部分合伙人承担全部亏损。

（五）非合伙人参与经营管理

在合伙企业中，往往由于合伙人经营管理能力不足，需要在合伙人之外聘任非合伙人担任合伙企业的经营管理人员，参与合伙企业的经营管理工作。《合伙企业法》规定，除合伙协议另有约定外，经全体合伙人一致同意，可以聘任合伙人以外的人担任合伙企业的经营管理人员。这项法律规定表明了以下三层含义：① 合伙企业可以从合伙人之外聘任经营管理人员；② 聘任非合伙人的经营管理人员，除合伙协议另有约定外，应当经全体合伙人一致同意；③ 被聘任的经营管理人员，仅是合伙企业的经营管理人员，不是合伙企业的合伙人，因而不具有合伙人的资格。

关于被聘任的经营管理人员的职责，《合伙企业法》作了明确规定，主要有：① 被聘任的合伙企业的经营管理人员应当在合伙企业授权范围内履行职务；② 被聘任的合伙企业的经营管理人员，超越合伙企业授权范围履行职务，或者在履行职务过程中因故意或者重大过失给合伙企业造成损失的，依法承担赔偿责任。

【例 3-4】甲、乙、丙三人成立一普通合伙企业，推举甲为负责人并管理合伙企业的日常事务。后甲在执行企业事务时，未经其他合伙人同意，独自决定以合伙企业的房屋为丁公司向银行贷款提供抵押。

要求：分析甲的行为是否符合法律规定。

【解析】根据《合伙企业法》的规定，除合伙协议另有约定外，合伙企业的下列事项应当经全体合伙人一致同意：① 改变合伙企业的名称；② 改变合伙企业的经营范围、主要经营场所的地点；③ 处分合伙企业的不动产；④ 转让或处分合伙企业的知识产权和其他财产权利；⑤ 以合伙企业名义为他人提供担保；⑥ 聘任合伙企业以外的人担任合伙企业的经营管理人员。以合伙企业的房屋为丁公司向银行贷款提供抵押，属于合伙企业为他人提供担保，需经全体合伙人同意。而甲独自决定实施了该行为，违反了《合伙企业法》的规定。

五、合伙企业与第三人的关系

合伙企业与第三人关系，实际是指有关合伙企业的对外关系，涉及合伙企业对外代表权的效力、合伙企业和合伙人的债务清偿等问题。

（一）合伙企业对外代表权的效力

1. 合伙企业与第三人关系

所谓合伙企业与第三人关系，是指合伙企业的外部关系，即合伙企业与合伙企业的合伙人以外的第三人的关系。合伙企业，是指由自然人、法人和其他组织依照《合伙企业法》，通过订立合伙协议而设立的营利性组织。在合伙企业设立以后，必然要以合伙企业的名义从事生产经营活动，进行商品的交换、服务的供需和财产的流转，从而与其他市场主体（包括自然人、法人和其他组织）发生联系，形成其外部关系。因此，合伙企业与第三人关系也就是合伙企业与外部的关系。由于合伙企业在债务承担上是一种连带责任关系，这种关系在一定程度上就会与合伙人自身发生一定的牵连，例如，当合伙企业对外发生了债务并且合伙企业的财产不能清偿其债务时，这一关系即可转化为合伙人与债权人（第三人）之间的关系。

2. 合伙事务执行中的对外代表权

可以取得合伙企业对外代表权的合伙人，主要有三种情况：一是由全体合伙人共同执行合伙企业事务的，全体合伙人都有权对外代表合伙企业，即全体合伙人都取得了合伙企业的对外代表权；二是由部分合伙人执行合伙企业事务的，只有受委托执行合伙企业事务的那一部分合伙人有权对外代表合伙企业，而不参加执行合伙企业事务的合伙人则不具有对外代表合伙企业的权利；三是由于特别授权在单项合伙事务上有执行权的合伙人，依照授权范围可以对外代表合伙企业。执行合伙企业事务的合伙人在取得对外代表权后，即可以合伙企业的名义进行经营活动，在其授权的范围内作出法律行为。合伙人的这种代表行为，对全体合伙人发生法律效力，即其执行合伙事务所产生的收益归合伙企业，所产生的费用和亏所由合伙企业承担。

3. 合伙企业对外代表权的限制

合伙人执行合伙事务的权利和对外代表合伙企业的权利，都会受到一定的内部限制。如果这种限制对第三人发生效力，则必须以第三人知道这一情况为条件，否则，该内部限制不对该第三人产生抗辩力。《合伙企业法》规定，合伙企业对合伙人执行合伙事务及对外代表合伙企业权利的限制，不得对抗善意第三人。这里所指的合伙人，是指在合伙企业中有合伙事务执行权与对外代表权的合伙人；这里所指的限制，是指合伙企业对合伙人所享有的事务执行权与对外代表权权利的一种界定；这里所指的对抗，是指合伙企业否定第三人的某些权利和利益，拒绝承担某些责任；这里所指的不知情，是指与合伙企业有经济联系的第三人不知道合伙企业所作的内部限制，或者不知道合伙企业对合伙人行使权利所作限制的事实；这里所指的善意第三人，是指本着合法交易的目的，诚实地通过合伙企业的事务执行人，与合伙企业之间建立民事、商事法律关系的法人、非法人团体或自然人。如果第三人与合伙企业事务执行人恶意串通、损害合伙企业利益，则不属善意的情形。需要注意的是，不得对抗善意第三人，主要是针对给第三人造成的损失而言的，即当执行合伙事务的合伙人给善意第三人造成损失时，合伙企业不能因为有对合伙人执行合伙事务及对外代表合伙企业权利的限制，就不对善意第三人承担责任。

保护善意第三人的利益是为了维护经济往来的交易安全，这是一项被广泛认同的法律原则。例如，合伙企业内部规定，有对外代表权的合伙人甲在签订合同时，须经乙和丙两个执行事务的合伙人同意。如果甲自作主张没有征求乙和丙的同意，与第三人丁签订了一份买卖合同，而丁不知道在合伙企业内部对甲所作的限制，在合同的履行中，也没有从中获得不正当的利益，在这种情况下，第三人丁应当为善意第三人，丁所得到的利益应当予以保护。合伙企业不得以其内部所作的在行使权利方面的限制为由，否定善意第三人丁的正当利益，拒绝履行合伙企业应承担的责任。

（二）合伙企业和合伙人的债务清偿

1. 合伙企业的债务清偿与合伙人的关系

1）合伙企业财产优先清偿。《合伙企业法》规定，合伙企业对其债务，应先以其全部财产进行清偿。所谓合伙企业的债务，是指在合伙企业存续期间产生的债务。合伙企业对其债务，应先以其全部财产进行清偿。也就是说，合伙企业的债务，应先由合伙企业的财产来承担，即在合伙企业存在自己的财产时，合伙企业的债权人应首先从合伙企业的全部财产中求偿，而不应当向合伙人个人直接请求债权。这样，既有利于理顺合伙企业与第三人的法律关系，明确合伙企业的偿债责任，也有利于保护债权人的债权实现。

2）合伙人的无限连带清偿责任。《合伙企业法》规定，合伙企业不能清偿到期债务的，合伙人承担无限连带责任。所谓合伙人的无限责任，是指当合伙企业的全部财产不足以偿付到期债务时，各个合伙人承担合伙企业的债务不是以其出资额为限，而是以其自有财产来清偿合伙企业的债务。合伙人的连带责任，是指当合伙企业的全部财产不足以偿付到期债务时，合伙企业的债权人对合伙企业所负债务，可以向任何一个合伙人主张，该合伙人不得以其出资的份额大小、合伙协议有特别约定、合伙企业债务另有担保人或自己已经偿付所承担份额的债务等理由来拒绝。当合伙人由于承担连带责任，所清偿数额超过其应分担的比例时，有权向其他合伙人追偿。

3）合伙人之间的债务分担和追偿。《合伙企业法》规定，合伙人由于承担无限连带责任，清偿数额超过规定的其亏损分担比例的，有权向其他合伙人追偿。这一规定在重申合伙人对合伙企业债务负无限连带责任的基础上，明确了合伙人分担合伙债务的比例，是以合伙企业亏损分担的比例为准的。关于合伙企业亏损分担比例，《合伙企业法》规定，合伙企业的亏损分担，按照合伙协议的约定办理；合伙协议未约定或约定不明确的，由合伙人协商决定；协商不成的，由合伙人按照实缴出资比例分担；无法确定出资比例的，由合伙人平均分担。

合伙人之间的分担比例对债权人没有约束力。债权人可以根据自己的清偿利益，请求全体合伙人中的一人或数人承担全部清偿责任，也可以按照自己确定的清偿比例向各合伙人分别追索。如果某一合伙人实际支付的清偿数额超过其依照既定比例所应承担的数额，依照《合伙企业法》的规定，该合伙人有权就超过部分向其他未支付或未足额支付应承担数额的合伙人追索。但是，合伙人的这种追索权，应当具备以下三个条件：一是追偿人已经实际承担连带责任，并且其清偿数额超过了其应当承担的数额；二是被追偿人未实际承担或未足额承担其应当承担的数额；三是追偿的数额不得超过追偿人超额清偿部分的数额或被追偿人未足额清偿部分的数额。

2. 合伙人的债务清偿与合伙企业的关系

在合伙企业存续期间，可能发生个别合伙人因不能偿还其私人债务而被追索的情况。由于合伙人在合伙企业中拥有财产权益，合伙人的债权人可能向合伙企业提出各种清偿请求。为了保护合伙企业和其他合伙人的合法权益，同时也保护债权人的合法权益，《合伙企业法》作了如下规定。

1）合伙人发生与合伙企业无关的债务，相关债权人不得以其债权抵消其对合伙企业的债务；也不得代位行使合伙人在合伙企业中的权利。首先，合伙人发生与合伙企业无关的债务，相关债权人不得以其债权抵消其对合伙企业的债务。这是因为该债权人对合伙企业的负债，实际上是对全体合伙人的负债，而合伙企业的某一合伙人对该债权人的负债，只限于该合伙人本人。如果允许两者抵消，就等于强迫合伙企业其他合伙人对个别合伙人的个人债务承担责任，这违反了合伙制度的本意，加大了合伙人的风险，也不利于合伙企业这种经济组织形式的发展。其次，合伙人发生与合伙企业无关的债务，相关债权人不得代位行使该合伙人在合伙企业中的权利。这是因为合伙人之间相互了解和信任是合伙关系稳定的基础，如果允许个别合伙人的债权人代位行使该合伙人在合伙企业中的权利，如参与管理权、事务执行权等，则不利于合伙关系的稳定和合伙企业的正常运营。况且，该债权人因无合伙人身份，只行使合伙人的权利而不承担无限连带责任，无异于允许他将自己行为的责任风险转嫁于合伙企业的全体合伙人，这显然是不公平的。

2）合伙人的自有财产不足清偿其与合伙企业无关的债务的，该合伙人可以其从合伙企业中分取的收益用于清偿；债权人也可以依法请求人民法院强制执行该合伙人在合伙企业中的财产份额用于清偿。这既保护了债权人的清偿利益，也无损于全体合伙人的合法权益。因为在债权人取得其债务人从合伙企业中分取的收益用来清偿的情况下，该债权人并不参与合伙企业的内部事务，也不妨碍其债务人作为合伙人正常行使其正当的权利。而在债权人依法请求人民法院强制执行债务人在合伙企业中的财产份额作为清偿的情况下，如果该债权人因取得该财产份额而成为合伙企业合伙人，则无异于合伙份额的转让。因此，债权人在取得合伙人地位后，就要承担与其他合伙人同样的责任，因而不存在转嫁责任风险的问题。

人民法院强制执行合伙人的财产份额时，应当通知全体合伙人，其他合伙人有优先购买权；其他合伙人未购买，又不同意将该财产份额转让给他人的，依照《合伙企业法》的规定为该合伙人办理退伙结算，或者办理削减该合伙人相应财产份额的结算。这里需要注意三点：一是这种清偿必须通过民事诉讼法规定的强制执行程序进行，债权人不得自行接管债务人在合伙企业中的财产份额；二是人民法院强制执行合伙人的财产份额时，应当通知全体合伙人；三是在强制执行个别合伙人在合伙企业中的财产份额时，其他合伙人有优先购买权。也就是说，如果其他合伙人不愿意接受该债权人成为其合伙企业新的合伙人，可以由他们中的一人或数人行使优先购买权，取得该债务人的财产份额。受让人支付的价金，用于向该债权人清偿债务。

【例 3-5】某合伙企业合伙人甲因个人债务，向非合伙人乙借款 2 万元，而乙曾与该合伙企业签订了一个买卖合同，还欠该合伙企业货款 3 万元。当该合伙企业向乙催要货款时，乙提出因甲欠其 2 万元，所以他只需付合伙企业 1 万元即可。

要求：分析乙的说法是否正确。

【解析】根据《合伙企业法》的规定，合伙人发生与合伙企业无关的债务，相关债权人不得以其债权抵消其对合伙企业的债务；也不得代位行使合伙人在合伙企业中的权利。因此，合伙人的债权人不得对合伙企业主张抵消权。因该债权人对合伙企业的负债，实际上是对全体合伙人的负债；而对他欠债的，只是个别合伙人。如果允许两者抵消，就等于强迫合伙企业其他合伙人对个别合伙人的个人债务承担责任。这样做，违反了合伙制度的本意，加大了合伙人的风险，不利于合伙企业这种经济组织形式的发展。所以，乙的说法不正确。

六、入伙与退伙

（一）入伙

入伙，是指在合伙企业存续期间，合伙人以外的第三人加入合伙，从而取得合伙人资格。

1．入伙的条件和程序

《合伙企业法》规定，新合伙人入伙，除合伙协议另有约定外，应当经全体合伙人一致同意，并依法订立书面入伙协议。订立入伙协议时，原合伙人应当向新合伙人如实告知原合伙企业的经营状况和财务状况。这一规定包括四层含义：一是新合伙人入伙，应当经全体合伙人一致同意，未获得一致同意的，不得入伙；二是合伙协议无另外约定，如果合伙协议对新合伙人入伙约定了相应的条件，则必须按照约定执行；三是新合伙人入伙，应当依法订立书面入伙协议，入伙协议应当以原合伙协议为基础，并对原合伙协议事项作相应变更，订立入伙协议不得违反公平原则、诚实信用原则；四是订立入伙协议时，原合伙人应当向新合伙人如实告知原合伙企业的经营状况和财务状况。

2．新合伙人的权利和责任

一般来说，入伙的新合伙人与原合伙人享有同等权利，承担同等责任。但是，如果原合伙人愿意以更优越的条件吸引新合伙人入伙，或者新合伙人愿意以较为不利的条件入伙，也可以在入伙协议中另行约定。关于新入伙人对入伙前合伙企业的债务承担问题，《合伙企业法》规定，新合伙人对入伙前合伙企业的债务承担无限连带责任。

（二）退伙

退伙，是指合伙人退出合伙企业，从而丧失合伙人资格。

1．退伙的原因

合伙人退伙，一般有两种原因：一是自愿退伙，二是法定退伙。

（1）自愿退伙

自愿退伙，是指合伙人基于自愿的意思表示而退伙。自愿退伙可以分为协议退伙和通知退伙两种。

1）协议退伙。《合伙企业法》规定，合伙协议约定合伙期限的，在合伙企业存续期间，有下列情形之一的，合伙人可以退伙：① 合伙协议约定的退伙事由出现；② 经全体合伙人一致同意；③ 发生合伙人难以继续参加合伙的事由；④ 其他合伙人严重违反合伙协议约定的义务。合伙人违反上述规定退伙的，应当赔偿由此给合伙企业造成的损失。

2）通知退伙。《合伙企业法》规定，合伙协议未约定合伙期限的，合伙人在不给合伙企业事务执行造成不利影响的情况下，可以退伙，但应当提前 30 日通知其他合伙人。由此可见，法律对通知退伙有一定的限制，即附有以下三项条件：① 必须是合伙协议未约定合伙企业的经营期限；② 必须是合伙人的退伙不给合伙企业事务执行造成不利影响；③ 必须提前 30 日通知其他合伙人。这三项条件必须同时具备，缺一不可。合伙人违反上述规定退伙的，应当赔偿由此给合伙企业造成的损失。

（2）法定退伙

法定退伙，是指合伙人因出现法律规定的事由而退伙。法定退伙分为当然退伙和除名两类。

1）当然退伙。《合伙企业法》规定，合伙人有下列情形之一的，当然退伙：① 作为合伙人的自然人死亡或被依法宣告死亡；② 个人丧失偿债能力；③ 作为合伙人的法人或其他组织依法被吊销营业执照、责令关闭、撤销，或者被宣告破产；④ 法律规定或合伙协议约定合伙人必须具有相关资格而丧失该资格；⑤ 合伙人在合伙企业中的全部财产份额被人民法院强制执行。此外，合伙人被依法认定为无民事行为能力人或限制民事行为能力人的，经其他合伙人一致同意，可以依法转为有限合伙人，普通合伙企业依法转为有限合伙企业。其他合伙人未能一致同意的，该无民事行为能力或限制民事行为能力的合伙人退伙。当然退伙以退伙事由实际发生之日起为退伙生效日。

2）除名。《合伙企业法》规定，合伙人有下列情形之一的，经其他合伙人一致同意，可以决议将其除名：① 未履行出资义务；② 因故意或重大过失给合伙企业造成损失；③ 执行合伙事务时有不正当行为；④ 发生合伙协议约定的事由。对合伙人的除名决议应当书面通知被除名人。被除名人接到除名通知之日起，除名生效，被除名人退伙。被除名人对除名决议有异议的，可以自接到除名通知之日起 30 日内，向人民法院起诉。

2. 退伙的效果

退伙的效果，是指退伙时退伙人在合伙企业中的财产份额和民事责任的归属变动。分为两类情况：一是财产继承；二是退伙结算。

（1）财产继承

《合伙企业法》规定，合伙人死亡或被依法宣告死亡的，对该合伙人在合伙企业中的财产份额享有合法继承权的继承人，按照合伙协议的约定或经全体合伙人一致同意，从继承开始之日起，取得该合伙企业的合伙人资格。有下列情形之一的，合伙企业应当向合伙人的继承人退还被继承合伙人的财产份额：① 继承人不愿意成为合伙人；② 法律规定或合伙协议约定合伙人必须具有相关资格，而该继承人未取得该资格；③ 合伙协议约定不能成为合伙人的其他情形。合伙人的继承人为无民事行为能力人或限制民事行为能力人的，经全体合伙人一致同意，可以依法成为有限合伙人，普通合伙企业依法转为有限合伙企业。全体合伙人未能一致同意的，合伙企业应当将被继承合伙人的财产份额退还该继承人。根据这一法律规定，合伙人死亡时其继承人可依以下法定条件取得该合伙企业的合伙人资格：一是有合法继承权；二是有合伙协议的约定或全体合伙人的一致同意；三是继承人愿意。死亡的合伙人的继承人取得该合伙企业的合伙人资格，从继承开始之日起获得。若有数个继承人，数人只能作为一个整体继承被继承人的合伙份额，不然会破坏合伙企业中原有的结构。

（2）退伙结算

除合伙人死亡或被依法宣告死亡的情形外，《合伙企业法》对退伙结算作了以下规定：① 合伙人退伙，其他合伙人应当与该退伙人按照退伙时的合伙企业财产状况进行结算，退还退货人的财产份额。退伙人对给合伙企业造成的损失负有赔偿责任的，相应扣减其应当赔偿的数额。退伙时有未了结的合伙企业事务的，待该事务了结后进行结算。② 退伙人在合伙企业中财产份额的退还办法，由合伙协议约定或由全体合伙人决定，可以退还货币，也可以退还实物。③ 合伙人退伙时，合伙企业财产少于合伙企业债务的，退货人应当依照法律规定分担亏损，即如果合伙协议约定亏损分担比例的，则按照合伙协议的约定办理；合伙协议未约定或约定不明确的，由合伙人协商决定；协商不成的，由合伙人按照实缴出资比例分担；无法确定出资比例的，由合伙人平均分担。

合伙人退伙以后，并不能解除对合伙企业既往债务的连带责任。根据《合伙企业法》的规定，退伙人对基于其退伙前的原因发生的合伙企业债务，承担无限连带责任。

【例 3-6】甲欲加入乙、丙为合伙人的普通合伙企业，以下各项中，不属于甲在入伙时必须满足的条件是（　）。

A. 乙、丙一致同意，并与甲签订书面入伙协议

B. 乙、丙向甲告知合伙企业的经营和财务状况

C. 甲应向乙、丙说明自己的个人负债情况

D. 甲应当停止其已经从事的与该合伙企业相竞争的业务活动

【解析】正确答案是 C。《合伙企业法》规定，新合伙人入伙，除合伙协议另有约定外，应当经全体合伙人一致同意，并依法订立书面入伙协议。订立入伙协议时，原合伙人应当向新合伙人如实告知原合伙企业的经营状况和财务状况。据此，甲欲加入乙、丙的普通合伙企业应满足的条件为：全体合伙人同意、订立书面入伙协议，同时原合伙人负有告知义务。A、B 两项属于甲在入伙时必须满足的条件，不选。

C 项应选，《合伙企业法》没有规定甲的告知义务，甲无须说明自己的个人负债情况。

D 项不选，《合伙企业法》规定，普通合伙企业合伙人不得自营或同他人合作经营与本合伙企业相竞争的业务；除合伙协议另有约定或经全体合伙人一致同意外，合伙人不得同本合伙企业进行交易；合伙人不得从事损害本合伙企业利益的活动。据此，普通合伙企业合伙人对合伙企业负有竞业禁止义务，甲应当停止其已经从事的与该合伙企业相竞争的业务活动。

【例 3-7】张某是一普通合伙企业的合伙人，因车祸被撞成植物人，后被依法宣告为无民事行为能力人，其他合伙人不同意将其转为有限合伙人。据此，张某当然退伙的日期应是（　）。

A. 全体合伙人同意其退伙之日　　B. 过半数合伙人同意其退伙之日

C. 发生车祸被撞成植物人之日　　D. 依法宣告为无民事行为能力人之日

【解析】正确答案是 D。《合伙企业法》规定，合伙人被依法认定为无民事行为能力人或限制民事行为能力人的，经其他合伙人一致同意，可以依法转为有限合伙人，普通合伙企业依法转为有限合伙企业。其他合伙人未能一致同意的，该无民事行为能力或限制民事行为能力的合伙人退伙。当然退伙以退伙事由实际发生之日为退伙生效日。应当注意的是，是否为无民事行为能力人必须经过法院的认定，所以宣告之日方为条文中所规定的“实际发生之日”。

七、特殊的普通合伙企业

（一）特殊的普通合伙企业的概念

特殊的普通合伙企业，是指以专业知识和专门技能为客户提供有偿服务的专业服务机构。特殊的普通合伙企业名称中应当标明“特殊普通合伙”字样。

（二）特殊的普通合伙企业的责任形式

1．责任承担

《合伙企业法》规定，一个合伙人或数个合伙人在执业活动中因故意或重大过失造成合伙企业债务的，应当承担无限责任或无限连带责任，其他合伙人以其在合伙企业中的财产份额为限承担责任。合伙人在执业活动中非因故意或重大过失造成的合伙企业债务及合伙企业的其他债务，由全体合伙人承担无限连带责任。所谓重大过失，是指明知可能造成损失而轻率地作为或不作为。根据这一法律规定，特殊的普通合伙企业的责任形式分为两种。

1）有限责任与无限连带责任相结合，即一个合伙人或数个合伙人在执业活动中因故意或重大过失造成合伙企业债务的，应当承担无限责任或无限连带责任，其他合伙人以其在合伙企业中的财产份额为限承担责任。由于特殊普通合伙企业的特殊性，为了保证特殊的普通合伙企业的健康发展，必须对合伙人的责任形式予以改变，否则以专业知识和专门技能为客户提供服务的专业服务机构难以存续。因此，对一个合伙人或数个合伙人在执业活动中的故意或重大过失行为与其他合伙人应当区别对待，对于负有重大责任的合伙人应当承担无限责任或无限连带责任，其他合伙人只以其在合伙企业中的财产份额为限承担责任。这也符合公平、公正原则，如果不分清责任，简单地归责于无限连带责任或有限责任，则不但对其他合伙人不公平，而且债权人的利益也难以得到保障。

2）无限连带责任。对合伙人在执业活动中非因故意或重大过失造成的合伙企业债务及合伙企业的其他债务，全体合伙人承担无限连带责任。这是在责任划分的基础上作出的合理规定，以最大限度地实现公平、正义和保障债权人的合法权益。这种责任形式的前提是合伙人在执业过程中不存在重大过错，即既没有故意，也不存在重大过失。

2．责任追偿

《合伙企业法》规定，合伙人执业活动中因故意或重大过失造成的合伙企业债务，以合伙企业财产对外承担责任后，该合伙人应当按照合伙协议的约定，对给合伙企业造成的损失承担赔偿责任。

第三节 有限合伙企业

一、有限合伙企业的概念及法律适用

（一）有限合伙企业的概念

有限合伙企业，是指由有限合伙人和普通合伙人共同组成，普通合伙人对合伙企业债务承担无限连带责任，有限合伙人以其认缴的出资额为限对合伙企业债务承担责任的合伙组织。有限合伙企业引入有限责任制度，有利于调动各方的投资热情，实现投资者与创业者的最佳组合。

有限合伙企业与普通合伙企业和有限责任公司相比较，具有以下显著特征：① 在经营管理上，普通合伙企业的合伙人一般均可参与合伙企业的经营管理。有限责任公司的股东有权参与公司的经营管理（含直接参与和间接参与）。而在有限合伙企业中，有限合伙人不执行合伙事务，而由普通合伙人从事具体的经营管理。② 在风险承担上，普通合伙企业的合伙人之间对合伙债务承担无限连带责任。有限责任公司的股东对公司债务以其各自的出资额为限承担有限责任。而在有限合伙企业中，不同类型的合伙人所承担的责任则存在差异，其

中有限合伙人以其各自的出资额为限承担有限责任，普通合伙人之间承担无限连带责任。

（二）有限合伙企业的法律适用

《合伙企业法》规定了两种类型的企业，即普通合伙企业和有限合伙企业。有限合伙企业与普通合伙企业之间既有相同点，也有差异处，其中两者的差别主要表现在合伙企业的内部构造上。普通合伙企业的成员均为普通合伙人（特殊的普通合伙企业除外），而有限合伙企业的成员则被划分为两部分，即有限合伙人和普通合伙人。这两部分合伙人在主体资格、权利享有、义务承受与责任承担等方面存在着明显的差异。在法律适用中，凡是《合伙企业法》中对有限合伙企业有特殊规定的，应当适用有关特殊规定。无特殊规定的，适用有关普通合伙企业及其合伙人的一般规定。

二、有限合伙企业设立的特殊规定

（一）有限合伙企业人数

《合伙企业法》规定，有限合伙企业由两个以上 50 个以下合伙人设立；但是，法律另有规定的除外。有限合伙企业至少应当有 1 个普通合伙人。按照规定，自然人、法人和其他组织可以依照法律规定设立有限合伙企业，但国有独资公司、国有企业、上市公司。以及公益性的事业单位、社会团体不得成为有限合伙企业的普通合伙人。

在有限合伙企业存续期间，有限合伙人的人数可能发生变化。然而，无论如何变化，有限合伙企业中必须包括有限合伙人与普通合伙人两部分，否则，有限合伙企业应当进行组织形式变化。《合伙企业法》规定，有限合伙企业仅剩有限合伙人的，应当解散；有限合伙企业仅剩普通合伙人的，应当转为普通合伙企业。

（二）有限合伙企业名称

《合伙企业法》规定，有限合伙企业名称中应当标明“有限合伙”字样。按照企业名称登记管理的有关规定，企业名称中应当含有企业的组织形式。为便于社会公众及交易相对人对有限合伙企业的了解，有限合伙企业名称中应当标明“有限合伙”字样，而不能标明“普通合伙”、“特殊普通合伙”、“有限公司”、“有限责任公司”等字样。

（三）有限合伙企业协议

有限合伙企业协议是有限合伙企业生产经营的重要法律文件。有限合伙企业协议除符合普通合伙企业合伙协议的规定外，还应当载明下列事项：① 普通合伙人和有限合伙人的姓名或名称、住所；② 执行事务合伙人应具备的条件和选择程序；③ 执行事务合伙人权限与违约处理办法；④ 执行事务合伙人的除名条件和更换程序；⑤ 有限合伙人入伙、退伙的条件、程序及相关责任；⑥ 有限合伙人和普通合伙人相互转变程序。

（四）有限合伙人出资形式

《合伙企业法》规定，有限合伙人可以用货币、实物、知识产权、土地使用权或其他财产权利作价出资。有限合伙人不得以劳务出资。劳务出资的实质是用未来劳动创造的收入来投资，其难以通过市场变现，法律上执行困难。如果普通合伙人用劳务出资，有限合伙人也用劳务出资，则该有限合伙企业将难以承担债务责任，这将不利于保护债权人的利益。

（五）有限合伙人出资义务

《合伙企业法》规定，有限合伙人应当按照合伙协议的约定按期足额缴纳出资；为按期足额缴纳的，应当承担补缴义务，并对其他合伙人承担违约责任。按期足额出资是有限合伙人必须履行的义务，因此，有限合伙人应当按照合伙协议的约定按期足额缴纳出资。合伙人未按照协议的约定履行缴纳出资义务的，首先应当承担补缴出资的义务，同时还应对其他合伙人承担违约责任。

（六）有限合伙企业登记事项

《合伙企业法》规定，有限合伙企业登记事项中应当载明有限合伙人的姓名或名称及认缴的出资数额。

三、有限合伙企业事务执行的特殊规定

（一）有限合伙企业事务执行人

《合伙企业法》规定，有限合伙企业由普通合伙人执行合伙事务。执行事务合伙人可以要求在合伙协议中确定执行事务的报酬及报酬提取方式。如合伙协议约定数个普通合伙人执行合伙事务，这些普通合伙人均为合伙事务执行人。如合伙协议无约定，全体普通合伙人是合伙事务的共同执行人。合伙事务执行人除享有一般合伙人相同的权利外，还有接受其他合伙人的监督和检查、谨慎执行合伙事务的义务，若因自己的过错造成合伙财产损失的，应向合伙企业或其他合伙人负赔偿责任。此外，由于执行事务合伙人较不执行事务合伙人对有限合伙企业要多付出劳动，所以，执行事务合伙人可以就执行事务的劳动付出要求企业支付报酬。对于报酬的支付方式及其数额，应由合伙协议规定或全体合伙人讨论决定。

（二）禁止有限合伙人执行合伙事务

《合伙企业法》规定，有限合伙人不执行合伙事务，不得对外代表有限合伙企业。有限合伙人的下列行为，不视为执行合伙事务：① 参与决定普通合伙人入伙、退伙；② 对企业的经营管理提出建议；③ 参与选择承办有限合伙企业审计业务的会计师事务所；④ 获取经审计的有限合伙企业财务会计报告；⑤ 对涉及自身利益的情况，查阅有限合伙企业财务会计账簿等财务资料；⑥ 在有限合伙企业中的利益受到侵害时，向有责任的合伙人主张权利或提起诉讼；⑦ 执行事务合伙人怠于行使权利时，督促其行使权利或为了本企业的利益以自己的名义提起诉讼；⑧ 依法为本企业提供担保。

另外，《合伙企业法》规定，第三人有理由相信有限合伙人为普通合伙人并与其交易的，该有限合伙人对该笔交易承担与普通合伙人同样的责任。有限合伙人未经授权以有限合伙企业名义与他人进行交易，给有限合伙企业或其他合伙人造成损失的，该有限合伙人应当承担赔偿责任。

（三）有限合伙企业利润分配

《合伙企业法》规定，有限合伙企业不得将全部利润分配给部分合伙人；但是，合伙协议另有约定的除外。

（四）有限合伙人权利

1）有限合伙人可以同本企业进行交易。《合伙企业法》规定，有限合伙人可以同本有限合伙企业进行交易；但是，合伙协议另有约定的除外。因为有限合伙人并不参与有限合伙企业事务的执行，对有限合伙企业的对外交易行为，有限合伙人并无直接或间接的控制权，有限合伙人与本有限合伙企业进行交易时，一般不会损害本有限合伙企业的利益。有限合伙协议可以对有限合伙人与有限合伙企业之间的交易进行限定，如果有限合伙协议另有约定的，则必须按照约定的要求进行。普通合伙人如果禁止有限合伙人同本有限合伙企业进行交

易，则应当在合伙协议中作出约定。

2）有限合伙人可以经营与本企业相竞争的业务。《合伙企业法》规定，有限合伙人可以自营或同他人合作经营与本有限合伙企业相竞争的业务；但是，合伙协议另有约定的除外。与普通合伙人不同，有限合伙人一般不承担竞业禁止义务。普通合伙人如果禁止有限合伙人自营或同他人合作经营与本有限合伙企业相竞争的业务，则应当在合伙协议中作出约定。

四、有限合伙企业财产出质与转让的特殊规定

（一）有限合伙人财产份额出质

《合伙企业法》规定，有限合伙人可以将其在有限合伙企业中的财产份额出质；但是，合伙协议另有约定的除外。所谓有限合伙人将其在有限合伙企业中的财产份额出质，是指有限合伙人以其在合伙企业中的财产份额对外进行权利质押。有限合伙人在有限合伙企业中的财产份额是有限合伙人的财产权益，在有限合伙企业存续期间，有限合伙人可以对该财产权利进行一定的处分。有限合伙人将其在有限合伙企业中的财产份额进行出质，产生的后果仅是有限合伙企业的有限合伙人存在变更的可能，这对有限合伙企业的财产基础并无根本的影响。因此，有限合伙人可以按照《物权法》、《担保法》等法律相关规定进行财产份额的出质。但是，有限合伙企业合伙协议可以对有限合伙人的财产份额出质作出相应约定，如有特殊约定，则应按特殊约定进行。

（二）有限合伙人财产份额转让

《合伙企业法》规定，有限合伙人可以按照合伙协议的约定向合伙人以外的人转让其在有限合伙企业中的财产份额，但应当提前 30 日通知其他合伙人。这是因为，有限合伙人向合伙人以外的其他人转让其在有限合伙企业中的财产份额，并不影响有限合伙企业债权人的利益。但是，有限合伙人对外转让其在有限合伙企业中的财产份额应当依法进行：一是要按照合伙协议的约定进行转让；二是应当提前 30 日通知其他合伙人。有限合伙人对外转换其在有限合伙企业的财产份额时，有限合伙企业的其他合伙人有优先购买权。

五、有限合伙人债务清偿的特殊规定

《合伙企业法》规定，有限合伙人的自有财产不足清偿其与合伙企业无关的债务的，该合伙人可以以其从有限合伙企业中分取的收益用于清偿；债权人也可以依法请求人民法院强制执行该合伙人在有限合伙企业中的财产份额用于清偿。人民法院强制执行有限合伙人的财产分时，应当通知全体合伙人。在同等条件下，其他合伙人有优先购买权。由此，有限合伙人清偿其债务时，首先应当以自有财产进行清偿，只有自有财产不足清偿时，有限合伙人才可以使用其在有限合伙企业中分取的收益进行清偿，也只有在有限合伙人的自有财产不足清偿其与合伙企业无关的债务时，人民法院才可以应债权人请求强制执行该合伙人在有限合伙企业中的财产份额用于清偿。人民法院强制执行有限合伙人的财产份额时，应当通知全体合伙人，且在同等条件下，其他合伙人有优先购买权。

六、有限合伙企业入伙与退伙的特殊规定

（一）入伙

《合伙企业法》规定，新入伙的有限合伙人对入伙前有限合伙企业的债务，以其认缴的

出资额为限承担责任。需要注意的是，在普通合伙企业中，新入伙的合伙人对入伙前合伙企业的债务承担连带责任，而在有限合伙企业中，新入伙的有限合伙人对入伙前有限合伙企业的债务，以其认缴的出资额为限承担责任。

（二）退伙

1）有限合伙人当然退伙。《合伙企业法》规定，有限合伙人出现下列情形时当然退伙：① 作为合伙人的自然人死亡或者被依法宣告死亡；② 作为合伙人的法人或其他组织依法被吊销营业执照、责令关闭、撤销，或者被宣告破产；③ 法律规定或合伙协议约定合伙人必须具有相关资格而丧失该资格；④ 合伙人在合伙企业中的全部财产份额被人民法院强制执行。

2）有限合伙人丧失民事行为能力的处理。《合伙企业法》规定，作为有限合伙人的自然人在有限合伙企业存续期间丧失民事行为能力的，其他合伙人不得因此要求其退伙。这是因为有限合伙人对有限合伙企业只进行投资，而不负责事务执行。作为有限合伙企业的自然人在有限合伙企业存续期间丧失民事行为能力，并不影响有限合伙企业的正常生产经营活动，其他合伙人不能要求该丧失民事行为能力的合伙人退伙。

3）有限合伙人继承人的权利。《合伙企业法》规定，作为有限合伙人的自然人死亡、被依法宣告死亡或作为有限合伙人的法人及其他组织终止时，其继承人或权利承受人可以依法取得该有限合伙人在有限合伙企业中的资格。

4）有限合伙人退伙后的责任承担。《合伙企业法》规定，有限合伙人退伙后，对基于其退货前的原因发生的有限合伙企业债务，以其退伙时从有限合伙企业中取回的财产承担责任。

七、合伙人性质转变的特殊规定

《合伙企业法》规定，除合伙协议另有约定外，普通合伙人转变为有限合伙人，或者有限合伙人转变为普通合伙人，应当经全体合伙人一致同意。有限合伙人转变为普通合伙人的，对其作为有限合伙人期间有限合伙企业发生的债务承担无限连带责任。普通合伙人转变为有限合伙人的，对其作为普通合伙人期间合伙企业发生的债务承担无限连带责任。

第四节　合伙企业的解散和清算

一、合伙企业的解散

合伙企业的解散，是指各合伙人解除合伙协议，合伙企业终止活动。

根据《合伙企业法》的规定，合伙企业有下列情形之一的，应当解散：① 合伙期限届满，合伙人决定不再经营；② 合伙协议约定的解散事由出现；③ 全体合伙人决定解散；④ 合伙人已不具备法定人数满 30 天；⑤ 合伙协议约定的合伙目的已经实现或无法实现；⑥ 依法被吊销营业执照、责令关闭或被撤销；⑦ 法律、行政法规规定的其他原因。

二、合伙企业的清算

合伙企业解散后应当进行清算。《合伙企业法》对合伙企业清算作了以下几方面的规定。

（一）确定清算人

合伙企业解散，应当由清算人进行清算。清算人由全体合伙人担任；经全体合伙人过半数同意，可以自合伙企业解散事由出现后 15 日内指定一个或数个合伙人，或者委托第三人担任清算人。自合伙企业解散事由出现之日起 15 日内未确定清算人的，合伙人或其他利害关系人可以申请人民法院指定清算人。

（二）清算人职责

清算人在清算期间执行下列事务：① 清理合伙企业财产，分别编制资产负债表和财产清单；② 处理与清算有关的合伙企业未了结事务；③ 清缴所欠税款；④ 清理债权、债务；⑤ 处理合伙企业清偿债务后的剩余财产；⑥ 代表合伙企业参加诉讼或仲裁活动。

（三）通知和公告债权人

清算人自被确定之日起 10 日内将合伙企业解散事项通知债权人，并于 60 日内在报纸上公告。债权人应当自接到通知书之日起 30 日内，未接到通知书的自公告之日起 45 日内，向清算人申报债权。债权人申报债务，应当说明债权的有关事项并提供证明材料。清算人应当对债权进行登记。清算期间，合伙企业存续，但不得开展与清算无关的经营活动。

（四）财产清偿顺序

合伙企业财产在支付清算费用和职工工资、社会保险费用、法定补偿金，以及缴纳所欠税款、清偿债务后的剩余财产，依照《合伙企业法》关于利润分配和亏损分担的规定进行分配。

合伙企业财产清偿问题主要包括以下三方面的内容。

1）合伙企业的财产首先用于支付合伙企业的清算费用。清算费用包括：① 管理合伙企业财产的费用，如仓储费、保管费和保险费等。② 处分合伙企业财产的费用，如聘任工作人员的费用等。③ 清算过程中的其他费用，如通告债权人的费用、调查债权的费用、咨询费用和诉讼费用等。

2）合伙企业的财产支付合伙企业的清算费用后的清偿顺序如下：合伙企业职工工资、社会保险费用和法定补偿金，缴纳所欠税款，清偿债务。其中，法定补偿金主要是指法律、行政法规和规章所规定的应当支付给职工的补偿金，如《中华人民共和国劳动法》（以下称《劳动法》）规定的解除劳动合同的补偿金等。

3）分配财产。合伙企业财产依法清偿后仍有剩余时，对剩余财产依照《合伙企业法》的规定进行分配，即按照合伙协议的约定办理；合伙协议未约定或约定不明确的，由合伙人协商决定；协商不成的，由合伙人按照实缴出资比例分配；无法确定出资比例的，由合伙人平均分配。

（五）注销登记

清算结束，清算人应当编制清算报告，经全体合伙人签名、盖章后，在 15 日内向企业登记机关报送清算报告，申请办理合伙企业注销登记。经企业登记机关注销登记，合伙企业终止。合伙企业注销后，原普通合伙人对合伙企业存续期间的债务仍应承担无限连带责任。

（六）合伙企业不能清偿到期债务的处理

合伙企业不能清偿到期债务的，债权人可以依法向人民法院提出破产清算申请，也可以要求普通合伙人清偿。合伙企业依法被宣告破产的，普通合伙人对合伙企业债务仍应承担无限连带责任。

复习思考题

一、单项选择题

1．《合伙企业法》中所称合伙企业的特征不包括下列（　　）选项的内容。

A．只能由自然人依法设立

B．合伙企业包括普通合伙企业和有限合伙企业

C．合伙协议依法由全体合伙人协商一致、以书面形式订立

D．普通合伙人对合伙企业债务承担无限连带责任，有限合伙人以其认缴的出资额为限对合伙企业债务承担责任

2．下列对普通合伙企业设立的论述，符合法律规定的是（　　）。

A．公民张某与自己年仅 12 周岁的儿子成立一个合伙企业

B．合伙人必须一次全部缴付出资，不可以约定分期出资

C．公民甲、乙、丙出资设立一个普通合伙企业，甲可以以劳务出资

D．合伙企业名称中没有标明“普通”或是“有限”字样的话，就视为普通合伙企业

3．根据《合伙企业法》的规定，除合伙协议另有约定外，合伙企业的下列事项中，不须经全体合伙人一致同意的是（　　）。

A．普通合伙企业的合伙人向合伙人以外的人转让其在合伙企业中的全部或部分财产份额

B．普通合伙企业的合伙人之间转让其在合伙企业中的全部或部分财产份额

C．有限合伙企业的普通合伙人转变为有限合伙人

D．有限合伙企业的有限合伙人转变为普通合伙人

4．甲、乙、丙经营普通合伙企业，约定由甲代表合伙企业执行合伙企业事务，后来乙擅自代表合伙企业与 A 企业签订了一份合同，如无其他违法情节，则对该合同的处理应当是（　　）。

A．如果 A 企业不知道乙没有对外代表权，则合同有效，合伙企业应履行该合同，乙应承担由此给合伙企业造成的损失

B．如果 A 企业知道乙没有对外代表权，则合同无效，甲向某企业负合同无效责任

C．无论 A 企业是否知道乙没有对外代表权，合同都有效，合伙企业履行合同，甲应赔偿由此给合伙企业造成的损失

D．无论 A 企业是否知道乙没有对外代表权，合同都无效，乙向某企业负合同无效责任

5．根据《合伙企业法》的规定，下列有关普通合伙企业的说法正确的是（　　）。

A．合伙人可以是限制民事行为能力人

B．利润分配和亏损分担办法是合伙协议必须记载的事项

C．合伙企业解散清算委托第三人担任清算人的，需要经全体合伙人一致同意

D．合伙人之间约定的合伙企业亏损的分担比例对合伙人和债权人均有约束力

二、多项选择题

1．根据《合伙企业法》的有关规定，下列有关普通合伙企业的说法不正确的是（　　）。

A．合伙人可以以劳务形式出资

B．入伙的新合伙人对入伙前合伙企业的债务不承担连带责任

C．退伙人对其退伙后合伙企业的债务承担连带责任

D．合伙人之间约定的合伙企业亏损的分担比例对合伙人和债权人没有约束力

2．根据合伙企业法律制度的规定，除合伙协议另有约定外，下列合伙企业事务中，必须经全体合伙人一致同意方可执行的有（　　）。

A．处分合伙企业不动产

B．改变合伙企业名称

C．以合伙企业名义为他人提供担保

D．聘任合伙人以外的人担任合伙企业的经营管理人员

3．甲为普通合伙企业的合伙人，乙为甲个人债务的债权人，当甲的个人财产不足以清偿乙的债务时，根据合伙企业法律制度的规定，下列说法正确的是（　　）。

A．代位行使甲在合伙企业中的权利

B．以其从合伙企业中分取的收益用于清偿

C．依法请求人民法院强制执行甲在合伙企业的财产份额用于清偿

D．以对甲的债权来抵消其对合伙企业的债务

4．下列关于特殊的普通合伙企业的描述正确的是（　　）。

A．特殊的普通合伙企业名称中需要标明“特殊普通合伙”字样

B．合伙人对合伙企业债务承担无限连带责任

C．特殊的普通合伙企业应当建立执业风险基金、办理执业保险

D．合伙形式的律师事务所、会计师事务所可以采用特殊普通合伙企业形式

5．根据合伙企业法规定，有限合伙人可以执行的事务有（　　）。

A．参与决定普通合伙人入伙、退伙

B．对企业的经营管理提出建议

C．依法为本企业提供担保

D．参与选择承办有限合伙企业审计业务的会计师事务所

三、判断题

1．普通合伙企业的合伙人之间约定的合伙企业亏损的分担比例，对合伙人和债权人均有约束力。（　　）

2．除合伙协议另有规定以外，普通合伙企业在存续期间合伙人将其在合伙企业中的财产份额向合伙人以外的人转让时，应通知其他合伙人，但无须征得其他合伙人的同意。（　　）

3．合伙企业中不参加执行事务的合伙人查阅合伙企业的账簿和其他有关文件时，无须经执行合伙企业事务的合伙人同意。（　　）

4．根据《合伙企业法》的规定，合伙协议未约定合伙利润分配和亏损分担比例的，经合伙人协商不成的，合伙人之间分配利润和分担亏损是按各合伙人贡献大小分配和分担。（　　）

5．甲、乙、丙三位合伙人约定合伙企业的债务平均分摊，该企业清算时，用企业全部资产抵偿债务后，尚欠A债权人货款9万元，A要求甲以个人名下的其他财产偿还，甲可以只清偿A债权人3万元。（　　）

6. 合伙协议未约定合伙企业经营期限的，普通合伙人在不给合伙企业事务执行造成不利影响的情况下，只需提前15日通知其他合伙人即可以退伙。（ ）

7. 以专业知识和专门技能为客户提供有偿服务的专业服务机构，可以设立为特殊的普通合伙企业。（ ）

8. 甲、乙、丙、丁成立一有限合伙企业，有限合伙人甲没有按照协议的约定缴纳出资，那么甲只需要承担补缴出资的义务。（ ）

9. 某有限合伙企业拟聘请B会计师事务所为其年度会计报告作审计，有限合伙人A可以参与对会计师事务所的选择，并获取经审计的有限合伙企业财务会计报告。（ ）

10. 甲为有限合伙企业的有限合伙人，经全体合伙人一致同意，甲转为普通合伙人。对其作为有限合伙人期间有限合伙企业发生的债务，甲以其认缴的出资额为限承担责任。（ ）

四、案例分析

1. 中国公民田某、张某、宫某和马某四人，于2015年1月11日投资设立A有限合伙企业，马某为有限合伙人，其余三人均为普通合伙人，合伙企业事务由田某、张某和宫某共同执行，马某不执行合伙企业事务，也不对外代表合伙企业。A企业主要经营咖啡店，随着业务的扩大，A企业又分别设立了甲乙两家分店，田某和宫某分别负责分店经营。因分店是以总店名义开展经营活动，所以分店未再行办理任何登记手续。

A企业在经营过程中，陆续出现下列问题。

（1）甲分店店长宫某设立了另外一家从事贸易的个人独资企业，宫某在张某、田某和马某均不知情的情况下，以自己的名义与分店签订了一年的咖啡豆供应合同。经查，合伙协议中也未对该种交易作出约定。

（2）乙分店店长田某擅自与亲戚合开了一家咖啡店，并任经理，主要工作精力转移。乙分店经营状况不佳。

（3）马某另外经营一家从事工艺品生产的个人独资企业。某日，A企业因急需更新餐具，张某与马某协商，代表A企业与马某个人签订了购买工艺品餐具的合同，田某和宫某对此交易均不知情。经查，合伙协议中也未对该种交易作出约定。

（4）马某、田某分别以个人在A企业中的财产份额为自己向银行的贷款提供质押担保，由于忙于经营，张某和宫某对两笔担保事项均不知情。经查，合伙协议中也未对该种担保事项作出约定。

要求：根据以上资料及有关规定，回答下列问题。

（1）A企业设立两家分店时未再行办理任何登记手续的做法是否符合规定？说明理由。

（2）甲分店店长宫某的行为是否违反法律规定？说明理由。

（3）乙分店店长田某是否可以另外设立一家咖啡店？说明理由。

（4）马某与A企业进行交易是否合法？说明理由。

（5）马某和田某以个人在A企业中的财产份额为自己向银行的贷款提供质押担保的行为是否有效？分别说明理由。

2. 2014年1月，甲、乙、丙共同设立一普通合伙企业。合伙协议约定：甲以现金5万元出资，乙以房屋作价8万元出资，丙以劳务作价4万元出资；各合伙人按相同比例分配利润、分担亏损。合伙企业成立后，为扩大经营，于2014年6月向银行贷款5万元，期限为1

年。2014 年 8 月，甲提出退伙，鉴于当时合伙企业盈利，乙、丙表示同意。同月，甲办理了退伙结算手续。2014 年 9 月，丁入伙。丁入伙后，因经营环境变化，企业严重亏损。2015 年 5 月，乙、丙、丁决定解散合伙企业，并将合伙企业现有财产价值 3 万元予以分配，但对未到期的银行贷款未予清偿。2015 年 6 月，银行贷款到期后，银行找合伙企业清偿债务，发现该企业已经解散，遂向甲要求偿还全部贷款，甲称自己早已退伙，不负责清偿债务。银行向丁要求偿还全部贷款，丁称该笔贷款是在自己入伙前发生的，不负责清偿。银行向乙要求偿还全部贷款，乙表示只按照合伙协议约定的比例清偿相应数额。银行向丙要求偿还全部贷款，丙则表示自己是以劳务出资的，不承担偿还贷款义务。

要求分析：（1）甲、乙、丙、丁各自的主张能否成立？说明理由。

（2）合伙企业所欠银行贷款应如何清偿？

（3）在银行贷款清偿后，甲、乙、丙、丁内部之间应如何分担清偿责任？

参考答案

一、单项选择题

1．【正确答案】A

【答案解析】本题考核点是合伙企业的特征。根据《合伙企业法》规定，本法所称合伙企业，是指自然人、法人和其他组织依照本法在中国境内设立的普通合伙企业和有限合伙企业。因此，法人和其他组织也是可以依法设立合伙企业的。

2．【正确答案】C

【答案解析】本题考核点是普通合伙企业的有关规定。合伙企业设立时，合伙人是自然人的，应当具有完全民事行为能力，所以选项 A 不正确；合伙人可以约定出资的缴付期限，不一定非得一次性缴付出资，所以选项 B 不正确；合伙企业必须在名称中标明“普通”或“有限”字样，否则是不符合规定的，所以选项 D 不正确。

3．【正确答案】B

【答案解析】本题考核点是须经全体合伙人一致同意的事项。选项 A：除合伙协议另有约定外，普通合伙人向合伙人以外的人转让其在合伙企业中的全部或部分财产份额时，须经其他合伙人一致同意。选项 B：普通合伙企业的合伙人之间转让财产份额，只需通知。选项 C、D：除合伙协议另有约定外，普通合伙人转变为有限合伙人，或者有限合伙人转变为普通合伙人，应当经全体合伙人一致同意。

4．【正确答案】A

【答案解析】根据《合伙企业法》的规定，合伙企业对合伙人执行合伙企业事务及对外代表合伙企业权利的限制，不得对抗不知情的善意第三人，所以合同有效。如因乙的行为给合伙企业造成损害，乙应当依法承担赔偿责任。注意合伙企业与第三人的合同关系同乙对合伙企业的赔偿关系是两个法律关系，应当分别处理，不可混淆。

5．【正确答案】B

【答案解析】本题考核点是普通合伙企业的有关规定。① 合伙人为自然人的，应当具有完全民事行为能力；② 利润分配和亏损分担办法是合伙协议应该记载的事项，但是法律还作了补充性的规定，即：如果没有记载的，由合伙人平均分配和分担；③ 合伙企业解散清算委托第三人担任清算人的，需要经全体合伙人过半数同意；④ 合伙人之间约定的合伙企业亏损的分担比例对合伙人具有约束力，对债权人是没有约束力的。所以此题选项B正确。

二、多项选择题

1．【正确答案】BCD

【答案解析】本题考核点是普通合伙企业的有关规定。① 合伙人以货币、实物、知识产权、土地使用权或者其他财产权利出资，也可以用劳务出资；② 入伙的新合伙人对入伙前合伙企业的债务应承担连带责任；③ 退伙人对其退伙前合伙企业的债务应承担连带责任，而对其退伙后合伙企业的债务不承担连带责任；④ 合伙人之间约定的合伙企业亏损的分担比例对合伙人具有约束力，对债权人是没有约束力的。

2．【正确答案】ABCD

【答案解析】本题考核点是合伙企业事务的执行中需要经过全体合伙人一致同意的事项。除合伙协议另有约定外，合伙企业的下列事项应当经全体合伙人一致同意：① 改变合伙企业的名称；② 改变合伙企业的经营范围、主要经营场所的地点；③ 处分合伙企业的不动产；④ 转让或者处分合伙企业的知识产权和其他财产权利；⑤ 以合伙企业名义为他人提供担保；⑥ 聘任合伙人以外的人担任合伙企业的经营管理人员。根据规定，上述各项事务均必须经全体合伙人一致同意，方可进行。

3．【正确答案】BC

【答案解析】本题考核点是普通合伙企业合伙人债务的清偿规定。根据《合伙企业法》规定，合伙人发生与合伙企业无关的债务，相关债权人不得以其债权抵消其对合伙企业的债务，也不得代位行使合伙人在合伙企业中的权利。

4．【正确答案】ACD

【答案解析】本题考核点是特殊的普通合伙企业的规定。特殊的普通合伙企业名称中需要标明“特殊普通合伙”字样。一个合伙人或数个合伙人在执业活动中因故意或重大过失造成合伙企业债务的，应当承担无限责任或无限连带责任，其他合伙人以其在合伙企业中的财产份额为限承担责任；合伙人在执业活动中非因故意或重大过失造成的合伙企业债务及合伙企业的其他债务，由全体合伙人承担无限连带责任。合伙人执业活动中因故意或重大过失造成的合伙企业债务，以合伙企业财产对外承担责任后，该合伙人应当按照合伙协议的约定对给合伙企业造成的损失承担赔偿责任。所以选项B不正确。

5．【正确答案】ABCD

【答案解析】本题考核点是有限合伙人不能执行合伙企业事务的规定。有限合伙人不执行合伙事务，不得对外代表有限合伙企业。有限合伙人的下列行为，不视为执行合伙事务：① 参与决定普通合伙人入伙、退伙；② 对企业的经营管理提出建议；③ 参与选择承办有限合伙企业审计业务的会计师事务所；④ 获取经审计的有限合伙企业财务会计报告；⑤ 对涉及自身利益的情况，查阅有限合伙企业财务会计账簿等财务资料；⑥ 在有限合伙企业中的利益受到侵害时，向有责任的合伙人主张权利或者提起诉讼；⑦ 执行事务合伙人怠于行使权利时，督促其行使权利或者为了本企业的利益以自己的名义提起诉讼；⑧ 依法为本企业提供担保。

三、判断题

1．【正确答案】错

【答案解析】根据规定，合伙人之间约定的合伙企业亏损的分担比例对合伙人具有约束力，对债权人是没有约束力的。

2．【正确答案】错

【答案解析】本题考核点是合伙企业财产转让的限制性规定。① 合伙人之间转让在合伙企业中的全部或部分财产份额时，应当通知其他合伙人；② 除合伙协议另有约定外，合伙人向合伙人以外的人转让其在合伙企业中的全部或部分财产份额时，须经其他合伙人一致同意。

3．【正确答案】对

【答案解析】本题考核点是合伙人在执行合伙事务中的权利。合伙企业中不参加执行事务的合伙人有权查阅合伙企业的账簿和其他有关文件，无须经合伙企业事务的合伙人同意。

4．【正确答案】错

【答案解析】合伙协议未约定或约定不明确的，由合伙人协商决定；协商不成的，由合伙人按照实缴出资比例分配、分担；无法确定出资比例的，由合伙人平均分配、分担。

5．【正确答案】错

【答案解析】本题考核点是合伙企业债务的清偿。根据规定，合伙人之间的分担比例对债权人没有约束力。合伙人对合伙企业的债务承担的是连带责任。

6．【正确答案】错

【答案解析】本题考核点是协议退伙时退伙人履行的义务。根据规定，合伙协议未约定合伙企业经营期限的，合伙人在不给合伙企业事务执行造成不利影响的情况下，可以退伙，但应当提前 30 日通知其他合伙人。

7．【正确答案】对

【答案解析】本题考核点是特殊普通合伙企业的设立。按照《合伙企业法》中“特殊普通合伙企业”的规定，对以专业知识和专门技能为客户提供有偿服务的专业服务机构，可以设立为普通合伙企业，这是一种特殊的普通合伙企业。

8．【正确答案】错

【答案解析】本题考核点是有限合伙企业的规定。合伙人未按照约定履行出资义务的，应当承担补缴出资的义务，同时还应对其他合伙人承担违约责任。

9．【正确答案】对

【答案解析】本题考核点是有限合伙企业事务执行的规定。根据规定，有限合伙人是不能执行合伙企业事务的，但参与选择承办有限合伙企业审计业务的会计师事务所不视为执行合伙事务。

10．【正确答案】错

【答案解析】本题考核点是有限合伙人转变为普通合伙人后债务责任承担的规定。有限合伙人转变为普通合伙人的，对其作为有限合伙人期间有限合伙企业发生的债务承担无限连带责任。普通合伙人转变为有限合伙人的，对其作为普通合伙人期间合伙企业发生的债务承担无限连带责任。

四、案例分析

1．【正确答案】（1）A 企业设立两家分店时未再行办理任何登记手续的做法不符合规定。根据规定，合伙企业设立分支机构，应当向分支机构所在地的企业登记机关申请登记，领取营业执照。

（2）甲分店店长宫某的行为不符合规定。根据规定，除合伙协议另有约定或经全体合伙人一致同意外，合伙人不得同本合伙企业进行交易。宫某为普通合伙人，在合伙协议未约定，并在未经全体合伙人一致同意的情况下，是不能与A企业签订合同进行交易的。

（3）乙分店店长田某不得另外再设立咖啡店。根据规定，合伙人不得自营或同他人合作经营与本合伙企业相竞争的业务。田某为普通合伙人，因此不能开展与A企业相竞争的经营业务。

（4）马某与A企业进行交易合法。根据规定，有限合伙人可以同本有限合伙企业进行交易，合伙协议另有约定的除外。由于合伙协议中并未对此类业务进行约定，所以，马某作为有限合伙人是可以与本企业进行交易的。

（5）① 马某以个人在A企业中的财产份额为自己向银行的贷款提供质押担保的行为是有效的。根据规定，有限合伙人可以将其在有限合伙企业中的财产份额出质，合伙协议另有约定的除外。由于A企业的合伙协议中未约定，所以，作为有限合伙人的马某可以用自己在合伙企业中的财产份额进行出质。

② 田某以个人在A企业中的财产份额为自己向银行的贷款提供质押担保的行为无效。根据规定，普通合伙人以其在合伙企业中的财产份额出质，须经其他合伙人一致同意。未经其他合伙人一致同意，其行为无效，由此给善意第三人造成损失的，由行为人依法承担赔偿责任。因此，作为普通合伙人的田某在未经其他合伙人一致同意情况下提供的质押是无效的。

2.【正确答案】（1）甲的主张不能成立。根据《合伙企业法》的规定，退伙人对基于其退伙前的原因发生的合伙企业债务，承担无限连带责任，所以甲对其退伙前发生的银行贷款应负无限连带清偿责任。乙的主张不能成立。根据《合伙企业法》的规定，合伙人之间对债务承担份额的约定对债权人没有约束力，所以乙提出应按约定比例清偿债务的主张不能成立，其应对银行贷款承担无限连带清偿责任。丙的主张不能成立。根据《合伙企业法》的规定，以劳务出资成为合伙人，也应承担合伙人的法律责任，所以丙也应对银行贷款承担无限连带清偿责任。丁的主张不能成立。根据《合伙企业法》的规定，新合伙人对入伙前合伙企业的债务承担无限连带责任，所以丁对其入伙前发生的银行贷款应负无限连带清偿责任。

（2）根据《合伙企业法》的规定，合伙企业对其债务，应先以其全部财产进行清偿。合伙企业不能清偿到期债务的，合伙人承担无限连带责任。因此，合伙企业所欠银行贷款首先应用合伙企业的财产清偿，合伙企业财产不足清偿时，由各合伙人承担无限连带清偿责任。乙、丙、丁在合伙企业解散时，未清偿债务便分配财产，是违法无效的，应全部退还已分得的财产；退还的财产应首先用于清偿银行贷款，不足清偿的部分，由甲、乙、丙、丁承担无限连带清偿责任。

（3）根据《合伙企业法》的规定，合伙人由于承担无限连带责任，清偿数额超过其按合伙协议约定的分担比例的，有权向其他合伙人追偿。据此，甲因已办理退伙结算手续，结清了对合伙企业的财产债务份额，如在银行的要求下承担了对外部债务的连带清偿责任，则可向乙、丙、丁追偿。乙、丙、丁应按合伙协议的约定分担清偿责任，如乙、丙、丁任何一人实际支付的清偿数额超过其应承担的份额时，有权就其超过的部分向其他未支付或未足额支付应承担份额的合伙人追偿。

第四章 外商投资企业法律制度

本章要点

- 中外合资经营企业
- 中外合作经营企业
- 外资企业

第一节 外商投资企业法律制度概述

一、外商投资企业的概念

外商投资企业，是指外国投资者经中国政府批准，在中国境内投资的企业。外商投资企业具有以下基本特征。

1）外商投资企业是外商直接投资举办的企业。直接投资，是指投资者将资金或其他财产投入企业，并不同程度地参与企业的经营决策，通过企业赢利分配获取投资收益的投资方法。相对于间接投资而言，直接投资具有更大的稳定性。

2）外商投资企业是吸引外国私人投资举办的企业。私人投资，是指以公司、企业和其他经济组织或个人的名义进行的投资，它与政府的对外援助不同，具有民间经济技术合作的色彩。

3）外商投资企业是依照中国的法律和行政法规，经中国政府批准，在中国境内设立的企业。根据中国法律和行政法规规定，设立外商投资企业必须经中国政府批准，并在中国境内设立。外商投资企业设立后，必须遵守中国的法律，同时，也受中国法律的保护。

二、外商投资企业的种类

根据中国有关法律和行政法规的规定，中国目前的外商投资企业主要有以下几种。

（一）中外合资经营企业

中外合资经营企业也称股权式合营企业。它是由外国公司、企业和其他经济组织或个人同中国的公司、企业或其他经济组织，依照中国的法律和行政法规，经中国政府批准，设在中国境内的，由双方共同投资、共同经营，按照各自的出资比例共担风险、共负盈亏的企业。这种企业形式按照中外投资者的出资比例来确定投资者的风险、责任和利润分配，各自的权利和义务十分明确。这种企业形式较多地应用于投资较多、技术性较强、合作时间较长的项目。

（二）中外合作经营企业

中外合作经营企业也称契约式合营企业。它是由外国公司、企业和其他经济组织或个人同中国的公司、企业或其他经济组织，依照中国的法律和行政法规，经中国政府批准，设在中国境内的，由双方通过合作经营企业合同约定各自的权利和义务的企业。这种企业形式的特点是合作方式较为灵活，中方投资者可以无形资产等要素作为合作的条件，解决中国企业投资资金缺乏的问题；允许外方投资者先行回收投资，对外国投资者有较大的吸引力；在合作期满后，企业全部固定资产无偿归中方所有。

（三）外资企业

外资企业也称外商独资经营企业。它是指外国的公司、企业和其他经济组织或个人，依照中国的法律和行政法规，经中国政府批准，设在中国境内的，全部资本由外国投资者投资的企业。但不包括外国公司、企业和其他经济组织在中国境内设立的分支机构。这种企业形式的股权完全属于外国投资者，因而外国投资者愿意使用更加先进的技术和设备，带来一些通过合资形式也难以引进的技术，同时，有助于在国家不投入大量配套资金的情况下扩大就业，增加税收。

（四）中外合资股份有限公司

中外合资股份有限公司，是指外国的公司、企业和其他经济组织或个人（简称外国股东）同中国的公司、企业或其他经济组织（简称中国股东），依照中国法律和行政法规，在中国境内设立的，全部资本由等额股份构成，股东以其所认购的股份对公司承担责任，公司以其全部财产对公司债务承担责任，中外股东共同持有公司股份的企业法人。

三、外商投资企业的投资项目

为了使外商投资企业的投资项目与中国国民经济和社会发展规划相适应，并有利于保护投资者的合法权益，2002 年 2 月 21 日国务院发布了《指导外商投资方向规定》，并自 2002 年 4 月 1 日起施行。

根据《指导外商投资方向规定》的规定，外商投资企业的投资项目分为鼓励、限制、禁止和允许四类。

（一）鼓励类外商投资项目

属于下列情形之一的，列为鼓励类外商投资项目：① 属于农业新技术、农业综合开发和能源、交通、重要原材料工业的；② 属于高新技术、先进适用技术，能够改进产品性能、提高企业技术经济效益或生产国内生产能力不足的新设备、新材料的；③ 适应市场需求，能够提高产品档次、开拓新兴市场或增加产品国际竞争能力的；④ 属于新技术、新设备，能够节约能源和原材料、综合利用资源和再生资源及防治环境污染的；⑤ 能够发挥中西部地区的人力和资源优势，并符合国家产业政策的；⑥ 法律、行政法规规定的其他情形。

鼓励类外商投资项目，除依照有关法律、行政法规的规定享受优惠待遇外，从事投资额大、回收期长的能源，交通，城市基础设施（煤炭、石油、天然气、电力、铁路、公路、港口、机场、城市道路、污水处理、垃圾处理等）建设、经营的，经批准，可以扩大与其相关的经营范围。

（二）限制类外商投资项目

属于下列情形之一的，列为限制类外商投资项目：① 技术水平落后的；② 不利于节约资源和改善生态环境的；③ 从事国家规定实行保护性开采的特定矿种勘探、开采的；④ 属于国家逐步开放的产业的；⑤ 法律、行政法规规定的其他情形。

（三）禁止类外商投资项目

属于下列情形之一的，列为禁止类外商投资项目：① 危害国家安全或损害社会公众利益的；② 对环境造成污染损害，破坏自然资源或损害人体健康的；③ 占用大量耕地，不利于保护、开发土地资源的；④ 危害军事设施安全和使用效能的；⑤ 运用中国特有工艺或技术生产产品的；⑥ 法律、行政法规规定的其他情形。

（四）允许类外商投资项目

不属于鼓励类、限制类和禁止类的外商投资项目，为允许类外商投资项目。

产品全部直接出口的允许类外商投资项目，视为鼓励类外商投资项目。产品出口销售额占其产品销售总额 70%以上的限制类外商投资项目，经省、自治区、直辖市，以及计划单位人民政府或国务院主管部门批准，可以视为允许类外商投资项目。

【例 4-1】 根据指导外商投资方向的有关规定，下列各项中，属于国家限制类外商投资项目的有（　　）。

A. 运用中国特有工艺生产产品的项目　　B. 不利于节约资源的项目

C. 技术水平落后的项目　　D. 不利于改善生态环境的项目

【解析】 正确答案为 BCD。A 项属于禁止类外商投资项目。

第二节　几种常见外商投资企业

一、中外合资经营企业法律制度

（一）中外合资经营企业的设立

1．设立合营企业的条件

在中国境内设立中外合资经营企业（简称合营企业），应当符合国家指导外商投资方向的规定及外商投资产业指导目录的规定。申请设立合营企业有下列情况之一的，不予批准：① 有损中国主权的；② 违反中国法律的；③ 不符合中国国民经济发展要求的；④ 造成环境污染的；⑤ 签订的协议、合同、章程显属不公平，损害合营一方权益的。

2．设立合营企业的审批机关

设立合营企业的审批机关是商务部或省级商务主管部门。除按照国家有关规定由商务部负责审批的合营企业外，其他合营企业的设立由省级商务主管部门审批，报商务部备案。

（二）中外合资经营企业的注册资本与投资总额

1．合营企业的注册资本

合营企业的注册资本，是指为设立合营企业在工商行政管理机关登记注册的资本，应为合营各方认缴的出资额之和。依照中国有关法律、法规的规定，合营企业的注册资本应当符合下列要求。

1）在合营企业的注册资本中，外国合营者的出资比例一般不低于 25%，这是外国合营者认缴出资的最低限额。对其认缴出资的最高限额法律没有明确规定。

2）合营企业在合营期限内，不得减少其注册资本。但因投资总额和生产经营规模等发生变化，确需减少注册资本的，须经审批机关批准。对合营企业在合营期限内增加注册资本，法律没有禁止。但是，合营企业增加注册资本应当经合营各方协商一致，并由董事会会议通过，报经原审批机关核准。合营企业增加、减少注册资本，应当修改合营企业章程，并办理变更注册资本登记手续。

3）合营企业的注册资本应符合《公司法》规定的有限责任公司注册资本的最低限额。

2．合营企业的投资总额

合营企业的投资总额，是指按照合营企业的合同、章程规定的生产规模需要投入的基本建设资金和生产流动资金的总和，由注册资本与借款构成。合营企业的借款，是指为弥补投资总额的不足，以合营企业的名义向金融机构借入的款项。

合营企业的注册资本和投资总额之间应当保持适当、合理的比例。现行有关规定如下：① 合营企业的投资总额在300万（含300万）美元以下的，注册资本至少应占投资总额的7/10；② 合营企业的投资总额在300万美元以上至1000万（含1000万）美元的，注册资本至少应占投资总额的1/2，其中投资总额在420万美元以下的，注册资本不得低于210万美元；③ 合营企业的投资总额在1000万美元以上至3000万（含3000万）美元的，注册资本至少应占投资总额的2/5，其中投资总额在1250万美元以下的，注册资本不得低于500万美元；④ 合营企业的投资总额在3000万美元以上的，注册资本至少应占投资总额的1/3，其中投资总额在3600万美元以下的，注册资本不得低于1200万美元。

合营企业如遇特殊情况不能执行此规定的，由商务部会同国家工商行政管理机关批准。

【例4-2】国内企业甲与外国投资者乙共同投资举办中外合资经营企业丙，其中甲出资60%，乙出资40%；投资总额为400万美元。下列有关甲、乙出资额的表述中，符合中外合资经营企业法律制度规定的是（　）。

A. 甲至少应出资240万美元，乙至少应出资160万美元

B. 甲至少应出资126万美元，乙至少应出资84万美元

C. 甲至少应出资120万美元，乙至少应出资80万美元

D. 甲至少应出资168万美元，乙至少应出资112万美元

【解析】正确答案为B。根据中外合资经营企业法律制度的规定，合营企业的投资总额在300万美元以上至1000万（含1000万）美元的，其注册资本至少应占投资总额的1/2，其中投资总额在420万美元以下的，注册资本不得低于210万美元。因此，甲至少应出资210×60%＝126（万美元）；乙至少应出资210×40%＝84（万美元）。

（三）中外合资经营企业合营各方的出资方式、出资期限

1．合营企业合营各方的出资方式

合营企业合营各方可以用货币出资，也可以用建筑物、厂房、机器设备或其他物料、工业产权、专有技术、场地使用权等作价出资。以建筑物、厂房、机器设备或其他物料、工业产权、专有技术作价出资的，其作价由合营各方按照公平合理的原则协商确定，或者聘请合营各方同意的第三者评定。

外国合营者以货币出资时，只能以外币缴付出资，不能以人民币缴付出资。外国合营者出资的外币，应当按缴款当日中国人民银行公布的基准汇率折算成人民币或套算成约定的外

币。中国合营者出资的人民币现金，需要折算成外币的，应当按缴款当日中国人民银行公布的基准汇率折算。

作为外国合营者出资的机器设备或其他物料，应当是合营企业生产所必需的，且出资的机器设备或其他物料的作价，不得高于同类机器设备或其他物料当时的国际市场价格。外国合营者作为出资的机器设备或其他物料，应当报审批机关批准。

作为外国合营者出资的工业产权或专有技术，必须符合下列条件之一：① 能显著改进现有产品的性能、质量，提高生产效率的；② 能显著节约原材料、燃料、动力的。外国合营者以工业产权或专有技术作价出资，应当提交该工业产权或专有技术的有关资料，包括专利证书或商标注册证书的复制件、有效状况及其技术特性、实用价值、作价的计算根据、与中国合营者签订的作价协议等有关文件，作为合营合同的附件。外国合营者作价出资的工业产权或专有技术，应当报审批机关批准。

中国合营者可以用为合营企业经营期间提供的场地使用权作价出资，其作价金额应当与取得同类场地使用权所应缴纳的使用费相同。如果场地使用权未作为中国合营者出资的一部分，合营企业应向中国政府缴纳场地使用费。

合营各方按照合营合同的规定向合营企业认缴的出资，必须是合营者自己所有的现金、自己所有并且未设立任何担保物权的建筑物、厂房、机器设备或其他物料、工业产权、专有技术等。凡是以建筑物、厂房、机器设备或其他物料、工业产权、专有技术作价出资的，出资者应当出具拥有所有权和处置权的有效证明。

合营企业任何一方不得用以合营企业名义取得的贷款、租赁的设备或其他财产及合营者以外的他人财产作为自己的出资，也不得以合营企业的财产和权益或合营他方的财产和权益为其出资担保。

【例 4-3】在中国甲公司与外国乙公司拟订的设立中外合资经营企业的协议草案中，下列有关出资方式的约定，符合中外合资经营企业法律制度规定的是（　　）。

A. 甲公司通过乙公司提供财产担保从银行贷款作为出资

B. 甲公司以已作抵押的厂房作为出资

C. 乙公司以人民币现金作为出资

D. 乙公司以收购甲公司 30%的资产作为出资

【解析】正确答案为 D。根据《中外合资经营企业法》的规定，合营企业任何一方不得用以合营企业名义取得的贷款、租赁的设备或其他财产及合营者以外的他人财产作为自己的出资，也不得以合营企业的财产和权益或合营他方的财产和权益为其出资担保，所以 A 选项错误；合营各方按照合营合同的规定向合营企业认缴的出资，必须是合营者自己所有的现金、自己所有并且未设立任何担保物权的建筑物、厂房、机器设备或其他物料、工业产权、专有技术等，所以 B 选项错误；外国合营者以货币出资时，只能以外币缴付出资，不能以人民币缴付出资，所以 C 选项错误；通过收购国内企业资产或股权设立合营企业的外国投资者，应自合营企业营业执照颁发之日起 3 个月内支付全部购买金，所以 D 选项正确。

2．合营企业合营各方的出资期限

合营各方应当在合营合同中说明出资期限，并且应当按照合营合同规定的期限缴清各自的出资。合营合同规定一次缴清出资的，合营各方应当自营业执照签发之日起 6 个月内缴清；合营合同规定分期缴付出资的，合营各方第一期出资不得低于各自认缴出资额的 15%，并且应当在营业执照签发之日起 3 个月内缴清。合营企业合营各方未能在规定的期限内缴付出资的，视同合营企业自动解散，合营企业批准证书自动失效。合营企业应当向工商行政管理机关办理注销登记手续，缴销营业执照；不办理注销登记手续和缴销营业执照的，由工商行政管理机关吊销其营业执照，并予以公告。合营企业合营一方未按照合同的规定如期缴付或缴清其出资的，即构成违约。守约方应当催告违约方在 1 个月内缴付或者缴清出资，逾期仍未缴付或缴清的，视同违约方放弃在合同中的一切权利，自动退出合营企业。守约方应当在逾期 1 个月内，向原审批机关申请批准解散合营企业或申请批准另找合营者承担违约方在合同中的权利和义务。守约方可以依法要求违约方赔偿因未缴付或缴清出资造成的经济损失。如果守约方未按照有关规定向原审计机关申请批准解散合营企业或申请批准另找合营者的，审批机关有权撤销对该合营企业的批准证书。批准证书撤销后，合营企业应当向工商行政管理机关办理注销登记手续，缴销营业执照；不办理注销登记手续和缴销营业执照的，工商行政管理机关有权吊销其营业执照，并予以公告。

通过收购国内企业资产或股权设立合营企业的外国投资者，应自合营企业营业执照颁发之日起 3 个月内支付全部购买金。对特殊情况需要延长支付者，经审批机关批准后，应自营业执照颁发之日起 6 个月内支付购买总金额的 60%以上，在 1 年内付清全部购买金，并按实际缴付的出资额比例分配收益。控股投资者在付清全部购买金额之前，不能取得企业决策权，不得将其在企业中的权益、资产以合并报表的方式纳入该投资者的财务报表。

合营企业合同经审批后，如确因特殊情况需要超过合同规定的缴资期限延期缴资的，应报原审批机关批准和在登记机关备案，并办理相关手续。合营企业的投资者均须按合同规定的比例和期限同步缴付认缴的出资额。因特殊情况不能同步缴付的，应报原审批机关批准，并按实际缴付的出资额比例分配收益。对合营企业中控股的投资者，在其实际缴付的投资额未达到其认缴的全部出资额之前，不能取得企业决策权，不得将其在企业中的权益、资产以合并报表的方式纳入该投资者的财务报表。

【例 4-4】外国甲公司收购境内乙公司部分资产，并以该资产作为出资与境内丙公司于 2014 年 3 月 1 日成立了一家中外合资经营企业。甲公司收购乙公司部分资产的价款为 120 万美元。甲公司向乙公司支付价款的下列方式中，不符合中外合资经营企业法律制度规定的有（　）。

A. 甲公司于 2014 年 5 月 30 日向乙公司一次性支付 120 万美元

B. 甲公司于 2014 年 5 月 30 日向乙公司支付 60 万美元，2009 年 2 月 28 日支付 60 万美元

C. 甲公司于 2015 年 2 月 28 日向乙公司一次性支付 120 万美元

D. 甲公司于 2014 年 8 月 30 日向乙公司支付 80 万美元，2015 年 8 月 30 日支付 40 万美元

【解析】正确答案为 BCD。根据中外合资经营企业法律制度的规定，通过收购国内企业资产或股权设立合营企业的外国投资者，应自合营企业营业执照颁发之日起 3 个月内支付全部购买金。对特殊情况需要延长支付者，经审批机关批准后，应自营业执照颁发之日起 6 个月内支付购买总金额的 60%以上，在 1 年内付清全部购买金，并按实际缴付的出资额比例分配收益。所以在本例中，A 项符合规定，B、C、D 项不符合规定。因为，分期缴付出资的总期限不得超过 1 年，B 项中 6 个月内支付的价款只有 50%；C 项中尽管 1 年末支付了全部价

款，但是在分期缴付时前6个月支付的价款低于60%；D项中尽管前6个月支付的价款超过了60%，但是总期限超过了1年。而且在本例中，未强调经审批机构批准。

（四）中外合资经营企业出资额的转让

合营企业出资额的转让，是指在合营企业中合营一方将其全部或部分出资额转让给合营企业另一方或第三者。

1. 合营企业出资额的转让条件

根据《中外合资经营企业法》及其实施条例的规定，合营企业出资额的转让必须具备如下条件，才能具有法律效力。

1）合营企业出资额的转让须经合营各方同意。虽然出资额的转让是转让方与受让方之间的协议，但转让生效后，受让方一般会成为合营企业的主体，参与企业的经营管理，必然涉及合营他方的利益。为了保护合营他方的合法权益，出资额的转让必须经合营各方同意。

2）合营企业出资额的转让须经董事会会议通过后，报原审批机关批准。出资额转让生效后，合营企业的主体发生了变更，有时会影响企业法律性质的变化。为了维护国家利益和加强对合营企业的管理，合营企业出资额的转让必须经董事会会议通过后报原审批机关批准，接受国家对出资额转让的审查。

3）合营企业一方转让其全部或部分出资额时，合营他方有优先购买权。即合营一方向第三者转让出资额的条件，不得比向合营他方转让的条件优惠。

2. 合营企业出资额的转让程序

1）申请出资额转让。当合营一方提出转让出资额要求时，合营他方应认真研究其是否正当、合法。如确实须转让的，合营他方应作出明确表示，告知其同意转让。同时合营他方应考虑是否购买部分或全部转让的出资额，如决定不买，应及时通知对方寻找第三者。在此基础上，由合营企业提出出资额转让的书面申请。

2）董事会审查决定。在确定合营企业出资额转让时，董事会应召集董事会会议对其进行审查。董事会审查时应注意掌握：① 出资额的转让是否经合营各方同意；② 出资额的转让是否获得了必要的审批；③ 是否对出资额的受让方进行了资格审查，是否符合转让条件。

3）报审批机关批准。合营企业出资额转让经董事会审查通过后，应报原审批机关批准。报批时应报送以下文件：转让出资额的申请书，转让出资额的协议书，原合营企业合同、章程修正本，受让者资信情况及营业执照副本，受让者委托的董事名单，审批机关规定的其他文件。审批机关受理后，应在3个月内作出批准或不批准的决定。

4）办理变更登记手续。转让出资额经审批机关批准后，合营企业应向原登记管理机关办理变更登记手续。

（五）中外合资经营企业的组织形式和组织机构

1. 合营企业的组织形式

合营企业的组织形式为有限责任公司。合营企业合营各方对合营企业的责任以各自认缴的出资额为限，合营企业以其全部资产对其债务承担责任。

2. 合营企业的组织机构

根据《中外合资经营企业法》及其实施条例的规定，合营企业的组织机构是董事会和经营管理机构。

1）董事会。董事会是合营企业的最高权力机构，决定合营企业的一切重大问题。董事会由董事长、副董事长及董事组成。董事会成员不得少于 3 人。董事长和副董事长由合营各方协商确定或由董事会选举产生。中外合营者的一方担任董事长的，由他方担任副董事长。董事长是合营企业的法定代表人。董事名额的分配由合营各方参照出资比例协商确定，董事由合营各方按照分配的名额委派和撤换。董事任期 4 年，可以连任。

董事会会议由董事长召集并主持，董事长不能召集或主持时，可以由董事长委托副董事长或其他董事召集并主持董事会会议。董事会会议每年至少召开 1 次。经 1/3 以上的董事提议，可以由董事长召开董事会临时会议。董事会的职权是按照合营企业章程的规定，讨论决定合营企业的一切重大问题，包括企业发展规划、生产经营活动方案、收支预算、利润分配、劳动工资计划、停业，以及总经理、副总经理、总工程师、总会计师、审计师的任命或聘请及其职权和待遇等。董事会会议应有 2/3 以上董事出席方能举行，其决议方式可以根据合营企业章程载明的议事规则作出。但涉及合营企业的下列事项，则必须经出席董事会会议的董事一致通过方可作出决议：合营企业章程的修改，合营企业的中止、解散，合营企业注册资本的增加、减少，合营企业的合并、分立。

2）经营管理机构。经营管理机构负责合营企业的日常经营管理工作。经营管理机构设总经理 1 人，副总经理若干人，其他高级管理人员若干人。总经理、副总经理由合营企业董事会聘请，可以由中国公民担任，也可以由外国公民担任。总经理执行董事会会议的各项决议，组织领导合营企业的日常经营管理工作。在董事会授权范围内，总经理对外代表合营企业，对内任免下属人员，行使董事会授予的其他职权。

【例 4-5】根据《中外合资经营企业法实施细则》的规定，合营企业的下列事项中，必须经出席董事会会议的董事一致通过才能作出决议的有（　　）。

A. 企业章程的修改　　B. 企业注册资本的增加

C. 企业利润的分配　　D. 企业与其他经济组织的合并

【解析】正确答案为 ABD。根据《中外合资经营企业法实施细则》的规定，下列事项由出席董事会会议的董事一致通过方可作出决议：① 合营企业章程的修改；② 合营企业的中止、解散；③ 合营企业注册资本的增加、减少；④ 合营企业的合并、分立。所以 A、B、D 选项正确。

（六）中外合资经营企业的期限、解散和清算

1. 合营企业的期限

合营企业的合营期限，是指合营各方根据中国的法律、行政法规的规定和合营企业经营目标的期望，在合营企业协议、合同或章程中对合营企业存续期间的规定。有关合营企业的合营期限的具体规定如下。

1）举办的合营企业属于下列行业的，合营各方应当依照国家有关法律、行政法规的规定，在合营合同中约定合营企业的合营期限。这些行业包括：① 服务性行业的，如饭店、公寓、写字楼、娱乐、饮食、出租汽车、彩扩、洗相、维修、咨询等；② 从事土地开发及经营房地产的；③ 从事资源勘查开发的；④ 国家规定限制投资项目的；⑤ 国家其他法律、法规规定需要约定合营期限的。

合营企业的合营期限，一般项目原则上为 10 ~ 30 年。投资大、建设周期长、资金利用率低的项目及外国合营者提高先进技术或关键技术生产尖端产品的项目，或者在国际上有竞争能力的产品的项目，其合营期限可以延长到 50 年。经国务院特别批准的，其合营期限可

以延长50年以上。

2）对于属于国家规定鼓励投资和允许投资项目的合营企业，除上述行业外，合营各方可以在合营协议、合同中约定合营期限，也可以不约定合营期限。

3）约定合营期限的合营企业，合营各方同意延长合营期限的，应当在距合营期限届满6个月前向审批机关提出申请。审批机关应当在收到申请之日起1个月内决定批准或不批准。经批准，合营期限可以延长。合营企业合营各方如一致同意将合营合同中约定的合营期限条款修改为不约定合营期限的条款，应提出申请，报原审批机关审查。原审批机关应当自收到上述申请文件之日起90日内决定批准或不批准。

2．合营企业的解散

根据《中外合资经营企业法》及其实施条例的规定，合营企业在下列情况下解散：① 合营期限届满，合营企业合同或章程确定的合营期限已经到期，而投资各方又无意继续延长合营期限；② 合营企业发生严重亏损，无力继续经营；③ 合营一方不履行合营企业协议、合同、章程规定的义务，致使企业无法继续经营；④ 因自然灾害、战争等不可抗力遭受严重损失，无法继续经营；⑤ 合营企业未达到其经营目的，同时又无发展前途；⑥ 合营合同、章程所规定的其他解散原因已经出现。

上述第②、④、⑤、⑥项情况发生时，由董事会提出解散申请书，报审批机关批准；第③项情况发生时，由履行合同的一方提出申请，报审批机关批准。

根据企业破产法律制度的规定，企业无力偿还到期债务的，企业债权人可以向法院申请宣告该企业破产；企业也可以自行申请破产。法院宣告企业破产后，企业应予解散。

3．合营企业的清算

合营企业宣告解散时，应当进行清算。除企业破产清算应当按照有关法律规定的程序进行外，合营企业的清算应当按照《外商投资企业清算办法》和《公司法》等规定成立清算委员会，由清算委员会负责清算事宜。

清算委员会的成员一般应当在合营企业的董事中选任。董事不能担任或不适合担任清算委员会成员时，合营企业可以聘请中国的注册会计师、律师担任。审批机关认为必要时，可以派人进行监督。

清算委员会的任务主要有：① 对合营企业财产、债权、债务进行全面清查；② 编制资产负债表和财产目录，提出财产作价依据，制定清算方案；③ 履行企业偿债义务，清算委员会制订的清算方案经董事会通过后，由清算委员会代合营企业履行偿债义务，偿债顺序按照国家有关法律和行政法规执行；④ 清算期间，清算委员会代表该合营企业起诉或应诉。

合营企业以其全部资产对其债务承担责任。合营企业清偿债务后的剩余财产按照合营各方的出资比例进行分配，但合营企业协议、合同、章程另有规定的除外。合营企业解散时，其资产净额或剩余财产减除企业未分配利润、各项基金和清算费用后的余额，超过实缴资本的部分为清算所得，应当依法缴纳所得税。

合营企业的清算工作结束后，由清算委员会提出清算结束报告，提请董事会会议通过后报告审批机关，并向登记管理机关办理注销登记手续，缴销营业执照。

【例4-6】甲公司为依《公司法》设立的有限责任公司，乙公司为依《中外合资经营企业法》设立的有限责任公司。下列有关甲、乙两公司区别的表述中，符合法律规定的是（　　）。

A. 甲公司的股东按照投资比例分配利润和分担亏损，乙公司的股东按照合同约定

的比例分配利润和分担亏损

B. 甲公司的最高权力机构为股东会，乙公司的最高权力机构为董事会

C. 甲公司的最低注册资本为人民币 3 万元，乙公司的注册资本可以低于人民币 3 万元

D. 甲公司股东的出资必须在公司成立时一次性缴付，乙公司股东的出资可以分期缴付

【解析】正确答案为 B。根据《中外合资经营企业法》的规定，中外合资经营企业的股东按照投资比例分配利润和分担亏损；中外合资经营企业的注册资本应符合《公司法》规定的有限责任公司的注册资本的最低限额。根据《公司法》的规定，有限责任公司的股东可以分期缴付出资。因此，只有 B 项正确。

二、中外合作经营企业法律制度

（一）中外合作经营企业的设立

在中国境内设立中外合作经营企业（以下简称合作企业），应当符合国家的发展政策和产业政策，遵守国家关于指导外商投资方向的规定。根据《中外合作经营企业法》的规定，国家鼓励举办的合作企业有：① 产品出口的生产型合作企业，是指企业产品主要用于出口创汇的生产型合作企业；② 技术先进的生产型合作企业；是指外国合作者提供先进技术，从事新产品的开发，实现产品升级换代，以增加出口创汇或替代进口的生产型合作企业。

（二）中外合作经营企业的注册资本与投资、合作条件

1. 合作企业的注册资本

合作企业的注册资本，是指为设立合作企业，在工商行政管理机关登记的合作各方认缴的出资额之和。注册资本可以用人民币表示，也可以用合作各方约定的一种可自由兑换的外币表示。合作企业的注册资本在合作期限内不得减少。但因投资总额和生产经营规模等变化，确需减少的，须经审批机关批准。

合作企业的投资总额，是指按照合作企业合同、章程规定的生产经营规模，需要投入的资金总和。合作企业的注册资本与投资总额的比例，参照中外合资经营企业注册资本与投资总额比例的有关规定执行。

2. 合作企业的投资和合作条件

1）合作各方的出资方式。合作各方向合作企业投资或提供合作条件的方式可以是货币，也可以是实物或工业产权、专有技术、土地使用权等财产权利。合作各方应当以其自有的财产或财产权利作为投资或提供合作条件，对该投资或提供的合作条件不得设置抵押或其他形式的担保。中国合作者的投资或提供的合作条件，属于国有资产的，应当依照有关法律、行政法规的规定进行资产评估。

2）合作各方的出资比例。在依法取得中国法人资格的合作企业中，外国合作者的投资一般不低于合作企业注册资本的 25%；在不具有法人资格的合作企业中，对合作各方向合作企业投资或提供合作条件的具体要求，由国务院对外经济贸易主管部门确定。

3）合作各方的出资期限。合作各方应当根据合作企业的生产经营需要，依照有关法律、行政法规的规定，在合作企业合同中约定合作各方向合作企业投资或提供合作条件的期限。合作各方未按照合同约定缴纳投资或提供合作条件的，工商行政管理机关应当限期要求其履

行；限期届满仍未履行的，审批机关应当撤销合作企业的批准证书，工商行政管理机关应当吊销合作企业的营业执照，并予以公告。

未按照合作企业合同约定缴纳投资或提供合作条件的一方，应当向已缴纳投资或提供合作条件的他方承担违约责任。

合作各方缴纳投资或提供合作条件后，应当由中国注册会计师验证并出具验资报告，由合作企业据此发给合作各方出资证明书。出资证明书应当抄送审批机关及工商行政管理机关。

4）合作各方的出资转让。合作各方之间相互转让或合作一方向合作他方以外的他人转让属于其在合作企业合同中全部或部分权利的，须经合作他方书面同意，并报审批机关批准。审批机关应当自收到有关转让文件之日起 30 日内决定批准或不批准。

（三）中外合作经营企业的组织形式和组织机构

1. 合作企业的组织形式

合作企业可以申请为具有法人资格的合作企业，也可以申请为不具有法人资格的合作企业。具有法人资格的合作企业，其组织形式为有限责任公司。除合作企业合同另有约定外，合作各方对合作企业承担的责任以其投资或提供的合作条件为限，合作企业以其全部资产对其债务承担责任；不具有法人资格的合作企业，合作各方的关系是一种合伙关系，合作各方依照中国民事法律的有关规定，承担民事责任。

2. 合作企业的组织机构

合作企业在组织机构的设置上有较大的灵活性，同合营企业相比有很大的区别。

具备法人资格的合作企业，一般设立董事会；不具备法人资格的合作企业，一般设立联合管理委员会。董事会或联合管理委员会是合作企业的权力机构，按照合作企业章程的规定，决定合作企业的重大问题。

董事会或联合管理委员会成员不得少于 3 人，其名额的分配由中外合作者参照其投资或提供的合作条件协商确定。董事会或联合管理委员会成员由合作各方自行委派或撤换。董事会董事长、副董事长或联合管理委员会主任、副主任的产生办法由合作企业章程规定。中外合作者一方担任董事长、主任的，副董事长、副主任由他方担任。董事长或者主任是合作企业的法定代表人。董事长或主任因特殊原因不能履行职务时，应当授权副董事长、副主任或其他董事、委员对外代表合作企业。董事或委员的任期由合作企业章程规定，但每届任期不得超过 3 年。董事或委员任期届满，委派方继续委任的，可以连任。

董事会会议或联合管理委员会会议每年至少召开 1 次，由董事长或主任召集并主持。董事长或主任因特殊情况不能履行职务时，由董事长或主任指定副董事长、副主任或其他董事、委员召集并主持。1/3 以上董事或委员可以提议召开董事会会议或联合管理委员会会议。董事会会议或联合管理委员会会议应当有 2/3 以上董事或委员出席方能举行。不能出席董事会会议或联合管理委员会会议的董事或委员，应当书面委托他人代表其出席和表决。董事会会议或联合管理委员会会议作出决议，须经全体董事或委员的过半数通过。董事或委员无正当理由不参加又不委托他人代表其参加董事会会议或联合管理委员会会议的，视为出席会议并在表决中弃权。召开董事会会议或联合管理委员会会议，应当在会议召开的 10 天前通知全体董事或委员。董事会或联合管理委员会也可以用通讯的方式作出决议。

下列事项由出席董事会会议或联合管理委员会会议的董事或委员一致通过，方可作出决议：① 合作企业章程的修改；② 合作企业注册资本的增加或者减少；③ 合作企业的解散；④ 合作企业的资产抵押；⑤ 合作企业合并、分立和变更组织形式；⑥ 合作各方约定由董事会会议或联合管理委员会会议一致通过方可作出决议的其他事项。

合作企业设总经理 1 人，负责合作企业日常经营管理工作，对董事会或联合管理委员会负责。合作企业的总经理由董事会或联合管理委员会聘任、解聘。总经理及其他高级管理人员可以由中国公民担任，也可以由外国公民担任。经董事会或联合管理委员会聘任，董事或委员可以兼任合作企业的总经理或其他高级管理职务。

合作企业成立后委托合作各方以外的他人经营管理的，必须经董事会或联合管理委员会一致同意，并应当与被委托人签订经营管理合同。

（四）中外合作经营企业的收益分配与回收投资

1. 合作企业的收益分配

合作企业的中外合作者可以在合同中约定采用分配利润、分配产品或其他方式分配收益，合作企业合作各方约定采用分配产品或其他方式分配收益的，应当按照中国税法的有关规定，计算应纳税额。

2. 合作企业外国合作者先行回收投资

1）外国合作者先行回收投资的方式。根据《中外合作经营企业法》及其实施细则的规定，中外合作者在合作企业合同中约定合作期限届满时，合作企业的全部固定资产无偿归中国合作者所有的，外国合作者在合作期限内可以申请以下列方式先行回收其投资：① 在按照投资或提供合作条件进行分配的基础上，在合作企业合同中约定扩大外国合作者的收益分配比例；② 经财政税务机关审批，外国合作者在合作企业缴纳所得税前回收投资；③ 经财政税务机关和审批机关批准的其他回收投资方式。

2）外国合作者先行回收投资的条件。外国合作者在合作期限内先行回收投资，应符合下列条件：① 中外合作者在合作企业合同中约定合作期满时，合作企业的全部固定资产无偿归中国合作者所有；② 对于税前回收投资的，必须向财政税务机关提出申请，并由财政税务机关依法审批；③ 中外合作者应当依照有关法律的规定和合作企业合同的约定，对合作企业的债务承担责任；④ 外国合作者提出先行回收投资的申请，应当具体说明先行回收投资的总额、期限和方式，经财政税务机关审查同意后，报审批机关审批；⑤ 外国合作者应当在合作企业的亏损弥补之后，才能先行回收投资。

三、外资企业法律制度

（一）外资企业的设立

根据《外资企业法》及其实施细则的规定，设立外资企业，必须有利于中国国民经济的发展，能够取得显著的经济效益。国家鼓励外资企业采用先进技术和设备，从事新产品开发，实现产品升级换代，节约能源和原材料，并鼓励举办产品出口的外资企业。

（二）外资企业的注册资本与外国投资者的出资

1. 外资企业的注册资本

外资企业的注册资本，是指为设立外资企业在工商行政管理机关登记的资本总额，即外国投资者认缴的全部出资额。外资企业的注册资本要与其经营规模相适应，注册资本与投资总额的比例应当符合中国的有关规定，目前参照中外合资经营企业的有关规定执行。

外资企业在经营期限内不得减少其注册资本，但因投资总额和生产经营规模等发生变化，确需减少注册资本的，须经审批机关批准。外资企业注册资本的增加、转让，须经审批机关批准，并向工商行政管理机关办理变更登记手续。外资企业将其财产或权益对外抵押、转让，须经审批机关批准，并报工商行政管理机关备案。

2．外国投资者的出资

1）外国投资者的出资方式。外国投资者可以用可自由兑换的外币出资，也可以用机器设备、工业产权、专有技术等作价出资。经审批机关批准，外国投资者也可以用其从中国境内兴办的其他外商投资企业获得的人民币利润出资。

外国投资者以机器设备作价出资的，该机器设备必须符合下列要求：① 外资企业生产所必需的；② 作价不得高于同类机器设备当时的国际市场正常价格。对作价出资的机器设备，应当列出详细的作价出资清单，包括名称、种类、数量、作价等，作为设立外资企业申请书的附件一并报送审批机关。作价出资的机器设备运抵中国口岸时，外资企业应当报请中国的商检机构进行检验，由该商检机构出具检验报告。作价出资的机器设备的品种、质量和数量与外国投资者报送审批机关的作价出资清单列出的机器设备的品种、质量和数量不符的，审批机关有权要求外国投资者限期改正。

外国投资者以工业产权、专有技术作价出资时，该工业产权、专有技术必须符合下列要求：① 外国投资者自己所有的；② 该工业产权、专有技术的作价应当与国际上通常的作价原则相一致，其作价金额不得超过外资企业注册资本的 20%。对作价出资的工业产权、专有技术，应当备有详细资料，包括所有权证书的复制件，有效状况及其技术性能、使用价值，作价的计算根据和标准等，作为设立外资企业申请书的附件一并报送审批机关。作价出资的工业产权、专有技术实施后，审批机关有权对其进行检查。该工业产权、专有技术与外国投资者所提供的资料不符的，审批机关有权要求外国投资者限期改正。

2）外国投资者的出资期限。外国投资者缴付出资的期限应当在设立外资企业申请书和外资企业章程中载明。外国投资者可以分期缴付出资，但最后一期出资应当在营业执照签发之日起 3 年内缴清。其中第一期出资不得少于外国投资者认缴出资额的 15%，并应当在外资企业营业执照签发之日起 90 天内缴清。

外国投资者未能在外资企业营业执照签发之日起 90 天内缴付第一期出资的，或者无正当理由逾期 30 天不缴付其他各期出资的，外资企业批准证书即自动失效。外资企业应当向工商行政管理机关办理注销登记手续，缴销营业执照；不办理注销登记手续和缴销营业执照的，由工商行政管理机关吊销其营业执照，并予以公告。

外国投资者由正当理由要求延期出资的，应当经审批机关同意，并报工商行政管理机关备案。

外国投资者缴付每期出资后，外资企业应当聘请中国的注册会计师验证，并出具验资报告，报审批机关和工商行政管理机关备案。

（三）外资企业的组织形式和组织机构

1．外资企业的组织形式

根据《外资企业法》及其实施细则的规定，外资企业的组织形式为有限责任公司，经批准也可以为其他责任形式。外资企业为有限责任公司的，外国投资者对企业的责任以其认缴的出资额为限；外资企业为其他责任形式的，外国投资者对企业的责任适用中国法律和法规的规定。

2. 外资企业的组织机构

外资企业的组织机构可以由外国投资者根据企业不同的经营内容、经营规模、经营方式自行设置。按照国际惯例，设立外资企业的权力机构应遵循资本占有权同企业控制权相统一的原则，即外资企业的最高权力机构由资本持有者组成。

外资企业应根据其组织形式设立董事会并推举董事长，同时向审批机关备案。董事长是企业的法定代表人。

复习思考题

一、单项选择题

1．下列属于禁止类外商投资项目的是（　　）。

A．技术水平落后的　　B．运用中国特有工艺或技术生产产品的

C．属于国家逐步开放的产业的　　D．不利于节约资源或改善生态环境的

2．A外国投资者协议购买B境内企业的资产，并以该资产投资设立C外商投资企业。对于B境内企业被并购前既有的债权债务，应由（　　）。

A．A继承　　B．B享有和承担

C．C享有和承担　　D．以上任何一方承担

3．某外国投资者并购中国企业设立外商投资企业，企业在2014年3月15日取得营业执照，该企业的注册资本为2 000万美元，其中外国投资者以现金出资480万美元。下列有关该外国投资者出资期限的表述中，下列符合外国投资者并购境内企业有关规定的是（　　）。

A．外国投资者在2014年5月25日缴清出资

B．外国投资者在2014年9月25日缴清出资

C．外国投资者在2014年12月25日缴清出资

D．外国投资者在2015年3月15日缴清出资

4．某外商投资企业的外国投资者，以收购国内某家企业资产作为其出资方式，收购价款为180万美元。2015年1月10日该外商投资企业营业执照颁发，到2015年4月1日外国投资者已支付30万美元，经审批机关批准可延长支付，则该外国投资者在2015年7月10日以前至少还应支付（　　）美元。

A．30万　　B．55万　　C．78万　　D．150万

二、多项选择题

1．某外国投资者拟并购境内某企业并取得实际控制权，下列情形中，应当向商务部进行申报的有（　　）。

A．涉及重点行业

B．存在影响或可能影响国家经济安全因素

C．安置方案不能满足职工要求

D．导致拥有驰名商标或中华老字号的境内企业实际控制权转移

2．根据外国投资者并购境内企业的有关规定，外国投资者采取股权并购方式设立外商投资企业的，并购后所设外商投资企业的注册资本与投资总额的下列约定中，符合规定的有（　　）。

A．注册资本 150 万美元，投资总额 200 万美元

B．注册资本 300 万美元，投资总额 620 万美元

C．注册资本 700 万美元，投资总额 1 500 万美元

D．注册资本 1 500 万美元，投资总额 3 900 万美元

3．法国甲企业并购境内乙国有独资公司 60%的股权，将其变更为外商投资企业，股权支付价款为 120 万元，2015 年 1 月 1 日取得了外商投资企业营业执照。下列有关该并购行为的表述中，正确的是（　　）。

A．甲企业的该项并购属于股权并购

B．如果合同约定一次支付的，那么甲企业应在 2015 年 4 月 1 日前向乙企业的股东支付全部收购价款

C．如果合同约定分期支付的，那么甲企业应在 2015 年 7 月 1 日前至少支付收购价款 72 万元

D．如果合同约定分期支付的，甲企业付清全部价款的最后期限截至 2016 年 1 月 1 日

4．根据外国投资者并购境内企业的有关规定，下列各项中，境外并购的并购方应当在对外公布并购方案之前或报所在国主管机构的同时，向商务部和国家工商行政管理总局报送并购方案的是（　　）。

A．境外并购一方当事人在中国境内拥有资产为 20 亿元人民币

B．境外并购一方当事人当年在中国市场上的营业额为 20 亿元人民币

C．境外并购一方当事人及与其有关联关系的企业在中国的市场占有率已经达到 15%

D．由于境外并购，境外并购一方当事人及与其有关联关系的企业在中国的市场占有率达到 30%

三、判断题

1．中外合资经营企业的中国合营者可以场地使用权作为合营企业经营期间的出资，其作价金额应该与取得同类场地使用权所应缴纳的使用费相同。（　　）

2．中外合资经营企业一方欲向合营方转让其全部或部分出资时，如合营他方不同意，则欲转让出资方可以向合营各方以外的第三方转让出资。（　　）

3．中外合作经营企业委托第三人经营管理的，必须经董事会一致同意，并报审批机关批准，向工商行政管理机关办理变更登记手续。（　　）

4．中外合作者选择以有限责任公司形式设立中外合作经营企业的，企业在分配利润的时候按合作合同约定的比例进行了分配。这违反了法律规定。（　　）

5．外资企业的外国投资者以工业产权、专有技术作价出资的，该工业产权、专有技术的作价金额不得超过外资企业注册资本的 25%。（　　）

6．外资企业的组织形式只能是有限责任公司。（　　）

四、案例分析

上海某仪表厂（下称中方）拟与韩国某实业公司（下称外方）共同组建合资企业丙公司，

双方达成以下协议：

（1）合资企业投资总额为380万美元，注册资本拟为200万美元，其中外方出资102万美元，占总股本的51%，中方出资98万美元，占总股本的49%。

（2）从合资企业营业执照签发之日起，合营双方分别分两期缴付出资，其中：中方第一次出资为固定资产和土地使用权，折合为70万美元，在3个月内缴付，第二次出资为货币，为28万美元，在6个月内缴付；外方第一次出资为货币，为12万美元，在3个月内缴付，第二次出资为机器设备，折合为90万美元，在6个月内缴付。

（3）合营的经营期限为20年。外方在税前先行回收投资，并约定合营期限届满，企业全部固定资产无偿归中方所有。

（4）丙公司的组织形式为有限责任公司，拟以股东会为公司的最高权力机构、董事会为公司的执行机构、监事会为公司的监督机构；董事会成员为5人，任期3年；其中，外方委派3名董事并担任董事长和副董事长。

要求：根据上述事实及有关规定，分别回答以下问题：

（1）在合资企业投资总额和股权比例不变的前提下，注册资本数额是否符合法律规定？按最低注册资本要求，双方出资应如何调整？

（2）合营各方分期缴付出资的安排是否符合规定？并说明理由。

（3）约定外方先行回收投资的方式是否符合规定？并说明理由。

（4）该公司的组织形式是否符合规定？并说明理由。

（5）该公司的组织机构是否符合规定？并说明理由。

（6）该公司的董事的人数、任期、任职是否符合规定？并说明理由。

参考答案

一、单项选择题

1．【正确答案】B

【答案解析】本题考核点是外商投资企业的投资项目。选项ACD都属于限制类外商投资项目。2．【正确答案】B

【答案解析】本题考核点是境内企业并购后债权债务的承担。根据规定，外国投资者资产并购的，出售资产的境内企业承担其原有的债权和债务。即：应由B境内企业享有和承担。

3．【正确答案】A

【答案解析】本题考核点是外国投资者出资比例低于25%的特殊规定。根据规定，外国投资者并购境内企业设立外商投资企业，外国投资者出资比例低于25%的，投资者以现金出资的，应自外商投资企业营业执照颁发之日起3个月内缴清。本题外国投资者的出资比例为24%，其出资的现金应在营业执照颁发之日起3个月内缴清。

4．【正确答案】C

【答案解析】本题考核点是外商投资企业的出资期限。对通过收购国内企业资产或股权设立外商投资企业的外国投资者，应自营业执照颁发之日起3个月内支付全部购买金。对特殊情况需延长支付者，经审批机关批准后，应自营业执照颁发之日起6个月内支付购买总金额的60%以上，在1年内付清全部购买金。因此，至少还应支付：180×60%−30＝78（万美元）。

二、多项选择题

1．【正确答案】ABD

【答案解析】本题考核点是外国投资者并购境内企业的要求。外国投资者并购境内企业并取得实际控制权，涉及重点行业、存在影响或可能影响国家经济安全因素，或者导致拥有驰名商标或中华老字号的境内企业实际控制权转移的，当事人应就此向商务部进行申报。

2．【正确答案】ACD

【答案解析】本题考核点是外国投资者并购境内企业的投资总额。① 注册资本在210万美元以下的，投资总额不得超过注册资本的10/7，$200 < 150 \times 10/7$；② 注册资本在210万美元以上至500万美元的，投资总额不得超过注册资本的2倍，$620 > 300 \times 2$；③ 注册资本在500万美元以上至1 200万美元的，投资总额不得超过注册资本的2.5倍，$1\,500 < 700 \times 2.5$；④ 注册资本在1 200万美元以上的，投资总额不得超过注册资本的3倍，$3\,900 < 1\,500 \times 3$。因此，选项ACD是符合规定的。

3．【正确答案】ABCD

【答案解析】本题考核点是外国投资者股权并购境内企业的规定。根据规定，外国投资者并购境内企业设立外商投资企业，外国投资者应自外商投资企业营业执照颁发之日起3个月内向转让股权的股东或出售资产的境内企业支付全部收购价款。对特殊情况需要延长者，经审批机关批准后，应自外商投资企业营业执照颁发之日起6个月内支付全部收购价款的60%以上，1年内付清全部收购价款，并按实际缴付的出资比例分配收益。本题中甲购买的是股权，所以这是股权并购。

4．【正确答案】BD

【答案解析】本题考核点是反垄断审查中，境外并购的并购方报送并购方案的情形。境外并购有下列情形之一的，并购方应在对外公布并购方案之前或报所在国主管机构的同时，向商务部和国家工商行政管理总局报送并购方案。商务部和国家工商行政管理总局应审查是否存在造成境内市场过度集中、妨害境内正当竞争、损害境内消费者利益的情形，并作出是否同意的决定：① 境外并购一方当事人在中国境内拥有资产为30亿元人民币以上；② 境外并购一方当事人当年在中国市场上的营业额为15亿元人民币以上；③ 境外并购一方当事人及与其有关联关系的企业在中国市场占有率已经达到20%；④ 由于境外并购，境外并购一方当事人及与其有关联关系的企业在中国的市场占有率达到25%。因此，答案B和D为正确答案。

三、判断题

1．【正确答案】对

【答案解析】本题考核点是中外合资经营企业场地使用权的作价。中国合营者以场地使用权作为合营企业经营期间的出资，其作价金额应当与取得同类场地使用权所应缴纳的使用费相同。

2．【正确答案】错

【答案解析】本题考核点是中外合资经营企业出资额转让的规定。根据规定，合营一方向第三者转让其全部或部分出资时，须经合营他方同意，并报审批机关批准，向登记管理机构办理变更登记手续。合营一方转让其全部或部分出资时，合营他方有优先购买权。合营一方向第三者转让出资的条件，不得比向合营他方转让的条件优惠。违反上述规定的，其转让行为无效。

3．【正确答案】对

【答案解析】本题考核点是合作企业的组织机构。以上的表述是正确的。

4．【正确答案】错

【答案解析】本题考核点是中外合作经营企业的利润分配。中外合作经营企业应按合作合同约定的比例分配利润和承担亏损。因此，本题并不违反法律规定。

5．【正确答案】错

【答案解析】本题考核点是外资企业的工业产权、专有技术作价出资的比例规定。根据规定，外资企业的外国投资者以工业产权、专有技术作价出资的，该工业产权、专有技术的作价金额不得超过外资企业注册资本的20%。

6．【正确答案】错

【答案解析】本题考核点是外资企业的组织形式。根据规定，外资企业的组织形式为有限责任公司，经批准也可以为其他责任形式。

四、案例分析

【正确答案】（1）在合资企业投资总额和股本比例不变的前提下，注册资本数额不符合法律规定。依照有关法律规定，投资总额在300万美元以上，420万美元以下的，注册资本不得低于210万美元，按最低注册资本要求，该合资企业注册资本应为210万美元。按外方占总股本51%的比例计算，外方出资额应为107.1万美元，按中方占总股本的49%的比例计算，中方出资额应为102.9万美元。

（2）中方分期缴付出资的安排符合法律规定，外方分期缴付出资的安排则有不符合法律规定之处。根据有关规定，合营各方分期出资的，第一次出资不得低于各自认缴出资额的15%，并且应从合资企业注册登记之日起3个月内缴纳，而外方第一次出资额未达到其认缴出资额的15%，因此不符合规定。

（3）约定外方先行回收投资的方式不符合法律规定。根据规定，只有中外合作经营企业才可以先行回收投资，该公司是中外合资经营企业，因此不允许先行回收投资。

（4）该公司的组织形式是符合规定的。根据规定，中外合资经营企业的组织形式为有限责任公司。

（5）该公司的组织机构不符合法律规定。根据规定，中外合资经营企业不设立股东会和监事会，以董事会为公司的最高权力机构。

（6）① 董事会成员人数符合法律规定，根据规定，中外合资经营企业董事会人数不得少于3人；

② 董事的任期不符合规定，根据规定，中外合资经营企业董事任期为4年；

③ 董事长的任职不符合规定，根据规定，中外合资经营企业中外合营者的一方担任董事长的，由他方担任副董事长，本题的董事长和副董事长由外方担任是不符合规定的。

第五章 知识产权法律制度

本章要点

- 知识产权的概念和特征
- 专利申请人，专利权主体、客体
- 专利权的内容和限制、授予专利的条件、专利权的保护
- 专利的申请和批准，专利权的期限、终止和无效
- 商标、商标权的概念，中国的商标立法及商标
- 商标注册的申请和审批，商标管理，商标权的保护，商标权的续展、使用许可和转让
- 解决经济纠纷的主要途径和方式——仲裁、民事诉讼

第一节 知识产权法概述

一、知识产权的概念与特征

（一）知识产权的概念

知识产权是指智力成果的创造人对所创造的智力成果和工商活动的行为人对所拥有的标记依法所享有的权利的总称。关于知识产权的范围，学术界和立法实践历来有不同的理解。根据我国《民法通则》的规定，知识产权包括著作权、专利权、商标权、发现权、发明权和其他科技成果权。

根据 1967 年 7 月 14 日在斯德哥尔摩签订的《建立世界知识产权组织公约》第 2 条第 8 款规定，“知识产权”包括以下有关项目的权利。

1）关于文学、艺术和科学作品的权利。

2）关于表演艺术家的演出、录音制品和广播节目的权利。

3）人类在一切领域的发明。

4）科学发现的权利。

5）工业品外观设计的权利。

6）商标、服务标志、厂商名称和标志的权利。

7）制止不正当竞争的权利。

8）在工业、科学、文学或艺术领域内其他一切来自知识活动的权利。

1994 年乌拉圭达成的《与贸易有关的知识产权协议》（TRIPS）规定的知识产权包括：著作权及其相关权利（即邻接权）、商标权、地理标志权、工业品外观设计权、专利权、集成电路布图设计权、未公开信息的保护权（即商业秘密权）、对许可合同中限制竞争行为的控制。

我国于 1980 年 6 月加入世界知识产权组织，并认可该组织确定的知识产权范围。同时，我国于 2001 年加入 WTO，这也表明，我国也认可 WTO 规则对知识产权范围的界定。实际上对知识产权的保护取决于各国对知识产权的立法和执法水平。

（二）知识产权的特征

知识产权是一种与物权、债权并列的独立的民事权利，其具有如下特征。

1）知识产权的无形性。知识产权的客体是智力成果或具有财产价值的标记，是一种没有形体的财富。知识产权客体的非物质性，是知识产权的本质属性，这是其与其他有形财产所有权最根本的区别。

2）知识产权的法定性。知识产权的法定性是指知识产权的范围和产生由法律规定。知识产权的法定性是由其无形性决定的。由于知识产权没有形体，因此其可以同时为多个主体所共同占有，很难为拥有者所完全控制，由此，知识产权必须通过法律加以确认。

3）知识产权的专有性。专有性又叫排他性、独占性，指他人未经权利人同意或法律认可不得享有该项知识产权。知识产权的专有性主要体现在两个方面：一是知识产权为权利人所独占，权利人垄断这种专有权并受到严格保护，没有法律规定或未经权利人许可，任何人不得使用权利人的知识产品；二是对同一项知识产品，不允许有两个或两个以上的主体同时对同一属性的知识产品享有权利。

4）知识产权的地域性。知识产权作为专有权在空间上的效力并不是无限的，要受到地域的限制，其效力仅限于本国境内。按照一国法律获得承认和保护的知识产权，只能在该国产生法律效力。

5）知识产权的时间性。知识产权作为一种民事权利，有时间上的限制，即知识产权只有在法律规定的期限内受到保护，一旦超过法律规定的有效期限，这一权利就自行消灭，而其客体就会成为整个社会的共同财富，为全人类所共同使用。

二、知识产权法的概念

知识产权法是指调整在创造、利用智力成果和商业标记过程中所产生的各种权利义务关系的法律规范的总称。

自改革开放以来，我国十分重视知识产权的立法工作，特别是加入 WTO 以后，立法部门根据我国加入 WTO 的有关承诺，对知识产权的有关法律、法规及规章制度进行了修订和完善。至今为止，我国已经初步建立起了一套完整的知识产权法律制度。

1986 年 4 月，全国人民代表大会审议通过的《民法通则》第五章第三节对知识产权作了专节规定；1982 年 8 月，全国人大常委会审议通过了《中华人民共和国商标法》（以下简称《商标法》），该法分别于 1993 年、2001 年和 2014 年曾作了三次修正；1984 年 3 月，全国人大常委会审议通过了《中华人民共和国专利法》（以下简称《专利法》），该法分别于 1993 年和 2001 年、2009 年作了三次修正（第四次修改正在进行中）；1990 年 9 月，全国人大常委会审议通过了《中华人民共和国著作权法》（以下简称《著作权法》），该法于 2001 年作了进一步修正；2010 年 2 月，第十一届全国人大常委会第十三次会议审议通过《关于修改〈中华人民共和国著作权法〉的决定》，并自 2010 年 4 月 1 日起施行；2012 年 3 月国家版权局就《中华人民共和国著作权法》（修改草案）公开征求意见。根据上述法律，国家有关立法部门分别制定并修改了相关的实施细则，并颁布了相关配套的条例。

此外，我国还加入了一系列有关保护知识产权方面的国际公约，如《建立世界知识产权组织公约》、《保护工业产权巴黎公约》、《保护文学艺术作品伯尔尼公约》、《商标注册国际马德里协定》、《录音制品公约》、《专利合作公约》、《世界版权公约》等，中国会一直遵守上述公约、协定的规定。中国加入 WTO 之后，也一直遵守 WTO 有关知识产权保护的协议。

第二节 专利法

一、专利和专利法概述

（一）专利与专利权

“专利”一词来源于拉丁文“Patere”，后演变为英文“Patent”意思为只有经国王授权后，发明创造人将其技术公开，在一定时间内获得对其发明创造的独占权。现在通常认为专利有如下三种涵义：① 专利是专利权的简称；② 专利是专利文献的简称；③ 专利是指受专利法保护的发明创造，包括发明、实用新型和外观设计。

专利权是指专利权人在法定期限内对其发明创造成果享有的专有权利（独占权）。它是国家专利行政部门授予发明人或申请人生产经营其发明创造并禁止他人生产经营其发明创造的某种特权，是对发明创造的独占的排他权。

（二）专利法的概念及其调整对象

1．专利法的概念

专利法是指调整在确认和保护发明创造的专有权，以及在利用专有的发明创造的开发、实施及其保护的过程中发生的各种社会关系的法律规范的总称。

2．专利法的调整对象

专利法的调整对象是指因发明创造的开发、实施及其保护等发生的各种社会关系。具体包括以下四个方面：① 因确认发明创造的归属而发生的社会关系，发明创造专利申请权的归属，直接关系到专利权的归属，因此，对专利申请权的确认是一个重要而复杂的法律问题，一般情况下，只有享有专利申请权的公民、法人或者其他组织，才能就其发明创造申请专利，从而获得专利权；② 因授予发明创造专利权而发生的社会关系，一项发明创造能否获得专利权及如何取得专利权，涉及许多方面的关系，如发明人或设计人与专利申请人之间的关系、专利申请人与专利行政部门之间的关系、专利申请人与公众之间的关系等，都属专利法调整范围；③ 因发明创造专利的实施、转让或许可实施而发生的社会关系，一项发明创造被批准为专利并产生专利权后，专利权人总希望通过各种途径将其专利付诸实施或进行转让，使之转化为生产力，并获得利润，由此而产生的社会关系，属于专利法调整的对象；④ 因发明创造专利权的保护而发生的社会关系，专利权人对其专利依法享有独占权，并有权禁止他人未经许可而以营利为目的实施其专利，一旦发生侵权行为，便在专利权人与侵权行为人之间、专利权人与专利行政部门或人民法院之间发生各种社会关系，这些社会关系也是专利法的调整对象。

二、专利权的主体

专利权的主体是指具体参加特定的专利权法律关系并享有专利权的人。根据《专利法》的规定，发明人或设计人，职务发明创造的单位，外国人、外国企业或外国其他组织都可以成为专利权的主体。

（一）发明人或设计人

《专利法》所称发明人或设计人，是指对发明创造的实质性特点作出创造性贡献的人。在完成发明创造过程中，只负责组织工作的人、为物质技术条件的利用提供方便的人或从事其他辅助工作的人，不是发明人或设计人。

发明人或设计人一般具有以下特征。

1）发明人或设计人为自然人。发明创造是人类脑力劳动的成果，是智慧的结晶，发明创造必须依靠人的大脑才得以完成，因此，发明人或设计人只能是自然人。

2）发明人或设计人的认定不受其民事行为能力的限制。由于发明创造行为是一种事实行为，不是法律行为，因此，不论从事发明创造的人作为法律上的主体是否具备完全行为能力，只要其完成了发明创造，都可以被认定为发明人或设计人。

3）发明人或设计人必须是对发明创造的实质性特点作出创造性贡献的人。发明人或设计人必须参与了发明创造活动，存在现实的智力投入，且其智力投入对发明创造的实质性点的获得起了不可或缺的作用。在完成发明创造过程中，只负责组织工作的人、为物质技术条件的利用提供方便的人或从事其他辅助工作的人，都不应认定为发明人或设计人。

与发明人或者设计人相关的一个概念是专利申请人，专利申请人是指有资格就发明创造向专利行政部门申请专利的人或者是已经向专利行政部门提出专利申请的自然人或法人。专利申请人可以是发明人、设计人，也可以不是发明人、设计人。因为，专利申请人只要对符合专利法规定的发明创造具有合法所有权即可，故职务发明创造的单位，发明创造的受让人、发明人或者设计人的合法继承人，都可以成为专利申请人。

（二）职务发明创造的单位

职务发明创造，指发明人或设计人执行本单位的任务，或者主要是利用本单位的物质技术条件所完成的发明创造。凡是不能被证明为职务发明创造的，为非职务发明创造。

根据《专利法》及其实施细则的规定，发明人或设计人作出的发明创造，凡符合下列条件之一的，均属于职务发明创造。

1）在本职工作中作出的发明创造。这里所称的本职工作，是指发明人或设计人的职务范围，即工作责任的范围，而不是指单位的业务范围，也不是指个人所学专业的业务范围。

2）履行本单位交付的本职工作之外的任务所作出的发明创造。这里所称的本单位交付的任务，是指本职工作之外的任务，主要是工作人员根据单位领导的要求承担的短期或临时的任务，属于领导一般性的同意或赞成，不能作为本单位交付的任务。

3）退职、退休或调动工作后 1 年内作出的，与其在原单位承担的本职工作或原单位分配的任务有关的发明创造。

4）主要利用本单位的物质技术条件完成的发明创造。这里所称的本单位的物质技术条件，是指本单位的资金、设备、零部件、原材料或不对外公开的技术资料等。

对于职务发明创造，申请专利的权利属于该单位，申请被批准后，该单位为专利权人；对于非职务发明创造，申请专利的权利属于发明人或设计人，申请被批准后，该发明人或设计人为专利权人；对于利用本单位的物质技术条件所完成的发明创造，单位与发明人或者设计人订有合同，对申请专利的权利和专利权的归属作出约定的，从其约定。

【例 5-1】甲公司与业余发明人乙订立了一份技术开发协议，约定由乙为甲公司开发完成一项电冰箱温控装置技术，由甲公司为乙提供开发资金、设备、资料等，并支付报酬。在约定的时间内乙完成了合同约定的任务，并按约定将全部技术资料和权利都交给了甲公司。此外，乙在完成开发任务过程中，还开发出了一项附属技术R，并以自己的名义就技术R申请专利。甲公司知道此事后，认为技术R的专利申请权应该归甲公司所有，因此，甲、乙双方就技术R的专利申请归属发生争议。

问：该技术R的专利申请权应归谁所有？

【答案】技术R的专利申请权应当归乙所有。

【解析】技术R的专利申请权应当归乙所有的理由是：技术R是开发协议规定的技术的附属技术，即不是甲、乙所签署的技术开发协议中约定的技术，根据《专利法》第6条规定，该技术的专利申请权应当归完成该技术的发明人乙所有。

（三）外国人、外国企业或外国其他组织

外国人、外国企业或外国其他组织在中国申请和取得专利权，依照有关规定，应按照以下情况办理。

1）在中国有经常居所或营业所的外国人、外国企业或外国其他组织在中国申请专利的，根据《巴黎公约》的规定和国际惯例，享有与中国国民同等的待遇。

2）在中国没有经常居所或营业所的外国人、外国企业或外国其他组织在中国申请专利的，依照其所属国同中国签订的协议或共同参加的国际条约，或者依照互惠原则，根据专利法的规定处理。

3）在中国没有经常居所或营业所的外国人、外国企业或外国其他组织在中国申请专利和办理其他专利事务的，应当委托国务院专利管理机关指定的专利代理机构办理。

三、专利权的客体

专利权的客体，也称专利法保护的对象，是指可以获得专利法保护的发明创造。中国《专利法》规定的发明创造是指发明、实用新型和外观设计。

（一）发明

1. 发明的概念及特征

发明是指对产品、方法或其改进所提出的新的技术方案。发明具有如下两个特征。

1）发明是利用自然规律而进行的创造。自然规律是脱离人的思维而独立存在的客观事物．发明则是在利用自然规律的基础上进行的一种创造。发明与发现不同，发现是对自然规律本身的新的认识，并不是利用，因此发现不能称之为发明。

2）发明是具体的技术方案。发明应能够解决特定的技术难题，必须产生一定的技术效果，具有一定的实用性。

2．发明的分类

发明一般分为产品发明和方法发明两类。产品发明是指人们通过研究开发出来的关于各种新产品、新材料、新物质等的技术方案，如电子计算机、超导材料等；方法发明是指人们为制造产品或解决某个技术课题而研究开发出来的操作方法、制造方法及工艺流程等技术方案，如汉字输入方法、无铅汽油的提炼方法等。

（二）实用新型

1．实用新型的概念及特征

实用新型是指对产品的形状、构造或其结合所提出的适于实用的新的技术方案。实用新型具有如下特征。

1）实用新型是一种新的技术方案。实用新型实质上是一种技术方案，也是发明的一部分。

2）实用新型仅限于产品，不包括方法。

3）实用新型要求产品必须是具有固定形状、构造的产品。气态、液态、凝胶状或颗粒粉末状的物质或材料，不属于实用新型的产品范围。

2．实用新型与发明的区别

实用新型与发明虽然同属于专利法保护的发明创造，两者又都是一种新的技术方案，但两者也存在许多区别：

1）两者保护的范围不同。发明专利保护的范围宽于实用新型专利，发明既可以是产品，也可以是方法，而实用新型仅限于产品，不包括方法；发明的产品没有任何特殊要求，而实用新型的产品要求具有固定的形状或构造。

2）两者对创造性要求不同，发明专利要求的创造性高于实用新型专利。《专利法》规定，发明专利的创造性是指与现有技术相比，具有突出的实质性特点和显著的进步；实用新型专利的创造性是指与现有技术相比，具有实质性特点和进步。

3）两者的审查程序不同。发明专利既要对发明专利申请进行形式审查，还要对发明专利的内容进行实质审查；而实用新型专利采用形式审查制度，即只审查形式内容而不审查实质内容。

4）两者的保护期限不同。《专利法》规定，发明专利权的保护期限为20年；而实用新型专利的保护期限为10年。

（三）外观设计

外观设计是指对产品的形状、图案或其结合，以及色彩与形状、图案的结合所作出的富有美感并适于工业应用的新设计。外观设计具有如下特征。

1）外观设计必须与产品相结合，外观设计是产品的外观设计，外观设计必须以产品的外表为依托，构成产品与设计的组合；

2）外观设计必须能在产业上应用，外观设计必须能够用于生产经营目的的制造或生产，如果设计不能用工业的方法复制出来，或者达不到批量生产的要求，就不是专利法意义上的外观设计；

3）外观设计富有美感，外观设计包含的是美术思想，即解决产品的视觉效果问题，而不是技术思想，这一点与实用新型相区别。

四、授予专利权的条件

（一）授予专利权的发明和实用新型应当符合的条件

《专利法》规定，授予专利权的发明和实用新型，应当具备新颖性、创造性和实用性。

1. 新颖性

（1）新颖性的概念

新颖性，是指该发明或者实用新型不属于现有技术；也没有任何单位或者个人就同样的发明或者实用新型在申请日以前向国务院专利行政部门提出过申请，并记载在申请日以后公布的专利申请文件或者公告的专利文件中。

现有技术，是指申请日以前在国内外为公众所知的技术。

（2）新颖性的判断标准

1）现有技术的范围。现有技术是指申请日（有优先权的，指优先权日）前在国内外出版物上公开发表、在国内外公开使用或以其他方式为公众所知的技术。

2）公开。包括公开的方式、公开的地域标准、公开的时间标准，构成了新颖性判断标准的重要内容。

第一，公开的方式。专利法上公开的方式有三种：一是出版物公开或书面公开，即把发明创造的内容在出版物上予以描述，这里的出版物是指以书面形式描述并公开出版和发行的有形物，它可以是印刷品、胶片、磁带、电子出版物等；二是使用公开，使用公开是指由于使用将发明或实用新型的技术内容公开，公众可以从技术的应用中得知其技术内容，使用公开包括产品的制造、使用、销售、公开演示、展览等；三是其他方式的公开，包括口头公开、广播公开等。如果是以其他方式公开，要求公开的内容完整、清楚，公众能够根据其公开的内容实现发明或实用新型。

第二，公开的地域标准。关于公开的地域标准，目前有三种标准：一是世界性标准，即凡是在世界任何一个地方公开过的技术，都不具备新颖性；二是本国标准，即凡是在本国公开过的技术，都不具备新颖性；三是混合标准，即关于出版物的公开采用世界性的标准，而其他方式的公开，采用本国标准。从我国《专利法》规定看，我国采用的是世界性标准。

第三，公开的时间标准。关于公开的时间标准，目前有两种标准：一是以发明日为标准，即只要在发明创造完成时该发明创造是新的，就具有新颖性；二是以申请日为标准，即发明创造在申请日时是新的，便具有新颖性。从我国《专利法》规定看，我国采取的是申请日的时间标准，即以国务院专利行政部门收到专利申请文件之日为申请日。

3）抵触申请。所谓抵触申请是指由于在先申请的存在，使得在后申请的同一发明创造不具备新颖性。如果出现抵触申请，必须把后申请的发明创造的技术内容与先申请的发明创造的技术内容进行比较，如果后申请的内容在先申请的内容中已经有所披露，则后申请的内容不能获得专利权。需要指出的是，如果先申请在被公布以前撤回、放弃，或者被视为撤回或被驳回，则不能构成抵触申请。

（3）丧失新颖性的例外

丧失新颖性的例外是指在某些特殊情况下，尽管申请专利的发明或实用新型在申请日或优先权日前公开，但在一定期限内提出专利申请的，则不丧失新颖性。

《专利法》规定，申请专利的发明创造在申请日以前 6 个月内，有下列情形之一的，不丧失新颖性：① 在中国政府主办或承认的国际展览会上首次展出的；② 在规定的学术会议或技术会议上首次发表的；③ 他人未经申请人同意泄露其内容的。

2．创造性

创造性，是指与现有技术相比，该发明具有突出的实质性特点和显著的进步，该实用新型具有实质性特点和进步。

创造性的衡量标准可以从该发明或实用新型是否存在“实质性特点”和“进步”而得到判断。

所谓实质性特点，是指发明创造具有一个或几个技术特征，与现有技术相比有本质的区别。因此，凡是发明创造所属技术领域的普通技术人员都不能直接从现有技术中得出构成该发明创造的全部必要技术特征的，都应认为具有实质性特点。在评定一项发明创造是否具有实质性特点时，不仅要考虑技术方案本身的内容，还要考虑其目的和效果，并把它们作为一个整体来理解。

所谓进步是指与现有技术相比有所发展和前进。如克服了现有技术存在的缺点和不足，或者具有新的优点或效果，或者代表了某种新的技术趋势。

3．实用性

实用性是指该发明或实用新型能够制造或使用，并且能够产生积极效果。

实用性一般具备三个条件：① 具有可实施性，即发明创造必须能够解决技术问题，并且能够在产业中应用，能够制造或使用；② 具有再现性，即所属技术领域的技术人员根据公开的技术内容，能够重复实施专利申请中为解决技术问题所采用的技术方案；③ 具有有益性，即发明创造能够在经济、技术和社会等领域产生积极和有益的效果。

【例 5-2】我国《专利法》规定，申请专利的发明创造在申请日以前 6 个月内，有下列情形之一的，不丧失新颖性：（ ）。

A．他人未经申请人同意而泄露其内容的

B．在浙江省工程协会组织的学术会议上首次发表的

C．在中国政府主办的国际展览会上首次展出的

D．申请人将发明内容写入文章发表

E．将发明内容组织专家进行成果鉴定

【答案】AC

【解析】我国《专利法》规定：“申请专利的发明创造在申请日以前 6 个月内，有下列情形之一者，不丧失新颖性：① 在中国政府主办或承认的国际展览会上首次展出的；② 在规定的学术会议或技术会议上首次发表的；③ 他人未经申请人同意而泄露其内容的。”其中规定的学术会议或技术会议，根据《专利法实施细则》第 31 条的规定，必须是国务院有关主管部门或全国性学术团体组织召开的学术会议或技术会议。故选项 AC 正确。

（二）授予专利权的外观设计应当符合的条件

《专利法》规定，授予专利权的外观设计，应当不属于现有设计；也没有任何单位或者个人就同样的外观设计在申请日以前向国务院专利行政部门提出过申请，并记载在申请日以后公告的专利文件中；授予专利权的外观设计与现有设计或者现有设计特征的组合相比，应当具有明显区别；授予专利权的外观设计不得与他人在申请日以前已经取得的合法权利相冲突。

现有设计，是指申请日以前在国内外为公众所知的设计。

（三）不授予专利权的项目

《专利法》规定，对下列各项，不授予专利权。

1）科学发现。科学发现是指人们通过自己的智力活动对客观世界已经存在的但未被揭示出来的规律、性质和现象等的认识。与发明创造相比，两者存在本质区别，科学发现的对象是前所未知的自然规律，而发明创造的对象则是前所未有的东西。

2）智力活动的规则和方法。智力活动的规则和方法是指人们进行推理、分析、判断、记忆等思维活动的规则和方法，如体育竞赛规则、游戏规则、计算方法、生产管理方法等。虽然智力活动的规则和方法本身不能被授予专利权，但进行智力活动的设备、装置或根据智力活动的规则和方法而设计制造的仪器、用具等，如果具备专利条件，可以被授予专利权。

3）疾病的诊断和治疗方法。由于疾病的诊断和治疗方法不能用工业的方法制造和使用，因此不受《专利法》保护。但是对于血液、毛发、尿样等脱离了人体的物质的化验方法则不属于疾病的诊断和治疗方法，因此具备专利条件，可以被授予专利权。另外，对于用于诊断或治疗疾病的仪器、设备或器械等，如果具备专利条件，可以被授予专利权。

4）动物和植物品种，不包括动物和植物品种的生产方法。动物和植物品种分为天然生长和人工培养两种。天然生长的动植物品种不是人类智力活动的发明创造，因此不能被授予专利权；人类培养的动植物品种，虽然是人类智力活动的成果，但其不是用工业的方法进行制造、生产出来的，而是通过动植物母体培养出来的，有其自身的发生和成长规律，套用产品发明的模式保护不太合适，因此我国《专利法》明确对动植物品种不授予专利权。但是对动植物品种的生产方法，可以依照《专利法》的规定授予专利权。

5）用原子核变换方法获得的物质。原子核变换方法获得的物质，关系国防和国家重大利益，也涉及科研和公共生活的各个方面，不宜被人垄断，因此不授予专利权。

6）对平面印刷品的图案、色彩或二者的结合做出的主要起标识作用的设计。

此外，我国《专利法》还规定，对违反国家法律、社会公德或者妨害公共利益的发明创造，不授予专利权，如专用于伪造货币的方法或工具等；若发明创造本身的目的并不违法，但其实施可能破坏社会公德或妨害公共利益，如万能钥匙等。

【例 5-3】某植物研究所培育出一种新型的“长春藤”。经专家鉴定，“长春藤”的繁殖材料尚未在中国境内外销售，且经过多次繁殖保持其基本特征。根据中国法律规定，该所对“长春藤”（　）。

A. 享有商业秘密权　B. 享有专利权　C. 享有植物新品种权　D. 不享有任何权利

【答案】C

【解析】就我国而言，《专利法》对植物新品种本身不授予专利权，但对植物新品种的生产方法可授予专利权。1997 年 3 月 20 日，国务院颁布了《植物新品种保护条例》，规定对符合条件的植物新品种授予植物新品种权，由完成育种的单位和个人对其授权品种享有独占的权利。

五、专利权的取得、终止和无效

（一）专利权的取得

1．专利的申请

（1）专利申请的原则

专利申请应当遵循下列原则。

1）先申请原则。先申请原则，是指在两个以上的申请人分别就同样的发明创造申请专利的情况下，对先提出申请的申请人授予专利权。先申请的判断标准是专利申请日，如果两个以上申请人在同一日分别就同样的发明创造申请专利的，应当在收到专利行政管理部门的通知后自行协商确定申请人。

2）单一性原则。单一性原则，是指一份专利申请文件只能就一项发明创造提出专利申请，即“一申请一发明”原则。专利申请应当符合专利法有关单一性的规定，就发明或实用新型的专利申请而言，一件发明或实用新型专利申请应当限于一项发明或实用新型；属于一个总的发明构思的两项以上的发明或实用新型，可以作为一件申请提出，但该两项以上的发明或实用新型应当在技术上相互关联，包含一个或多个相同或相应的特定技术特征，其中特定技术特征是指每一项发明或实用新型作为整体，对现有技术作出贡献的技术特征。就外观设计的专利申请而言，一件外观设计专利申请应当限于一项外观设计。同一产品两项以上的相似外观设计，或者用于同一类别并且成套出售或者使用的产品的两项以上外观设计，可以作为一件申请提出。同一类别是指产品属于分类表中同一小类，成套出售或使用是指各产品的设计构思相同，并且习惯上同时出售、同时使用。

3）优先权原则。优先权原则是指将专利申请人首次提出专利申请的日期，视为后来一定期限内专利申请人就相同主题在他国或本国提出专利申请的日期。

专利申请人依法享有的这种权利称为优先权，享有优先权的首次申请日称为优先权日。优先权包括外国优先权和本国优先权，外国优先权是指，申请人自发明或实用新型在外国第一次提出专利申请之日起 12 个月内，或者自外观设计在外国第一次提出专利申请之日起 6 个月内，又在中国就相同主题提出专利申请的，依照该外国同中国签订的协议或共同参加的国际条约，或者依照相互承认优先权的原则，可以享有优先权；本国优先权是指，申请人自发明或实用新型在中国第一次提出专利申请之日起 12 个月内，又向国务院专利行政部门就相同主题提出专利申请的，可以享有优先权。申请人要求优先权的，应当在申请专利时提出书面声明，并且在 3 个月内提交第一次提出的专利申请文件的副本；未提出书面声明或逾期未提交专利申请文件副本的，视为未要求优先权。

（2）专利申请的提出、修改和撤回

1）专利申请的提出。专利权不能自动取得，申请人必须履行《专利法》规定的专利申请手续，向国务院专利行政部门提交必要的申请文件。根据《专利法》的规定，申请发明或实用新型专利的，应当提交请求书、说明书及其摘要和权利要求书等文件。请求书应当写明发明或实用新型的名称，发明人的姓名，申请人姓名或名称、地址，以及其他事项；说明书应当对发明或实用新型作出清楚、完整的说明，以所属技术领域的技术人员能够实现为准，必要的时候，应当有附图；摘要应当简要说明发明或实用新型的技术要点；权利要求书应当以说明书为依据，清楚、简要地限定要求专利保护的范围。依赖遗传资源完成的发明创造，申请人应当在专利申请文件中说明该遗传资源的直接来源和原始来源；申请人无法说明原始来源的，应当陈述理由。申请外观设计专利的，应当提交请求书、该外观设计的图片或者照片以及对该外观设计的简要说明等文件。国务院专利行政部门收到专利申请文件之日为申请日，如果申请文件是邮寄的，以寄出的邮戳日为申请日。

2）专利申请的修改。专利申请的修改，可以由申请人自己主动提出修改，也可以根据国务院专利行政部门的要求进行修改。对于申请人自己主动提出修改的，由申请人自行修改，但修改时要遵守以下规定：① 对发明或实用新型专利申请文件的修改不得超出原说明书和权利要求书记载的范围；② 对外观设计专利申请文件的修改不得超出原图片或照片表示的范围；对于根据国务院专利行政部门的要求进行修改的，申请人应当在指定的期限内申请并修改，逾期不修改的，应视为撤回；经修改后仍不符合《专利法》规定的，国务院专利行政部门应当予以驳回。

3）专利申请的撤回。申请人可以在被授予专利权之前随时撤回其专利申请。申请人撤回其专利申请的，应当向国务院专利行政部门提出书面撤回申请，写明发明创造的名称、申请号和申请日。专利申请被撤回后，该申请视为自始即不存在。如果专利申请的撤回是在专利公开以前提出的，在撤回之后，申请人可以重新提出申请，其他人也可以就相同的发明创造提出专利申请；如果专利申请的撤回是在专利公开以后提出的，则该发明创造已丧失新颖性，任何人就此发明创造提出申请都会被驳回。

2. 专利申请的审批

（1）发明专利申请的审批

发明专利申请的审批，一般要经过如下程序。

1）初步审查。国务院专利行政部门收到发明专利申请后，应当进行初步审查。初步审查主要包括以下内容：① 专利申请是否具备《专利法》规定的申请文件和其他必要的文件，以及这些文件是否符合规定的格式；② 发明专利申请是否明显属于违反国家法律、社会公德或妨害公共利益的发明创造；③ 发明专利申请是否明显属于不授予专利权的项目；④ 专利申请人是否符合申请人主体资格；⑤ 发明专利申请是否明显不符合申请主题单一性原则；⑥ 发明专利申请文件的修改是否符合要求；⑦ 申请发明专利是否合适；⑧ 专利申请文件（尤其是说明书和权利要求书）的撰写是否符合《专利法》规定的格式和内容，等等。

2）申请公开。国务院专利行政部门对发明专利申请经初步审查认为符合《专利法》规定要求的，自申请日起满 18 个月，即行公布。国务院专利行政部门还可以根据申请人的请求早日公布其申请。

3）实质审查。实质审查是国务院专利行政部门根据申请人的请求，对发明的新颖性、创造性、实用性等实质性条件进行的审查。

发明专利申请自申请日起 3 年内，国务院专利行政部门可以根据申请人随时提出的请求，对其申请进行实质审查；申请人无正当理由逾期不请求实质审查的，该申请即被视为撤回。国务院专利行政部门认为必要时，可以自行对发明专利申请进行实质审查。发明专利的申请人请求实质审查时，应当提交在申请日前与其发明有关的参考资料。发明专利已经在外国提出过申请的，国务院专利行政部门可以要求申请人在指定的期限内提交该国为审查其申请进行检索的资料或审查结果的资料；无正当理由逾期不提交的，该申请即被视为撤回。

4）授权决定。国务院专利行政部门对发明专利申请进行实质审查后，认为不符合《专利法》规定的，应当通知申请人，要求其在指定的期限内陈述意见，或者对其申请进行修改；无正当理由逾期不答复的，该申请即被视为撤回。发明专利申请经申请人陈述意见或进行修改后，国务院专利行政部门仍然认为其不符合《专利法》规定的，应当予以驳回。发明专利申请经实质审查没有发现驳回理由的，由国务院专利行政部门作出授予发明专利权的决定，发给专利申请人发明专利证书，同时予以登记和公告。发明专利权自公告之日起生效。

（2）实用新型和外观设计专利申请的审批

国务院专利行政部门受理实用新型和外观设计专利申请后，只进行初步审查，不进行申请公开和实质审查程序。

实用新型和外观设计专利申请经初步审查没有发现驳回理由的，由国务院专利行政部门作出授予实用新型专利权或外观设计专利权的决定，发给专利申请人相应的专利证书，同时予以登记和公告。实用新型专利权和外观设计专利权自公告之日起生效。

（3）专利的复审

国务院专利行政部门设立专利复审委员会。专利申请人对国务院专利行政部门驳回申请的决定不服的，可以自收到通知之日起3个月内，向专利复审委员会请求复审。专利复审委员会复审后，作出复审决定，并通知专利申请人。专利申请人对专利复审委员会的复审决定不服的，可以自收到通知之日起3个月内向人民法院起诉。

（二）专利权的终止

专利权的终止，是指专利权因期限届满或其他原因在期限届满前失去法律效力。专利权终止后，被授予专利权的发明创造成为人类的共同财富，任何单位和个人都可以无偿使用。

根据《专利法》的规定，有下列情形之一的，专利权终止：① 专利权期限届满的；② 没有按照规定缴纳年费的；③ 专利权人以书面声明放弃其专利的；④ 专利权人死亡，无继承人或受遗赠人的。

专利权在期限届满前终止的，由国务院专利行政部门登记和公告。

（三）专利权的无效

1. 专利权无效的概念和理由

专利权无效是指已经取得的专利权因不符合《专利法》的规定，根据有关单位或个人的请求，经专利复审委员会审核后被宣告无效。

宣告专利权无效的理由，具体包括：① 授予专利权的发明创造不符合《专利法》规定的授予专利权的实质性条件；② 授予专利权的发明创造不符合《专利法》规定的关于专利申请文件的撰写要求或专利申请文件修改范围的规定；③ 授予专利权的发明创造不属于《专利法》规定的发明、实用新型和外观设计；④ 授予专利权的发明创造不符合《专利法》规定的先申请原则和单一性原则；⑤ 授予专利权的发明创造属于《专利法》规定的不授予专利权的项目，或者属于依照《专利法》关于申请在先取得专利权的规定而不能取得专利权的项目，等等。

2. 专利权宣告无效的程序

请求宣告专利权无效的单位或个人，应当向专利复审委员会提出请求书，并说明理由。专利复审委员会收到请求宣告专利权无效的请求书后，应当及时审查和作出决定，并通知请求人和专利权人。宣告专利权无效的决定，由国务院专利行政部门登记和公告。对专利复审委员会宣告专利权无效或维持专利权的决定不服的，可以自收到通知之日起3个月内向人民法院起诉。人民法院应当通知无效宣告请求程序的对方当事人作为第三人参加诉讼。

3．专利权宣告无效的法律效力

根据《专利法》的规定，专利权宣告无效的法律效力具体体现为：① 宣告无效的专利权视为自始即不存在；② 宣告专利权无效的决定，对在宣告专利权无效前人民法院作出并已执行的专利侵权的判决、裁定，已经履行或强制执行的专利侵权纠纷处理决定，以及已经履行的专利实施许可合同和专利权转让合同，不具有追溯力，但是因专利权人的恶意给他人造成的损失，应当给予赔偿；③ 如果依照上述规定，专利权人或专利权转让人不向被许可实施专利人或专利权受让人返还专利使用费或专利权转让费，明显违反公平原则，专利权人或专利权转让人应当向被许可实施专利人或专利权受让人返还全部或部分专利使用费或专利权转让费。

六、专利实施的强制许可

专利实施的强制许可，是指国务院专利行政部门依照法定条件和程序颁布的实施专利的一种强制性许可方式。申请人获得这种许可后，不必经专利权人的同意，就可以实施专利。

根据《专利法》的规定，可以给予专利实施强制许可的情况有以下几种。

1）①专利权人自专利权被授予之日起满 3 年，且自提出专利申请之日起满 4 年，无正当理由未实施或者未充分实施其专利的；②专利权人行使专利权的行为被依法认定为垄断行为，为消除或者减少该行为对竞争产生的不利影响的。

2）在国家出现紧急状态或非常情况时，或者为了公共利益的目的，国务院专利行政部门可以给予实施发明专利或实用新型专利的强制许可。

3）为了公共健康目的，对取得专利权的药品，国务院专利行政部门可以给予制造并将其出口到符合中华人民共和国参加的有关国际条约规定的国家或者地区的强制许可。

4）一项取得专利权的发明或实用新型比此前已经取得专利权的发明或实用新型具有显著经济意义的重大技术进步，其实施又有赖于前一发明或实用新型的实施的，国务院专利行政部门根据后一专利权人的申请，可以给予实施前一发明或实用新型专利的强制许可。在依照上述规定给予实施强制许可的情况下，国务院专利行政部门根据前一专利权人的申请，也可以给予实施后一发明或实用新型专利的强制许可。

自专利权被授予之日起满 3 年后，任何单位均可以依照《专利法》的有关规定，请求国务院专利行政部门给予专利强制许可。国务院专利行政部门作出的给予实施强制许可的决定，应当及时通知专利权人，并予以登记和公告。给予实施强制许可的决定，应当根据强制许可的理由规定实施的范围和时间。强制许可的理由消除并不再发生时，国务院专利行政部门应当根据专利权人的请求，经审查后作出终止实施强制许可的决定。

取得实施强制许可的单位或个人不享有独占的实施权，并且无权允许他人实施。取得实施强制许可的单位或个人应当付给专利权人合理的使用费，其数额由双方协商；双方不能达成协议的，由国务院专利行政部门裁决。专利权人对国务院专利行政部门关于实施强制许可的决定不服的，或者专利权人和取得实施强制许可的单位或个人对国务院专利行政部门关于实施强制许可的使用费的裁决不服的，可以自收到通知之日起 3 个月内向人民法院起诉。

【例 5-4】甲拥有一节能热水器的发明专利权，乙对此加以改进后获得重大技术进步，并取得新的专利权，但是乙的专利之实施有赖于甲的专利之实施，双方又未能达成实施许可协议。在此情形下，下述说法正确的是（ ）。

A. 甲可以申请实施乙之专利的强制许可

B. 乙可以申请实施甲之专利的强制许可

C. 乙在取得实施强制许可后，无须付给甲使用费

D. 任何一方在取得实施强制许可后即享有独占的实施权

【答案】AB

【解析】本题考查专利的强制实施许可。《专利法》规定："一项取得专利权的发明或实用新型比此前已经取得专利权的发明或实用新型具有显著经济意义的重大技术进步，其实施又有赖于前一发明或实用新型的实施的，国务院专利行政部门根据后一专利权人的申请，可以给予实施前一发明或实用新型的强制许可。在依照前款规定给予实施强制许可的情形下，国务院专利行政部门根据前一专利权人的申请，也可以给予实施后一发明或实用新型的强制许可。"故选项A、B正确。《专利法》规定："取得实施强制许可的单位或者个人不享有独占的实施权，并且无权允许他人实施。"《专利法》还规定："取得实施强制许可的单位或者个人应当付给专利权人合理的使用费，或者依照中华人民共和国参加的有关国际条约的规定处理使用费问题。付给使用费的，其数额由双方协商；双方不能达成协议的，由国务院专利行政部门裁决。"故选项C、D错误。

七、专利权的保护

（一）专利权的期限

专利权的期限，又称专利保护期。根据《专利法》的规定，发明专利权的期限为20年，实用新型专利权和外观设计专利权的期限为10年，均自申请日起计算。

（二）专利权的保护范围

专利权的保护范围，是指专利权效力所及的发明创造的技术特征和技术幅度。因此，专利权的范围即是专利权的保护范围。

根据《专利法》的规定，发明或实用新型专利权的保护范围以其权利要求的内容为准，说明书及附图可以用于解释权利要求；外观设计专利权的保护范围以表示在图片或照片中的该外观设计专利产品为准。

最高人民法院《关于审理专利纠纷案件适用法律问题的若干规定》规定，专利权的保护范围应当以权利要求书中明确记载的必要技术特征所确定的范围为准，也包括与该必要技术特征相等同的特征所确定的范围。等同特征是指与所记载的技术特征以基本相同的手段，实现基本相同的功能，达到基本相同的效果，并且本领域的普通技术人员无须经过创造性劳动就能够联想到的特征。

（三）侵害专利权的行为

根据《专利法》的规定，侵害专利权的行为主要包括以下几种。

1）未经专利权人许可，实施其专利的行为。包括：① 未经专利权人许可，为生产经营目的制造、使用、许诺销售、销售、进口其专利产品，或者使用其专利方法及使用、许诺销售、销售、进口依照该专利方法直接获得的产品；② 未经专利权人许可，为生产经营目的制造、许诺销售、销售、进口其外观设计专利产品；等等。

2）假冒他人专利的行为。包括：① 未经许可，在其制造或销售的产品、产品的包装上

标注他人的专利号；② 未经许可，在广告或者其他宣传材料中使用他人的专利号，使人将所涉及的技术误认为是他人的专利技术；③ 未经许可，在合同中使用他人的专利号，使人将合同涉及的技术误认为是他人的专利技术；④ 伪造或变造他人的专利证书、专利文件或专利申请文件；等等。

【例5-5】某公司在自己生产的产品上随意打上一个不存在的专利号，属于（　　）。

A. 假冒专利行为　　B. 冒充专利行为

C. 盗窃专利行为　　D. 滥用专利行为

【答案】B

【解析】冒充专利行为，是指非专利权人将非专利产品冒充专利产品或者将非专利方法冒充专利方法的行为。

3）以非专利产品冒充专利产品、以非专利方法冒充专利方法的行为。包括：① 制造或销售标有专利标志的非专利产品；② 专利权被宣告无效后，继续在制造或销售的产品上标注专利标记；③ 在广告或其他宣传材料中将非专利技术称为专利技术；④ 在合同中将非专利技术称为专利技术；⑤ 伪造或变造专利证书、专利文件或专利申请文件；等等。

4）侵夺发明人或设计人的非职务发明创造专利申请权及其他权益的行为。根据《专利法》的规定，有下列情形之一的，不视为侵犯专利权：① 专利权人制造、进口或经专利权人许可而制造、进口的专利产品，或者依照专利方法直接获得的产品售出后，使用、许诺销售或销售该产品的；② 在专利申请日前已经制造相同产品、使用相同方法或已经做好制造、使用的必要准备，并且仅在原有范围内继续制造、使用的；③ 临时通过中国领陆、领水、领空的外国运输工具，依照其所属国同中国签订的协议或共同参加的国际条约，或者依照互惠原则，为运输工具自身需要而在其装置和设备中使用有关专利的；④ 专为科学研究和实验而使用有关专利的。

【例5-6】甲公司获得了某医用镜子的实用新型专利，不久后乙公司自行研制出相同的医用镜子，并通过丙公司销售给丁医院使用。乙、丙、丁都不知道甲已经获得该专利，下列选项正确的是（　　）。

A. 乙的制造行为不构成侵权

B. 丙的销售行为不构成侵权

C. 丁的使用行为不构成侵权

D. 丙和丁能证明其产品的合法来源，不承担赔偿责任

【答案】D

【解析】根据《专利法》第11条的规定，发明和实用新型专利权被授予后，除本法另有规定的以外，任何单位或个人未经专利权人许可，都不得实施其专利，即不得为生产经营目的的制造、使用、许诺销售、销售、进口其专利产品，或者使用其专利方法及使用、许诺销售、销售、进口依照该专利方法直接获得的产品。外观设计专利权被授予后，任何单位或个人未经专利权人许可，都不得实施其专利，即不得为生产经营目的制造、许诺销售、销售、进口其外观设计专利产品，因此正确答案是D选项。

（四）侵害专利权行为的法律责任

侵害专利权行为的法律责任包括：民事责任、行政责任和刑事责任。

1．民事责任

民事责任主要包括：停止侵害、赔偿损失、消除影响、恢复名誉等。其中，根据《专利法》的规定，侵犯专利权的赔偿数额，按照权利人因被侵权所受到的损失或侵权人因侵权所获得的利益确定；被侵权人的损失或侵权人获得的利益难以确定的，参照该专利许可使用费的倍数合理确定。

2．行政责任

行政责任主要包括：① 对未经专利权人许可实施其专利的行为，管理专利工作的部门认定侵权行为成立的，可以责令侵权人立即停止侵权行为；② 对假冒他人专利的行为，除依法承担民事责任外，由管理专利工作的部门责令改正并予以公告，没收违法所得，并处违法所得 3 倍以下的罚款，没有违法所得的，可以处 5 万元以下的罚款；③ 对以非专利产品冒充专利产品、以非专利方法冒充专利方法的行为，由管理专利工作的部门责令改正并予以公告，可以处 5 万元以下的罚款；④ 对侵夺发明人或设计人的非职务发明创造专利申请权及其他权益的行为，由所在单位或上级主管机关给予行政处分；等等。

3．刑事责任

刑事责任只限于假冒他人专利且情节严重的情形。《刑法》第 216 条规定："假冒他人专利，情节严重的，处 3 年以下有期徒刑或拘役，并处或单处罚金。"根据 2004 年 11 月 2 日最高人民法院审判委员会第 1331 次会议、2004 年 11 月 11 日最高人民检察院第十届检察委员会第 28 次会议通过的《关于办理侵犯知识产权刑事案件具体应用法律若干问题的解释》的规定，假冒他人专利，具有下列情形之一的，属于《刑法》第 216 条规定的"情节严重"，应当以假冒专利罪判处 3 年以下有期徒刑或拘役，并处或单处罚金：① 非法经营数额在 20 万元以上或违法所得数额在 10 万元以上的；② 给专利权人造成直接经济损失 50 万元以上的；③ 假冒两项以上他人专利，非法经营数额在 10 万元以上或违法所得数额在 5 万元以上的；④ 其他情节严重的情形。此外，实施下列行为之一的，属于《刑法》第 216 条规定的"假冒他人专利"的行为：① 未经许可，在其制造或销售的产品、产品的包装上标注他人专利号的；② 未经许可，在广告或其他宣传材料中使用他人的专利号，使人将所涉及的技术误认为是他人专利技术的；③ 未经许可，在合同中使用他人的专利号，使人将合同涉及的技术误认为是他人专利技术的；④ 伪造或变造他人的专利证书、专利文件或专利申请文件的。

（五）诉前救济措施及诉讼时效

1．诉前救济措施

根据《专利法》的规定，专利权人或利害关系人有证据证明他人正在实施或即将实施侵犯其专利权的行为，如不及时制止将会使其合法权益受到难以弥补的损害的，可以在起诉前向人民法院申请采取责令停止有关行为和财产保全措施。

2．专利侵权诉讼时效

根据《专利法》的规定，侵犯专利权的诉讼时效为 2 年，自专利权人或利害关系人得知或应当得知侵权行为之日起计算。发明专利申请公布后至专利权授予前使用该发明未支付适当使用费的，专利权人要求支付使用费的诉讼时效为 2 年，自专利权人得知或应当得知他人使用其发明之日起计算，但是，专利权人于专利权授予之日前即已得知或应当得知的，自专利权授予之日起计算。

第三节　商标法

一、商标法概述

（一）商标的概念及其特征

商标是指由文字、图形、字母、数字、三维标志和颜色组合和声音等，以及上述要素的组合，使用于一定的商品或服务项目，用以区别商标使用者与同类商品的生产经营者或同类服务业经营者的显著标记。

商标具有如下特征。

1）商标主要是由文字、图形、声音或上述要素结合而组成的标记。商标的构成具有多样性，凡能够将一企业的商品或服务与另一企业的商品或服务加以区别的任何标志或标志的组合，均能构成一项商标。

2）商标是使用于商品或服务上的显著标记。商标依附于商品或服务而存在，其使用具有商业意义和商业价值。

3）商标是代表特定商品生产者、经销者或服务提供者的专用符号。商标具有识别性和表彰性功能，商标的识别性功能，使消费者能够根据各自的需要认牌购货、认牌消费；商标的表彰性功能，代表着特定经营者的商业信誉、市场竞争能力和地位。

4）商标是附于商品表面，或包装或标于与所提供的服务相关的物品上的，具有显著特征的简洁符号。商标是经过人的设计人为地、有意识地置于商品外表或包装上的显著标记；同时商标又是一种具有显著特征的简洁符号，便于识别，能够借以指代某一特定的经营者所经营的商品或服务。

（二）商标的分类

根据不同的划分标准，可以将商标分成不同的种类。

1）根据商标的结构，可将商标分为文字商标、图形商标、数字商标、三维商标、声音商标及组合商标。文字商标是以文字为主组成的商标，如"白玉"牙膏等；图形商标是指用图形构成的商标，如上海老城隍庙工艺品商店就是以城隍庙的图形作为商标；数字商标是以阿拉伯数字组成的商标，如"555"等；三维商标即立体商标，如某酒瓶的包装等；声音商标是以特定声音为主组成的商标，如苹果电脑开机声音、诺基亚之歌、米高梅公司的"狮子吼"等；组合商标是以文字、图形、数字、声音等组合起来的商标，它可以是上述要素的组合，也可以是其中两个或几个要素的组合。

2）根据商标的用途，可将商标分为商品商标和服务商标。商品商标是用于生产销售的商品上的标记；服务商标是用于服务行业，以便与其他服务行业相区别的标记。

【例5-7】下列商标中属于服务商标的有（　　）。

A. 三菱摩托　　B. 小王洗衣店　　C. 蒙牛牛奶　　D. 雪碧

【答案】B

【解析】本题考查对于服务商标的理解。服务商标是用于服务行业，以便与其他服务行业相区别的标记，因此正确答案是B选项。

3）根据商标的作用和功能，可将商标分为证明商标、集体商标、防御商标和联合商标。

证明商标是指由对某种商品或服务具有监督能力的组织所控制，而由该组织以外的单位或个人使用于其商品或服务，用以证明该商品或服务的原产地、原料、制造方法、质量或其他特定品质的标志；集体商标是指以团体、协会或其他组织名义注册，供该组织成员在商事活动中使用，以表明使用者在该组织中的成员资格的标志；防御商标是将同一商标注册于不同的商品或服务上，构成一个防御体系，以防止他人在不同商品或服务上使用该商标可能给消费者造成的混淆；联合商标是指将与已注册商标相近似的商标在相同或类似商品或服务上加以注册。

4）根据商标在相关市场上的知名度，可将商标分为驰名商标、著名商标和知名商标。驰名商标是指由商标局认定的在市场上享有较高声誉并为相关公众所熟知的商标；著名商标是指由省级工商行政管理部门认可的，在该行政区划范围内具有较高声誉和市场知名度的商标；知名商标是指由市一级工商行政管理部门认可的，在该行政区划范围内具有较高声誉和市场知名度的商标。

（三）商标法的概念及其基本原则

1．商标法的概念

商标法是指调整商标的组成、注册、使用、管理和商标专用权的保护等法律规范的总称。

商标法有狭义和广义之分。狭义的商标法仅指全国人大常委会通过的《商标法》；广义的商标法除《商标法》外，还包括国家有关法律、行政法规和规章中关于商标的法律规范，如《商标法实施条例》、《驰名商标认定和管理暂行规定》、《商标代理管理办法》、《商标印制管理办法》等。中国缔结或参加的有关商标权国际保护方面的条约、协定，经批准公布具有国内法效力的，也属于广义的商标法的范畴。

2．商标法的基本原则

商标法遵循以下基本原则。

1）保护商标专用权与维护消费者利益相结合的原则。保护商标专用权是商标法的核心和基础，同时商标法也体现了对消费者利益的保护，所以保护商标专用权与维护消费者利益是一个相互促进、相互制约的关系。这个原则要求商标所有人必须保证商品质量、维护商标信誉、保证消费者利益；

2）注册取得商标专用权原则。《商标法》规定，经商标局核准注册的商标为注册商标，商标注册人享有商标专用权，受法律保护。可见在中国要取得商标专用权，必须首先通过商标注册；未经注册的商标，不得取得商标专用权。

3）自愿注册原则。《商标法》规定，自然人、法人或其他组织对其生产、制造、加工、拣选、经销的商品，或者对其提供的服务项目，需要取得商标专用权的，应当向商标局申请商标注册。因此，是否取得商标专用权由商标使用人自己决定，自愿注册。

二、商标权

（一）商标权的概念

商标权是指商标所有人对其商标拥有的独占的、排他的权利。由于中国在商标权的取得方面实行的是注册原则，因此，商标权实际上是因商标所有人申请，经政府主管部门确认的专有权利，即因商标注册而产生的权利。从权利的性质上看，商标权与所有权一样，属于绝对权的范围，即权利主体对其注册商标享有完全的使用权和排他的权利；从权利的特征上看，商标权与一般知识产权一样，具有无形性、法定性、专有性、地域性和时间性。

（二）商标权的主体

商标权的主体是指通过法定程序，在自己生产、制造、加工、拣选、经销的商品或提供的服务上享有商标专用权的人。根据《商标法》的规定，商标权的主体范围包括：自然人、法人或其他组织。

两个以上自然人、法人或者其他组织可以共同向商标局申请注册同一商标，共同享有和行使该商标专用权。

（三）商标权的客体

商标权的客体是指经商标局核准注册的商标，即注册商标。申请注册的商标应当具备以下条件。

1）商标应当具备显著性。《商标法》规定，申请注册的商标，应当有显著特征，便于识别，并不得与他人在先取得的合法权利相冲突。商标具备的这种显著性，可以通过两种方式产生，一是商标本身具有显著性；二是通过长期的使用获得商标的显著性。

2）商标应当符合可视听性要求。《商标法》规定，任何能够将自然人、法人或其他组织的商品与他人的商品区别开的可视性标志，包括文字、图形、字母、数字、三维标志、颜色组合和声音等，以及上述要素的组合，均可以作为商标申请注册。由此可见，气味标志等在我国尚不能成为注册商标。

根据《商标法》的规定，下列标志不得作为商标使用：①同中华人民共和国的国家名称、国旗、国徽、国歌、军旗、军徽、军歌、勋章等相同或者近似的，以及同中央国家机关的名称、标志、所在地特定地点的名称或者标志性建筑物的名称、图形相同的；②同外国的国家名称、国旗、国徽、军旗等相同或者近似的，但经该国政府同意的除外；③同政府间国际组织的名称、旗帜、徽记等相同或者近似的，但经该组织同意或者不易误导公众的除外；④与表明实施控制、予以保证的官方标志、检验印记相同或者近似的，但经授权的除外；⑤同“红十字”、“红新月”的名称、标志相同或者近似的；⑥ 带有民族歧视性的；⑦ 带有欺骗性，容易使公众对商品的质量等特点或者产地产生误认的；⑧有害于社会主义道德风尚或者有其他不良影响的；⑨ 县级以上行政区划的地名或者公众知晓的外国地名，不得作为商标。但是，地名具有其他含义或者作为集体商标、证明商标组成部分的除外。已经注册的使用地名的商标继续有效。

下列标志不得作为商标注册：① 仅有本商品的通用名称、图形、型号的；② 仅直接表示商品的质量、主要原料、功能、用途、重量、数量及其他特点的；③ 缺乏显著特征的。

此外，根据《商标法》的规定，以三维标志申请注册商标的，仅由商品自身的性质产生的形状、为获得技术效果而需要的商品形状或者使商品具有实质性价值的形状，不得注册。为相关公众所熟知的商标，持有人认为其权利受到侵害时，可以依照本法规定请求驰名商标保护。就相同或类似商品申请注册的商标是复制、摹仿或者翻译他人未在中国注册的驰名商标，容易导致混淆的，不予注册并禁止使用。就不相同或不相类似商品申请注册的商标是复制、摹仿或者翻译他人已经在中国注册的驰名商标，误导公众，致使该驰名商标注册人的利益可能受到损害的，不予注册并禁止使用。

三、商标注册的申请和审查核准

（一）商标注册的申请

1. 商标注册申请的原则

1）申请在先原则。两个或两个以上申请人，先后在同一或类似商品或服务上，以相同或类似的商标申请注册的，商标权授予申请在先的人，申请先后的确定以申请日为准；两个或两个以上的申请人，在同一或类似商品或服务上，以相同或类似的商标在同一天申请注册的，商标权授予使用在先的人。对于使用在先的认定，由申请人自己在接到商标局通知后30日内提交第一次使用该商标的日期的证明，同日使用或均未使用的，由各申请人进行协商，协商不成的，由商标局裁定。

2）优先权原则。优先权原则是商标权取得程序中一项重要原则。根据《商标法》的规定，商标注册申请程序中优先权表现在两个方面：①商标注册申请人自其商标在外国第一次提出商标注册申请之日起6个月内，又在中国就相同商品以同一商标提出商标注册申请的，依照该外国同中国签订的协议或共同参加的国际条约，或者按照相互承认优先权原则，可以享有优先权。申请人依照上述情形要求优先权的，应当在提出商标注册申请的时候提出书面声明，并且在3个月内提交第一次提出的商标注册申请文件的副本；未提出书面声明或逾期未提交商标注册申请文件副本的，视为未要求优先权。②商标在中国政府主办的或承认的国际展览会展出的商品上首次使用的，自该商品展出之日起6个月内，该商标的注册申请人可以享有优先权。

申请人依照上述情形要求优先权的，应当在提出商标注册申请的时候提出书面声明，并且在3个月内提交展出其商品的展览会名称、在展出商品上使用该商标的证据、展出日期等证明文件；未提出书面声明或逾期未提交证明文件的，视为未要求优先权。

2. 商标注册申请的方法

1）商标注册申请人应当按规定的商品分类表填报使用商标的商品类别和商品名称，提出注册申请。商标注册申请人可以通过一份申请就多个类别的商品申请注册同一商标。商标注册申请等有关文件，可以以书面方式或者数据电文方式提出。中国1988年11月1日开始采用《尼斯协定》的商品分类表申请商标注册，1994年加入尼斯同盟。该协定将商品和服务分为45类，其中34类商品、11类服务项目，覆盖了1万多个商品和服务项目。

2）注册商标需要在同一类的其他商品上使用的，应当另行提出注册申请。

3）注册商标需要改变其标志的，应当重新提出注册申请。

4）注册商标需要变更注册人的名义、地址或其他注册事项的，应当提出变更申请。

（二）商标注册的审查核准

商标注册的审查核准，是商标主管机关就申请注册的商标是否符合商标法的规定所进行的一系列活动。主要包括形式审查、实质审查、公告核准阶段。对于有争议的商标，还可能发生复审或裁定。

1. 形式审查

商标局收到商标注册申请文件后，应当首先进行形式审查。形式审查的内容主要包括：申请手续是否齐备；申请人是否具备申请资格；申请文件是否齐全，填写是否正确；是否按规定缴纳了申请注册费等。经过形式审查，凡符合规定的，商标局予以受理，编定申请号，发给受理通知书。对于申请手续不齐备或未按规定填写申请文件的，予以退回，申请日期不予保留。对于申请手续和申请文件基本符合规定，但需要补正的，通知予以补正，在规定期限内补正的，保留申请日期；未在规定期限内补正的，予以退回，申请日期不予保留。

2．实质审查

商标局对受理的申请，依照《商标法》的规定进行实质审查。实质审查的内容主要包括：申请注册的商标是否具有显著特征，便于识别；申请注册的商标是否与已注册在相同或类似商品或服务上的商标相同或近似；申请注册的商标是否违背商标法的禁止规定；等等。

3．公告核准

申请注册的商标，凡符合《商标法》规定的，由商标局初步审定，予以公告。对申请注册的商标，商标局应当自收到商标注册申请文件之日起9个月内审查完毕，符合本法有关规定的，予以初步审定公告。在审查过程中，商标局认为商标注册申请内容需要说明或者修正的，可以要求申请人作出说明或者修正。申请人未作出说明或者修正的，不影响商标局作出审查决定。对于两个或两个以上的商标注册申请人，在同一种商品或类似商品上，以相同或近似的商标申请注册的，初步审定并公告申请在先的商标；同一天申请的，初步审定并公告使用在先的商标，驳回其他人的申请，不予公告。申请注册的商标，凡不符合《商标法》规定的，由商标局驳回申请，不予公告。对初步审定的商标，自公告之日起3个月内，在先权利人、利害关系人认为违反商标法第十三条第二款和第三款、第十五条、第十六条第一款、第三十条、第三十一条、第三十二条规定的，或者任何人认为违反商标法第十条、第十一条、第十二条规定的，可以向商标局提出异议。公告期满无异议的，予以核准注册，发给商标注册证，并予公告。

4．复审或者裁定

对驳回申请、不予公告的商标，商标局应当书面通知商标注册申请人。商标注册申请人不服的，可以自收到通知之日起 15 日内向商标评审委员会申请复审。商标评审委员会应当自收到申请之日起9个月内作出决定，并书面通知申请人。有特殊情况需要延长的，经国务院工商行政管理部门批准，可以延长3个月。当事人对商标评审委员会的决定不服的，可以自收到通知之日起30日内向人民法院起诉。

对初步审定公告的商标提出异议的，商标局应当听取异议人和被异议人陈述事实和理由，经调查核实后，自公告期满之日起 12 个月内做出是否准予注册的决定，并书面通知异议人和被异议人。有特殊情况需要延长的，经国务院工商行政管理部门批准，可以延长 6 个月。

商标局做出准予注册决定的，发给商标注册证，并予公告。异议人不服的，可以依照本法第四十四条、第四十五条的规定向商标评审委员会请求宣告该注册商标无效。

商标局做出不予注册决定，被异议人不服的，可以自收到通知之日起 15 日内向商标评审委员会申请复审。商标评审委员会应当自收到申请之日起 12 个月内做出复审决定，并书面通知异议人和被异议人。有特殊情况需要延长的，经国务院工商行政管理部门批准，可以延长 6 个月。被异议人对商标评审委员会的决定不服的，可以自收到通知之日起 30 日内向人民法院起诉。人民法院应当通知异议人作为第三人参加诉讼。

商标评审委员会在依照前款规定进行复审的过程中，所涉及的在先权利的确定必须以人民法院正在审理或者行政机关正在处理的另一案件的结果为依据的，可以中止审查。中止原因消除后，应当恢复审查程序。

法定期限届满，当事人对商标局作出的驳回申请决定、不予注册决定不申请复审或者对商标评审委员会作出的复审决定不向人民法院起诉的，驳回申请决定、不予注册决定或者复审决定生效。

经审查异议不成立而准予注册的商标，商标注册申请人取得商标专用权的时间自初步审定公告3个月期满之日起计算。自该商标公告期满之日起至准予注册决定作出前，对他人在同一种或者类似商品上使用与该商标相同或者近似的标志的行为不具有追溯力；但是，因该使用人的恶意给商标注册人造成的损失，应当给予赔偿。

对商标注册申请和商标复审申请应当及时进行审查。商标注册申请人或者注册人发现商标申请文件或者注册文件有明显错误的，可以申请更正。商标局依法在其职权范围内作出更正，并通知当事人。

四、注册商标的续展、转让、使用许可和争议裁定

（一）注册商标的续展

注册商标的续展是指注册商标所有人在商标注册有效期届满前后的一定时间内，依法办理一定手续延长其注册商标有效期的制度。

根据《商标法》的规定，注册商标的有效期为 10 年，自核准注册之日起计算。注册商标有效期满，需要继续使用的，应当在期满前 12 个月内申请续展注册；在此期间未能提出续展申请的，可以给予6个月的宽展期；宽展期满仍未提出申请的，注销其注册商标。续展注册可以无限制地重复进行，每次续展注册的有效期为 10 年，自该商标上一次有效期满次日起计算。

申请商标续展注册的，每一个申请应当向商标局交送商标续展注册申请书，商标局应当对续展注册申请进行审查。续展注册符合《商标法》规定的，经核准后，发给相应证明，并予以公告；不符合《商标法》规定的，不予核准，予以驳回。

【例 5 8】甲企业的“春雷”商标于 2015 年 8 月到期，下列有关该商标权续展的说法中，正确的是（　　）。

A. 甲企业可以在 2016 年 2 月之前提出续展申请

B. 甲企业可以在 2016 年 8 月之前提出续展申请

C. 乙企业可以在 2015 年 10 月在同类商品上使用该商标不构成商标侵权

D. 乙企业可以于 2015 年 12 月申请获得该商标专用权

【答案】A

【解析】商标的宽限期是在商标有效期满之后的头 6 个月，如果在该宽限期内，商标专用权人续展的，其商标专用权仍受保护。因此，在该 6 个月内侵犯商标专用权的，为侵权行为。同时，在宽限期内甲企业可能续展其注册商标，甲企业续展其注册商标的，乙企业就不能获准注册，故本题正确答案为 A 选项。

（二）注册商标的转让

注册商标的转让是指注册商标所有人依法将因注册商标产生的商标权转让给他人的行为。注册商标转让后，原注册商标所有人不再享有该注册商标的专用权，受让人成为该注册商标的所有人，享有商标专用权。

根据《商标法》的规定，转让注册商标的，转让人和受让人应当签订转让协议，并共同向商标局提出申请，受让人应当保证使用该注册商标的商品质量。转让注册商标的，商标注册人对其在同一种商品上注册的近似的商标，或者在类似商品上注册的相同或者近似的商标，应当一并转让。对容易导致混淆或者有其他不良影响的转让，商标局不予核准，书面通知申请人并说明理由。转让注册商标经核准后，予以公告。受让人自公告之日起享有商标专用权。

（三）注册商标的使用许可

注册商标的使用许可是指注册商标所有人通过签订商标使用许可合同，许可他人使用其注册商标，同时收取一定的许可使用费。

注册商标的使用许可应当符合下列条件：① 许可人是被许可的注册商标的所有人或有充分处置权人；② 被许可人有生产使用许可的商品的资格；③ 使用许可的商标在法律保护的期限内，且使用许可期限不得超过该注册商标的有效期限；④ 使用许可的商品在该注册商标核定使用的商品范围内；⑤ 使用许可的商标与注册商标一致。

根据《商标法》的规定，许可人应当监督被许可人使用其注册商标的商品质量，被许可人应当保证使用该注册商标的商品质量；经许可使用他人注册商标的，必须在使用该注册商标的商品上标明被许可人的名称和商品产地；商标使用许可合同应当报商标局备案。商标使用许可未经备案不得对抗善意第三人。

（四）注册商标争议的裁定

注册商标争议的裁定是指商标评审委员会对已经注册的商标发生争议，从而进行裁定的活动。

根据《商标法》的规定，除以下两种情形外，对已经注册的商标有争议的，可以自该商标经核准注册之日起 5 年内，向商标评审委员会申请裁定。

1）已经注册的商标，违反《商标法》不得作为商标使用的标志、不得作为商标注册的标志、不得以三维标志申请注册商标情形的规定的，或者是以欺骗手段或其他不正当手段取得注册的，由商标局撤销该注册商标；其他单位或个人可以请求商标评审委员会裁定注册该商标。

2）已经注册的商标，违反《商标法》有关不予注册并禁止使用规定的，或者违反《商标法》有关申请商标注册不得损害他人现有的在先权利、不得以不正当手段抢先注册他人已经使用并有一定影响的商标规定的，自商标注册之日起 5 年内，商标所有人或利害关系人可以请求商标评审委员会裁定撤销该注册商标。对恶意注册的，驰名商标所有人不受 5 年的时间限制。

商标评审委员会收到裁定申请后，应当通知有关当事人，并限期提出答辩。商标评审委员会作出维持或撤销注册商标的裁定后，应当书面通知有关当事人。当事人对商标评审委员会的裁定不服的，可以自收到通知之日起 30 日内向人民法院起诉。人民法院应当通知商标裁定程序的对方当事人作为第三人参加诉讼。

五、商标使用的管理

商标使用的管理是指商标局对注册商标、未注册商标的使用进行监督管理，并对违反《商标法》规定的侵权行为予以制裁的活动。

（一）对注册商标使用的管理

经商标局核准注册的商标为注册商标，商标注册人依法享有商标专用权，受法律保护。根据《商标法》的规定，商标行政管理部门对注册商标的使用依法实行管理。具体管理工作包括以下内容。

1．对使用注册商标的管理

商标注册人在使用注册商标的过程中，自行改变注册商标、注册人名义、地址或其他注册事项的，由地方工商行政管理部门责令限期改正；期满不改正的，由商标局撤销其注册商标。

注册商标成为其核定使用的商品的通用名称或没有正当理由连续 3 年不使用的，任何单位或个人可以向商标局申请撤销该注册商标。商标局应当自收到申请之日起 9 个月内做出决定。有特殊情况需要延长的，经国务院工商行政管理部门批准，可以延长 3 个月。

对商标局撤销或不予撤销注册商标的决定，当事人不服的，可以自收到通知之日起 15 日内向商标评审委员会申请复审。商标评审委员会应当自收到申请之日起 9 个月内做出决定，并书面通知当事人。有特殊情况需要延长的，经国务院工商行政管理部门批准，可以延长 3 个月。当事人对商标评审委员会的决定不服的，可以自收到通知之日起 30 日内向人民法院起诉。

2．对被撤销或注销的商标的管理

注册商标被撤销、被宣告无效或期满不再续展的，自撤销、宣告无效或注销之日起 1 年内，商标局对与该商标相同或近似的商标注册申请，不予核准。

3．对必须使用注册商标的商品的管理

对按照国家规定必须使用注册商标的商品，未申请注册而在市场销售的，由地方工商行政管理部门责令限期申请注册，可以并处罚款。

（二）对未注册商标使用的管理

未注册的商标不享有商标专用权，但由于中国对商标注册采取自愿原则，除国家规定必须使用注册商标的商品外，允许商品生产者、经营者或服务提供者合法使用未注册商标。未注册商标的使用同样涉及商标专用权的保护、商品或服务质量的保证和消费者利益的保障，因而商标管理工作也包括对未注册商标使用的管理。

根据《商标法》的规定，使用未注册商标，有下列行为之一的，由地方工商行政管理部门予以制止，限期改正，并可以予以通报或处以罚款：① 冒充注册商标的；② 违反商标法中不得作为商标使用的标志规定的；③ 粗制滥造，以次充好，欺骗消费者的。

六、注册商标专用权的保护

（一）注册商标专用权的保护范围

根据《商标法》的规定，注册商标的专用权，以核准注册的商标和核定使用的商品为限。根据这一规定，注册商标专用权的保护范围主要限定在三个方面。

1）核准注册的商标。商标因注册而取得专用权，从而得到法律保护，未注册的商标一般情况下是不受法律保护的。虽然《商标法》规定，申请商标注册不得损害他人现有的在先权利，也不得以不正当手段抢先注册他人已经使用并有一定影响的商标。但这一规定并不意味着注册商标与未注册商标在法律地位上的一致。因为，未注册商标的使用人不享有该商标

的专用权，无权依照《商标法》的规定禁止他人使用，只有有限的不受他人不正当干扰的使用权。

2）核定使用的商品或服务。在核定使用的商品或服务上使用注册商标是法律保护的基本条件，他人未经许可不得在相同或类似商品或服务上使用相同或近似的商标。

3）注册商标在有效期限内。注册商标的有效期限为 10 年，可无限续展。注册商标超过有效期限没有续展的，即不再受到法律的保护。

（二）侵犯注册商标专用权的行为及其法律责任

1．侵犯注册商标专用权的行为

根据《商标法》的规定，有下列行为之一的，均属侵犯注册商标专用权：①未经商标注册人的许可，在同一种商品上使用与其注册商标相同的商标的；②未经商标注册人的许可，在同一种商品上使用与其注册商标近似的商标，或在类似商品上使用与其注册商标相同或近似的商标，容易导致混淆的；③销售侵犯注册商标专用权的商品的；④伪造、擅自制造他人注册商标标识或者销售伪造、擅自制造的注册商标标识的；⑤未经商标注册人同意，更换其注册商标并将该更换商标的商品又投入市场的；⑥故意为侵犯他人商标专用权行为提供便利条件，帮助他人实施侵犯商标专用权行为的；⑦给他人的注册商标专用权造成其他损害的。

2．侵犯注册商标专用权的法律责任

侵犯注册商标专用权的法律责任包括：民事责任、行政责任和刑事责任。

1）民事责任。民事责任主要包括：停止侵犯、消除影响、赔偿损失等。其中，侵犯商标专用权的赔偿数额，按照权利人因被侵权所受到的实际损失确定；实际损失难以确定的，可以按照侵权人因侵权所获得的利益确定；权利人的损失或者侵权人获得的利益难以确定的，参照该商标许可使用费的倍数合理确定。对恶意侵犯商标专用权，情节严重的，可以在按照上述方法确定数额的一倍以上三倍以下确定赔偿数额。赔偿数额应当包括权利人为制止侵权行为所支付的合理开支。人民法院为确定赔偿数额，在权利人已经尽力举证，而与侵权行为相关的账簿、资料主要由侵权人掌握的情况下，可以责令侵权人提供与侵权行为相关的账簿、资料；侵权人不提供或者提供虚假的账簿、资料的，人民法院可以参考权利人的主张和提供的证据判定赔偿数额。权利人因被侵权所受到的实际损失、侵权人因侵权所获得的利益、注册商标许可使用费难以确定的，由人民法院根据侵权行为的情节判决给予 300 万元以下的赔偿。注册商标专用权人请求赔偿，被控侵权人以注册商标专用权人未使用注册商标提出抗辩的，人民法院可以要求注册商标专用权人提供此前 3 年内实际使用该注册商标的证据。注册商标专用权人不能证明此前 3 年内实际使用过该注册商标，也不能证明因侵权行为受到其他损失的，被控侵权人不承担赔偿责任。销售不知道是侵犯注册商标专用权的商品，能证明该商品是自己合法取得并说明提供者的，不承担赔偿责任。

2）行政责任。行政责任主要包括：工商行政管理部门处理，① 责令立即停止侵权行为；② 没收、销毁侵权商品和专门用于制造侵权商品、伪造注册商标标识的工具；③ 罚款。违法经营额 5 万元以上的，可以处违法经营额 5 倍以下的罚款，没有违法经营额或者违法经营额不足 5 万元的，可以处 25 万元以下的罚款。对 5 年内实施两次以上商标侵权行为或有其他严重情节的，应当从重处罚。

销售不知道是侵犯注册商标专用权的商品，能证明该商品是自己合法取得并说明提供者的，由工商行政管理部门责令停止销售。

3）刑事责任。刑事责任主要包括：①《刑法》第 213 条规定，未经注册商标所有人许可，在同一种商品上使用与其注册商标相同的商标，情节严重的，处 3 年以下有期徒刑或拘役，并处或单处罚金；情节特别严重的，处 3 年以上 7 年以下有期徒刑，并处罚金。②《刑法》第 214 条规定，销售明知是假冒注册商标的商品，销售金额数额较大的，处 3 年以下有期徒刑或拘役，并处或单处罚金；销售金额数额巨大的，处 3 年以上 7 年以下有期徒刑，并处罚金。③《刑法》第 215 条规定，伪造、擅自制造他人注册商标标识或销售伪造、擅自制造的注册商标标识，情节严重的，处 3 年以下有期徒刑、拘役或管制，并处或单处罚金；情节特别严重的，处 3 年以上 7 年以下有期徒刑，并处罚金。

（三）驰名商标的法律保护

驰名商标是指由商标局认定的在市场上享有较高声誉并为相关公众所熟知的注册商标。驰名商标能给国家和企业带来巨大的经济效益，驰名商标的多少，在一定程度上表现了一个国家的经济实力和水平。保护驰名商标有利于维护社会经济秩序，保护驰名商标权人的合法权益，以及保护消费者的利益。为相关公众所熟知的商标，持有人认为其权利受到侵害时，可以依照商标法规定请求驰名商标保护。

驰名商标由国家工商行政管理总局商标局认定，任何组织和个人不得认定或采取其他变相方式认定驰名商标。驰名商标应当根据当事人的请求，作为处理涉及商标案件需要认定的事实进行认定。认定驰名商标，应当考虑下列因素：① 相关公众对该商标的知晓程度；② 该商标使用的持续时间；③ 该商标的任何宣传工作的持续时间、程度和地理范围；④ 该商标作为驰名商标受保护的记录；⑤ 该商标驰名的其他因素。国家工商行政管理总局商标局认定驰名商标后，应当将认定结果通知有关部门及申请人，并予以公告。

为了保护驰名商标所有人的合法权益，中国对驰名商标制定了有别于一般商标的特殊保护规定，具体表如下。

1）将与他人驰名商标相同或近似的商标在非类似商品上申请注册，且可能损害驰名商标注册人的权益的，由国家工商行政管理总局商标局驳回其注册申请；申请人不服的，可以向国家工商行政管理总局商标评审委员会申请复审；已经注册的，自注册之日起 5 年内，驰名商标注册人可以请求国家工商行政管理总局商标评审委员会予以撤销，但恶意注册的不受时间限制。

2）将与他人驰名商标相同或近似的商标使用在非类似的商品上，且会暗示该商品与驰名商标注册人存在某种联系，从而可能使驰名商标注册人的权益受到损害的，驰名商标注册人可以自知道或应当知道之日起 2 年内，请求工商行政管理机关予以制止。

3）自驰名商标认定之日起，他人将与该驰名商标相同或近似的文字作为企业名称一部分使用，且可能引起公众误认的，工商行政管理机关不予核准登记；已经登记的，驰名商标注册人可以自知道或应当知道之日起 2 年内，请求工商行政管理机关予以撤销。

4）未经国家工商行政管理总局商标局认定，伪称商标为驰名商标，欺骗公众的，由当地工商行政管理机关视其情节予以警告，处以违法所得额 3 倍以下的罚款，但最高不超过 3 万元，没有违法所得的，处以 1 万元以下的罚款。

复习思考题

一、单项选择题

1．下列各项中，不授予专利权的是（　　）。

A．仪器　B．食品　C．饮料　D．植物品种

2．下列各项中，能授予专利的是（　　）。

A．动物品种的培育方法　B．比赛规则

C．疾病治疗方法　D．用原子核变换方法获得的物质

3．专利权的保护期，自（　　）起计算。

A．初步审查之日　B．申请日　C．授予专利权之日　D．实质审查之日

4．发明专利权的保护期为（　　）年。

A．8　B．10　C．15　D．20

5．甲公司委托某科研所为其设计一套新的工艺流程，未约定权利归属。科研所将研发工作交给本单位职工乙和丙，乙和丙经过反复研究设计出一套工艺流程方案。该技术方案申请专利的权利属于（　　）。

A．甲公司　B．某科研所

C．乙和丙　D．乙、丙和科研所共同享有

6．中国学者王某在法国完成一项产品发明，2013年12月3日，王某在中国某学术研讨会上介绍了他的这项发明成果。2014年6月16日，出席过这次研讨会的某研究所工程师张某，将这项成果作为他自己的非职务发明向国务院专利行政部门提出专利申请。2014年5月5日，王某以这项成果在法国提出专利申请。2015年4月28日，王某又以同一成果向国务院专利行政部门提出专利申请，同时提出要求优先权的书面声明，并提交了有关文件。关于本案的以下意见中，（　　）是正确的。

A．张某申请在先，按照先申请原则，享有专利申请权

B．王某享有国际优先权，故专利申请权应属王某，其优先权日为2014年5月5日

C．王某是中国人，不应享有国际优先权，且张某不是真正的发明人，故专利申请权应属王某，其申请日应为2015年4月28日

D．王某的发明已丧失新颖性，应驳回双方的申请

7．商标专用权的取得是在（　　）。

A．申请商标注册之后　B．初步审定之后

C．公告之后　D．核准注册之后

8．下列选项中可以申请注册为商标的有（　　）。

A．“美丽”牌假发　B．“雪白”牌漂白剂

C．“重庆”牌手机　D．“长寿”牌汤圆

9．注册商标需要改变文字、图形的，（　　）提出注册申请。

A．应当另行　B．应当重新　C．免于　D．不必

10．注册商标的有效期是（　　），自核准注册之日起计算。

A．5年　B．10年　C．15年　D．20年

二、多项选择题

1．专利权的保护对象包括（　　）。

A．发明　　B．实用新型　　C．外观设计　　D．植物专利权

2．依据专利法的有关规定，下列（　　）情况不授予专利权。

A．甲发明了仿真伪钞机　　B．乙发明了对糖尿病特有的治疗方法

C．丙发现了某植物新品种　　D．丁发明了某植物新品种的生产方法

3．以下各项中，能够作为中国发明专利保护客体的是（　　）。

A．瘦肉型猪　　B．瘦肉型猪的新饲料

C．瘦肉型猪的培育方法　　D．瘦肉型种猪的培育方法

E．瘦肉型猪新饲料的制作方法

4．“花果山”市出产的鸭梨营养丰富，口感独特，远近闻名，当地有关机关拟对其采取的保护措施中，（　　）是不合法的。

A．将“花果山”申请注册为集体商标，使用于鸭梨上

B．将“花果山”申请注册为证明商标，使用于鸭梨上

C．将鸭梨的形状申请注册为立体商标，使用于鸭梨上

D．将“香梨”申请注册为文字商标，使用于鸭梨上

5．某公司经有关主管部门许可，在中国境内销售一种进口雪茄，该雪茄使用的商标未在中国注册。对此，工商行政管理部门可以采取（　　）措施。

A．责令停止销售　　B．限期申请注册

C．没收销售所得　　D．罚款

三、判断题

1．知识产权是指对智力劳动成果所享有的占有、使用、处分和收益的权利，它属于有形财产权。（　　）

2．发明成果获得专利，在世界各国都受到法律保护。（　　）

3．没有受专利保护的公开技术任何人都能够使用。（　　）

4．在中国，专利只包括发明专利、实用新型专利和外观设计专利。（　　）

5．科学发现、疾病的诊断和治疗方法、智力活动的规则和方法等不授予专利权。（　　）

6．商标是企业的智力成果，不属于知识产权。（　　）

7．动植物新品种可授予专利。（　　）

8．外观设计专利是指涉及产品的形状、图案或两者结合以及色彩与形状、图案的结合，富有美感，并适于工业上应用的新设计。（　　）

9．注册商标的有效期限是20年。（　　）

10．就相同或类似商品申请注册的商标是复制、模仿或翻译他人未在中国注册的驰名商标，容易导致混淆的，不予注册并禁止使用。（　　）

四、案例分析

1．公司甲与业余发明人乙订立了一份技术开发协议，约定由乙为甲开发完成一项电冰箱温控装置技术，由甲为乙提供开发资金、设备、资料等，并支付报酬。在约定的时间内乙完成了合同约定的任务，并按约定将全部技术资料和产品都交给了甲公司。此外，乙在完成开发任务的过程中，还开发出了一项附属技术T，并以自己的名义就该技术T申请专利。甲

公司知道此事后，认为技术T的专利申请权应归其所有。因此，甲、乙双方就技术T的专利申请权归属发生争议。

请根据本案所提供的材料，分析以下问题：

（1）如果温控装置技术可以申请专利，则申请专利的权利属于谁？为什么？

（2）假设双方约定由乙申请专利，则公司甲享有什么权利？

（3）附属技术T的专利申请权应归谁所有？为什么？

2．W公司未经许可擅自使用H公司专利技术，生产并销售了变频家用空调器5 000台。G家电销售公司在明知W公司侵犯H公司专利权的情况下，从W公司进货2 000台，并已实际售出1 600台。M宾馆在不知W公司侵犯H公司专利权的情况下，从W公司购入200台并已安装使用。H公司发现W公司、G公司和M宾馆的上述生产、销售和使用行为后，向法院起诉，状告W公司、G公司和M宾馆侵犯其专利权。

请依据中国法律分析以下问题：

（1）W公司的生产、销售行为是否侵权？是否应承当相应的赔偿责任？分别说明理由。

（2）G公司的销售行为是否侵权？是否应承担相应的赔偿责任？是否可以继续销售库存的400台空调器？分别说明理由。

（3）M宾馆的使用行为是否侵权？是否应承担相应的赔偿责任？是否可以继续使用这200台空调器？

3．甲厂自2010年起在生产的某衬衫上使用“长城”商标。2012年，乙厂也开始使用“长城”商标。2014年3月，乙厂的“长城”商标经国家商标局核准注册，其核定使用的商品为服装等。2015年1月，乙厂发现甲厂的衬衫上使用“长城”商标，很容易引起消费者误认，因此甲、乙双方发生侵权纠纷。

请根据中国法律分析以下问题。

（1）甲、乙两个厂谁构成侵权？为什么？

（2）侵权行为始于何时？请说明理由。

（3）侵权方能否继续使用“长城”商标？请说明理由。

参考答案

一、单项选择题

1．【正确答案】D

【答案解析】根据《专利法》规定，对动物和植物品种不授予专利权。

2．【正确答案】A

【答案解析】根据《专利法》规定，虽然动物和植物品种不授予专利权，但是对于动物和植物品种的生产方法可以依法授予专利权。依法不授予专利的情形包括：① 科学发现；② 智力活动的规则和方法；③ 疾病的诊断和治疗方法；④ 动物和植物品种；⑤ 用原子核变换方法获得的物质；⑥ 对平面印刷品的图案、色彩或二者的结合作出的主要起标识作用的设计。对前款第（四）项所列产品的生产方法，可以依照本法规定授予专利权。因此正确答案为A选项。

3. 【正确答案】B

【答案解析】根据《专利法》规定，发明专利权的期限为20年，实用新型专利权和外观设计专利权的期限为10年，均自申请日起计算。因此正确答案为B选项。

4. 【正确答案】D

【答案解析】根据《专利法》规定，发明专利权的期限为20年，实用新型专利权和外观设计专利权的期限为10年，均自申请日起计算。因此正确答案为D选项。

5. 【正确答案】B

【答案解析】根据《专利法》规定，两个以上单位或个人合作完成的发明创造、一个单位或个人接受其他单位或个人委托所完成的发明创造，除另有协议的以外，申请专利的权利属于完成或共同完成的单位或个人；申请被批准后，申请的单位或个人为专利权人。

6. 【正确答案】B

【答案解析】根据《专利法》规定，申请人自发明或实用新型在外国第一次提出专利申请之日起12个月内，或者自外观设计在外国第一次提出专利申请之日起6个月内，又在中国就相同主题提出专利申请的，依照该外国同中国签订的协议或者共同参加的国际条约，或者依照相互承认优先权的原则，可以享有优先权；申请人自发明或实用新型在中国第一次提出专利申请之日起12个月内，又向国务院专利行政部门就相同主题提出专利申请的，可以享有优先权。因此正确答案为B选项。

7. 【正确答案】D

【答案解析】根据《商标法》规定，对初步审定的商标，自公告之日起3个月内，任何人均可以提出异议；公告期满无异议的，予以核准注册，发给商标注册证，并予公告。因此正确答案为D选项。

8. 【正确答案】D

【答案解析】根据《商标法》规定，下列标志不得作为商标注册：① 仅有本商品的通用名称、图形、型号的；② 仅仅直接表示商品的质量、主要原料、功能、用途、重量、数量及其他特点的；③ 缺乏显著特征的。前款所列标志经过使用取得显著特征，并便于识别的，可以作为商标注册。因此正确答案为D选项。

9. 【正确答案】B

【答案解析】根据《商标法》规定，注册商标需要改变其标志的，应当重新提出注册申请。

10. 【正确答案】B

【答案解析】根据《商标法》规定，注册商标的有效期为10年，自核准注册之日起计算。

二、多项选择题

1. 【正确答案】ABC

【答案解析】根据《专利法》规定，本法所称的发明创造是指发明、实用新型和外观设计。

2. 【正确答案】ABC

【答案解析】根据《专利法》规定，下列各项不授予专利权：① 科学发现；② 智力活动的规则和方法；③ 疾病的诊断和治疗方法；④ 动物和植物品种；⑤ 用原子核变换方法获得的物质；⑥ 对平面印刷品的图案、色彩或二者的结合作出的主要起标识作用的设计。对前款第（四）项所列产品的生产方法，可以依照本法规定授予专利权。

3．【正确答案】BCDE

【答案解析】根据《专利法》规定，对动物和植物品种不授予专利权，但是对于动物和植物产品的生产方法，可以依照本法规定授予专利权。

4．【正确答案】CD

【答案解析】根据《商标法》规定，以三维标志申请注册商标的，仅由商品自身的性质产生的形状、为获得技术效果而需有的商品形状或使商品具有实质性价值的形状，不得注册，故选项 C 的说法不正确；根据《商标法》规定，仅有本商品的通用名称、图形、型号的标志不得作为商标注册，故选项 D 的说法不正确。

5．【正确答案】ABD

【答案解析】本题考查违反商标强制注册的法律责任。中国目前实行的是自愿注册原则，同时对少数商品规定强制使用注册商标，烟草制品属于其中的一种。《商标法》规定：国家规定必须使用注册商标的商品，必须申请商标注册，未经核准注册的，不得在市场上销售。因此，A 选项正确。《商标法》规定：违反本法第 6 条规定的，由地方工商行政管理部门责令限期申请注册，可以并处罚款。因此，BD 两项正确。需要指出的是，由于修订后的《药品管理法》不再就药品的商标注册作出规定，因此人用药品不再强调必须使用注册商标。

三、判断题

1．【正确答案】错

【答案解析】本题考查知识产权的定义，知识产权是一种无形财产。

2．【正确答案】错

【答案解析】本题考查知识产权加入国际条约的意义。

3．【正确答案】对

【答案解析】本题考查专利权的保护的意义。为了保护专利权人的合法权益，鼓励发明创造，推动发明创造的应用，提高创新能力，促进科学技术进步和经济社会发展，制定本法。

4．【正确答案】对

【答案解析】本题考查专利权保护对象。根据《专利法》第 2 条，本法所称的发明创造是指发明、实用新型和外观设计。

5．【正确答案】对

【答案解析】根据《专利法》规定，依法不授予专利的情形包括：① 科学发现；② 智力活动的规则和方法；③ 疾病的诊断和治疗方法；④ 动物和植物品种；⑤ 用原子核变换方法获得的物质；⑥ 对平面印刷品的图案、色彩或二者的结合作出的主要起标识作用的设计。

6．【正确答案】错

【答案解析】本题考查知识产权的概念及其保护对象。商标受到知识产权法的保护。

7．【正确答案】错

【答案解析】根据《专利法》规定，动物和植物品种不授予专利权保护。

8．【正确答案】对

【答案解析】本题考查外观设计的概念。根据《专利法》第 2 条规定，外观设计是指对产品的形状、图案或其结合及色彩与形状、图案的结合所作出的富有美感并适于工业应用的新设计。

9.【正确答案】错

【答案解析】本题考查商标的保护期限，根据《商标法》规定，注册商标的有效期为10年。

10.【正确答案】对

【答案解析】本题考查驰名商标的保护。

四、案例分析

1.【答案解析】

（1）应当属于乙所有。根据《合同法》的规定，委托开发完成的发明创造，除当事人另有约定的以外，申请专利的权利属于研究开发人。

（2）研究开发人取得专利权的，委托人可以免费实施该专利，故甲公司享有免费实施该专利的权利。

（3）技术T的专利申请权应当归乙所有。其理由是：技术T是开发协议规定的技术的附属技术，即不是甲、乙所签署的技术开发协议中约定的技术，根据《专利法》第6条规定，该技术的专利申请权应当归完成该技术的发明人乙所有。

2.【答案解析】

（1）构成侵权，应当承担相应的赔偿责任。理由如下：《专利法》规定，未经权利人许可，不得为生产经营目的制造、使用、许诺销售、销售、进口其专利产品。W公司未经许可制造并销售他人享有专利权的产品构成对专利权人的侵害，应承担停止侵害、赔偿损失等民事责任。

（2）G公司的销售行为构成侵权。因为未经许可，销售侵犯他人专利权的产品的，构成侵权。在明知W公司侵犯H公司专利权的情况下，销售侵权产品，构成对专利权人销售权的侵害，应承担相应的赔偿责任；其余400台应当停止销售。

（3）M宾馆使用侵权产品对H公司的专利构成侵权。但在M宾馆不知W公司侵犯H公司专利权的情况下，如果能证明其产品来源合法，不承担赔偿责任，但应停止使用已安装的200台空调，由此引起的损失可以向W公司追偿。

3.【答案解析】

（1）甲厂构成侵权。因为2014年3月，乙厂的“长城”商标经国家商标局核准注册，其核定使用的商品为服装等，所以“长城”的商标专用权归乙厂所有。甲厂在乙厂获得

注册后的使用行为未经商标注册人许可，是侵权行为。中国《商标法》规定，有下列行为之一的，均属于侵权行为：① 未经商标注册人的许可，在同一种商品或类似商品上使用与其注册商标相同或近似的商标的；② 销售侵犯注册商标专用权的商品的；③ 伪造、擅自制造他人注册商标标识或销售伪造、擅自制造的注册商标标识的；④ 未经商标注册人同意，更换其注册商标并将该更换商标的商品又投入市场的；⑤ 给他人的注册商标专用权造成其他损害的。

（2）侵权行为始于2014年3月，原因是在此之前双方都没有获得商标专用权，不存在侵权行为的问题。2014年3月，乙厂获得商标专用权后，甲再使用“长城”商标的行为，就构成了侵权。

（3）侵权方不得继续使用“长城”商标，建议甲尽量争取获得使用“长城”商标的许可。

第六章 企业破产法律制度

本章要点

- 破产界限
- 破产申请和受理
- 破产管理人
- 债务人财产
- 债权申报
- 破产费用和共益债务
- 和解制度
- 重整制度
- 债权人会议
- 破产清算

第一节　企业破产法概述

一、破产的含义

“破产”一词，理论上有两种含义：一是指客观状态，二是指法律程序。作为第一种含义上的“破产”，是指债务人不能清偿到期债务，并且资产不足以清偿全部债务或明显缺乏清偿能力的客观事实状态，它主要用于描述债务人的经济状况；第二种含义上的“破产”，是指法院主持强制执行其债务人的全部财产，公平清偿全体债权人所进行的一种活动。

二、企业破产法的概念及特征

企业破产法，是指在企业法人不能清偿到期债务，并且资产不足以清偿全部债务或明显缺乏清偿能力的情况下，法院强制对其全部财产清算分配，公平清偿债权人，或者通过和解、重整延缓清偿债务，避免企业法人破产的法律规范的总称。企业破产法有广义和狭义之分。狭义的企业破产法仅指对企业法人破产清算的法律；广义的企业破产法则还包括以避免企业法人破产为主要目的的各种和解与重整方面的法律规范，现代意义上的破产法均指广义而言。企业破产法具有以下特征：

1）破产法的调整范围限于不能清偿到期债务，并且资产不足以清偿全部债务或明显缺乏清偿能力的企业法人，解决的是如何公平清偿债权人的问题；

2）破产法是集实体性规范与程序性规范两者合一的综合性法律；

3）破产法是一部涉及面甚广的法律。

三、中国现行破产法律制度概况

中国现行的破产法律制度，是2006年8月27日第十届全国人民代表大会常务委员会第二十三次会议通过的《中华人民共和国企业破产法》（以下简称《企业破产法》），自2007年6月1日施行，1986年颁布的《中华人民共和国企业破产法（试行）》同时废止。

第二节 破产申请与受理

一、破产法的调整范围和破产界限

（一）调整范围

破产法的调整范围仅限于企业法人，不包括个人破产、消费信贷破产、合伙企业与个人独资企业的破产。

（二）破产界限

破产界限是指法院据以宣告债务人破产的法律标准，也称为破产原因。《企业破产法》第2条规定，企业法人不能清偿到期债务，并且资产不足以清偿全部债务或明显缺乏清偿能力的，依照本法规定清理债务。根据该条规定，破产界限有两个可供选择的原因：一是企业法人不能清偿到期债务，并且资产不足以清偿全部债务；二是企业法人不能清偿到期债务，并且明显缺乏清偿能力的。

【例6-1】某一企业法人因经营管理不善，造成严重亏损，企业现有资产1000万元，债务1200万元。假设其中800万元已到期，400万元尚未到期，这表明该企业虽然出现了“资不抵债”的情形，但其现有资产能够清偿其已到期的800万元的债务，并未达到法律规定的破产界限；假设该企业有1 100万元的到期债务以及100万元的未到期债务，则该企业是否达到破产界限，需要看该企业是否明显缺乏清偿能力。

二、破产申请

破产申请，是指破产申请人依法向人民法院请求，裁定债务人适用破产程序的民事法律行为。

（一）申请主体

破产申请人包括债务人、债权人及依法负有清算责任的人。

1. 债务人申请

债务人不能清偿到期债务，并且资产不足以清偿全部债务或明显缺乏清偿能力的，可以向人民法院提出重整、和解或破产清算申请。债务人提出破产申请，必须具备不能清偿到期债务，并且资产不足以清偿全部债务或明显缺乏清偿能力。债务人提出破产申请，需要提交破产申请书、财产状况说明、债务清册、债权清册、有关财务会计报告、职工安置预案，以及职工工资的支付和社会保险费用的缴纳情况等。

2．债权人申请

债务人不能清偿到期债务，债权人可以向人民法院提出对债务人进行重整或破产清算的申请。债权人向法院申请债务人破产，是债权人请求人民法院保护其实体权利的一种诉讼途径。

债权人提出破产申请，需要提交破产申请书及其相应的证据，一般来说应该包括债权人对债务人拥有合法的债权、债务人不能清偿到期债务或债务人陷入严重困境等材料。债权人提起破产申请，须向法院提供除“职工安置预案”外的其他全部材料。

3．清算责任人的申请

根据《企业破产法》，企业法人已解散但未清算或未清算完毕，资产不足以清偿债务的，依法负有清算责任的人应当向人民法院申请破产清算。“依法负有清算责任的人”，按照《公司法》的规定，因公司章程规定、股东会决议、依法被吊销营业执照、责令关闭或被撤销等而解散的，有限责任公司的清算组由股东组成；股份有限公司的清算组由董事或股东大会确定的人员组成。清算组在进行清算时，应当对企业法人的债权、债务进行清理，编制资产负债表和财产清单，并应当制定清算方案。当发现企业法人的资产不足以清偿债务的，清算组就应当立即向人民法院申请企业法人破产，移交人民法院进行破产清算。

（二）破产案件的管辖

企业破产案件由债务人住所地法院管辖。债务人住所地是指债务人的主要办事机构所在地，债务人主要办事机构所在地不明确的，由其注册地人民法院管辖。基层人民法院一般管辖县、县级市或区的工商行政管理机关核准登记企业的破产案件；中级人民法院一般管辖地区、地级市以上的工商行政管理机关核准登记企业的破产案件，纳入国家计划调整的企业破产案件。

三、破产申请的受理

（一）破产申请受理的期限

1．收到破产申请

如果是债务人提出的破产申请，人民法院应当自收到破产申请之日起 15 日内裁定是否受理；如果是债权人提出的破产申请，人民法院应当自收到申请之日起 5 日内通知债务人。债务人对申请有异议的，应当自收到人民法院的通知之日起 7 日内向人民法院提出。人民法院应当自异议期满之日起 10 日内裁定是否受理。有特殊情况需要延长裁定受理期限的，经上一级人民法院批准，人民法院可以延长 15 日。

2．作出是否受理决定

人民法院决定受理的，应当自裁定作出之日起 5 日内送达申请人。如果是债权人提出申请的，人民法院应当自裁定作出之日起 5 日内送达债务人。债务人应当自裁定送达之日起 15 日内，向人民法院提交财产状况说明、债务清册、债权清册、有关财务会计报告以及职工安置预案、职工工资的支付和社会保险费用的缴纳情况。人民法院应当自裁定受理破产申请之日起 25 日内通知已知债权人，并予以公告。

人民法院决定不予受理的，应当自裁定作出之日起 5 日内送达申请人并说明理由。申请人对裁定不服的，可以自裁定送达之日起 10 日内向上一级人民法院提起上诉。

【提示】在破产程序中人民法院作出的裁定，除不服人民法院作出“不受理破产申请”和“驳回破产申请”的裁定外，均不得向上一级人民法院提起上诉。

【例 6-2】下列各项中，可以自裁定送达之日起 10 日内向上一级人民法院提起上诉的是（　　）。

A. 不受理破产申请的裁定　　B. 驳回破产申请的裁定

C. 宣告破产的裁定　　D. 破产财产分配的裁定

【答案】AB

【解析】在破产程序中人民法院作出的裁定，除不服人民法院作出“不受理破产申请”和“驳回破产申请”的裁定外，均不得向上一级人民法院提起上诉。

（二）破产申请受理的效力

1．对债务人的效力

1）人民法院受理破产申请后，债务人不得对个别债权人的债务进行清偿，否则清偿无效。

2）自人民法院受理破产申请的裁定送达债务人之日起至破产程序终结之日，债务人的有关人员承担下列义务：① 妥善保管其占有和管理的财产、印章和账簿、文书等资料；② 根据人民法院、管理人的要求进行工作，并如实回答询问；③ 列席债权人会议并如实回答债权人的询问；④ 未经人民法院许可，不得离开住所地；⑤ 不得新任其他企业的董事、监事、高级管理人员。

2．对债务人的债务人或财产持有人的效力

人民法院受理破产申请后，债务人的债务人或财产持有人应当向管理人清偿债务或交付财产。债务人的债务人或财产持有人故意违反规定向债务人清偿债务或交付财产，使债权人受到损失的，不免除其清偿债务或交付财产的义务。

3．对管理人的效力

人民法院受理破产申请后，管理人对破产申请受理前订立而债务人和对方当事人均未履行完毕的合同，有权决定解除或继续履行，并通知对方当事人。管理人自破产申请受理之日起 2 个月内未通知对方当事人，或者自收到对方当事人催告之日起 30 日内未答复的，视为解除合同。

管理人决定继续履行合同的，对方当事人应当履行。但是，对方当事人有权要求管理人提供担保；管理人不提供担保的，视为解除合同。

4．对有关债务人的民事诉讼的效力

1）人民法院受理破产申请后，有关债务人财产的保全措施应当解除，执行程序应当终止。保全措施解除后，财产计入破产财产；执行程序终止后，债权人凭生效的法律文书向受理破产案件的人民法院申报债权。

2）人民法院受理破产申请后，已经开始而尚未终结的有关债务人的民事诉讼或仲裁应当终止；管理人接管债务人的财产后，该诉讼或仲裁继续进行。

3）人民法院受理破产申请后，有关债务人的民事诉讼，只能向受理破产申请的人民法院提起。

（三）破产申请的撤回

债务人或债权人提出破产申请后，在人民法院受理前，可以请求撤回申请。

第三节　破产管理人和债务人财产

一、破产管理人

（一）破产管理人的概念

破产管理人，是指人民法院依法受理破产申请，同时指定全面接管破产企业并负责破产财产的保管、清理、估价、处理和分配，总管破产事务的人。

（二）破产管理人的产生和组成

1．破产管理人的产生

《企业破产法》规定，破产管理人由人民法院指定。债权人会议认为破产管理人不能依法、公正执行职务或有其他不能胜任职务情形的，可以申请人民法院予以更换。管理人没有正当理由不得辞去职务；破产管理人辞去职务应当经人民法院许可。

破产管理人的报酬由人民法院确定。破产管理人是独立于债权人会议、法院、债务人之外的组织，破产管理人依法履行职责，理应获得相应的报酬。破产管理人的报酬属于破产费用，标准由人民法院确定。债权人会议对破产管理人的报酬有异议的，有权向人民法院提出，由人民法院决定是否需要对破产管理人的报酬进行调整。

【例 6-3】破产管理人应由人民法院指定，其指定的时间为（　　）。

A．人民法院作出受理破产申请裁定时

B．人民法院作出受理破产申请裁定之日起 15 日内

C．人民法院作出破产宣告裁定时

D．人民法院作出破产宣告裁定之日起 15 日内

【答案】A

【解析】根据《企业破产法》规定，破产管理人由人民法院指定。人们法院裁定受理破产申请的，应当同时指定破产管理人。

2．破产管理人的组成

《企业破产法》规定，破产管理人可以由有关部门、机构的人员组成的清算组或依法设立的律师事务所、会计师事务所、破产清算事务所等社会中介机构担任。

1）由有关部门、机构的人员组成的清算组担任。主要适用于国有企业，有关部门主要是指破产企业的上级主管部门、财政、工商管理、计划、审计、税务、物价、劳动、社会保险、土地管理、国有资产管理机构等。

2）由依法设立的律师事务所担任。律师事务所一方面可以指派律师参与破产财产事务的处理，另一方面在管理破产事务中能够对法院、债权人独立承担法律责任。

3）由依法设立的会计师事务所担任。会计师事务所一方面可以指派注册会计师参与破产事务的处理，另一方面同律师事务所一样能够独立承担法律责任。

4）由依法设立的破产清算事务所担任。目前社会上虽然已经出现这样的机构，但是国家尚未制定相应的法律、行政法规对破产清算事务所作出明确的规定。

5）由其他依法设立的社会中介组织担任，如资产评估机构、税务师事务所等。管理人除了可以由有关组织担任外，也可以由自然人担任。人民法院可以在征询有关社会中介机构

的意见后，指定该机构具备相关专业知识并取得执业资格的人员担任破产管理人。个人担任破产管理人的应当参加执业责任保险。

3．破产管理人的资格

《企业破产法》规定，有下列情形之一的，不得担任破产管理人：① 因故意犯罪受过刑事处罚；② 曾被吊销相关专业执业证书；③ 与本案有利害关系；④ 人民法院认为不宜担任破产管理人的其他情形。

（三）破产管理人的职责

破产管理人依法执行职务，向人民法院报告工作，并接受债权人会议和债权人委员会的监督。根据《企业破产法》的规定，破产管理人履行下列职责：① 接管债务人的财产、印章和账簿、文书等资料；② 调查债务人财产状况，制作财产状况报告；③ 决定债务人的内部管理事务；④ 决定债务人的日常开支和其他必要开支；⑤ 在第一次债权人会议召开之前，决定继续或停止债务人的营业；⑥ 管理和处分债务人的财产；⑦ 代表债务人参加诉讼、仲裁或其他法律程序；⑧ 提议召开债权人会议；⑨ 人民法院认为破产管理人应当履行的其他职责。

此外，为了避免因破产管理人管理不当而损害债权人的利益，《企业破产法》对破产管理人履行职责设定了一定的限制。《企业破产法》规定，在第一次债权人会议召开之前，破产管理人实施下列行为时，应当经人民法院许可：① 决定继续或停止债务人的营业；② 涉及土地、房屋等不动产权益的转让；③ 探矿权、采矿权、知识产权等财产权的转让；④ 全部库存或营业的转让；⑤ 借款；⑥ 设定财产担保；⑦ 债权和有价证券的转让；⑧ 履行债务人和对方当事人均未履行完毕的合同；⑨ 放弃权利；⑩ 担保物的取回；⑪ 对债权人的利益有重大影响的其他财产处分行为。

二、债务人财产

（一）债务人财产的概念

债务人财产，是指破产申请受理时属于债务人的全部财产，以及破产申请受理后至破产程序终结前债务人取得的财产。

（二）债务人的无效行为

无效行为自始无效，即行为从实施时起就没有法律约束力。《企业破产法》规定，涉及债务人财产的下列行为无效：① 为逃避债务而隐匿、转移财产的；② 虚构债务或承认不真实的债务的。基于以上行为取得的财产，破产管理人有权予以追回。

（三）撤销权

撤销权是指因债务人实施的减少债务人财产的行为危及债权人的债权时，破产管理人可以请求人民法院撤销该行为的权利。

根据《企业破产法》的规定，人民法院受理破产申请前1年内，涉及债务人财产的下列行为，破产管理人有权请求人民法院予以撤销：① 无偿转让财产的；② 以明显不合理的价格进行交易的，包括高价买入和低价卖出；③ 对没有财产担保的债务提供财产担保的；④ 对未到期的债务提前清偿的；⑤ 放弃债权的。

另外，《企业破产法》规定，人民法院受理破产申请前6个月内，债务人有不能清偿到期债务，并且资产不足以清偿全部债务或明显缺乏清偿能力的情形，仍对个别债权人进行清偿的，破产管理人有权请求人民法院予以撤销。但是，个别清偿使债务人财产受益的除外。

经破产管理人的请求被人民法院撤销的行为即归于消灭。如果据此取得财产，破产管理人有权予以追回。对于已领受债务人财产的第三人，应负有返还财产的义务，原物不存在时，应折价赔偿。

（四）抵消权

1．概念

抵消权是指当事人双方互负债务，又互负债权，各自以自己的债权充抵对方所负债务，使自己的债务与对方的债务在等额内消灭的制度。《企业破产法》规定，债权人在破产申请受理前对债务人负有债务的，可以向破产管理人主张抵消。

2．抵消权行使的要求

抵消权的行使应当符合下列要求：

1）债权人对债务人负有债务，且债权人对债务人所负债务产生于破产申请受理之前，这种互负债务，无论是否已到清偿期，无论债务标的、给付种类是否相同，均可主张抵消；在破产申请受理之后，债权人对债务人负有债务的，不得主张抵消。

2）抵消权只能由债权人行使，且债权人必须向破产管理人提出。

3．不得抵消的情形

《企业破产法》第 40 条规定，债权人在破产申请受理前负有债务的，可以向破产管理人主张抵消。但是，有下列情形之一的，不得抵消：

1）债务人的债务人在破产申请受理后取得他人对债务人的债权的；

2）债权人已知债务人有不能清偿到期债务或破产申请的事实，对债务人负担债务的；但是，债权人因为法律规定或破产申请 1 年前所发生的原因而负担债务的除外；

3）债务人的债务人已知债务人有不能清偿到期债务或破产申请事实，对债务人取得债权的；但是，债务人的债务人因为法律规定或破产申请 1 年前所发生的原因而取得债权的除外。

（五）其他由破产管理人依法处理的债务人财产

1）人民法院受理破产申请后，债务人的出资人尚未完全履行出资义务的，破产管理人应当要求该出资人缴纳所认缴的出资，而不受出资期限的限制；

2）债务人的董事、监事和高级管理人员利用职权从企业获取的非正常收入和侵占的企业财产，破产管理人应当追回；

3）人民法院受理破产申请后，破产管理人可以通过清偿债务或提供为债权人接受的担保，取回质物、留置物；

4）人民法院受理破产申请后，债务人占有的不属于债务人的财产，该财产的权利人可以通过破产管理人取回。但是，法律另有规定的除外。

【例 6-4】甲公司租赁乙公司的注塑设备 1 台，在租赁期间人民法院受理了甲公司的破产申请，进入破产程序。乙公司出租的该台设备，应由乙公司（　　）。

A. 向人民法院申报债权　　B. 向甲公司申请收回

C. 向人民法院申请收回　　D. 向破产管理人申请收回

【答案】D

【解析】本题考核取回权的行使。根据规定，人民法院受理破产申请后，债务人占有的不属于债务人的财产，该财产的权利人可以通过破产管理人取回。

5）人民法院受理破产申请时，出卖人已将买卖标的物向作为买受人的债务人发运，债务人尚未收到且未付清全部价款的，出卖人可以取回在运途中的标的物。但是，破产管理人可以支付全部价款，请求出卖人交付标的物。

第四节 破产费用和共益债务

一、破产费用

破产费用，是指人民法院受理破产申请后，为破产程序的顺利进行及对债务人财产的管理、变价、分配过程中，必须支付的且用债务人财产优先支付的费用。

破产费用包括：

1）破产案件的诉讼费用；

2）管理、变价和分配债务人财产的费用；

3）破产管理人执行职务的费用、报酬和聘用工作人员的费用。

二、共益债务

共益债务是指人民法院受理破产申请后，破产管理人为全体债权人的共同利益，管理债务人财产时所负担或产生的债务，以及因债务人财产而产生的，以债务人财产优先支付的债务。包括：

1）因破产管理人或债务人请求对方当事人履行双方均未履行完毕的合同所产生的债务；

2）债务人财产受无因管理所产生的债务；

3）因债务人所产生的债务；

4）为债务人继续营业而应支付的劳动报酬和社会保险费用及由此产生的其他债务；

5）破产管理人或相关人员执行职务致人损害所产生的债务；

6）债务人财产致人损害所产生的债务。

三、破产费用和共益债务的清偿

破产费用和共益债务的清偿包括：

1）破产费用和共益债务由债务人财产随时清偿；

2）债务人财产不足以清偿所有破产费用和共益债务的，先行清偿破产费用；

3）债务人财产不足以清偿所有破产费用或共益债务的，按照比例清偿；

4）债务人财产不足以清偿破产费用的，破产管理人应当提请人民法院终结破产程序，人民法院应当自收到请求之日起15日内裁定终结破产程序，并予以公告。

【例6-5】某破产企业的财产为500万元，破产费用为400万元，共益债务为200万元。下列正确的清偿顺序是（　　）。

A. 优先支付破产费用，共益债务支付1/2

B. 优先支付共益债务，破产费用支付3/4

C. 破产费用和共益债务分别支付5/6

D. 优先支付所欠的职工工资

【答案】A

【解析】本题考核破产费用和共益债务的清偿顺序。根据规定，债务人财产不足以清偿所有破产费用和共益债务的，先行清偿破产费用；债务人财产不足以清偿所有破产费用或共益债务的，按照比例清偿。

注：如本题的破产费用为 600 万元，则破产费用清偿 5/6，共益债务不再清偿。

第五节　债权申报与债权人会议

一、债权申报

债权申报是指债务人的债权人在接到人民法院的破产申请受理通知或公告后，在法定期限内向人民法院申请登记债权，以取得破产债权人地位的行为。破产债权人在破产过程中享有的权利主要有：① 参加债权人会议；② 提出对债务人重整申请；③ 参加破产财产的分配。

（一）债权申报的期限

人民法院受理破产申请后，应当确定债权人申报债权的期限。债权申报期限自人民法院发布受理破产申请公告之日起计算，最短不得少于 30 日，最长不得超过 3 个月。

在人民法院确定的债权申报期限内，债权人未申报债权的，可以在破产财产最后分配前补充申报；但是，此前已进行的分配，不再对其补充分配。为审查和确认补充申报债权的费用，由补充申报人承担。

（二）债权申报的要求

根据《企业破产法》的规定，应当按照下列要求进行。

1）未到期的债权，在破产申请受理时视为到期。附利息的债权自破产申请受理时起停止计息。

2）附条件、附期限的债权和诉讼、仲裁未决的债权，债权人可以申报。

3）债权人应当在人民法院确定的债权申报期限内向破产管理人申报债权。债务人所欠职工的工资和医疗、伤残补助、抚恤费用，所欠的应当划入职工个人账户的基本养老保险、基本医疗保险费用，以及法律、行政法规规定应当支付给职工的补偿金，不必申报，由破产管理人调查后列出清单并予以公示。职工对清单记载有异议的，可以要求破产管理人更正；破产管理人不予更正的，职工可以向人民法院提起诉讼。

4）债权人申报债权时，应当书面说明债权的数额和有无财产担保，并提交有关证据。申报的债权是连带债权的，应当说明。

5）连带债权人可以由其中一人代表全体连带债权人申报债权，也可以共同申报债权。由其中一个人代表全体连带债权人申报债权的，应说明其能够代表其他连带债权人及所代表的其他连带债权人的基本情况，该申请人的行为对其他连带债权人发生法律效力；连带债权人共同申报债权的，他们作为共同的债权人，在对破产财产清偿时，只解决所申报债权的清偿问题，连带债权人之间的内部关系，不在破产程序中解决。

6）债务人的保证人或其他连带债务人已经代替债务人清偿债务的，以其对债务人的求偿权申报债权；债务人的保证人或其他连带债务人尚未代替债务人清偿债务的，以其对债务人的将来求偿权申报债权，债权人已经向破产管理人申报全部债权的除外。

7）连带债务人数人被裁定适用《企业破产法》规定程序的，其债权人有权就全部债权分别在各破产案件中申报债权。

8）破产管理人或债务人依照《企业破产法》规定解除合同的，对方当事人以因合同解除所产生的损害赔偿请求权申报债权。

9）债务人是委托合同的委托人，被裁定适用《企业破产法》规定程序的，受托人不知该事实，继续处理委托事务的，受托人以由此产生的请求权申报债权。

10）债务人是票据的出票人，被裁定适用《企业破产法》规定程序的，该票据的付款人继续付款或承兑的，付款人以由此产生的请求权申报债权。

（三）债权表的编制

破产管理人收到债权申报材料后，应当登记造册，对申报的债权进行审查，并编制债权表。债权表和债权申报材料由破产管理人保存，供利害关系人查阅。债权表应当提交第一次债权人会议核查。债务人、债权人对债权表记载的债权无异议的，由人民法院裁定确认；债务人、债权人对债权表记载的债权有异议的，可以向受理破产申请的人民法院提起诉讼。编制的债权表经人民法院确认后，就成为债权人进入破产程序行使权利的重要依据。

二、债权人会议

（一）债权人会议的组成

依法申报债权的债权人为债权人会议的成员，有权参加债权人会议，享有表决权。债权尚未确定的债权人，除人民法院能够为其行使表决权而临时确定债权额之外，不得行使表决权；对债务人的特定财产享有担保权的债权人，未放弃优先受偿权利的，其对通过和解协议和破产财产的分配方案的事项不享有表决权。债权人会议应当有债务人的职工和工会的代表参加。

债权人可以委托代理人出席债权人会议，行使表决权。债权人会议设主席 1 人，由人民法院从有表决权的债权人中指定，债权人会议主席主持债权人会议。

（二）债权人会议的召开

第一次债权人会议由人民法院召集，自债权申报期限届满之日起 15 日内召开，由人民法院主持。以后的债权人会议，在人民法院认为必要时，或者破产管理人、债权人委员会、占债权总额 1/4 以上的债权人向债权人会议主席提议时召开。

召开债权人会议，破产管理人应当提前 15 日将会议的时间、地点、内容、目的等事项通知已知的债权人。

（三）债权人会议的职权

债权人会议行使下列职权：① 核查债权；② 申请人民法院更换破产管理人，审查破产管理人的费用和报酬；③ 监督破产管理人；④ 选任和更换债权人委员会成员；⑤ 决定继续或停止债务人的营业；⑥ 通过重整计划；⑦ 通过和解协议；⑧ 通过债务人财产的管理方案；⑨ 通过破产财产的变价方案；⑩ 通过破产财产的分配方案；⑪ 人民法院认为应当由债权人会议行使的其他职权。

债权人会议应当对所议事项的决议作成会议记录。

（四）债权人会议的决议

债权人会议的决议，由出席会议的有表决权的债权人过半数通过，并且其所代表的债权额占无财产担保债权总额的 1/2 以上，但《企业破产法》另有规定的除外。债权人会议的决议，对全体债权人均有法律约束力。债权人认为债权人会议的决议违反法律规定，损害其利益的，可以自债权人会议作出决议之日 15 日内，请求人民法院裁定撤销该决议，责令债权人会议重新作出决议。

（五）债权人委员会

1．债权人委员会的组成

由于债权人会议是债权人的非常设机构，在闭会期间无法行使其权利，不足以保护全体债权人的利益，因此，债权人会议可以决定设立债权人委员会，专门行使日常监督权。债权人委员会由债权人会议选任的债权人代表和一名债务人的职工代表或工会代表组成，债权人委员会成员不得超过 9 人。

【例 6-6】下列有关债权人委员会组成的表述中，符合《企业破产法》规定的是（　　）。

A．由 7 名债权人代表和 1 名债务人的职工代表组成

B．由 8 名债权人代表和 1 名债务人的工会代表组成

C．由 7 名债权人代表和 2 名债务人的职工代表组成

D．由 7 名债权人代表和 1 名债务人的职工代表及 1 名债务人的工会代表组成

【答案】AB

【解析】根据规定，债权人委员会由债权人会议选任的债权人代表和 1 名债务人的职工代表或工会代表组成。

2．债权人委员会的职权

《企业破产法》规定，债权人委员会行使下列职权：① 监督债务人财产的管理和处分；② 监督破产财产分配；③ 提议召开债权人会议；④ 债权人会议委托的其他职权。

另外，破产管理人实施的下列行为，应当向债权人委员会报告：① 涉及土地、房屋等不动产权益的转让；② 探矿权、采矿权、知识产权等财产权的转让；③ 全部库存或营业的转让；④ 借款；⑤ 设定财产担保；⑥ 债权和有价证券的转让；⑦ 履行债务人和对方当事人均未履行完毕的合同；⑧ 放弃权利；⑨ 担保物的取回；⑩ 对债权人利益有重大影响的其他财产处分行为。未设立债权人委员会的，破产管理人实施上述行为时，应当及时报告人民法院。

第六节　重整与和解

一、重整制度

（一）重整的概念

重整，是指当企业法人不能清偿到期债务时，不立即进行破产清算，而是在法院的主持下，由债务人与债权人达成协议，制定债务人重整计划，债务人继续营业，并在一定期限内全部或部分清偿债务的制度。

（二）重整申请和重整期间

1. 重整申请

债务人在不同阶段，重整申请人也不同，具体规定如下。

1）债务人尚未进入破产程序时，债务人或债权人可以直接向人民法院申请对债务人进行重整。债权人为保证自己债权的实现，也可以向人民法院提出重整申请，使债务人经过重整后恢复偿债能力。

2）在人民法院受理破产申请后，宣告债务人破产前，债务人或出资额占债务人注册资本1/10以上的出资人，可以向人民法院申请重整。

人民法院经审查认为重整申请符合规定的，应当裁定债务人重整，并予以公告。

2. 重整期间

1）自人民法院裁定债务人重整之日起至重整程序终止，为重整期间。

2）在重整期间，法律对债权人、债务人，以及其他利害关系人的权利行使作出了相应的规定和限制。规定如下：

① 在重整期间，经债务人申请，人民法院批准，债务人可以在破产管理人的监督下自行管理财产和营业事务；

② 在重整期间，对债务人的特定财产享有的担保权暂停行使，但是，担保物有损坏或价值明显减少的可能，足以危害担保权人权利的，担保权人可以向人民法院请求恢复行使担保权，债务人或破产管理人为继续营业而借款的，可以为该借款设定担保；

③ 债务人合法占有的他人财产，该财产的权利人在重整期间要求取回的，应当符合事先约定的条件；

④ 在重整期间，债务人的出资人不得请求投资收益分配，债务人的董事、监事、高级管理人员不得向第三人转让其持有的债务人的股权，但是，经人民法院同意的除外。

3）重整程序的终结。在重整期间，有下列情形之一的，经破产管理人或利害关系人请求，人民法院应当裁定终止重整程序，并宣告债务人破产：① 债务人的经营状况和财产状况继续恶化，缺乏挽救的可能性；② 债务人有欺诈、恶意减少债务人财产或者其他显著不利于债权人的行为；③ 由于债务人的行为致使管理人无法执行职务。

（三）重整计划的制订和批准

1. 重整计划的制订

1）重整计划草案由债务人或破产管理人制定。债务人自行管理财产和营业事务的，由债务人制作重整计划草案；破产管理人负责管理财产和营业事务的，由破产管理人制作重整计划草案。

2）重整计划草案的期限要求。债务人或破产管理人应当自人民法院裁定债务人重整之日起6个月内，同时向人民法院和债权人会议提交重整计划草案。上述规定的期限届满后，经债务人或破产管理人请求，有正当理由的，人民法院可以裁定延期3个月。

债务人或破产管理人未按期提出重整计划草案的，人民法院应当裁定终止重整程序，并宣告债务人破产。

3）重整计划草案的内容应当包括：债务人的经营方案；债权分类；债权调整方案；重整计划的执行期限；重整计划执行的监督期限；有利于债务人重整的其他方案。

2．重整计划的批准

人民法院应当自收到重整计划草案之日起 30 日内召开债权人会议，对重整计划草案进行表决。债务人或破产管理人应当向债权人会议就重整计划草案作出说明，并回答咨询。

债权人参加讨论重整计划草案的债权人会议，依照下列债权分类，分组对重整计划草案进行表决：

第一类是对债务人的特定财产享有担保权的债权；

第二类是债务人所欠职工工资和医疗、伤残补助、抚恤费用，所欠的应当划入职工个人账户的基本养老保险、基本医疗保险费用，以及法律、行政法规规定应当支付给职工的补偿金；

第三类是债务人所欠税款；

第四类是普通债权，人民法院在必要时可以决定在普通债权组中设小额债权，对重整计划草案进行表决。

此外，债务人的出资人代表可以列席讨论重整计划草案的债权人会议。在重整计划草案涉及出资人权益调整事项时，应当设出资人组，对该事项进行表决。重整计划草案不得规定减免债务人欠缴的第二类债权以外的社会保险费用，该项费用的债权人不参加重整计划草案的表决。

出席会议的同一表决组的债权人过半数同意重整计划草案，并且其所代表的债权额占该组债权总额的 2/3 以上的，即为该组通过重整计划草案。各表决组均通过重整计划草案时，重整计划即为通过。自重整计划通过之日起 10 日内，债务人或破产管理人应当向人民法院提出批准重整计划的申请。人民法院经审查认为符合规定的，应当自收到申请之日起 30 日内裁定批准，终止重整程序，并予以公告。

部分表决组未通过重整计划草案的，债务人或破产管理人可以同未通过重整计划草案的表决组协商，该表决组可以在协商后再表决一次；未通过重整计划草案的表决组拒绝再次表决或再次表决仍未通过重整计划草案，但重整计划草案符合下列条件的，债务人或破产管理人可以申请人民法院批准重整计划草案：

1）按照重整计划草案，第一类债权就该特定财产将获得全额清偿，其因延期清偿所受的损失将得到公平补偿，并且其担保权未受到实质性损害，或者该表决组已经通过重整计划草案；

2）按照重整计划草案，第二类、第三类所列债权将获得全额清偿，或者相应表决权组已经通过重整计划草案；

3）按照重整计划草案，普通债权所获得重整计划草案对出资人的清偿比例，不低于在重整计划草案被提请批准时依照破产清算程序所能获得的清偿比例，或者该表决组已经通过重整计划草案；

4）重整计划草案对出资人权益的调整公平、公正，或者出资人组已经通过重整计划草案；

5）重整计划草案公平对待同一表决组的成员，并且所规定的债权清偿顺序不违反《企业破产法》的规定；

6）债务人的经营方案具有可行性。

人民法院经审查认为重整计划草案符合以上规定的，应当自收到申请之日起 30 日内裁定批准，终止重整程序，并予以公告。

重整计划草案未获得通过且未依照法律的规定获得批准，或者已通过的重整计划未获得批准的，人民法院应当裁定终止重整程序，并宣告债务人破产。

【例 6-7】根据《企业破产法》规定，下列各项中，对人民法院应当裁定终止重整程序，并宣告债务人破产的情形有（　　）。

A. 破产企业的重整计划草案未获得通过

B. 破产企业的重整计划草案未获得通过且未按照《企业破产法》的规定获得批准

C. 破产企业的重整计划草案已通过但未获得批准的

D. 破产企业的重整计划草案未获得通过但通过批准的

【答案】BC

【解析】根据规定，各表决组均通过重整计划草案时，重整计划即为通过。重整计划草案经债权人会议分组表决通过后的 10 日内，债务人或破产管理人应当向人民法院提出批准重整计划的申请。人民法院经审查认为符合规定的，应当自收到申请之日起 30 日内裁定批准，终止重整程序，并予以公告。

（四）重整计划的执行

1. 债务人执行

人民法院裁定批准重整计划后，已接管财产和营业事务的管理人应当向债务人移交财产和营业事务。

2. 破产管理人监督

自人民法院裁定批准重整计划之日起，在重整计划规定的监督期内，由破产管理人监督重整计划的执行。监督期届满时，破产管理人应当向人民法院提交监督报告。自监督报告提交之日起，破产管理人的监督职责终止。破产管理人向人民法院提交的监督报告，重整计划的利害关系人有权查阅。经破产管理人申请，人民法院可以裁定延长重整计划执行的监督期限。

人民法院裁定批准的重整计划，对债务人和全体债权人均有约束力。债权人未依照规定申报债权的，在重整计划执行期间不得行使权利；在重整计划执行完毕后，可以按照重整计划规定的同类债权的清偿条件行使权利。债权人对债务人的保证人和其他连带债务人所享有的权利，不受重整计划的影响。

3. 重整计划执行终止

债务人不能执行或不执行重整计划的，人民法院经破产管理人或利害关系人请求，应当裁定终止重整计划的执行，并宣告债务人破产。

人民法院裁定终止的重整计划执行的，债权人在重整计划中作出的债权调整的承诺失去效力。债权人因执行重整计划所受的清偿仍然有效，债权未受清偿的部分作为破产债权。上述规定的债权人，只有在其他同顺位债权人同自己所受的清偿达到同一比例时，才能继续接受分配。按照重整计划减免的债务，自重整计划执行完毕时起，债务人不再承担清偿责任。

二、和解制度

和解是指具备破产原因的债务人，为了避免破产清算，而与债权人协商解决债务的制度。

和解并非法院作出的破产宣告的必经程序，是否和解完全依当事人意思而定。和解制度与破产清算一样，都重在清偿，但是破产清算是一种消极的处理方法，无论对债权人还是对债务人都必然会造成损失，而和解可以起到减少损失，预防破产清算的积极作用。

（一）和解的提出

债务人可以依照《企业破产法》的规定，直接向人民法院申请和解；也可以在人民法院受理破产申请后、宣告债务人破产前，向人民法院申请和解。债务人申请和解，应当提出和解协议草案。

（二）和解协议的通过及裁定

和解协议必须经债权人会议讨论通过，同时还必须经人民法院审查认可。人民法院经审查认为和解申请符合规定的，应当裁定和解，予以公告，并召集债权人会议讨论和解协议草案。对债务人的特定财产享有担保权的权利人，自人民法院裁定和解之日起可以行使权利。

债权人会议通过和解协议的决议，由出席会议有表决权的债权人过半数同意，并且其所代表的债权额占无财产担保债权总额的 2/3 以上。债权人会议通过和解协议的，由人民法院裁定认可，终止和解程序，并予以公告。

破产管理人应当向债务人移交财产和营业事务，并向人民法院提交执行职务报告。

和解协议草案经债权人会议表决未获得通过，或者已经债权人会议通过的和解协议未获得人民法院认可的，人民法院应当裁定终止和解程序，并宣告债务人破产。

（三）和解协议的效力

1）经人民法院裁定认可的和解协议，对债务人和全体和解债权人均有约束力。人民法院受理破产申请时对债务人享有无财产担保债权的人称为和解债权人。和解债权人只能依照和解协议的规定接受清偿，不得要求或接受和解协议以外的单独利益，无权提起民事执行程序。和解债权人未依照规定申报债权的，在和解协议执行期间不得行使权利；在和解协议执行完毕后，可以按照和解协议规定的清偿条件行使权利。

2）和解债权人对债务人的保证人和其他连带债务人所享有的权利，不受和解协议的影响。

3）债务人应当按照和解协议规定的条件清偿债务。

4）和解协议无强制执行效力，如债务人不履行协议，债权人不能请求人民法院强制执行，只能请求人民法院终止和解协议的执行，宣告其破产。

（四）和解协议的终止

1）因债务人的欺诈或其他违法行为而成立的和解协议，人民法院应当裁定无效，并宣告债务人破产。有上述情形的，和解债权人因执行和解协议所受的清偿，在其他债权人所受清偿同等比例的范围内，不予返还。

2）债务人不能执行或不执行和解协议的，人民法院经和解债权人请求，应当裁定终止和解协议的执行，并宣告债务人破产。

债务人不能执行或不执行和解协议的行为有：① 拒不执行或者延迟执行和解协议；② 财务状况继续恶化，足以影响执行和解协议；③ 给个别债权人和解协议以外的特殊利益；④ 转移财产、隐匿或私分财产；⑤ 非正常压价出售财产、放弃自己的债权；⑥ 对原来没有财产担保的债务提供财产担保、对未到期的债务提前清偿等行为。

人民法院裁定终止和解协议执行的，和解债权人在和解协议中作出的债权调整的承诺失去效力。和解债权人因执行和解协议所受清偿仍然有效，和解协议未受清偿的部分作为破产债权。上述规定的债权人，只有在其他债权人同自己所受的清偿达到同一比例时，才能继续接受分配。此外，在上述情形下，为和解协议的执行提供的担保继续有效。

3）人民法院受理破产申请后，债务人与全体债权人就债权债务的处理自行达成协议的，可以请求人民法院裁定认可，并终结破产程序。

按照和解协议减免的债务，自和解协议执行完毕时起，债务人不再承担清偿责任。

第七节 破产清算

一、破产宣告及其法律效力

（一）破产宣告

破产宣告，是指法院依据当事人的申请或法定职权，对债务人具备破产原因的事实作出具有法律效力的认定。根据《企业破产法》的规定，有下列情形之一的，人民法院应当以书面裁定宣告债务人企业破产：

1）企业不能清偿到期债务，并且资产不足以清偿全部债务或明显缺乏清偿能力，又不具备法律规定的不予宣告破产条件的；

2）重整程序被人民法院裁定终止的；

3）和解协议被人民法院裁定终止执行的。

人民法院宣告债务人破产的，应当自裁定作出之日起 5 日内送达债务人和破产管理人，自裁定作出之日起 10 日内通知已知债权人，并予以公告。

（二）破产宣告的法律效力

债务人被宣告破产后，债务人称为破产人，债务人财产称为破产财产，人民法院受理破产申请时对债务人享有的债权称为破产债权。

根据《企业破产法》第 108 条的规定，破产宣告前，有下列情形之一的，人民法院应当裁定终结破产程序，并予以公告：

1）第三人为债务人提供足额担保或为债务人清偿了全部到期债务的；

2）债务人已清偿全部到期债务的。

二、破产财产的变价与分配

（一）变价

管理人及时拟定破产财产变价方案，提交债权人会议讨论。破产管理人按照债权人会议通过的或人民法院裁定的破产财产变价方案，适时变价出售破产财产。

变价出售破产财产应当通过拍卖方式进行，债权人会议另有决议的除外。破产企业可以全部或部分变价出售。企业变价出售时，可以将其中的无形资产和其他财产单独变价出售。按照国家规定不能拍卖或限制转让的财产，应当按照国家规定的方式处理。

（二）分配

1．分配顺序

（1）优先清偿破产费用和共益债务

人民法院受理破产申请后发生的下列费用，为破产费用：① 破产案件的诉讼费用；② 管理、变价和分配债务人财产的费用；③ 管理人执行职务的费用、报酬和聘用工作人员的费用。

人民法院受理破产申请后发生的下列债务，为共益债务：① 因破产管理人或债务人请求对方当事人履行双方均未履行完毕的合同所产生的债务；② 因债务人财产受无因管理所产生的债务；③ 因债务人不当得利所产生的债务；④ 为债务人继续营业而应支付的劳动报酬和社会保险费用，以及由此产生的其他债务；⑤ 破产管理人或相关人员执行职务致人损害所产生的债务；⑥ 债务人财产致人损害所产生的债务。

破产费用和共益债务由债务人财产随时清偿；债务人财产不足以清偿所有破产费用和共益债务的，先行清偿破产费用；债务人财产不足以清偿所有破产费用或共益债务的，按照比例清偿；债务人财产不足以清偿破产费用的，破产管理人应当提请人民法院终结破产程序。人民法院应当自收到请求之日起 15 日内裁定终结破产程序，并予以公告。

（2）破产财产清偿了破产费用和共益债务后，依照下列顺序清偿

① 破产人所欠职工的工资和医疗、伤残补助、抚恤费用，所欠的应当划入个人账户的基本养老保险、基本医疗保险费用，以及法律、行政法规规定的应当支付给职工的补偿金；

② 破产人欠缴的除前项规定以外的社会保险费用和破产人所欠税款；

③ 普通破产债权。

破产财产不足以清偿同一顺序的清偿要求的，按照比例分配。

在清偿职工工资时，应当注意的是，破产企业的董事、监事和高级管理人员的工资不能完全按照破产人破产前其实际的工资清偿，而是按照该企业职工的平均工资计算。

2．分配方案

破产管理人应及时拟定破产财产分配方案，破产分配方案中，应载明参加破产财产分配的债权人名称或姓名、住所；参加破产财产分配的债权额；可供分配的财产数额；破产财产分配额顺序、比例及数额；破产财产分配的方法等事项。

破产管理人将拟定的破产财产分配方案，首先交债权人会议讨论。破产财产分配方案的表决必须由出席会议有表决权的债权人过半数通过，并且其所代表的债权额占无财产担保债权总额的 1/2 以上。经债权人会议决议通过的破产财产分配方案对全体债权人有约束力。

债权人会议通过破产财产分配方案后，由破产管理人将该方案提请人民法院认可。

3．分配方案的实施

破产财产分配方案经人民法院裁定认可后，由破产管理人执行。破产管理人按照破产财产分配方案实施多次分配的，应当公告本次分配的财产额和债权额。破产管理人实施最后分配的，应当在公告中指明。

对于附生效条件或解除条件的债权，破产管理人应当将其分配额提存。破产管理人依照规定提存分配额，在最后分配公告日，生效条件成就或解除条件成就的，应当分配给其他债权人；在最后分配公告日，生效条件成就或解除条件为成就的，应当交付给债权人。

债权人未受领的破产财产分配额，破产管理人应当提存。债权人自最后分配公告之日起满 2 个月仍不领取的，视为放弃受领分配的权利，破产管理人或人民法院应当将提存的分配额分配给其他债权人。

破产财产分配时，对于诉讼或仲裁未决的债权，破产管理人应当将其份额提存。自破产程序终结之日起满 2 年仍不能受领分配额的，人民法院应当将提存的分配额分配给其他债权人。

三、破产程序的终结

破产程序终结，是指人民法院受理破产案件后，在出现法定事由时，由人民法院依法裁定终结破产程序，结束破产案件的审理。

（一）破产程序的终结

破产程序的终结必须由人民法院依法作出裁定。破产人无财产可供分配的，破产管理人应当请求人民法院裁定终结破产程序。人民法院应当自收到破产管理人终结破产程序的请求之日起 15 日内作出是否终结破产程序的裁定。裁定终结的，应当予以公告。

破产管理人应当自破产程序终结之日起 10 日内，持人民法院终结破产程序的裁定，向破产人的原登记机关办理注销登记。破产管理人于办理注销登记完毕的次日终止执行职务，存在诉讼或仲裁未决情况的除外。

（二）破产财产的追加分配

破产程序终结后，债权人通过破产分配未能得到清偿的债权不再予以清偿，破产企业未偿清余债的责任依法免除。但是，自破产程序依法终结之日起 2 年内，有下列情形之一的，债权人可以请求人民法院按照破产财产分配方案进行追加分配：① 发现有依照法律规定应当追回的财产的；② 发现破产人有应当供分配的其他财产的。有上述规定情形，但财产数量不足以支付分配费用的，不再进行追加分配，由人民法院将其上交国库。

破产人的保证人和其他连带债务人，在破产程序终结后，对债权人依照破产清算程序未受清偿的债权，依法继续承担清偿责任。

（三）破产事宜的特殊规定

1）《企业破产法》实施后，破产人在《企业破产法》公布之日前所欠职工的工资和医疗、伤残补助、抚恤费用，所欠的应当划入职工个人账户的基本养老保险、基本医疗保险费用，以及法律、行政法规规定应当支付给职工的补偿金，依照规定清偿后不足以清偿的部分，以规定的特定财产优先于对该特定财产享有担保权的权利人受偿。

2）在《企业破产法》施行前国务院规定的期限和范围内的国有企业实施破产的特殊事宜，按照国务院有关规定进行办理。

3）商业银行、证券公司、保险公司等金融机构有不能清偿到期债务情形的，国务院金融监督管理机构可以向人民法院提出对该金融机构进行重整或提出破产清算的申请。国务院金融监督管理机构依法对出现重大经营风险的金融机构采取接管、托管等措施的，可以向人民法院申请中止该金融机构为被告或则会被执行人的民事诉讼程序或执行程序。

4）其他法律规定企业法人以外的组织的清算，属于破产清算的，参照适用《企业破产法》规定的程序。

复习思考题

一、单项选择题

1．根据中国《企业破产法》的规定，破产界限的实质标准是债务人不能清偿到期债务。下列情形中，不能界定为债务人不能清偿到期债务的有（　　）。

A．债务人不能以财产、信用或能力等任何方式清偿债务

B．债务人停止支付到期债务并呈连续状况

C．债务人资不抵债

D．债务人对主要债务在可预见的相当长时间内持续不能偿还

2．2015 年 8 月，人民法院受理了某企业的破产案件，破产管理人在行使职权时，请求人民法院依法撤销了该企业 2015 年 1 月向甲企业无偿转让精密仪器的行为，但破产经管理人调查，由于甲企业保管不善，该精密仪器被盗，下列说法中正确的是（　　）。

A．甲企业可以不承担责任　　B．破产管理人无权追回该财产

C．破产企业法定代表人应承担赔偿责任　　D．甲企业应折价赔偿

3．人民法院受理了 A 公司的破产申请案件，破产管理人解除了破产受理申请前 A 公司与 B 公司签订的尚未履行的装饰材料买卖合同，该买卖合同标的额为 200 万元，解除该合同的行为使得 B 公司遭受 30 万元的经济损失。为此，下列说法中正确的有（　　）。

A．该 30 万元作为破产企业的共益债务清偿

B．该 30 万元可以由 B 公司依法申报债权

C．破产管理人不得解除未履行的合同

D．解除合同后，由此产生 200 万元的共益债务

4．根据中国《企业破产法》的规定，债权人兼有财产担保和无财产担保债权人双重身份时，下列关于其对和解协议的表决权的表述中，正确的是（　　）。

A．不享有表决权

B．享有表决权，并且表决时所代表的债权额为无财产担保债权额和有财产担保债权额的总和

C．享有表决权，但表决时所代表的债权额仅限于有财产担保的债权额

D．享有表决权，但表决时所代表的债权额仅限于无财产担保的债权额

二、多项选择题

1．下列有关破产管理人产生方式和组成的说法中，不正确的有（　　）。

A．破产管理人由债权人会议依法指定

B．破产管理人可以由依法设立的律师事务所担任

C．因故意犯罪受过刑事处罚但已经刑满释放的人可以担任破产管理人

D．破产企业的法定代表人可以担任破产管理人

2．假设人民法院于 2015 年 9 月 10 日受理某企业法人破产案件，2015 年 12 月 10 日作出破产宣告裁定。在破产企业清算时，下列选项中，破产管理人不能行使撤销权的有（　　）。

A．该企业于 2014 年 3 月 12 日对应于同年 10 月 1 日到期的债务提前予以清偿

B．该企业于 2015 年 5 月 8 日与其债务人签订协议，放弃其 15 万元债权

C．该企业上级主管部门于 2014 年 4 月 1 日从该企业无偿调出价值 10 万元的机器设备一套

D．该企业于 2014 年 12 月 20 日将价值 25 万元的车辆作价 8 万元转让他人

3．涉及债务人财产的下列行为中，无效的是（　　）。

A．对未到期的债务提前清偿的　　B．以明显不合理的价格进行交易的

C．为逃避债务而隐匿、转移财产的　　D．虚构债务或承认不真实的债务的

4．根据《企业破产法》的规定，下列各项中，可以作为破产费用从破产财产中优先拨付的有（　　）。

A．破产案件的诉讼费用　　B．破产管理人聘任工作人员的费用

C．破产管理人执行职务的费用　　D．破产财产的拍卖费用

三、判断题

1．人民法院受理破产申请后，有关债务人的民事诉讼只能向受理破产申请的人民法院提起。（　　）

2．在破产申请受理后至破产程序终结前，因继续经营而取得的财产，不属于破产财产的范围。（　　）

3．人民法院受理破产申请前 1 年内，债务人有偿转让财产的行为，破产管理人有权请求人民法院予以撤销。（　　）

4．破产管理人发现债务人在人民法院受理破产申请前 1 年内，为逃避债务而隐匿、转移财产的，有权请求人民法院予以撤销。（　　）

5．债务人的债务人在破产申请受理后取得他人对债务人的债权的，可以抵消。（　　）

6．债务人财产不足以清偿所有的破产费用和共益债务的，按照比例清偿。（　　）

7．根据《企业破产法》的规定，债权申报期限自人民法院发布受理破产申请公告之日起计算，最短不得少于60日，最长不得超过3个月。（　　）

8．在破产债权申报中，连带债权人只可以由其中一人代表全体连带债权人申报债权。（　　）

9．在破产程序中，债权人会议主席从有表决权的债权人中选举产生。（　　）

10．对于债权人会议通过和解协议、破产财产分配方案和重整计划草案，均需由经人民法院裁定认可或批准后才能实施。（　　）

四、案例分析

1．2015 年 7 月 1 日，人民法院裁定受理债务人甲公司的破产申请，并指定乙律师事务所担任破产管理人。在 2015 年 10 月 10 日召开的第一次债权人会议上，破产管理人将甲公司的有关情况汇报如下。

（1）全部财产的变现价值为 2000 万元。其中包括：

① 已作为丁银行贷款等值担保物的财产价值为 250 万元；

② 破产管理人发现甲公司于 2014 年 11 月 1 日无偿转让 140 万元的财产，遂向人民法院申请予以撤销、追回财产，并于 2015 年 10 月 1 日将该财产全部追回；

③ 甲公司综合办公楼价值 800 万元，已用于对所欠乙企业 500 万元货款的抵押担保，货款尚未支付。

（2）欠发职工工资社会保险费用 200 万元、欠交税款 100 万元。破产管理人于 2007 年 7 月 15 日解除了甲公司与丙公司所签的一份买卖合同，给丙公司造成了 120 万元的经济损失。

（3）人民法院的诉讼费用 30 万元，破产管理人报酬 20 万元，为继续营业而支付的职工工资及社会保险 40 万元。

要求：根据《企业破产法》的规定，分别回答以下问题。

① 哪些属于破产费用？哪些属于共益债务？

② 对甲公司无偿转让财产的行为，破产管理人是否有权请求人民法院予以撤销？并说

明理由。

③ 丙公司是否可以就其120万元的经济损失申报债权？并说明理由。

④ 如果有财产担保的债权人丁银行、乙企业均不放弃优先受偿权，在债权人会议上就破产财产分配方案的表决中是否享有表决权？

⑤ 根据本题的具体数字，简述破产财产的清偿顺序。

⑥ 如果丙公司自最后分配公告之日起满2个月仍不领取其破产财产分配额，其分配额应如何处理？并说明理由。

2．某油泵厂系国有企业，因经营管理不善严重亏损，不能清偿到期债务，经上级主管部门同意，于2014年10月向人民法院申请宣告破产。法院当日受理了此案，经调查查明有下列情况：① 某建筑设备公司租赁该油泵厂铲车两辆，租金12万元；② 破产案件受理前，顺成商贸公司对该油泵厂有20万元债权，但同时又负有15万元债务，该15万元债务尚未到清偿期；③ 该油泵厂欠某工商银行600万元，用自建仓库作为抵押，该仓库现值400万元，工商银行未放弃优先受偿权；④ 某啤酒厂对该油泵厂有50万元债权，于2015年1月到期，但该油泵厂于2007年12月提前清偿该债务。

要求：根据上述事实及有关规定，回答下列问题：

（1）建筑公司租赁的设备应该如何处理？为什么？

（2）顺成商贸公司对该油泵厂的债务尚未到期，可否主张抵消权？为什么？

（3）工商银行可否就600万元债权在债权人会议中享有全部的表决权？为什么？

（4）该油泵厂对某啤酒厂的提前清偿行为是否可以撤销？为什么？

参考答案

一、单项选择题

1．【正确答案】C

【答案解析】本题考核债务人不能清偿到期债务的界定。不能清偿在法律上的着眼点是债务关系能否正常维系，其要点为：① 债务人明显丧失清偿能力，不能以财产、信用或能力等任何方法清偿债务；② 债务人不能清偿的是已到期、债权人提出偿还要求的、无争议或已有确定名义（指已经生效判决、裁决确定）的债务；③ 债务人对全部或主要债务长期连续不能偿还。因此本题应选择C。

2．【正确答案】D

【答案解析】本题考核破产管理人追回财产的规定。根据规定，破产管理人行使撤销权，第三人据此取得的财产，破产管理人有权追回，对于已领受债务人财产的第三人应负有返还财产的义务，原物不存在时应折价赔偿。

3．【正确答案】B

【答案解析】本题考核债权申报的要求。根据规定，破产管理人或债务人依照《企业破产法》规定解除合同的，对方当事人以因合同解除所产生的损害赔偿请求权申报债权。

4．【正确答案】D

【答案解析】本题考核债权人会议中债权人的表决权。有财产担保的债权人对和解协议没有表决权。债权人兼有财产担保和无财产担保债权人双重身份时，在债权人会议上对和解协议享有表决权仅限于无财产担保的部分。

二、多项选择题

1．【正确答案】ACD

【答案解析】本题考核有关破产管理人的组成和产生。根据规定，破产管理人由人民法院指定，因此选项 A 的说法是错误的；因故意犯罪受过刑事处罚的人不得担任破产管理人，因此选项 C 的说法是错误的；对于与破产案件有利害关系的当事人不得担任破产管理人，破产企业的法定代表人是与本案有直接利害关系的当事人，因此选项 D 的说法是错误的。

2．【正确答案】AC

【答案解析】本题考核破产管理人的撤销权。根据规定，人民法院受理破产申请前 1 年内，涉及债务人财产的下列行为，破产管理人有权请求人民法院予以撤销：① 无偿转让财产的；② 以明显不合理的价格进行交易的；③ 对没有财产担保的债务提供财产担保的；④ 对未到期的债务提前清偿的；⑤ 放弃债权的。

3．【正确答案】CD

【答案解析】本题考核涉及债务人财产的行为的撤销和无效。《企业破产法》规定，人民法院受理破产申请前1年内，涉及债务人财产的下列行为，破产管理人有权请求人民法院予以撤销：① 无偿转让财产的；② 以明显不合理的价格进行交易的；③ 对没有财产担保的债务提供财产担保的；④ 对未到期的债务提前清偿的；⑤ 放弃债权的。

涉及债务人财产的下列行为无效：① 为逃避债务而隐匿、转移财产的；② 虚构债务或者承认不真实的债务的。

4．【正确答案】ABCD

【答案解析】本题考核破产费用的范围。破产费用是在破产程序中为债权人共同利益而发生的费用，上述各选项均为破产费用的范围。

三、判断题

1．【正确答案】对

【答案解析】本题考核破产申请的效力。人民法院受理破产申请后，有关债务人的民事诉讼只能向受理破产申请的人民法院提起。

2．【正确答案】错

【答案解析】本题考核破产财产的范围。在破产申请受理后至破产程序终结前，债务人的财产仍然处在变化的状态，如果在这期间因继续经营或因第三人交付财产而取得财产，仍应属于债务人的财产。

3．【正确答案】错

【答案解析】本题考核破产管理人可以行使撤销权的范围。根据规定，人民法院受理破产申请前1年内，债务人"无偿"转让财产的，破产管理人有权请求人民法院予以撤销。

4．【正确答案】错

【答案解析】本题考核撤销权和债务人无效行为的区别。债务人为逃避债务而隐匿、转移财产的，属于无效行为。

5．【正确答案】错

【答案解析】本题考核抵消权的规定。根据《企业破产法》的规定，债务人的债务人在破产申请受理后取得他人对债务人的债权的，不得抵消。

6.【正确答案】错

【答案解析】本题考核破产费用和共益债务清偿的规定。债务人财产不足以清偿所有的破产费用和共益债务的，先行清偿破产费用。

7.【正确答案】错

【答案解析】本题考核债权申报的期限。根据《企业破产法》的规定，债权申报期限自人民法院发布受理破产申请公告之日起计算，最短不得少于30日，最长不得超过3个月。

8.【正确答案】错

【答案解析】本题考核债权的申报规定。根据规定，连带债权人可以由其中一人代表全体连带债权人申报债权，也可以共同申报债权。

9.【正确答案】错

【答案解析】本题考核债权人会议主席的产生。债权人会议主席由人民法院从有表决权的债权人中“指定”。

10.【正确答案】对

【答案解析】本题考核需要经过人民法院裁定批准的决议。对于和解协议、破产财产分配方案和重整计划草案，均需由经人民法院裁定认可或批准后才能实施。

四、案例分析

1.【正确答案】① 人民法院的诉讼费用30万元、破产管理人报酬20万元属于破产费用，合计50万元；为继续营业而支付的职工工资及社会保险40万元属于共益债务。

② 破产管理人有权请求人民法院予以撤销。根据规定，人民法院受理破产申请前1年内，对债务人无偿转让财产的行为，破产管理人有权请求人民法院予以撤销。

③ 丙公司可以申报债权。根据规定，管理人依照《企业破产法》规定解除合同的，对方当事人以因合同解除所产生的损害赔偿请求权申报债权。

④ 债权人丁银行、乙企业在债权人会议上就破产财产分配方案的表决中不享有表决权。根据规定，有财产担保的债权人对和解协议和破产财产分配方案不享有表决权。

⑤ 破产财产的清偿顺序。

- 对破产企业特定财产享有优先受偿权的债权：2000万元的破产财产首先清偿银行贷款250万元、乙企业货款500万元。
- 破产费用和共益债务：清偿50万元的破产费用和40万元的共益债务。
- 破产人所欠职工的工资和医疗、伤残补助、抚恤费用，所欠的应当划入职工个人账户的基本养老保险、基本医疗保险费用，以及法律、行政法规规定应当支付给职工的补偿金：清偿职工工资社会保险费用200万元。
- 破产人欠缴的除前项规定以外的社会保险费用和破产人所欠税款：清偿税款100万元。
- 普通破产债权：剩余860万元的破产财产清偿普通破产债权。破产财产不足以清偿同一顺序的清偿要求的，按照比例分配。

⑥ 破产管理人或人民法院应当将提存的分配额分配给其他债权人。根据规定，债权人未受领的破产财产分配额，破产管理人应当提存。债权人自最后分配公告之日起满2个月仍不领取的，视为放弃受领分配的权利，破产管理人或人民法院应当将提存的分配额分配给其他债权人。

2.【正确答案】（1）建筑公司租赁的设备，应该由建筑公司交付给破产企业的破产管理人。根据规定，人民法院受理破产申请后，债务人的财产持有人应当向破产管理人清偿债务或交付财产。

（2）顺成商贸公司可以主张抵消。根据《企业破产法》规定，债权人在破产申请受理前对债务人负有债务的，可以向破产管理人主张抵消。

（3）工商银行不能就600万元债权享有全部的表决权。根据规定，对债务人的特定财产享有担保权的债权人，未放弃优先受偿权的，其对通过和解协议和破产财产的分配方案的事项不享有表决权。因此，本题工商银行享有的债权600万元中的400万元，不得对通过和解协议和破产财产的分配方案的事项享有表决权。

（4）该油泵厂对某啤酒厂的提前清偿行为可以撤销。根据规定，人民法院受理破产申请前1年内，涉及债务人对未到期的债务提前清偿的行为，破产管理人有权请求人民法院予以撤销。由于油泵厂在2007年12月提前清偿该债务，是在人民法院受理其破产案件前1年以内，因此，该油泵厂对某啤酒厂的提前清偿行为可以撤销。破产管理人可申请人民法院将提前清偿的财产追回，并入破产财产。

第七章 合同法律制度

本章要点

- 合同的概念合同的种类
- 合同的订立
- 合同的效力
- 合同的履行
- 违约责任
- 合同争议的解决
- 买卖合同

第一节　合同法律制度概述

一、合同的概念和分类

（一）合同的概念

中国现行的合同法律制度主要是1999年3月15日第九届全国人民代表大会第2次会议通过，自1999年10月1日起施行的《中华人民共和国合同法》（以下简称《合同法》）。该法规定，合同是指平等主体的自然人、法人、其他组织之间设立、变更、终止民事权利义务关系的协议。

合同具有以下法律性质：① 合同是一种民事法律行为，合同以意思表示为要素，并且按意思表示的内容赋予法律效果；② 合同是两方以上当事人的意思表示一致的民事法律行为，合同的成立必须有两方以上的当事人，当事人相互为意思表示，并且意思表示相一致，这是区别于单方法律行为的重要标志；③ 合同是以设立、变更、终止民事权利义务关系为目的的民事法律行为；④ 合同是当事人各方在平等、自愿的基础上产生的民事法律行为。

（二）合同的分类

按照不同的标准可以将合同划分为不同的类型，合同主要有以下分类。

1）以法律、法规是否对其名称作出明确规定为标准，分为有名合同和无名合同。有名合同是指法律设有规范，并赋予一定名称的合同；无名合同是指法律尚未特别规定，也未赋予一定名称的合同。

2）按照除双方意思表示一致外，是否尚需交付标的物才能成立为标准，分为诺成合同与实践合同。诺成合同是指当事人的意思表示一致即成立的合同，如买卖合同；实践合同是指除当事人的意思表示一致以外，尚须交付标的物或完成其他给付才能成立的合同。

3）按照法律、法规是否要求具备特定形式和手续为标准，分为要式合同和不要式合同。要式合同是指法律或当事人要求必须具备一定形式的合同；不要式合同是指法律或当事人不要求必须具备一定形式的合同。

4）按照双方是否互负给付义务为标准，分为双务合同和单务合同。双务合同是指双方当事人互负给付义务的合同，如买卖、租赁、承揽等合同；单务合同是指只有一方当事人负给付义务的合同，如赠与合同。

5）按照当事人权利的获得是否支付代价为标准，分为有偿合同与无偿合同。有偿合同是指当事人一方享有合同规定的权益，须向对方当事人偿付相应代价的合同，如买卖、租赁等合同；无偿合同是指当事人一方享有合同规定的权益，不必向对方当事人偿付相应代价的合同，如赠与合同。

6）以合同相互间的主从关系为标准，分为主合同与从合同。凡不以他种合同的存在为前提即能独立存在的合同为主合同；而必须以他种合同的存在为前提，自身不能独立存在的合同为从合同。

《合同法》按照合同业务性质和权利义务内容的不同，将合同分为买卖合同；供用电、水、气、热力合同；赠与合同；借款合同；租赁合同；融资租赁合同；承揽合同；建设工程合同；运输合同；技术合同；保管合同；仓储合同；委托合同；行纪合同；居间合同等。同时，《合同法》规定："其他法律对合同另有规定的，依照其规定"，"本法分则或其他法律没有明确规定的合同，适用本法总则的规定，并可以参照本法分则或其他法律最相类似的规定"，说明《合同法》也承认无名合同其他特别法上的债权合同。

二、《合同法》的调整范围和基本原则

（一）《合同法》的调整范围

合同法，即有关合同的法律规范的总称，是调整平等主体之间商品交换关系的法律规范的总称。

《合同法》调整的范围包括：① 平等主体之间的民事关系；② 法人、其他组织之间的经济合同关系，同时还包括自然人之间的买卖、租赁、借贷、赠与等合同关系；③ 在政府机关参与的合同中，政府机关作为平等的主体与对方签订合同时适用《合同法》的规定。国家根据需要下达指令性任务或者国家订货任务的，有关法人、其他组织之间应当依照有关法律、行政法规规定的权利和义务订立合同；④ 其他法律对合同另有规定的，依照其规定，其他法律没有明文规定的合同，适用《合同法》总则的规定。

但是，涉及婚姻、收养、监护等有关身份关系的协议，不属于《合同法》调整的范围。中华人民共和国境内的企业、个体经济组织、民办非企业单位等组织（以下称用人单位）与劳动者之间，以及国家机关、事业单位、社会团体和与其建立劳动关系的劳动者之间建立劳动关系，订立、履行、变更、解除或终止劳动合同，适用《劳动合同法》。

（二）《合同法》的基本原则

合同法的基本原则是合同当事人在合同活动中应当遵守的基本准则，也是人民法院、仲裁机构在审理、仲裁合同纠纷时应当遵循的原则。我国《合同法》规定了以下基本原则。

1．平等原则

合同当事人的法律地位平等，一方不得将自己的意志强加给另一方。在法律上，合同当事人是平等主体，没有高低从属之分，不存在命令者与被命令者、管理者与被管理者。不论所有制性质、经济实力强弱，其法律地位是平等的，都是独立、平等的合同当事人。平等的当事人之间的权利义务也是对等的，既享有权利，同时又承担义务，而且彼此的权利义务是相应的。

2．自愿原则

自愿原则是指合同当事人通过协商，自愿决定和调整相互的权利义务关系，任何单位和个人不得非法干涉。自愿原则体现了民事活动的基本特征，是民事法律关系区别于行政、刑事法律关系的特有原则。自愿原则贯穿合同活动全过程，包括：订不订合同自愿；与谁订合同自愿；合同内容由当事人在不违法的情况下自愿约定；在合同履行过程中，当事人可以协议补充、协议变更有关内容；双方也可以协议解除合同；在发生争议时，当事人可以自愿选择解决争议的方式等。

3．公平原则

公平原则要求当事人之间的权利义务要对等，要公平合理，要以利益均衡作为价值判断标准来调整合同主体之间的关系，强调双方负担和风险的合理分配。具体包括：① 在订立合同时，应当遵循公平原则，确定双方的权利和义务，不得滥用权利，不得欺诈，不得假借订立合同恶意进行磋商；② 根据公平原则确定风险的合理分配；③ 根据公平原则确定违约责任。

4．诚实信用原则

当事人行使权利、履行义务应当遵循诚实信用原则。诚实信用原则要求当事人在订立、履行合同及合同终止后的全过程中，都要诚实、讲信用、相互协作。具体包括：① 当事人在订立合同时不得有欺诈或其他违背诚实信用的行为；② 在履行合同义务时，当事人应当遵循诚实信用的原则，根据合同的性质、目的和交易习惯，履行及时通知、协助、提供必要的条件、防止损失扩大、保密等义务；③ 合同终止后，当事人也应当遵循诚实信用的原则，根据交易习惯履行通知、协助、保密等义务。

5．遵守法律，不得损害社会公共利益原则

当事人订立、履行合同，应当遵守法律、行政法规，遵守社会公德，不得扰乱社会经济秩序，损害社会公共利益。合同关系不仅是当事人之间的关系，有时可能涉及社会公共利益和社会公德，涉及维护经济秩序。合同当事人的意思应当在法律允许的范围内表示。合同的订立、履行都必须在法律规定的范围内进行，并不得有损于社会公共利益。

6．严守合同原则

依法成立的合同对当事人具有法律约束力，当事人应当按照约定履行自己的义务，不得擅自变更或解除合同。

第二节　合同的订立

一、合同订立的概念

合同的订立是指两个或两个以上的当事人，依法就合同的主要条款经过协商一致达成协议的法律行为。合同当事人可以是自然人，也可以是法人或其他组织，但都应当具有与订立合同相应的民事权利能力和民事行为能力。当事人也可以依法委托代理人订立合同。

公民从出生时起至死亡时止，具有民事权利能力，依法享有民事权利，承担民事义务。18 周岁以上的公民是完全民事行为能力人，具有完全民事行为能力，可以独立订立合同；非完全民事行为能力人可以订立与其年龄、智力、健康状况相适应的合同；公民、法人通过代理人订立合同的，委托代理人应当按照被代理人的委托行使代理权，法定代理人依照法律的规定行使代理权，指定代理人按照人民法院或指定单位的指定行使代理权。

二、合同订立的形式

《合同法》规定，当事人订立合同有书面形式、口头形式和其他形式。法律、行政法规规定采用书面形式的，应当采用书面形式。当事人约定采用书面形式的，应当采用书面形式。

（一）书面形式

书面形式是指合同书、信件和数据电文（包括电报、电传、传真、电子数据交换和电子邮件）等可以有形地表现所载内容的形式。书面形式明确肯定，有据可查，对于防止争议和解决纠纷有积极意义。实践中，书面形式是当事人最为普遍采用的一种合同约定形式。

（二）口头形式

口头形式是指当事人双方就合同内容面对面或以通信设备交谈达成协议。口头形式直接、简便、迅速，但发生纠纷时难以取证，不易分清责任，所以对于不即时清结的和较重要的合同不宜采用口头形式。

（三）其他形式

除了书面形式和口头形式，合同还可以其他形式订立。法律没有列举具体的“其他形式”，但可以根据当事人的行为或特定情形推定合同的订立。这种形式的合同可以称为默示合同，指当事人未用语言或文字明确表示意见，而是根据当事人的行为表明其已经接受或在特定的情形下推定成立的合同。

三、合同的主要条款

合同的条款是合同中经双方当事人协商一致，规定双方当事人权利义务的具体条文。合同当事人的权利义务，除法律规定的以外，主要由合同的条款确定。合同的条款是否齐备、准确，决定了合同能否成立、生效及能否顺利地履行、实现。由于合同的类型和性质不同，合同的主要条款也有所不同。根据《合同法》规定，合同的内容由当事人约定，一般应当包括以下条款。

（一）当事人的名称或姓名和住所

这是每一个合同必须具备的条款。当事人是合同法律关系的主体，合同中如果不写明当事人，就无法确定权利的享受者和义务的承担者，发生纠纷也无法解决。因此，订立合同时，要把各方当事人名称或姓名和住所都记载准确、清楚。

（二）标的

标的是合同当事人双方权利和义务所共同指向的对象。标的是合同成立的必要条件，是一切合同的必备条款。没有标的，合同不成立，合同关系无法建立。

合同标的多种多样，归纳起来有四类：① 有形财产，指具有价值和使用价值并且法律允许流通的有形物，如生产资料与生活资料，货币与有价证券等；② 无形财产，指具有价值和使用价值并且法律允许流通的不以实物形态存在的智力成果。如商标权、专利权、著作权、技术秘密等；③ 劳务，指不以有形财产体现其成果的劳动与服务。如运输合同中的运输行为、保管与仓储合同中的保管行为、接受委托进行代理、行纪、居间行为等；④ 工作成果，指在合同履行过程中产生的、体现履约行为的有形物或无形物，如承揽合同中承揽人完成的工作成果、建设工程合同中承包人完成的建设项目、技术开发合同中研究开发人完成的研究开发成果等。

合同对标的的规定应当清楚明白，准确无误。对于名称、型号、规格、品种、等级、花色等都应规定得细致、准确、清楚，防止差错。特别对于不以确定的无形财产、劳务、工作成果等，更要尽可能地描述准确、明白。

（三）数量

数量是对标的的量的规定，是对标的的计量。在大多数合同中，数量是必备条款，没有数量，合同不能成立。对于有形财产，数量是对单位个数、体积、面积、长度、容积、重量等的计量；对于无形财产，数量是个数、件数、字数及使用范围等多种量度方法；对于劳务，数量为劳动量；对于工作成果，数量是工作量及成果数量。合同的数量要准确，应选择使用双方当事人共同接受的计量单位、计量方法和计量工具。

（四）质量

质量是标的的内在素质和外观形态的综合，一般以品种、型号、规格、等级和工程项目的标准等体现出来。对有形财产来说，质量是物理、化学、生物等性质与外观形态的综合；对无形财产、服务、工作成果来说，也有其内在素质的衡量方法。合同中必须对质量明确加以规定，国家有强制性标准规定的，必须按照规定的标准执行；如有多种质量标准的，应尽可能约定其适用的标准。当事人可以约定质量检验的方法、质量责任的期限和条件、对质量提出异议的条件与期限等。

（五）价款或报酬

价款或报酬是一方当事人向对方当事人所付代价的货币支付。价款一般指对提供财产的当事人支付的货币，如买卖合同的货款、租赁合同的租金、借款合同中借款人向贷款人支付的本金和利息等。报酬一般指对提供劳务或工作成果的当事人支付的货币，如保管合同中的保管费、仓储合同中的仓储费、运输合同中的票款或运费等。作为主要条款，在合同中应当明确规定其数额、计算标准、结算方式和程序。

（六）履行期限、地点和方式

履行期限是指合同中规定的一方当事人向对方当事人履行义务的时间界限，如交付标的物、价款或报酬，履行劳务、完成工作的时间界限。它直接关系到合同义务完成的时间，是确定合同能否按时履行的依据。

履行地点是指合同规定的当事人履行合同义务和对方当事人接受履行的地点。不同的合同，履行地点也不同，如买卖合同中，买方提货的，履行地为提货地；卖方送货的，履行地为买方收货地。履行地点关系到履行合同的费用、风险由谁承担，以及确定所有权是否转移、何时转移、发生纠纷后应由何地法院管辖的依据。

履行方式是指合同当事人履行合同义务的具体做法。不同种类的合同，有着不同的履行方式。有的需要以转移一定财产的方式履行，如买卖合同；有的需要以提供某种劳务的方式履行，如运输合同；有的需要以交付一定的工作成果的方式履行，如承揽合同等。履行方式包括价款或报酬的支付方式、结算方式等。

（七）违约责任

违约责任是指合同当事人一方或双方不履行合同或不适当履行合同时，按照法律规定或合同的约定应当承担的法律责任。违约责任是合同具有法律约束力的重要体现，也是保证合同履行的主要条款，它可以促使当事人履行合同义务，使对方免受或少受损失。当事人为了保证合同义务严格按照约定履行，为了及时地解决合同纠纷，可以在合同中明确规定违约责任条款，如约定定金或违约金，约定赔偿金额及赔偿金的计算方法等。

（八）解决争议的方法

解决争议的方法是指合同当事人对合同的履行发生争议时解决的途径和方式。可以选择的解决争议的方法主要有：① 当事人协商和解；② 第三人调解；③ 仲裁；④ 诉讼。如果当事人意图通过诉讼解决争议，可以不进行约定；如果想通过其他途径解决，则要经过事先或事后约定。若当事人选择仲裁解决方式，则还要明确选择具体的仲裁机构。

除法律另有规定外，涉外合同的当事人可以选择解决他们的争议所适用的法律，可以选择中国法律、其他国家或地区的法律。当他们选择用仲裁方式解决纠纷时，可以选择中国的仲裁机构，也可以选择其他国家的仲裁机构。

四、合同格式条款

《合同法》规定，当事人可以参照各类合同的示范文本订立合同。同时，有些行业（如电力、煤气、自来水、铁路、邮政等商品供应或服务行业）需要进行频繁的、重复性的交易，在多次交易的过程中为了简化合同订立的程序，形成了“格式条款”。

（一）格式条款的概念

格式条款是当事人为了重复使用而预先拟定，并在订立合同时未与对方协商的条款。当事人采用格式条款订立合同时，提供格式条款的一方应当遵循公平原则，确定当事人之间的权利和义务。实践中各类合同的示范文本，可以提示当事人在订立合同时更好地明确各自的权利和义务。参照这些文本订立合同，可以减少合同缺少款项、容易引起纠纷的现象，使合同的订立更加规范。

（二）《合同法》对格式条款的使用限制

《合同法》从三个方面对格式条款的使用予以限制。

1．提供格式条款一方的义务

提供格式条款的一方应当遵循公平原则，确定当事人之间的权利和义务，并有提示说明的义务，应当采取合理的方式提请对方注意免除或限制其责任的条款，按照对方的要求对该条款予以说明。如果提供格式条款的一方违反上述规定，导致对方没有注意免除或限制其责任的条款，对方当事人可以向人民法院申请撤销该格式条款。

2．某些格式条款无效

无效的格式条款包括：① 提供格式条款的一方免除其责任，加重对方责任，排除对方主要权利的条款无效；② 格式条款具有《合同法》第 52 条规定的情形时无效，这些情形包括，一方以欺诈、胁迫的手段订立合同，损害国家利益，恶意串通，损害国家、集体或第三人的利益，以合法形式掩盖非法目的，损害社会公共利益，违反法律、行政法规的强制性规定；③ 格式条款具有《合同法》第 53 条规定的情形时无效，这些情形包括，有造成对方人身伤害的免责条款，有因故意或重大过失造成对方财产损失的免责条款。

3．对格式条款的解释

对格式条款的理解发生争议的，应当按照通常理解予以解释。对格式条款有两种以上解释的，应当作出不利于提供格式条款一方的解释；格式条款和非格式条款不一致的，应当采用非格式条款。

【例 7-1】根据《合同法》规定，合同格式条款的使用必须合法，否则格式条款无效。下列各项中，属于无效的格式条款有（　　）。

A．损害社会公共利益的格式条款　　B．违反法律强制性规定的格式条款

C．有两种以上解释的格式条款　　D．以合法形式掩盖其非法目的的格式条款

【解析】正确答案为 ABD。本题考核法律对格式条款的使用限制，A、B、D 都是无效格式条款。《合同法》第 40 条规定：格式条款具有本法第 52 条和第 53 条规定情形的，或者提供格式条款一方免除其责任、加重对方责任、排除对方主要权利的，该条款无效。第 52 条规定：① 一方以欺诈、胁迫的手段订立合同，损害国家利益；② 恶意串通，损害国家、集体或第三人的利益；③ 以合法形式掩盖非法目的；④ 损害社会公共利益；⑤ 违反法律、行政法规的强制性规定。第 53 条规定：合同中的下列免责条款无效：① 造成对方人身伤害的；② 因故意或重大过失造成对方财产损失的。

五、合同订立的方式

根据《合同法》规定，当事人采取要约、承诺方式订立合同。合同是当事人之间设立、变更、终止民事权利义务关系的协议，当事人对合同的内容经过协商，达成一致意见的过程，就是通过要约、承诺完成的。要约与承诺制度的规定，使合同的成立有了一个较为具体的标准，可以更好地分清各方当事人的责任，正确而恰当地确定合同的成立，充分保障当事人的权益，鼓励交易，减少纠纷，使合同当事人和司法机关在解决合同纠纷时都有所遵循。

（一）要约

要约是一方当事人以缔结合同为目的，向对方当事人提出合同条件，希望对方当事人接受的意思表示。当一方当事人向对方提出合同条件，作出签订合同的意思表示时，称为“要约”。发出要约的当事人称为要约人，要约所指向的对方当事人则称为受要约人。

1．要约应具备的条件

1）内容具体确定。发出要约的目的在于订立合同，要约人必须是能够确定的；受要约人一般也是特定的，但在一些场合，要约人也可以向不特定人发出要约。要约的内容必须具有足以使合同成立的主要条件，包括主要条款，如标的、数量、质量、价款或报酬，履行期限、地点和方式等，一经受要约人承诺，合同即可成立。如果要约内容含混不清，内容不具

备一个合同的最基本的要素，即使受要约人承诺，也会因缺乏合同的主要条件而使合同无法成立。

2）必须是特定人所为的意思表示。要约是要约人向相对人（受要约人）所作出的含有合同条件的意思表示，旨在得到受要约人的承诺并成立合同，只有要约人是特定的人，受要约人才能对之承诺。

3）要约必须向相对人发出。要约必须经过相对人的承诺才能成立合同，因此要约必须是要约人向相对人发出的意思表示。相对人一般为特定的人，但在特殊情况下，对不特定的人作出又不妨碍要约所达目的时，相对人也可以是不特定人。

4）表明经受要约人承诺，要约人即受该意思表示约束。要约是一种法律行为，要约人发出的要约的内容必须能够表明：如果对方接受要约，合同即告成立。

【例 7-2】甲向乙发出一封电报称：现有 100 吨白糖，每吨售价 2000 元，如有意购买，请于 6 月 1 日前到我厂提货。该电报是否属于要约？

【解析】甲向乙发出的电报，是一份向特定人发出的要约，其相对人乙是特定的。

【例 7-3】某家具店中标明一件书柜的价格为 1 800 元。该行为是否属于要约？

【解析】是一个要约，是向不特定的顾客发出的要约。

2. 要约邀请

要约邀请是希望他人向自己发出要约的意思表示。要约邀请与要约不同，要约是一个一经承诺就成立合同的意思表示；而要约邀请的目的则是邀请他人向自己发出要约，自己如果承诺才成立合同。要约邀请处于合同的准备阶段，没有法律约束力。实践中要约与要约邀请往往很难区别，《合同法》规定，寄送的价目表、拍卖公告、招标公告、招股说明书等都属于要约邀请，商业广告的内容符合要约规定的，视为要约。

【例 7-4】某化妆品广告称：水晶四季是引进日本全新技术专业除皱消眼袋组合，能有效消除眼袋、黑眼圈及周围暗沉。咨询订购热线 64986666，免费送货。该广告属于要约还是要约邀请？

【解析】这是一个要约邀请，目的是希望他人向自己发出订合同的要约。

3. 要约生效时间

要约到达受要约人时生效。采用数据电文形式订立合同，收件人指定特定系统接收数据电文的，该数据电文进入该特定系统的时间，视为到达时间；未指定特定系统的，该数据电文进入收件人的任何系统的首次时间，视为到达时间。要约到达受要约人，并不是指要约一定实际送达到受要约人或其代理人手中，要约只要送达到受要约人通常的地址、住所或能够控制的地方（如信箱等）即为送达。反之，即使在要约送达受要约人之前受要约人已经知道其内容，要约也不生效。

4. 要约的效力

要约一经生效，要约人即受到要约的约束，不得随意撤销或对要约加以限制、变更和扩张。法律赋予要约这种效力，目的在于保护受要约人的合法权益，维护交易安全。

受要约人在要约生效时即取得承诺的权利，即取得了依其承诺而成立合同的法律地位，所以受要约人可以承诺，也可以不承诺。

5. 要约的撤回、撤销与失效

要约撤回是指要约在发出后、生效前，要约人使要约不发生法律效力的意思表示。法律规定要约可以撤回，原因在于这时要约尚未发生法律效力，撤回要约不会对要约人产生任何影响，也不会对交易秩序产生不良影响。由于要约在到达受要约人时即生效，因此撤回要约的通知应当在要约到达受要约人之前或与要约同时到达受要约人。

要约撤销是指要约人在要约生效后、受要约人承诺前，使要约丧失法律效力的意思表示。撤销要约的通知应当在受要约人发出承诺通知之前到达受要约人，也就是说，要约已经到达受要约人，在受要约人作出承诺之前，要约人可以撤销要约。由于撤销要约可能会给受要约人带来不利的影响，损害受要约人的利益，法律规定了两种不得撤销要约的情形：① 要约人确定了承诺期限或以其他形式明示要约不可撤销；② 受要约人有理由认为要约是不可撤销的，并已经为履行合同做了准备工作。

要约失效是指要约丧失法律效力，即要约人与受要约人均不再受其约束，要约人不再承担接受承诺的义务，受要约人也不再享有通过承诺使合同得以成立的权利。《合同法》规定了要约失效的情形：① 拒绝要约的通知到达要约人，受要约人接到要约后，通知要约人不同意与之签订合同，则拒绝了要约，在拒绝要约的通知到达要约人时，该要约失去法律效力；② 要约人依法撤销要约；③ 承诺期限届满，受要约人未作出承诺，要约中确定了承诺期限的，超过这个期限不承诺，则要约失效，要约中没有规定承诺期限的，在通常情况下，要约发出后一段合理时间内不承诺的，要约失效；④ 受要约人对要约的内容作出实质性变更，发生这种情况即为反要约，反要约是一个新的要约，提出反要约就是对原要约的拒绝，使原要约失去效力，原要约人不再受该要约的约束。

（二）承诺

承诺是受要约人同意要约的意思表示。承诺应当具备以下条件。

① 承诺必须由受要约人作出，如由代理人作出承诺，则代理人须有合法的委托手续，要约和承诺是一种相对人的行为，只有受要约人享有承诺的资格，所以承诺必须由受要约人作出；② 承诺必须向要约人作出，受要约人承诺的目的在于同要约人订立合同，所以承诺只有向要约人作出才有意义；③ 承诺的内容必须与要约的内容一致，承诺是受要约人愿意按照要约的内容与要约人订立合同的意思表示，所以要取得成立合同的法律效果，承诺就必须在内容上与要约的内容一致；④ 承诺必须在有效期限内作出，要约在其存续期间内才有效力，其中包括一旦受要约人承诺便可成立合同的效力，所以承诺必须在此期间内作出。

1. 承诺的方式

承诺方式是指受要约人将其承诺的意思表示传达给要约人所采用的方式。承诺应当以通知的方式作出，通知的方式可以是口头的，也可以是书面的。一般来说，如果法律或要约中没有规定必须以书面形式表示承诺，当事人就可以口头形式表示承诺；根据交易习惯或当事人之间的约定，承诺也可以不以通知的方式，而以通过实施一定的行为或以其他方式作出。如果要约人在要约中规定承诺需用特定方式的，只要该种方式不为法律所禁止或不属于在客观上根本不可能，承诺人在作出承诺时就必须符合要约人规定的承诺方式。

2. 承诺的期限

承诺应当在要约确定的期限内到达要约人。要约以信件或电报作出的，承诺期限自信件载明的日期或电报交发之日开始计算；信件未载明日期的，自投寄该信件的邮戳日期开始计算。要约以电话、传真等快速通讯方式作出的，承诺期限自要约到达受要约人时开始计算。

要约没有确定承诺期限的，承诺应当依照下列规定到达：① 要约以对话方式作出的，应当即时作出承诺，但当事人另有约定的除外；② 要约以非对话方式作出的，承诺应当在合理期限内到达。

受要约人超过承诺期限发出承诺的，除要约人及时通知受要约人该承诺有效的以外，为新要约。受要约人在承诺期限内发出承诺，按照通常情形能够即时到达要约人，但因其他原因承诺到达要约人时超过承诺期限的，除要约人及时通知受要约人因承诺超过期限不接受该承诺的以外，该承诺有效。

3. 承诺的生效

承诺通知到达要约人时生效。承诺不需要通知的，根据交易习惯或要约的要求作出承诺的行为时生效。采用数据电文形式订立合同的，承诺到达的时间同上述要约到达时间的规定相同。

承诺也可以撤回，承诺的撤回是指受要约人阻止承诺发生法律效力的意思表示。撤回承诺的通知应当在承诺通知到达要约人之前或与承诺通知同时到达要约人。

受要约人对要约的内容作出实质性变更的，为新要约。有关合同标的、数量、质量、价款或报酬，履行期限、履行地点和方式，违约责任和解决争议方法等内容的变更，是对要约内容的实质性变更。承诺对要约的内容作出非实质性变更的，除要约人及时表示反对或要约表明承诺不得对要约的内容作出任何变更的以外，该承诺有效，合同的内容以承诺的内容为准。

【例 7-5】乙接到甲发出的电报，电报称：“现有 100 吨白糖，每吨售价 2000 元，如有意购买，请于 6 月 1 日前到我厂提货。”乙于是给甲回了一封电报，称：“我厂同意按你厂提出的条件购买白糖，并将于 5 月 30 日到你厂提货。”乙给甲发出的电报是否属于承诺?

【解析】乙给甲发出的电报属于承诺，因为乙完全同意了甲的要约的内容。

【例 7-6】下列各项中，属于变更后即被视为对要约的实质性变更的情形有（　　）。

A. 合同标的、数量、质量　　B. 合同价款

C. 合同履行期限、地点　　D. 违约责任和解决争议的方法

【解析】正确答案为 ABCD。本题考核要约的实质性变更。《合同法》第 30 条规定：承诺的内容应当与要约的内容一致。受要约人对要约的内容作出实质性变更的，为新要约。有关合同标的、数量、质量、价款或报酬，履行期限、履行地点和方式，违约责任和解决争议方法等内容的变更，是对要约内容的实质性变更。

【例 7-7】甲公司与乙公司就一批货物的买卖进行磋商，甲公司在传真中表示，如达成协议则以最终签订售货确认书为准。乙公司在接到甲公司的最后一份传真时认为，双方已就该笔买卖的价格、期限等主要问题达成一致，遂向甲公司开出信用证，但甲公司以信用证上注明的价格条件不能接受为由拒绝发货。下列有关该案的表述中，符合法律规定的是（　　）。

A. 合同不成立，甲公司有权拒绝发货

B. 合同不成立，甲公司有权拒绝发货，但应补偿乙公司相应的损失

C. 买卖合同已成立，甲公司应履行合同

D. 买卖合同已成立，但因未发生实际损失，甲公司不承担法律责任

【解析】正确答案为 A。本题考核在采用确认书的情况下合同的成立时间。《合同法》第 33 条规定：当事人采用信件、数据电文等形式订立合同的，可以在合同成立之前要求签订确认书，签订确认书时合同成立。

六、合同成立的时间和地点

（一）合同成立的时间

一般来说，合同谈判成立的过程，就是要约、新要约、更新的要约知道承诺的过程。在一般情况下，承诺作出生效后合同即告成立，当事人于合同成立时开始享有合同权利、承担合同义务。但在一些特殊情况下，合同成立的具体时间依不同情况而定：① 当事人采用合同书形式订立合同的，自双方当事人签字或盖章时合同成立，在签字或盖章之前，当事人一方已经履行主要义务并且对方接受的，该合同成立；② 当事人采用信件、数据电文等形式订立合同的，可以在合同成立之前要求签订确认书，签订确认书时合同成立；③ 当事人以直接对话方式订立的合同，承诺人的承诺生效时合同成立，法律、行政法规规定或当事人约定采用书面形式订立合同，当事人未采用书面形式但一方已经履行主要义务并且对方接受的，该合同成立；④ 当事人签订要式合同的，以法律、行政法规的特殊形式要求完成的时间为合同成立时间。

【例 7-8】甲、乙两公司订立了一份书面合同，甲公司签字盖章后邮寄给乙公司签字盖章。该合同成立的时间是（　　）。

A. 自甲、乙两公司口头协商一致并签订备忘录时成立

B. 自甲公司签字盖章时成立

C. 自甲公司将签字盖章的合同交付邮寄时成立

D. 自乙公司签字盖章时成立

【解析】正确答案为 D。本题考核采用合同书形式订立的合同的成立时间。《合同法》第 32 条规定：当事人采用合同书形式订立合同的，自双方当事人签字或盖章时合同成立。

（二）合同成立的地点

合同成立的地点关系到合同的管辖权，直接影响到当事人的权利和义务。一般来说，承诺生效的地点为合同的成立地点，但在特殊情况下，合同可以有不同的成立地点：① 采用数据电文形式订立合同的，收件人的主营业地为合同成立的地点，没有主营业地的，其经常居住地为合同成立的地点；② 当事人采用合同书、确认书形式订立合同的，双方当事人签字或盖章的地点为合同成立的地点；③ 合同需要完成特殊的约定或法律形式才能成立的，以完成合同的约定形式或法定形式的地点为合同的成立地点；④ 当事人对合同的成立地点另有约定的，按照其约定。

七、缔约过失责任

缔约过失责任是指当事人在订立合同过程中，因违背诚实信用原则给对方造成损失时所应承担的法律责任。一般情况下，当事人根据自愿和诚实信用原则进行协商，决定是否订立合同。协商不成，也无须承担责任。但是，如果当事人违背了诚实信用原则，在订立合同过程中有下列情形之一，给对方造成损失，就应当承担损害赔偿责任：① 假借订立合同，恶意进行磋商，即根据没有与对方签订合同的目的，以与对方谈判为借口，损害对方或第三人的利益，恶意地与对方进行谈判；② 故意隐瞒与订立合同有关的重要事实或提供虚假情况，在订立合同的过程中，一方当事人已经知悉了与合同有关的重要情况，但不告诉对方，继续与对方进行谈判；③ 当事人在订立合同过程中知悉的商业秘密，无论合同是否成立，泄露或不正当地使用；④ 有其他违背诚实信用原则的行为，如违背诚实信用原则终止谈判的行为。

负有缔约过失责任的当事人，应当赔偿受损害的当事人，赔偿以受损害的当事人的损失为限，包括直接利益的减少和间接利益的损害。

第三节 合同的效力

合同的效力即合同的法律效力，是指已经成立的合同在当事人之间产生的一定的法律约束力。有效合同对当事人具有法律约束力，国家法律予以保护，当事人应当按照约定履行自己的义务，不得擅自变更或解除合同。无效合同不具有法律约束力。《合同法》就合同的效力问题规定了有效合同、无效合同、可撤销合同、效力待定合同等四种情况。

一、合同的生效

合同的生效是指合同具备一定的要件后，便产生法律上的效力。合同生效后，其效力主要体现在以下几个方面：① 在当事人之间产生法律效力，合同一旦生效成立，当事人应当依合同的规定，享受权利、承担义务；② 对当事人以外的第三人产生法律约束力，合同生效成立后，任何单位或个人都不得侵犯当事人的合同权利，不得非法阻挠当事人履行义务。

《合同法》规定，依法成立的合同自成立时生效。具体分为三种情况。

1）合同原则上自成立时生效。

2）合同自批准登记时生效。

法律、行政法规规定应当办理批准、登记等手续生效的，自批准、登记时生效。如《担保法》规定，以土地使用权、城市房地产、航空器、船舶、车辆等抵押的，应当办理抵押物登记，抵押合同自登记之日起生效；以依法可以转让的股票出质的，出质人与质权人应当订立书面合同，并向证券登记机构办理出质登记，质押合同自登记之日起生效；以依法可以转让的商标专用权、专利权、著作权中的财产权出质的，出质人与质权人应当订立书面合同，并向其管理部门办理出质登记，质押合同自登记之日起生效。

3）合同自条件成就或期限届至时生效（或失效）。当事人对合同的效力可以约定附条件或附期限。

附条件的合同指合同的双方当事人在合同中约定某种事实状态，并以其将来发生或不发生作为合同生效或不生效的限制条件。附生效条件的合同，自条件成就时生效。附解除条件的合同，自条件成就时失效。当事人为自己的利益不正当地阻止条件成就的，视为条件已成就；不正当地促成条件成就的，视为条件不成就。所附的条件必须是由双方当事人约定的，并且作为合同的一个条款列入合同中。所附条件应当是合法的、将来可能发生的事实。过去的、现存的、将来必定发生的或必定不能发生的事实都不能作为所附条件。所附条件是当事人用来限制合同法律效力的附属意思表示，是合同的附属内容。

附期限的合同是指附有将来确定到来的期限作为合同的条款，并在该期限到来时合同的效力发生或终止。附生效期限的合同，自期限届至时生效；附终止期限的合同，自期限届满时失效。该期限可以是一个具体的期日，如某年某月某日；也可以是一个期间，如“合同成立之日起 5 个月”。需要特别注意的是，合同中所附的期限与合同的履行期限是两个完全不同的概念。

二、有效合同

有效合同是法律承认其效力的合同。合同具有法律效力必须具备以下三个条件。

1）当事人具有相应的民事行为能力。民事行为能力包括合同行为能力和相应的缔约行为能力，这是当事人了解和把握合同的发展状况及法律效果的基本条件。对于自然人而言，原则上须有完全行为能力，限制行为能力人和无行为能力人不得亲自签订合同，而应由其法定代理人代为签订。但是，《合同法》有一个例外规定，限制行为能力人可以独立签订纯获利益的合同或与其年龄、智力、精神健康状况相适应的合同。对于非自然人而言，必须是依法定程序成立后才具有合同行为能力，同时还要具有相应的缔约能力，即必须在法律、行政法规及有关部门授予的权限范围内签订合同。

2）当事人意思表示真实，即当事人的行为应当真实地反映其内心的想法。

3）不违反法律或社会公共利益，即当事人签订的合同从目的到内容都不能违反中国现行的法律、行政法规中的强制性规定，不能违背社会公德、扰乱社会公共秩序、损害社会公共利益。

三、无效合同

无效合同是不具有法律约束力和不发生履行效力的合同。无效合同自始没有法律约束力，国家不予承认和保护。

根据《合同法》等有关法律、法规的规定，有下列情形之一的，合同无效。

1）一方以欺诈、胁迫的手段订立合同，损害国家利益。所谓欺诈就是故意隐瞒真实情况或故意告知对方虚假的情况，欺骗对方，诱使对方作出错误的意思表示而与之订立合同；胁迫是指行为人以将要发生的损害或以直接实施损害相威胁，使对方当事人产生恐惧而与之订立合同。

2）恶意串通，损害国家、集体或第三人利益。所谓恶意串通的合同，就是合同的双方当事人非法勾结，为牟取私利而共同订立的损害国家、集体或第三人利益的合同。

3）以合法形式掩盖非法目的。即行为人为达到非法目的以迂回的方法避开了法律或行政法规的强制性规定，所以又称伪装合同。

4）损害社会公共利益。

5）违反法律、行政法规的强制性规定。

6）无行为能力人订立的合同。

此外，当事人超越经营范围订立合同，人民法院不因此认定合同无效，但违反国家限制经营、特许经营及法律、行政法规禁止经营规定的除外。

因无效合同取得财产，应当予以返还；不能返还或没有必要返还的，应当折价补偿。有过错的一方应当赔偿对方因此所受到的损失；双方都有过错的，应当各自承担相应的责任。当事人恶意串通订立合同，损害国家、集体或第三人利益的，因此取得的财产收归国家、集体所有，或者返还第三人。

合同部分无效，不影响其他部分效力的，其他部分仍然有效。部分无效的合同是指由于其部分条款违反法律规定或损害他人利益，并不影响合同的本质成立的合同。下列合同属于部分无效合同：

1）约定了免除或限制当事人因故意或重大过失而应承担责任的条款的合同，如：当事人约定，对于任何原因造成的合同不能履行，当事人只承担赔偿责任，不承担其他责任。这样的约定是违法的，因为有关人员如果玩忽职守，给国家造成损失的，除应承担民事赔偿责任外，还应根据情况追究行政责任、经济责任、刑事责任，所以当事人在合同中约定这样的条款是无效的，但并不影响其他条款的有效性，不影响合同的本质。

2）约定了免除或限制人身伤害责任条款的合同，如：在雇用合同中，当事人约定，受雇用人从事雇用劳动期间无论何种原因造成伤害或死亡，雇用人都不负任何责任。这样的约定违反了民法和劳动法的原则，是无效的。

3）约定了违法的违约责任或解决争议的方式。

4）约定了免除或限制法律禁止免除或限制的责任条款的合同。

另外，《合同法》还就免责条款做了规定。免责条款是指合同中的双方当事人在合同中约定的，为免除或限制一方或双方当事人未来责任的条款。在现代合同发展中，免责条款大量出现，对免责条款的效力，法律视不同情况采取了不同的做法。一般来说，当事人经过充分协商确定的免责条款，只要是完全建立在当事人自愿的基础上，又不违反公共利益，法律对其效力给予承认；但是对严重违反诚实信用原则和社会公共利益的免责条款，法律予以禁止。《合同法》规定，合同中的下列免责条款无效：① 造成对方人身伤害的；② 因故意或重大过失造成对方财产损失的。

【例 7-9】 甲某与乙某约定，由甲向乙提供 1 只“五四”式手枪，价格 1000 元，乙于 10 天后到甲住所提货，货款当面交清。甲、乙双方的约定是否有效？

【解析】 甲、乙双方的约定是无效合同。因为合同的内容违反了我国《刑法》的规定。

四、可撤销合同

可撤销合同是指因合同当事人订立合同时意思表示不真实，经有撤销权的当事人行使撤销权，使已经生效的合同归于无效的合同。《合同法》规定的撤销权在效力上具有一定的灵活性，不仅有撤销的效力，还有变更的效力。

可撤销合同一般具有如下特征：① 可撤销合同自始没有法律约束力；② 可撤销合同一般是意思表示不真实的合同；③ 可撤销合同的变更或撤销要由有撤销权的当事人通过行使撤销权来实现；④ 可撤销合同的变更或撤销须由人民法院或仲裁机构作出。

《合同法》规定了三种可撤销的合同。

1）因重大误解订立的合同。“重大误解”是指行为人因对行为的性质，对方当事人，标的物的品种、质量、规格和数量等的错误认识，使行为的后果与自己的意思相悖，并造成较大损失的情形。重大误解直接影响到当事人所应享有的权利和承担的义务，所以经一方当事人请求，可以变更或撤销。

2）显失公平的合同。“显失公平”是指一方当事人利用优势或利用对方没有经验，致使双方的权利与义务明显违反公平、等价有偿原则的情形。这种情形下订立的合同使当事人经济利益上严重失衡，违反了公平合理的原则。法律规定显失公平的合同应予撤销，不仅是公平原则的体现，而且切实保障了公平原则的实现，对保证交易的公正性和保护消费者的利益，防止一方当事人利用优势或利用对方没有经验而损害对方的利益都有重要的意义。

3）一方以欺诈、胁迫的手段或乘人之危，使对方在违背真实意思的情况下订立的合同。

“欺诈”是指一方当事人故意告知对方虚假情况，或者故意隐瞒真实情况，诱使对方当事人作出错误意思表示的情形；“胁迫”是指以非法的损害威胁他人，使其产生恐惧的心理而作出意思表示行为的情形；“乘人之危”使之一方当事人乘对方处于危难之机，为牟取不正当利益，迫使对方作出不真实的意思表示，严重损害对方利益的情形。

因重大误解订立的合同和因显失公平订立的合同的当事人任何一方，均有权请求变更或撤销合同，且主要是误解方或受害方行使请求权；一方以欺诈、胁迫的手段或乘人之危，使对方在违背真实意思的情况下订立的合同的受害方，有权请求人民法院或仲裁机构变更或撤销该合同。当事人请求变更的，人民法院或仲裁机构不得撤销。

以欺诈、胁迫手段订立的无效合同与以欺诈、胁迫手段订立的可撤销合同相比较，二者的区别在于是否损害了国家利益。无效合同损害国家利益，可撤销合同未损害国家利益，受欺诈、胁迫的一方可以自主决定该合同有效或撤销，即只有受损害方当事人才可以行使撤销请求权。

由于撤销权的行使具有溯及力，被撤销的合同与无效合同一样，自始没有法律约束力。合同被撤销的，不影响合同中独立存在的有关解决争议方法的条款的效力。对因该合同取得的财产，应当予以返还。有过错的一方应当赔偿对方因此所受到的损失；双方都有过错的，应当各自承担相应的责任。

需要注意的是，撤销权的行使是有时效和限制的。《合同法》规定，有下列情形之一的，撤销权消灭：① 具有撤销权的当事人自知道或应当知道撤销事由之日起 1 年内没有行使撤销权；② 具有撤销权的当事人知道撤销事由后明确表示或以自己的行为放弃撤销权。

【例 7-10】甲的儿子不慎失足落水，甲因不会游泳遂向不远处的乙呼救。乙乘机提出：可以帮忙救甲的儿子，但甲必须支付给其 5 万元钱，并给乙的女儿安排工作。甲为了救儿子，不得不先答应了乙的条件。甲、乙之间的约定属于什么性质的合同？

【解析】甲、乙之间的约定属于可撤销合同，因为这是乙乘甲处于紧急危难中，迫切需要救助时，使甲在违背真实意思的情况下订立的合同。

【例 7-11】甲于 9 月 4 日在紧急情况下与乙签订了一份买卖合同，合同内容对甲显失公平。下列各项中，符合法律规定的有（　　）。

A. 甲有权通知乙撤销该合同

B. 该合同无效，甲、乙双方应各自返还财物

C. 该合同的效力处于未定状态

D. 如甲在整 1 年后才申请撤销该合同，则法院不予保护

【解析】正确答案为 CD。本题考核可撤销合同撤销权的行使时效。《合同法》第 54 条、第 55 条、第 56 条分别规定：因重大误解订立的合同、在订立时显失公平的合同，当事人一方有权请求人民法院或仲裁机构变更或撤销；一方以欺诈、胁迫的手段或乘人之危，使对方在违背真实意思的情况下订立的合同，受损害方有权请求人民法院或仲裁机构变更或撤销，当事人请求变更的，人民法院或仲裁机构不得撤销。有下列情形之一的，撤销权消灭：① 具有撤销权的当事人自知道或应当知道撤销事由之日起 1 年内没有行使撤销权；② 具有撤销权的当事人知道撤销事由后明确表示或以自己的行为放弃撤销权。无效的合同或被撤销的合同自始没有法律约束力。合同部分无效，不影响其他部分效力的，其他部分仍然有效。

五、效力待定合同

合同虽然成立，但其效力能否发生，尚未确定，对于某些方面不符合合同生效的要件，但并不属于上述无效合同或可撤销合同，法律允许根据情况予以补救的合同，为效力待定合同。

一个有效的合同，一般应具备三个条件：① 合同当事人具有相应的民事权利能力和民事行为能力，即主体合法；② 意思表示真实；③ 不违反法律或社会公共利益。三个条件缺一不可，否则就可能导致合同无效或可撤销。但在以下情况下，法律允许采取补救措施，使之成为有效合同。

1）限制民事行为能力人订立的合同，经法定代理人追认后，该合同有效。订立合同作为一种民事法律行为，要求合同当事人具有相应的民事行为能力。限制民事行为能力人签订合同在主体资格上是有瑕疵的，因为当事人缺乏完全的缔约能力、签订合同的资格和处分能力。但如果是纯获利益的合同或是与其年龄、智力、精神健康状况相适应而订立的合同，不必经法定代理人追认，合同仍然有效。相对人也可以催告法定代理人在 1 个月内予以追认；法定代理人未作表示的，视为拒绝追认。合同被追认之前，善意相对人有撤销的权利。撤销应当以通知的方式作出。

2）行为人没有代理权、超越代理权或代理权终止后以被代理人名义订立的合同，未经被代理人追认，对被代理人不发生效力，由行为人承担责任。相对人可以催告被代理人在 1 个月内予以追认。被代理人未作表示的，视为拒绝追认。合同被追认之前，善意相对人有撤销的权利。撤销应当以通知的方式作出。

3）无处分权的人处分他人财产，经权利人追认或无处分权的人订立合同后取得处分权的，该合同有效。无处分权包括两种情况：一是行为人对处分的财产享有所有权，但是其处分权受到限制，使其不得处分其所有的财产；二是行为人对处分的财产没有所有权，只有占有权，因而没有对该财产的处分权。

无处分权人是以自己的名义处分财产，这是无权处分行为与无权代理行为的根本区别。无权处分是指无权处分权人以自己的名义实施的民事行为；而无权代理是无代理权人以被代理人的名义实施的民事行为。如：甲在未获得授权的情况下，出卖乙的物品给丙，如果甲是以乙的名义出卖的，构成无权代理行为；如果甲是以自己的名义出卖的，则构成无权处分行为。

【例 7-12】甲委托乙购买 100 台电视机，但是乙未经甲同意，擅自与丙签订了代甲购买 200 台电视机的合同。乙与丙签订的合同属于什么性质的合同？

【解析】乙与丙签订的购买 200 台电视机的合同属于超越代理权以被代理人（甲）的名义订立的效力待定合同，如果甲在 1 个月之内未予以追认，则该合同的效力不及于甲，并且善意相对人丙有权撤销该合同。

第四节 合同的履行

一、合同履行的概念

合同的履行是指合同生效后，双方当事人按照合同规定的各项条款，完成各自承担的义务和实现各自享受的权利，使双方当事人的合同目的得以实现的行为。一般情况下履行合同的是合同当事人，但在特殊情况下也可以是当事人以外的第三人。履行合同一般情况下表现为当事人的积极行为，但在特殊情况下，消极的不作为也是合同的履行。

合同的义务主要通过合同的履行来实现，同时，合同的履行也是合同法律约束力的首要表现。当事人应当按照约定全面履行自己的义务。正确履行合同的结果，是使双方的权利得以实现，合同关系归于消灭。

合同的履行具有以下法律特征：① 履行是当事人的履约行为。履约行为可以是作为，也可以是不作为，合同的内容不同，履行的表现形式也不同，但任何合同的履行都必须有当事人的履约行为，这是合同权利得以实现的条件；② 履行是当事人全面、正确完成合同义务的行为，只有当事人双方按照合同的约定或法律的规定，全面正确地完成各自承担的义务，才能使合同权利得以实现，也才能使合同法律关系归于消灭；③ 履行是当事人全面完成合同义务的行为过程，包括当事人的最终履行行为及为完成最终履行行为所实施的一系列准备行为。

二、合同履行的规则

（一）合同履行的一般规则

1．履行主体

合同的履行主体为债务人，包括单独债务人、连带债务人、保证债务人等。债务人履行时是否必须有行为能力，依履行行为的性质而定，履行行为是事实行为时，不要求债务人有行为能力；是法律行为时，要求债务人有行为能力。此外，如果债务人通过转移财产权利来履行时，还需要其有对财产的处分权。除必须由债务人本人履行的债务以外，履行可以由债务人的代理人进行，但代理只有在履行行为是法律行为时方可适用。

2．履行标的

履行标的是指债务人应为履行的内容。它因合同关系不同而呈现出差异，如交付财务、转移权利、提供劳务等，履行标的应根据具体内容加以确定。

3．履行地点

履行地点是指债务人应为履行行为的地点。在履行地点为在中性行为，只要适当，即发生合同消灭的效力。当事人在合同中明确履行地点的，依其约定。当事人为多数人时，可以各自订立不同的履行地点。同一个合同中的数个给付，可以约定不同的履行地点。即使同一个债务，也可以约定数个履行地点。

4．履行期限

对于履行期限，法律有规定的，应依其规定。当事人可以约定履行期限，但当事人的约定必须在法律规定范围内，当事人可以在合同中约定一个履行期限，也可以约定数个履行期限，特别在双务合同中可以分别约定两个对立债务的履行期限。

5．履行方式

履行方式是完成合同义务的方法。如标的物的交付方法、价款或报酬的支付方法等。履行方式与当事人的权益有密切关系，如不符合要求，有可能造成标的物缺陷、费用增加、迟延履行等后果。当事人可以在合同中约定履行方式。

6. 履行费用

履行费用是指履行合同所需要的必要费用，如物品交付的费用、运输物品的费用等，但不包括合同标的本身的价值。通常情况下，履行费用有运送费、包装费、登记费、通知费等。对于履行费用的负担，当事人有约定的，依其约定。

另外，当债务人的给付不足以清偿其对同一债权人所负的数笔相同种类的全部债务时，应当优先抵充已到期的债务；几项债务均到期的，优先抵充对债权人缺乏担保或担保数额最少的债务；担保数额相同的，优先抵充债务负担较重的债务；债务负担相同的，按照债务到期的先后顺序抵充；到期时间相同的，按比例抵充。但是，债权人与债务人对清偿的债务或清偿抵充顺序有约定的除外。

债务人除主债务之外还应当支付利息和费用，当其给付不足以清偿全部债务时，并且当事人没有约定的，人民法院应当按照下列顺序抵充：① 实现债权的有关费用；② 利息；③ 主债务。

（二）当事人就有关合同内容约定不明确时的履行规则

合同生效后，当事人就质量、价款或报酬、履行地点等内容没有约定或约定不明确的，可以协议补充；不能达成补充协议的，按照合同有关条款或交易习惯确定；仍不能确定的，适用下列规定。

1）质量要求不明确的，按照国家标准、行业标准履行；没有国家标准、行业标准的，按照通常标准或符合合同目的的特定标准履行。

2）价款或报酬不明确的，按照订立合同时履行地的市场价格履行；依法应当执行政府定价或政府指导价的，按照规定履行。

3）履行地点不明确，给付货币的，在接受货币一方所在地履行；交付不动产的，在不动产所在地履行；其他标的在履行义务一方所在地履行。

4）履行期限不明确的，债务人可以随时履行，债权人也可以随时要求履行，但应当给对方必要的准备时间。

5）履行方式不明确的，按照有利于实现合同目的的方式履行。

6）履行费用的负担不明确的，由履行义务一方负担。

（三）执行政府定价或政府指导价的合同的履行规则

执行政府定价或政府指导价的，在合同约定的交付期限内政府价格调整时，按照交付时的价格计价。逾期交付标的物的，遇价格上涨时，按照原价格执行；价格下降时，按照新价格执行。逾期提取标的物或逾期付款的，遇价格上涨时，按照新价格执行；价格下降时，按照原价格执行。

（四）涉及第三人的合同履行

1. 向第三人履行的合同

向第三人履行的合同又称利他合同，指双方当事人约定，由债务人向第三人履行债务，第三人直接取得债权的合同。

第三人因债务人向其履行合同而对债务人享有直接请求给付的权利，在合同所规定的范围内，享有债权人对债务人所享有的权利。当第三人向债务人请求履行，而债务人不履行时，第三人可以要求损害赔偿。

债权人可以要求债务人在未向第三人履行债务或履行债务不符合约定时，承担违约责任；如果债务人向第三人履行而使费用增加，则增加的费用应由债权人负担。

债务人对第三人负有合同义务，同时债务人对债权人的抗辩不得对抗第三人，债务人保留合同解除权。

债权人可以事先征得第三人的同意，也可以不告知第三人，但债务人按照合同向第三人履行时，应当通知第三人。

2．由第三人履行的合同

由第三人履行的合同又称第三人负担的合同，指双方当事人约定债务由第三人履行的合同，该合同必须征得第三人同意。该合同以债权人、债务人为合同双方当事人，第三人不是合同的当事人。第三人只负担向债权人履行，不承担合同责任。债务人有义务督促第三人向债权人履行合同，如第三人不履行或履行不符合约定时，债权人有权追究债务人的违约责任，债务人应负损害赔偿责任。

【例 7-13】甲、乙签订了一份合同，约定由丙向甲履行债务，但丙履行债务的行为不符合合同的约定，下列有关甲请求承担违约责任的表述中，正确的是（　）。

A. 请求丙承担　　B. 请求乙承担

C. 请求丙和乙共同承担　　D. 请求丙或乙承担

【解析】正确答案为 B。本题考核第三人代为履行合同的责任承担。《合同法》第 65 条规定：当事人约定由第三人向债权人履行债务的，第三人不履行债务或履行债务不符合约定，债务人应当向债权人承担违约责任。

三、抗辩权的行使

抗辩权是指在双务合同中，一方当事人在对方不履行或履行不符合约定时，依法对抗对方要求或否认对方权利主张的权利。《合同法》规定了同时履行抗辩权、后履行抗辩权和不安（先履行）抗辩权三种。

（一）同时履行抗辩权

1．同时履行抗辩权的概念

同时履行抗辩权是指在双务合同中应当同时履行的，一方当事人有证据表明另一方当事人在同时履行的时间不能履行或不能适当履行，到履行期时其享有不履行或部分履行的权利。

《合同法》规定，当事人互负债务，没有先后履行顺序的，应当同时履行。一方在对方履行之前有权拒绝其履行要求；一方在对方履行债务不符合约定时，有权拒绝其相应的履行要求。

2．同时履行抗辩权的行使条件

同时履行抗辩权的行使，需具备以下条件：① 需基于同一双务合同，双方当事人因同一合同互负债务，在履行上存在关联性，形成对价关系，这是同时履行抗辩权成立的前提条件，单务合同因只有一方有履行义务，无法发生抗辩权；② 根据合同约定或合同性质，要求当事人同时履行合同义务，双方的履行没有先后顺序；③ 双方债务已届清偿期，当事人行使抗辩权必须双方债务都已到清偿期，否则不存在同时履行抗辩的问题；④ 一方当事人有证据表明应同时履行义务的对方当事人未履行或未适当履行合同；⑤ 对方有履行的可能性，如果对方已不可能履行，如标的物灭失，则当事人再向对方提出同时履行抗辩权就没有实际意义，只能解除合同。

3．同时履行抗辩权的适用

同时履行抗辩权的适用情形有以下两种：① 当一方不能履行或拒绝履行合同时，即应当同时履行合同的一方当事人不履行合同时，另一方当事人就享有也不履行合同的权利；② 当一方部分履行合同或履行合同不符合约定时，当事人一方部分履行合同的，对方当事人有权就未履行部分提出抗辩，拒绝相应的给付，只履行对应的部分，当事人一方履行合同不符合约定时，另一方有权拒绝其相应的履行请求。

4．同时履行抗辩权的效力

同时履行抗辩权只是暂时阻止对方当事人请求权的行使，而不是永久地终止合同。当对方当事人完全履行了合同义务，同时履行抗辩权即告消灭，主张抗辩权的当事人就应当履行自己的义务。当事人因行使同时履行抗辩权致使合同迟延履行的，迟延履行责任由对方当事人承担。

（二）后履行抗辩权

1．后履行抗辩权的概念

后履行抗辩权是指合同当事人互负债务，有先后履行顺序，先履行一方未履行的，后履行一方有权拒绝其履行要求。先履行一方履行债务不符合约定的，后履行一方有权拒绝其相应的履行要求。

2．后履行抗辩权的行使条件

后履行抗辩权的行使有四个条件：① 当事人基于同一双务合同，互负债务；② 当事人的履行有先后顺序；③ 应当先履行的当事人不履行合同或不适当履行合同；④ 后履行抗辩权的行使人是履行义务顺序在后的一方当事人。

3．后履行抗辩权的适用

1）当应当先履行的一方当事人不履行到期债务时。先履行的一方当事人如果不履行已到期债务，那么后履行的当事人有权不履行义务。

2）当应当先履行的一方当事人履行债务不符合约定时。如果先履行的一方当事人履行有瑕疵或部分履行的，后履行当事人有权不履行相应的合同义务。

4．后履行抗辩权的效力

后履行抗辩权不是永久性的，它的行使只是暂时阻止了当事人请求权的行使。先履行一方的当事人如果完全履行了合同义务，则后履行抗辩权消灭，后履行当事人就应当按照合同约定履行自己的义务。

（三）不安抗辩权

1．不安抗辩权的概念

不安抗辩权又称先履行抗辩权，是指当事人互负债务，有先后履行顺序的，先履行的一方有确切证据表明另一方丧失履行债务能力时，在对方没有履行或没有提供担保之前，有权中止合同履行的权利。规定不安抗辩权是为了切实保护当事人的合法权益，防止借合同进行欺诈，促使对方履行义务。

2．不安抗辩权的行使条件

不安抗辩权的行使有四个条件：① 当事人基于同一双务合同；② 当事人的履行有先后

顺序；③ 不安抗辩权的行使人是履行义务顺序在先的一方当事人；④ 后履行合同的一方当事人有丧失或可能丧失履行债务能力的情形。

3．不安抗辩权的适用

《合同法》规定，应当先履行债务的当事人，有确切证据证明对方有下列情形之一的，可以中止履行：① 对方经营状况严重恶化；② 对方有转移财产、抽逃资金，以逃避债务的情形；③ 对方丧失商业信誉；④ 对方有丧失或可能丧失履行债务能力的其他情形。

先履行合同义务的当事人应当有证据表明对方不能履行合同或有不能履行合同的可能性，行使不安抗辩权造成对方损失的，应当承担违约责任。

4．不安抗辩权的效力

1）中止合同，即先履行合同的当事人停止履行或延期履行合同。先履行合同的当事人行使中止权时，应当及时通知对方，以免给对方造成损害，也便于对方在接到通知后，提供相应的担保，使合同得以履行。如果对方当事人恢复了履行能力或提供了相应的担保后，先履行一方当事人“不安”的原因消除，应当恢复合同的履行。

2）解除合同。中止履行合同后，如果对方在合理期限内未恢复履行能力并且未提供适当担保的，中止履行合同的一方可以解除合同。

【例 7-14】甲、乙签订了一份买卖合同，双方约定由甲向乙提供一批生产用原材料，总货款为 100 万元，甲最晚于 6 月底前供货，货到付款。5 月份甲从报纸上得知：乙为逃避债务私自转移财产，被法院依法查封扣押了财产。于是甲通知乙，在乙付款或提供担保前中止履行合同。甲行使的是什么权利？

【解析】甲行使的是不安抗辩权。根据《合同法》规定，先履行的一方有确切证据证明另一方丧失履行债务能力时，在对方没有履行或没有提供担保之前，有权中止合同的履行，即有权行使不安抗辩权。本案中甲明确得知乙丧失了履行能力，于是依法行使了不安抗辩权。

四、保全措施

为防止因债务人的财产不当减少而给债权人的债权带来危害，法律允许债权人为保全其债权的实现而采取的法律措施，这些允许采取的措施，称作合同的保全措施。保全措施包括代位权和撤销权两种。

（一）代位权

《合同法》规定，因债务人怠于行使其到期债权，对债权人造成损害的，债权人可以向人民法院请求以自己的名义代位行使债务人的债权，但该债权专属于债务人自身的除外。

代位权的行使必须满足以下条件：① 债务人对第三人享有合法债权，并且是非专属于债务人自身的权利，如果债务人没有对外的债权，就无所谓代位权；② 债务人怠于行使其债权，如果债务人已经行使了权利，即使不尽如人意，债权人也不能行使代位权；③ 因债务人怠于行使权利已害及债权人的债权，即债务人不履行其对债权人的到期债务，又不以诉讼方式或仲裁方式向其债务人主张其享有的具有金钱给付内容的到期债权，致使债权人的到期债权未能实现；④ 债务人的债权已到期，债务人陷于迟延履行，如果债务人的债务未到履行期或履行期间未届满的，债权人不能行使代位权；⑤ 债务人的债权不是专属于债务人自身的债权，专属于债务人自身的债权是指，基于扶养关系、抚养关系、赡养关系、继承关系产生的给付请求权和劳动报酬、退休金、养老金、安置费、人寿保险、人身伤害赔偿请求权等权利。

代位权的行使范围以债权人的债权为限，否则对超出部分人民法院不予支持。债权人行使代位权的必要费用，由债务人负担。债权人向次债务人（即债务人的债务人）提起的代位权诉讼，经人民法院审理后认定代位权成立的，由次债务人向债权人履行清偿义务，债权人与债务人、债务人与次债务人之间相应的债权、债务关系即予消灭。在代位权诉讼中，债权人胜诉的，诉讼费由次债务人负担，从实现的债权中优先支付。

【例 7-15】在甲、乙之间的合同中，甲为债权人，乙为债务人，甲对乙的债权为 100 万元。乙又是丙的债权人，债权为 200 万元，乙因怠于行使其对丙的到期债权，致使甲的到期债权得不到清偿，甲是否可以行使代位权？如何行使？数额是多少？如果甲对乙的债权为 200 万元，乙对丙的债权为 100 万元，甲行使代位权的数额是多少？

【解析】甲可以行使代位权。甲可以向人民法院请求以自己的名义代位行使乙对丙的债权，甲请求的数额应该以其所保全的债权为限，即只能请求丙向其清偿 100 万元。如果甲对乙的债权为 200 万元，乙对丙的债权为 100 万元，则甲请求的数额应以乙对丙的债权数额为限，即只能请求丙向其清偿 100 万元。

（二）撤销权

《合同法》规定，因债务人放弃其到期债权或无偿转让财产，对债权人造成损害的，债权人可以请求人民法院撤销债务人的行为。债务人以明显不合理的低价转让财产，对债权人造成损害，并且受让人知道该情形的，债权人也可以请求人民法院撤销债务人的行为。

所谓“明显不合理的低价”，人民法院应当以交易当地一般经营者的判断，并参考交易当时交易地的物价部门指导价或市场交易价，结合其他相关因素综合考虑予以确认。转让价格达不到交易时交易地的指导价或市场交易价 70%的，一般可以视为明显不合理的低价；对转让价格高于当地指导价或市场交易价 30%的，一般可以视为明显不合理的高价。如果债务人以明显不合理的高价收购他人财产，人民法院可以根据债权人的申请，参照《合同法》有关规定予以撤销。

引起撤销权发生的要件是债务人有损害债权人债权的行为发生，主要指债务人以赠与、免除等无偿行为处分债权，包括放弃到期债权、无偿转让财产或以明显不合理的低价转让财产。无偿行为不论第三人善意、恶意取得，均可撤销；有偿转让行为，以第三人的恶意取得为要件，若第三人主观上无恶意，则不能撤销其善意取得的行为。债务人、第三人的行为被撤销的，其行为自始无效。

最高人民法院《关于适用〈中华人民共和国合同法〉若干问题的解释（二）》中规定，债务人放弃其未到期的债权或放弃债权担保，或者恶意延长到期债权的履行期，对债权人造成损害，债权依照《合同法》有关规定提起撤销权诉讼的，人民法院应当支持。

债权人行使撤销权应以自己的名义，向被告住所地人民法院提起诉讼，请求法院撤销债务人处分财产的危害债权的行为。撤销权自债权人知道或应当知道撤销事由之日起 1 年内行使。自债务人的行为发生之日起 5 年内没有行使撤销权的，该撤销权消灭。

撤销权的行使范围以债权人的债权为限，债权人行使撤销权的必要费用，由债务人承担。

第五节 合同的担保

一、合同担保概论

（一）担保的概念

担保是指依照法律规定，或由当事人双方经过协商一致而约定的，为保障合同债权实现的法律措施。根据《中华人民共和国物权法》（以下简称《物权法》）和《中华人民共和国担保法》（以下简称《担保法》）的规定，债权人在借贷、买卖等民事活动中，为保障实现其债权，需要担保的，可以依法设立担保物权。

根据《物权法》和《担保法》的规定，担保的方式包括保证、抵押、质押、留置和定金五种方式。

设立担保物权，应当依照法律规定订立担保合同。

（二）担保合同的性质

担保合同是主债权债务合同的从合同，主债权债务合同无效，担保合同无效，法律另有规定的除外。有下列情形之一的，担保物权消灭：① 主债权消灭；② 担保物权实现；③ 债权人放弃担保物权；④ 法律规定的担保物权消灭的其他情形。

二、保证

（一）保证和保证人

1. 保证

保证是指第三人为债务人的债务履行作担保，由保证人和债权人约定，当债务人不履行债务时，保证人按照约定履行债务或承担责任的行为。

同一债务有两个以上保证人的，保证人应当按照保证合同约定的保证份额，承担保证责任。各保证人与债权人没有约定保证份额的，应当认定为连带共同保证。连带共同保证的债务人在主合同规定的债务履行期届满没有履行债务的，债权人可以要求债务人履行债务，也可以要求任何一个保证人承担全部保证责任，保证人都负有担保全部债权实现的义务。已经承担保证责任的保证人，有权向债务人追偿，或者要求承担连带责任的其他保证人清偿其应当承担的份额。连带共同保证的保证人以其相互之间约定各自承担的份额对抗债权人的，人民法院不予支持。

连带共同保证的保证人承担保证责任后，向债务人不能追偿的部分，由各连带保证人按其内部约定的比例分担；没有约定的，平均分担。按份共同保证的保证人按照保证合同约定的保证份额承担保证责任后，在其履行保证责任的范围内对债务人行使追偿权。

保证合同中约定保证人代为履行非金钱债务的，如果保证人不能实际代为履行，对债权人因此造成的损失，保证人应当承担赔偿责任。

不具有完全代偿能力的法人、其他组织或自然人，以保证人身份订立保证合同后，又以自己没有代偿能力要求免除保证责任的，人民法院不予支持。

2. 保证人

根据《担保法》的规定，具有代为清偿债务能力的法人、其他组织或公民，作为保证人。

所谓可为保证人的“其他组织”是指：依法登记领取营业执照的独资企业、合伙企业；依法登记领取营业执照的联营企业；依法登记领取营业执照的中外合作经营企业；经民政部门核准登记的社会团体；经核准登记领取营业执照的乡镇、街道、村办企业。

国家机关、学校、幼儿园、医院等以公益为目的的事业单位、社会团体，企业法人的分支机构、职能部门，不得作保证人。但是，在经国务院批准为使用外国政府或国际经济组织贷款进行转贷的情况下，国家机关可以作保证人；企业法人的分支机构有法人书面授权的，可以在授权范围内提供保证。任何单位和个人不得强令银行等金融机构或企业为他人提供保证；银行等金融机构或企业对强令其为他人提供保证的行为，有权拒绝。

从事经营活动的事业单位、社会团体为保证人的，如无其他导致保证合同无效的情况，其所签订的保证合同应当认定为有效。

企业法人的分支机构未经法人书面授权或超出授权范围提供保证的，保证合同无效或超出授权范围的部分无效；债权人和企业法人有过错的，应当根据其过错各自承担相应的民事责任；债权人无过错的，由企业法人承担民事责任。企业法人的分支机构经法人书面授权提供保证的，如果法人的书面授权范围不明，法人的分支机构应当对保证合同约定的全部债务承担保证责任；企业法人的分支机构提供的保证无效后应当承担赔偿责任的，由分支机构经营管理的财产承担；企业法人的分支机构经营管理的财产不足以承担保证责任的，由企业法人承担民事责任。

企业法人的职能部门提供保证的，保证合同无效。债权人知道或应当知道保证人为企业法人的职能部门，因此造成的损失由债权人自行承担；债权人不知保证人为企业法人的职能部门，因此造成的损失，由债权人和保证人根据其过错各自承担相应的民事责任。

（二）保证合同和保证方式

1. 保证合同

保证人与债权人应当以书面形式订立保证合同，保证的内容应当由保证人与债权人在以书面形式订立的保证合同中加以确定，保证人与债权人可以就单个主合同分别订立保证合同，也可以协议在最高债权额度内就一定期间连续发生的借款合同或某项商品交易合同订立一个保证合同。

根据《最高人民法院关于适用〈中华人民共和国担保法〉若干问题的解释》的规定，在以下两种情况下，保证合同也成立：① 第三人单方以书面形式向债权人出具担保书，债权人接受且未提出异议的；② 主合同中虽然没有保证条款，但是，保证人在主合同上以保证人的身份签字或盖章的。

保证合同应当包括以下内容：被保证的主债权（即主合同债权，下同）种类、数额；债务人履行债务的期限；保证的方式；保证担保的范围；保证的期间；以及双方认为需要约定的其他事项。保证合同不完全具备上述规定内容的，可以补正。

2. 保证方式

保证的方式有一般保证和连带责任保证两种。

（1）一般保证

当事人在保证合同中约定，在债务人不能履行债务时，由保证人承担保证责任的，为一般保证。

一般保证的保证人在主合同纠纷未经审判或仲裁，并就债务人财产依法强制执行仍不能履行债务前，对债权人可以拒绝承担保证责任。

有下列情形之一的，保证人不得行使上述权利：① 债务人住所变更，致使债权人要求其履行债务发生重大困难的，即：债务人下落不明、移居境外，且无财产可供执行；② 人民法院受理债务人破产案件，中止执行程序的；③ 保证人以书面形式放弃规定的权利的。

（2）连带责任保证

当事人在保证合同中约定保证人与债务人对债务承担连带责任的，为连带责任保证。

连带责任保证的债务人在主合同规定的债务履行期届满没有履行债务的，债权人可以要求债务人履行债务，也可以要求保证人在其保证范围内承担保证责任。

当事人对保证方式没有约定或约定不明确的，按照连带责任保证承担保证责任。

一般保证和连带责任保证的保证人享有债务人的抗辩权。债务人放弃对债务的抗辩权的，保证人仍有权抗辩。

（三）保证责任

1．保证责任的范围

保证人在约定的保证担保范围内承担保证责任。保证担保的范围包括主债权及利息、违约金、损害赔偿金和实现债权的费用。保证合同另有约定的，按照约定。当事人对保证担保的范围没有约定或约定不明确的，保证人应当对全部债务承担责任。

2．债权转让的保证责任

在保证期间，债权人依法将主债权转让给第三人的，保证债权同时转让，保证人在原保证担保的范围内对受让人承担保证责任。但是，保证人与债权人事先约定仅对特定的债权人承担保证责任或禁止债权转让的，保证人不再承担保证责任。

3．债务转移的保证责任

债权人许可债务人转让部分债务未经保证人书面同意的，保证人对未经其同意转让部分的债务，不再承担保证责任。但是，保证人仍应对未转让部分的债务承担保证责任。

4．保证担保与物的担保并存的保证责任

同一债权既有保证又有物的担保的，属于共同担保。根据《物权法》的规定，被担保的债权既有物的担保又有人的担保，债务人不履行到期债务可发生当事人约定的实现担保物权的情形，债权人应当按照约定实现债权；没有约定或约定不明确，债务人自己提供物的担保的，债权人应当先就该物的担保实现债权；第三人提供物的担保的，债权人可以就物的担保实现债权，也可以要求保证人承担保证责任。提供担保的第三人承担担保责任后，有权向债务人追偿。

5．债务合同变更的保证责任

债权人与债务人对主合同数量、价款、币种、利率等内容作了变动，未经保证人同意的，如果减轻债务人的债务的，保证人仍应当对变更后的合同承担保证责任；如果加重债务人的债务的，保证人对加重的部分不承担保证责任。债权人与债务人对主合同履行期限作了变动，未经保证人书面同意的，保证期间为原合同约定的或法律规定的期间。债权人与债务人协议变动主合同内容，但并未实际履行的，保证人仍应当承担保证责任。

6．保证人的追偿权

保证人承担保证责任后，有权向债务人追偿。

保证期间，人民法院受理债务人破产案件的，债权人既可以向人民法院申报债权，也可

以向保证人主张权利。债权人申报债权后在破产程序中未受清偿的部分，保证人仍应当承担保证责任。债权人要求保证人承担保证责任的，应当在破产程序终结后6个月内提出。债权人知道或应当知道债务人破产，既未申报债权也未通知保证人，致使保证人不能预先行使追偿权的，保证人在该债权在破产程序中可能受偿的范围内免除保证责任。人民法院受理债务人破产案件后，债权人未申报债权，各连带共同保证的保证人应当作为一个主体申报债权，预先行使追偿权。

保证人行使追偿权时应注意以下几个问题。

1）保证人行使追偿权的时间应在其向债权人承担保证责任后，而且保证责任的承担在主债务履行期届满后并不影响追偿权的成立。如果保证人仅使债权人免除债务人的债务或因其他方式使债务消灭，保证人无追偿权。

2）保证人追偿权的行使不能超过保证人承担保证责任的范围。保证人清偿债务，使部分债务消灭的，保证人就所清偿部分有追偿权；保证人清偿债务，使全部债务消灭的，保证人就清偿全部债务享有追偿权。

3）保证人一般在清偿债务后，才可行使追偿权。但在特殊情况下，保证人可预先行使追偿权。

4）保证人承担保证责任后，应及时通知债务人，如怠于通知，造成债务人又向债权人履行债务的，保证人不能行使追偿权，只能向债权人主张返还不当得利。

5）保证人在承担保证责任时享有债务人所享有的抗辩权，如其在承担保证责任时怠于行使债务人对债权人的抗辩，而作出大于债务人应承担债务范围的清偿，以及支付非必要的费用，使得债务范围扩大，对扩大部分，保证人丧失追偿权，债务人有权在被追偿时对保证人提出抗辩。

6）保证人行使追偿权也受到诉讼时效的限制。如保证人自向债务人承担保证责任之日起2年内未行使追偿权，又没有诉讼时效中断和中止的事由，其不得再以诉讼或仲裁的方式向债务人行使追偿权。

7．保证责任的免除

由于主合同当事人双方串通，骗取保证人提供保证的，或者主合同债务人采取欺诈、胁迫等手段，使保证人在违背真实意思的情况下提供保证的，债权人知道或应当知道欺诈、胁迫事实的，保证人不承担民事责任。债务人与保证人共同欺骗债权人，订立主合同和保证合同的，债权人可以请求人民法院予以撤销。因此给债权人造成损失的，由保证人与债务人承担连带赔偿责任。

（四）保证期间

保证期间，是指当事人约定或法律规定的保证人承担保证责任的时间期限。保证人在与债权人约定的保证期间或法律规定的保证期间内承担保证责任。

保证人与债权人约定保证期间的，按照约定执行。一般保证的保证人与债权人未约定保证期间的，保证期间为主债务履行期届满之日起6个月。在保证期间债权人未对债务人提起诉讼或申请仲裁的，保证人免除保证责任；债权人已提起诉讼或申请仲裁的，保证期间适用诉讼时效中断的规定。连带责任保证的保证人与债权人未约定保证期间的，债权人有权自主债务履行期届满之日起6个月内要求保证人承担保证责任。

保证合同约定的保证期间早于或等于主债务履行期限的，视为没有约定。保证期间为主债务履行期届满之日起6个月。

保证合同约定保证人承担保证责任直至主债务本息还清时为止等类似内容的，视为约定不明，保证期间为主债务履行期届满之日起2年。

主合同对主债务履行期限没有约定或约定不明的，保证期间自债权人要求债务人履行义务的宽限期届满之日起计算。

保证人与债权人协议在最高债权额限度内就一定期间连续发生的债券作保证，未约定保证期间的，保证人可以随时书面通知债权人终止保证合同，但保证人对于通知到债权人前所发生的债权，承担保证责任。最高额保证合同对保证期间没有约定或约定不明的，如最高额保证合同约定有保证人清偿债务期限的，保证期间为清偿期限届满之日起6个月；没有约定债务清偿期限的，保证期间自最高额保证终止之日或自债权人收到保证人终止保证合同的书面通知到达之日起6个月。

（五）保证合同的诉讼时效

诉讼时效是指当事人向人民法院提出保护民事权利请求的法定期限。

一般保证的债权人在保证期间届满前对债务人提起诉讼或申请仲裁的，从判决或仲裁裁决生效之日起，开始计算保证合同的诉讼时效；连带责任保证的债权人在保证期间届满前要求保证人承担保证责任的，从债权人要求保证人承担保证责任之日起，开始计算保证合同的诉讼时效。保证人对已经超过诉讼时效期间的债务承担保证责任或提供保证，又以超过诉讼时效为由抗辩的，人民法院不予支持。

一般保证中，主债务诉讼时效中断，保证债务诉讼时效中断；连带责任保证中，主债务诉讼时效中断，保证债务诉讼时效不中断。一般保证和连带责任保证中，主债务诉讼时效中止的，保证债务的诉讼时效同时中止。

保证人对债务人行使追偿权的诉讼时效，自保证人向债权人承担责任之日起开始计算。

【例7-16】甲、乙、丙、丁公司同为某综合开发有限公司向某建设银行借款1000万元的连带责任保证人，但未约定每个保证人的保证份额。后该综合开发有限公司未能按期偿还债务并宣告破产，乙公司下落不明。该建设银行于是提起诉讼，要求甲公司承担连带保证责任。经人民法院判决，甲公司已向该建设银行承担了保证责任。甲公司为此支付了借款本息、实现债权的律师费和诉讼费等共计5万元。

问题：（1）甲、乙、丙、丁四个连带共同保证人应如何承担保证责任？

（2）现有的三个连带责任保证人应如何承担保证责任？

【解析】（1）甲、乙、丙、丁四个连带共同保证人之间，对保证份额没有约定，应当平均分担。

（2）由于乙公司下落不明，不能到案承担保证责任，其应当对承担的保证份额就成为全体保证人的共同风险，乙公司应当承担的保证责任份额，应由现有的三个保证人分担，各承担1/3的保证责任。所以甲公司履行了保证责任后，有权向未履行保证责任的丙、丁公司各追偿1/3的保证份额。

【例7-17】甲承租乙的建筑设备，双方就租金问题协商后，甲向乙出具欠条一张，注明于2014年10月底前还款，若逾期则由丙支付。丙也在该欠条上签字同意担保。还款期满后，甲未向乙还款，乙也未向甲主张权利。直至2015年6月，乙才诉至法院要求丙承担保证责任。法院一审判决驳回原告的诉讼请求。

问题：（1）本案债务的保证期间是多长？自何时起至何时止？

（2）法院的一审判决是否合法？

【解析】（1）根据《担保法》的规定，一般保证的保证人与债权人未约定保证期间的，保证期间为主债务履行期届满之日起6个月，本案的保证期间应自2014年11月1日起至2015年4月30日止。

（2）法院的一审判决合法。因为原告起诉的时间为2015年6月，超过了保证期间，原告也未曾在保证期间内对甲提起过诉讼或向丙主张过权利，所以丙的保证责任依法应予免除。

三、抵押

抵押是指为担保债务的履行，债务人或第三人不转移财产的占有，将该财产抵押给债权人的，债务人不履行到期债务或发生当事人约定的实现抵押权的情形，债权人有权就该财产优先受偿。

债务人或第三人为抵押人，债权人为抵押权人，提供担保的财产为抵押财产。

同一财产法定登记的抵押权与质权并存时，抵押权人优先于质权人受偿。同一财产抵押权与留置权并存时，留置权人优先于抵押权人受偿。

（一）抵押财产

抵押人只能以法律规定可以抵押的财产提供担保；法律规定不可以抵押的财产，抵押人不得用于提供担保。

作为抵押物的财产必须是能够转让的财产，并必须具备下列条件：① 抵押人对抵押物必须有处分权，抵押人如果对财产没有处分权，不仅抵押合同难以成立，而且即使成立了抵押合同，抵押权人的抵押权也难以保证充分实现，所有权、使用权不明或有争议的财产，依法被查封、扣押或采取其他强制措施的财产，不得抵押；② 抵押物必须是法律允许转让的，法律禁止转让的财产，如土地、国防设施等不得转让；③ 抵押物的价值应与所担保的债权金额一致；④ 用作抵押物的财产原则上应便于管理和实施，原则上应是不动产，也包括生产设备、日用生活品、交通运输工具等一切有价值的动产。

根据《物权法》和《担保法》的规定，债务人或第三人有权处分的下列财产可以抵押：① 建筑物和其他土地附着物；② 建设用地使用权；③ 以招标、拍卖、公开协商等方式取得的荒地等土地承包经营权；④ 生产设备、原材料、半成品、产品；⑤ 正在建造的建筑物、船舶、航空器；⑥ 交通运输工具；⑦ 抵押人依法有权处分的国有的土地使用权、房屋和其他地上定着物；⑧ 抵押人依法承包并经发包方同意抵押的荒山、荒沟、荒丘、荒滩等荒地的土地使用权；⑨ 法律、行政法规未禁止抵押的其他财产。抵押人可以将上述所列财产一并抵押。

下列财产不得抵押：① 土地所有权；② 耕地、宅基地、自留地、自留山等集体所有的土地使用权，但法律规定可以抵押的除外；③ 学校、幼儿园、医院等以公益为目的的事业单位、社会团体的教育设施、医疗卫生设施和其他社会公益设施；④ 所有权、使用权不明或有争议的财产；⑤ 依法被查封、扣押、监管的财产；⑥ 法律、行政法规规定不得抵押的其他财产，如：以法定程序确认为违法、违章的建筑物抵押的，抵押无效。

抵押人所担保的债权不得超出其抵押物的价值，超出的部分不具有优先受偿的效力。财产抵押后，该财产的价值大于所担保债权的余额部分，可以再次抵押，但不得超出其余额部分。

经当事人书面协议，企业、个体工商户、农业生产经营者可以将现有的及将有的生产设备、原材料、半成品、产品抵押，债务人不履行到期债务或发生当事人约定的实现抵押权的情形，债权人有权就实现抵押权时的动产优先受偿。但不得对抗正常经营活动中已支付合理价款并取得抵押财产的买受人。

以建筑物抵押的，该建筑物占用范围内的建设用地使用权一并抵押；以建设用地使用权抵押的，该土地上的建筑物一并抵押；以乡镇、村企业的厂房等建筑物抵押的，其占用范围内的建设用地使用权一并抵押。乡镇、村企业的建设用地使用权不得单独抵押。

以依法获准尚未建造的或正在建造中的房屋或其他建筑物抵押的，当事人办理了抵押物登记，人民法院可以认定抵押有效。当事人以农作物和与其尚未分离的土地使用权同时抵押的，土地使用权部分的抵押无效；学校、幼儿园、医院等以公益为目的的事业单位、社会团体，以其教育设施、医疗卫生设施和其他社会公益设施以外的财产为自身债务设定抵押的，人民法院可以认定抵押有效；按份共有人以其共有财产中享有的份额设定抵押的，抵押有效；共同共有人以其共有财产设定抵押，未经其他共有人的同意，抵押无效；但是，其他共有人知道或应当知道而未提出异议的视为同意，则抵押有效。

已经设定抵押的财产被采取查封、扣押等财产保全或执行措施的，不影响抵押权的效力。

（二）抵押合同和抵押物登记

1．抵押合同

设立抵押权，当事人应当采取书面形式订立抵押合同。抵押合同一般包括下列条款：① 被担保债权的种类和数额；② 债务人履行债务的期限；③ 抵押财产的名称、数量、质量、状况、所在地、所有权归属或使用权归属；④ 担保的范围，包括主债权及利息、违约金、损害赔偿金和实现抵押权的费用；⑤ 当事人认为需要约定的其他事项。抵押合同不完全具备以上规定内容的，可以补正。

抵押权人在债务履行期届满前，不得与抵押人作债务人不履行到期债务时抵押财产归债权人所有的约定。

抵押合同对被担保的主债权种类、抵押财产没有约定或约定不明，根据主合同和抵押合同不能补正或无法推定的，抵押不成立。

法律规定登记生效的抵押合同签订后，抵押人违背诚实信用原则拒绝办理抵押登记致使债权人受到损失的，抵押人应当承担赔偿责任。

当事人在抵押合同中约定，债务履行期届满抵押权人未受清偿时，抵押物的所有权转移为债权人所有的内容无效。该内容的无效不影响抵押合同其他部分内容的效力。

债务履行期届满后抵押权人未受清偿时，抵押权人和抵押人可以协议以抵押物折价取得抵押物。但是，损害顺序在后的担保物权人和其他债权人利益的，人民法院可以适用《合同法》有关撤销权的规定，即：因债务人放弃其到期债权或无偿转让财产，对债权人造成损害的，债权人可以请求人民法院撤销债务人的行为。债务人以明显不合理的低价转让财产，对债权人造成损害，并且受让人知道该情形，债权人也可以请求人民法院撤销债务人的行为。撤销权的行使范围以债权人的债权为限。债权人行使撤销权的必要费用，由债务人负担。撤销权自债权人知道或应当知道撤销事由之日起 1 年内行使。自债务人的行为发生之日起 5 年内没有行使撤销权的，该撤销权消灭。

2．抵押物登记

当事人以法律规定的需要办理抵押物登记的财产作抵押的，应当向有关部门办理抵押物登记，抵押合同自登记之日起生效。

办理抵押物登记的部门如下：① 以无地上定着物的土地使用权抵押的，为核发土地使用权证书的土地管理部门；② 以城市房地产或乡（镇）、村企业的厂房等建筑物抵押的，为县级以上地方人民政府规定的部门；③ 以林木抵押的，为县级以上林木主管部门；④ 以航空器、船舶、车辆抵押的，为运输工具的登记部门；⑤ 以企业的设备和其他动产抵押的，为财产所在地的工商行政管理部门。

以其他财产抵押的，可以自愿办理抵押物登记，抵押合同自签订之日起生效。当事人未办理抵押物登记的，不得对抗第三人；当事人办理抵押物登记的，登记部门为抵押人所在地的公证部门。

抵押物登记记载的内容与抵押合同约定的内容不一致的，以登记记载的内容为准。

【例 7-18】甲向乙借款 4 万元办加工厂，乙要求甲以其新购置的一辆吉普车作为抵押，乙同意了，双方遂签订了借款合同，约定：如果甲到期无法偿还，乙可将甲的吉普车变卖后受偿。合同签订后，双方并未到车管所办理抵押物登记。后甲因加工厂倒闭，无力偿还乙的借款，又恐乙廉价变卖吉普车使其遭受更大损失，遂将吉普车卖给了丙。乙得知后，向人民法院起诉，要求法院从丙处追回吉普车变卖受偿。

问题：甲、乙双方订立的抵押合同效力如何？乙能否就甲的吉普车优先受偿？

【解析】根据《担保法》规定，以车辆抵押的，应办理抵押物登记。甲、乙双方虽设立了抵押合同，但由于没有办理车辆抵押登记，从而导致抵押合同虽然成立，但由于特殊生效要件的缺失而不能生效。由于抵押权不能有效设定，乙所享有的债权性质上还是无抵押担保的一般债权，不能对抗第三人。因此，乙不能就甲的吉普车优先受偿，也无权要求法院从丙处追回吉普车。

（三）抵押的效力

抵押担保的范围包括主债权及利息、违约金、损害赔偿金和实现抵押权的费用。抵押合同另有约定的，按照约定。

1．抵押权对抵押物所生孳息及已存在租赁权的效力

债务人不履行到期债务或发生当事人约定的实现抵押权的情形，致使抵押财产被人民法院依法扣押的，自扣押之日起抵押权人有权收取该抵押财产的天然孳息或法定孳息，但抵押权人未通知应当清偿法定孳息的义务人的除外。孳息的清偿顺序为：① 充抵收取孳息的费用；② 主债权的利息；③ 主债权。

订立抵押合同前抵押财产已出租的，原租赁关系不受该抵押权的影响；抵押权设立后抵押财产出租的，该租赁关系不得对抗已登记的抵押权。

抵押人将已抵押的财产出租时，如果抵押人未书面告知承租人该财产已抵押的，抵押人对出租抵押物造成承租人的损失承担赔偿责任；如果抵押人已书面告知承租人该财产已抵押的，抵押权实现造成承租人的损失，由承租人自己承担。

2．抵押期间抵押物的转让

抵押期间，抵押人未经抵押权人同意，不得转让抵押财产，但受让人代为清偿债务消灭抵押权的除外；抵押期间，抵押人经抵押权人同意转让抵押财产的，应当将转让所得的价款

向抵押权人提前清偿债务或提存。转让的价款超过债权数额的部分归抵押人所有，不足部分由债务人清偿。

抵押权存续期间，抵押人转让抵押物未通知抵押权人或未告知受让人，如果抵押物已经登记的，抵押权人仍可以行使抵押权。取得抵押物所有权的受让人，可以代替债务人清偿其全部债务，使抵押权消灭。受让人清偿债务后可以向抵押人追偿。

如果抵押物未经登记的，抵押权不得对抗受让人，因此给抵押权人造成损失的，由抵押人承担赔偿责任。

抵押物依法被继承或赠与的，抵押权不受影响。

3．抵押权转移及消灭的从属性

抵押权不得与债权分离而单独转让或作为其他债权的担保。债权转让的，担保该债权的抵押权一并转让，但法律另有规定或当事人另有约定的除外。

主债权未受全部清偿的，抵押权人可以就抵押物的全部行使其抵押权；抵押物被分割或部分转让的，抵押权人可以就分割或转让后的抵押物行使抵押权；主债权被分割或部分转让的，各债权人可以就其享有的债权份额行使抵押权；主债务被分割或部分转让的，抵押人仍以其抵押物担保数个债务人履行债务。但是，第三人提供抵押的，债权人许可债务人转让债务未经抵押人书面同意的，抵押人对未经其同意转让的债务，不再承担担保责任。

抵押物折价或拍卖、变卖该抵押物的价款低于抵押权设定时约定价值的，应当按照抵押物实现的价值进行清偿。不足清偿的剩余部分，由债务人清偿。

抵押权与其担保的债权同时存在，债权消灭的，抵押权也消灭。

4．抵押财产价值减少或毁损的处理

抵押人的行为足以使抵押财产价值减少的，抵押权人有权要求抵押人停止其行为。抵押财产价值减少的，抵押权人有权要求恢复抵押财产的价值，或者提供与减少的价值相应的担保。抵押人不恢复抵押财产的价值同时也不提供担保的，抵押权人有权要求债务人提前清偿债务。

在抵押物灭失、毁损或被征用的情况下，抵押权人可以就该抵押物的保险金、赔偿金或补偿金优先受偿。

在抵押物灭失、毁损或被征用的情况下，抵押权所担保的债权未届清偿期的，抵押权人可以请求人民法院对保险金、赔偿金或补偿金等采取保全措施。

5．其他情况下的抵押权效力

抵押物因附合、混合或加工使抵押物的所有权为第三人所有的，抵押权的效力及于补偿金；抵押物所有人为附合物、混合物或加工物的所有人的，抵押权的效力及于附合物、混合物或加工物；第三人与抵押物所有人为附合物、混合物或加工物的共有人的，抵押权的效力及于抵押人对共有物享有的份额。

抵押权设定前为抵押物的从物的，抵押权的效力及于抵押物的从物，但是，抵押物与其从物为两个以上的人分别所有时，抵押权的效力不及于抵押物的从物。

（四）抵押权的实现

1．抵押权实现的条件、方式和程序

债务人不履行到期债务或发生当事人约定的实现抵押权的情形，抵押权人可以与抵押人协议以抵押财产折价或以拍卖、变卖该抵押财产所得的价款优先受偿。协议损害其他债权人利益的，其他债权人可以在知道或应当知道撤销事由之日起 1 年内请求人民法院撤销该协议。

抵押权人与抵押人未就抵押权实现方式达成协议的，抵押权人可以请求人民法院拍卖、变卖抵押财产。

抵押财产折价或变卖的，应当参照市场价格。

抵押财产折价或拍卖、变卖后，其价款超过债权数额的部分归抵押人所有，不足部分由债务人清偿。

抵押人承担担保责任后，可以向债务人追偿，也可以要求其他抵押人清偿其应当承担的份额。

抵押物折价或拍卖、变卖所得的价款，当事人没有约定的，按下列顺序清偿：① 实现抵押权的费用；② 主债权的利息；③ 主债权。

抵押权人应当在主债权诉讼时效期间行使抵押权；未行使的，人民法院不予保护。

2．抵押权的顺位及确定抵押权次序的规则

抵押权人可以放弃抵押权或抵押权的顺位。抵押权人与抵押人可以协议变更抵押权顺位及被担保的债权数额等内容，但抵押权的变更，未经其他抵押权人书面同意，不得对其他抵押权人产生不利影响。

债务人以自己的财产设定抵押，抵押权人放弃该抵押权、抵押权顺位或变更抵押权的，其他担保人在抵押权人丧失优先受偿权益的范围内免除担保责任，其他担保人承诺仍然提供担保的除外。

同一财产向两个以上债权人抵押的，顺序在先的抵押权与该财产的所有权归属一人时，该财产的所有权人可以以其抵押权对抗顺序在后的抵押权；顺序在后的抵押权所担保的债权先到期的，抵押权人只能就抵押物价值超出顺序在先的抵押担保债权部分受偿；顺序在先的抵押权所担保的债权先到期的，抵押权实现后的剩余价款应予提存，留待清偿顺序在后的抵押担保债权。

抵押物折价或拍卖、变卖所得的价款，当事人没有约定的，按下列顺序清偿：① 实现抵押权的费用；② 主债权的利息；③ 主债权。

同一财产向两个以上债权人抵押的，拍卖、变卖抵押财产所得的价款依照下列规定清偿：① 抵押权已登记的，按照登记的先后顺序清偿，顺序相同的，按照债权比例清偿；② 抵押权已登记的优先于未登记的受偿；③ 抵押权未登记的，按照债权比例清偿。

同一债权有两个以上抵押人的，债权人放弃债务人提供的抵押担保的，其他抵押人可以请求人民法院减轻或免除其应当承担的担保责任。当事人对其提供的抵押财产所担保的债权份额或顺序没有约定或约定不明的，抵押权人可以就其中任一或各个财产行使抵押权。

【例 7-19】甲以自己的一辆汽车作抵押，获得乙银行贷款 20 万元，办理了抵押登记。由于甲的汽车价值 40 万元，所以甲又将其抵押给丙银行，获得贷款 20 万元，办理了抵押登记。后甲又将该汽车抵押给丁，获得丁的借款 10 万元，但未办理抵押登记。后甲做生意亏本，导致无法偿还乙银行、丙银行的贷款和丁的借款。于是三个债权人同时要求实现其抵押权。但抵押物拍卖后仅获得 41 万元，不足以清偿甲的全部债务。

问题：本案中，乙银行、丙银行、丁的债权应按什么顺序受偿？

【解析】本案中，由于乙银行和丙银行的抵押权都经过了登记，而丁的抵押权没有登记，所以乙银行和丙银行的债权先于丁的受偿。同时乙银行的抵押权先于丙银行的抵押权登记，因此，乙银行先受偿，其次是丙银行，最后是丁。

3．对恶意抵押的限制

债务人有多个普通债权人的，在清偿债务时，债务人与其中一个债权人恶意串通，将其全部或部分财产抵押给该债权人，因此丧失了履行其他债务的能力，损害了其他债权人的合法权益，受损害的其他债权人可以请求人民法院撤销该抵押行为。

抵押人的行为足以使抵押物价值减少的，抵押权人请求抵押人恢复原状或提供担保遭到拒绝时，抵押权人可以请求债务人履行债务，也可以请求提前行使抵押权。

（五）最高额抵押

最高额抵押，是指为担保债务的履行，债务人或第三人对一定期间内将要连续发生的债权提供担保财产的，债务人不履行到期债务或发生当事人约定的实现抵押权的情形，抵押权人有权在最高债权额限度内就该担保财产优先受偿。

【例 7-20】书面房屋抵押合同未经登记机关登记是否有效？抵押人是否承担抵押担保责任？

【解析】房屋抵押必须签订书面合同，并且该合同自登记时生效。未经登记机关登记的房屋抵押合同无效，抵押人不承担抵押担保责任。但要视其在抵押合同未登记生效过程中是否有过错，推定其是否应承担其他民事责任。

【例 7-21】A 公司将市值 200 万元的房屋抵押给 B 公司，并取得借款 200 万元，之后 A 公司又将该房屋抵押给 C 公司并欲取得借款 100 万元。A 公司与 C 公司签订的合同是否有效？

【解析】A 公司与 C 公司签订的合同无效。房屋抵押需要办理登记才能生效，A 公司已将价值 200 万元的房屋抵押给 B 公司，如果该抵押合同有效，就肯定是登记过的。法律规定超过抵押物价值部分的抵押无效，再用该房屋抵押是不可能得到登记的，不登记的房屋抵押合同是无效的。

四、质押

质押分为动产质押和权利质押。

（一）动产质押

1．动产质押的概念

动产质押是指债务人或第三人将其动产移交给债权人占有，将该动产作为债权的担保，当债务人不履行债务时，债权人有权依照法律规定，以该动产折价或以拍卖、变卖该动产的价款优先受偿。该债务人或第三人为出质人，债权人为质权人，移交的动产为质物。

质押担保的范围包括主债权及利息、违约金、损害赔偿金、质物保管费用和实现质权的费用。质押合同另有约定的，按照约定。

2．质押合同

当事人应当采取书面形式订立质押合同，质押合同一般包括以下条款：① 被担保债权的种类和数额；② 债务人履行债务的期限；③ 质押财产的名称、数量、质量、状况；④ 担保的范围；⑤ 质押财产交付的时间；⑥ 当事人认为需要约定的其他事项。质押合同不完全具备以上规定内容的，可以补正。

质押合同自成立时生效，质权自出质人交付质押财产时设立。

质权人在债务履行期届满前，不得与出质人作债务人不履行到期债务时质押财产归债权人所有的约定。

债务人或者第三人未按质押合同约定的时间移交质物的，因此给质权人造成损失的，出质人应当根据其过错承担赔偿责任。

出质人代质权人占有质物的，质押合同不生效；质权人将质物返还于出质人后，以其质权对抗第三人的，人民法院不予支持。

出质人以间接占有的财产出质的，质押合同自书面通知送达占有人时视为移交。占有人收到出质通知后，仍接受出质人的指示处分出质财产的，该行为无效。

质押合同中对质押的财产约定不明，或者约定的出质财产与实际移交的财产不一致的，以实际支付占有的财产为准。

质物有隐藏瑕疵造成质权人其他财产损害的，应由出质人承担赔偿责任，质权人在质物移交时明知质物有瑕疵而予以接受的除外。

3．质权人对质物的责任

质权人对质物的责任体现在以下方面。

1）质权人在质权存续期间，未经出质人同意，擅自使用、处分质押财产，给出质人造成损害的，应当承担赔偿责任。

2）质权人负有妥善保管质押财产的义务，因保管不善致使质押财产毁损、灭失的，应当承担赔偿责任。

质权人的行为可能使质押财产毁损、灭失的，出质人可以要求质权人将质押财产提存，或者要求提前清偿债务并返还质押财产。但质物提存费用由质权人负担，出质人提前清偿债权的，应当扣除未到期部分的利息。

3）因不能归责于质权人的事由可能使质押财产毁损或价值明显减少，足以危害质权人权利的，质权人有权要求出质人提供相应的担保；出质人不提供的，质权人可以拍卖、变卖质押财产，并与出质人通过协议将拍卖、变卖所得的价款提前清偿债务或提存。

4）质权人在质权存续期间，未经出质人同意转质，造成质押财产毁损、灭失的，应当向出质人承担赔偿责任。

4．质权的实现

债务人履行债务或出质人提前清偿所担保的债权的，质权人应当返还质押财产。

债务人不履行到期债务或发生当事人约定的实现质权的情形，质权人可以与出质人协议以质押财产折价，也可以就拍卖、变卖质押财产所得的价款优先受偿。质押财产折价或变卖的，应当参照市场价格。

出质人可以请求质权人在债务履行期届满后及时行使质权；质权人不行使的，出质人可以请求人民法院拍卖、变卖质押财产。

出质人请求质权人及时行使质权，因质权人怠于行使权利造成损害的，由质权人承担赔偿责任。

质押财产折价或拍卖、变卖后，其价款超过债权数额的部分归出质人所有，不足部分由债务人清偿。

为债务人质押担保的第三人，在质权人实现质权后，有权向债务人追偿。

出质人与质权人可以协议设立最高额质权。

（二）权利质押

1．权利质押的概念

权利质押是指债务人或第三人以其财产权利交付债权人作为债权的担保，当债务人不履行债务时，债权人有权依照法律规定，以该财产权利折价或以拍卖、变卖该财产权利的价款优先受偿。

根据《物权法》和《担保法》的规定，债务人或第三人有权处分的下列权利可以出质：① 汇票、支票、本票；② 债券、存款单；③ 仓单、提单；④ 可以转让的基金份额、股权；⑤ 可以转让的注册商标专用权、专利权、著作权等知识产权中的财产权；⑥ 应收账款；⑦ 法律、行政法规规定可以出质的其他财产权利。

2．以不同种类权利出质的法律规定

以汇票、支票、本票、债券、存款单、仓单、提单出质的，当事人应当订立书面合同。质权自权利凭证交付质权人时设立；没有权利凭证的，质权自有关部门办理出质登记时设立。汇票、支票、本票、债券、存款单、仓单、提单的兑现日期或提货日期先于主债权到期的，质权人可以兑现或提货，并与出质人协议将兑现的价款或提取的货物提前清偿债务或提存。

以基金份额、股权出质的，当事人应当订立书面合同。以基金份额、证券登记结算机构登记的股权出质的，质权自证券登记结算机构办理出质登记时设立；以其他股权出质的，质权自工商行政管理部门办理出质登记时设立。基金份额、股权出质后，不得转让，但经出质人与质权人协商同意的除外。出质人转让基金份额、股权所得的价款，应当向质权人提前清偿债务或提存。

以注册商标专用权、专利权、著作权等知识产权中的财产权出质的，当事人应当订立书面合同。质权自有关主管部门办理出质登记时设立。知识产权中的财产权出质后，出质人不得转让或许可他人使用，但经出质人与质权人协商同意的除外。出质人转让或许可他人使用出质的知识产权中的财产权所得的价款，应当向质权人提前清偿债务或提存。

以应收账款出质的，当事人应当订立书面合同。质权自信贷征信机构办理出质登记时设立。应收账款出质后，不得转让，但经出质人与质权人协商同意的除外。出质人转让应收账款所得的价款，应当向质权人提前清偿债务或提存。

【例 7-22】 甲于 5 月 12 日向银行借款 10 000 元，以其在该银行的 11 000 元 1 年期定期存单出质。8 月 20 日，10 000 元借款到期，甲无力偿还，银行支取了存单金额 11 000 元及利息 300 元。甲存单上的本息是否应全部归银行所有？

【解析】 这是一个实现质权的问题。如果质押合同中没有特别约定，应就全部债务承担质押保证责任，包括主债权及利息、违约金、损害赔偿金、质物保管费用和实现质权的费用。银行支取的 11 000 元本金和 300 元利息，应扣除银行的 10 000 元借款及其利息、违约金，如有剩余应返还给甲。

五、留置

（一）留置与留置权

留置是指债权人按照合同约定占有债务人的动产，是一种合同的担保方式。

留置权是指债务人不履行到期债务，债权人可以留置已经合法占有的债务人的动产，并有权就该动产优先受偿。其中债权人为留置权人，占有的动产为留置财产。

留置担保的范围包括主债权及利息、违约金、损害赔偿金、留置物保管费用和实现留置权的费用。

留置权适用的范围包括：因保管合同、运输合同、承揽合同及法律规定可以留置的其他合同发生的债权，债务人不履行债务的，债权人有留置权。

当事人可以在合同中约定不得留置的物。债权人留置的动产，应当与债权属于同一法律关系，但企业之间留置的除外。法律规定或当事人约定不得留置的动产，不得留置。留置财产为可分物的，留置财产的价值应当相当于债务的金额。法律规定或当事人约定不得留置的动产，不得留置。

（二）留置权的实现

留置权人负有妥善保管留置财产的义务。因保管不善致使留置财产毁损、灭失的，应当承担赔偿责任。留置权人有权收取留置财产的孳息，孳息应当先充抵收取孳息的费用。

留置权人与债务人应当约定留置财产后的债务履行期间；没有约定或约定不明确的，留置权人应当给债务人 2 个月以上履行债务的期间，但鲜活易腐等不易保管的动产除外。债务人逾期未履行的，留置权人可以与债务人协议以留置财产折价，也可以就拍卖、变卖留置财产所得的价款优先受偿。留置财产折价或变卖的，应当参照市场价格。

债务人可以请求留置权人在债务履行期届满后行使留置权；留置权人不行使的，债务人可以请求人民法院拍卖、变卖留置财产。留置财产折价或拍卖、变卖后，其价款超过债权数额的部分归债务人所有，不足部分由债务人清偿。

留置权人在债权未受全部清偿前，留置物为不可分物的，留置权人可以就其留置物的全部行使留置权。留置的财产为可分物的，留置物的价值应相当于债务的金额。

同一动产上已设立抵押权或质权，该动产又被留置的，留置权人优先受偿。

留置权因下列原因而消灭：① 留置权人放弃留置权；② 留置物灭失、损毁而无代位物；③ 与留置物有牵连关系的债权消灭；④ 债务人另行提供价值相当的担保并被债权人接受；⑤ 实现留置权；⑥ 丧失对留置财产的占有。

六、定金

（一）定金的概念

定金，是指合同当事人约定一方向对方给付一定数额的货币（即定金）作为债权的担保。债务人履行债务后，定金抵作价款或收回。给付定金的一方不履行约定的债务的，无权要求返还定金；收受定金的一方不履行约定的债务的，应当双倍返还定金。

定金应当以书面形式约定，具体形式可以是单独订立的书面定金合同，也可以是当事人之间约定定金性质的信函、传真等，还可以是主合同中约定的定金条款。定金合同应记载定金的交付期限、数额和明确定金性质的定金罚则等必要事项。定金合同是实践性合同，从实际交付定金之日起生效，即如果当事人只达成合意而未交付定金，则定金合同不成立。定金合同是从合同，其成立和有效以主合同的成立和有效为前提，主合同无效或被撤销的，定金合同不发生效力；主合同因解除或其他原因消灭时，定金合同也消灭。

当事人约定以交付定金作为订立主合同担保，给付定金的一方拒绝订立主合同的，无权要求返还定金；收受定金的一方拒绝订立主合同的，应当双倍返还定金。当事人约定以交付定金作为主合同成立或生效要件的，给付定金的一方未支付定金，但主合同已经履行或已经履行主要部分的，不影响主合同的成立或生效。

定金交付后，交付定金的一方可以按照合同的约定以丧失定金为代价而解除主合同，收受定金的一方可以双倍返还定金为代价而解除主合同。

因当事人一方迟延履行或其他违约行为，致使合同目的不能实现，可以适用定金罚则，但法律另有规定或当事人另有约定的除外。当事人一方不完全履行合同的，应当按照未履行部分所占合同约定内容的比例，适用定金罚则。

因不可抗力、意外事件致使主合同不能履行的，不适用定金罚则；因合同关系以外第三人的过错，致使主合同不能履行的，适用定金罚则。受定金处罚的一方当事人，可以依法向第三人追偿。

（二）定金的数额

定金的数额由当事人约定，但不得超过主合同标的额的20%。

当事人约定的定金数额超过主合同标的额20%的，超过的部分，人民法院不予支持。

实际交付的定金数额多于或少于约定数额，视为变更定金合同；收受定金一方提出异议并拒绝接受定金的，定金合同不生效。

第六节 合同的变更和转让

一、合同的变更

（一）合同变更的概念

依法订立的合同成立后，即具有法律约束力，任何一方都不得擅自变更或解除合同。但是，在合同的履行过程中，由于主客观情况的变化，需要对双方的权利义务关系重新进行调整和规定时，合同当事人可以依法变更合同。

合同的变更仅指合同内容的变更，是指合同成立后，当事人双方根据客观情况的变化，依照法律规定的条件和程序，经协商一致，对原合同内容进行修改、补充或完善。合同的变更是在合同的主体不改变的前提下对合同内容的变更，合同性质并不改变。例如，有关标的物数量的增减、质量标准的修改、履行地点的变动、标的物包装要求的改变等，都属于合同的变更。

（二）合同变更的条件

当事人在变更合同时，应本着协商的原则进行。当事人可以依据有关法律规定，就变更合同事项达成协议。

合同的变更必须具备以下要件。

1）当事人之间已存在合同关系。合同变更是在原合同基础上由当事人对其非实质性内容加以改变。无原合同关系，便无合同变更的对象，也就不存在合同变更的问题。

2）合同内容发生了变化。合同变更是合同内容的变更，如合同标的、履行期限、履行地点的变更，但变更前后合同关系应保持连续性和同一性。

3）必须遵守法律的规定和当事人的约定。合同的变更可以依据法律的规定产生，其中有两种情况：一是基于法律的直接规定而变更，当法律规定的情形出现时，合同内容当然发生变化，如遇有不可抗力导致债务不能履行时，合同可以延期履行；二是根据人民法院或仲裁机关的裁决而变更，如对因重大误解而订立的合同，或者在订立时显失公平的合同，当事人一方有权请求人民法院或仲裁机构变更或撤销。当事人约定变更合同有两种情形：一是由合同当事人达成变更合同的协议；二是当事人可以在订立合同时即约定，当某种特定情况出现时，当事人有权变更合同。

（三）合同变更的形式和程序

合同变更除法律规定的变更和人民法院依法变更外，主要是当事人协议变更。

合同变更适用《合同法》关于要约、承诺的规定，双方经协商取得一致，并采用书面形式。如原合同是经过公证、鉴证的，变更后的合同应报原公证、鉴证机关备案，必要时应对变更的事实予以公证、鉴证；如原合同按照法律、行政法规的规定经过有关部门批准、登记的，变更后仍应报原批准机关批准、登记。

二、合同的转让

（一）合同转让的概念

合同的转让，是指合同当事人一方将其合同的权利和义务全部或部分转让给第三人的行为。合同转让包括以下几个方面的含义：① 合同的转让仅指合同主体的变更，一般是一方当事人将自己在合同中的权利或义务全部或部分转让给第三人；② 合同转让不是合同内容的改变，不改变合同约定的权利义务；③ 合同转让是合法行为，《合同法》允许合同转让行为，当事人只要符合《合同法》及有关法律、法规的规定进行转让，其行为即受法律保护；④ 合同转让应经对方当事人同意或通知对方，否则转让不发生法律效力；⑤ 合同转让如涉及批准、登记手续的，必须办理有关手续。

（二）合同权利转让

合同权利转让，是指不改变合同权利的内容，由债权人将合同权利的全部或部分转让给第三人的行为。《合同法》规定，债权人可以将合同的权利全部或部分转让给第三人。这里转让权利的人称之为让与人，接受权利的人称之为受让人。合同权利全部转让的，原合同关系消灭，受让人取代原债权人的地位，成为新的债权人，原债权人脱离合同关系；合同权利部分转让的，受让人作为第三人加入到合同关系中，与原债权人共同享有债权。债权人转让主权利时，附属于主权利的从权利也一并转让，受让人在取得债权时，也取得与债权有关的从权利，但该从权利从属于债权人自身的除外。

下列三种情形，债权人不得转让合同权利。

1）根据合同性质不得转让。根据合同性质不得转让的权利，主要是指合同是基于特定当事人的身份关系订立的，合同权利转让给第三人，会使合同的内容发生变化或使合同难以履行，动摇合同订立的基础，违反了当事人订立合同的目的，使当事人的合法利益得不到保护。因此这类合同权利不能转让。

不能转让的合同权利有以下几种：① 根据当事人之间信任关系而发生的债权，如委托合同中委托人对受托人的信任，雇用合同中雇用人对受雇人的信任；② 以选定的债权人为基础发生的合同权利，如以某个特定演员的演出活动为基础订立的演出合同；③ 合同内容中包括了针对特定当事人的不作为义务。如禁止某人在转让某项权利后再将该权利转让给他人、禁止某人使用某项财产等；④ 从权利，从权利是附属于主权利的权利，从权利随主权利的转移而转移，随主权利的消灭而消灭，主权利无效，从权利也无效，因此，从权利不得与主权利相分离而单独转让。

2）根据当事人约定不得转让。当事人在订立合同时，可以对权利的转让作出特别的约定，禁止债权人将权利转让给第三人。这种约定只要是当事人真实的意思表示，并且不违反法律规定和社会公德，就产生法律效力，对当事人就有法律约束力。但这种约定只能在合同转让之前作出，如果在合同转让之后再作出，则不能影响合同转让的效力。同时，此种约定不得约束第三人，如果一方当事人违反约定，将合同权利转让给善意第三人，则善意第三人可以取得该项权利。

3）依照法律规定不得转让。中国一些法律中对某些权利的转让作出了禁止性规定，如《担保法》规定，最高额抵押的主合同债权不得转让。对于这些规定当事人应严格遵守，不得违反法律规定，擅自转让法律禁止转让的权利。

【例 7-23】中国公民甲与乙依法签订了一份买卖合同，甲将其依法继承的文物转让给乙。乙为了牟取暴利将自己的合同权利转让给了外国公民丙，乙的转让行为是否有效？

【解析】该转让行为无效。中国《文物保护法》中明确规定，私人收藏的文物其所有权受国家保护，其所有权的转移必须严格遵守国家法律规定，转移的渠道要受法律的限制，因此，乙将文物买卖合同中的权利转让给外国人，其转让行为是无效的。

债权人转让权利不需要经债务人同意，但应当通知债务人。未经通知，该转让对债务人不发生效力。债务人接到债权转让通知后，债权让与行为就生效，如果债务人对让与人享有债权，并且债务人的债权先于转让的债权到期或同时到期的，债务人可以向受让人主张抵消。债务人对让与人的抗辩，可以向受让人主张。债权人转让权利的通知不得撤销，但经受让人同意的除外。

（三）合同义务转移

合同义务转移，是指在不改变合同义务的前提下，经债权人同意，债务人将合同的义务全部或部分转移给第三人。

债务人将合同的义务全部或部分转移给第三人，应当经债权人同意，否则债务人转移合同义务的行为对债权人不发生法律效力。债权人有权拒绝第三人向其履行，同时有权要求债务人履行义务并承担不履行或迟延履行合同的法律责任。

合同义务的全部转移指债权人或债务人与第三人之间达成转移债务的协议，由第三人取代原债务人承担全部债务。债务人全部转移合同义务时，新的债务人完全取代了原债务人的地位，承担全面履行合同义务的责任。合同义务的部分转移指原债务人并没有脱离合同关系，而第三人加入合同关系，并与债务人共同向同一债权人承担债务。债务人部分转移合同义务时，新的债务人加入到原债务中，和原债务人一起向债权人履行义务。

合同义务的转移，可以产生如下法律后果：① 新债务人成为合同一方当事人，如不履行或不适当履行合同义务，债权人可以向其请求履行债务或承担违约责任；② 新债务人享有基于原合同关系的对抗债权人的抗辩权，《合同法》规定，债务人转移义务的，新债务人可以主张原债务人对债权人的抗辩；③ 从属于主债务的从债务，随主债务的转移而转移；④ 原第三人向债权人提供的担保，若担保人未明确表示继续承担担保责任，则担保责任因债务转移而消灭。《担保法》规定，保证期间，债权人许可债务人转让债务的，应当取得保证人书面同意，保证人对未经其同意转让的债务，不再承担保证责任。

（四）合同权利义务的一并转让

合同权利义务的一并转让，是指当事人一方经对方同意，将自己在合同中的权利和义务一并转让给第三人。合同权利义务的一并转让可以是合同权利和义务全部由出让人转移至受让人，即全部转让；也可以是合同权利和义务的一部分由出让人转移至受让人，即部分转让。

合同关系的一方当事人将权利和义务一并转让时，除了应当征得另一方当事人的同意外，还应当遵守《合同法》有关转让权利和义务转移的其他规定：① 不得转让法律禁止转让的权利；② 转让合同权利和义务时，从权利和从债务一并转让，受让人取得与债权有关的从权利和从债务，但该从权利和从债务专属于让与人自身的除外；③ 转让合同权利和义务不影响债务人抗辩权的行使；④ 债务人对让与人享有债权的，可以依照有关规定向受让人主张抵消；⑤ 法律、行政法规规定应当办理批准、登记手续的，应当依照其规定办理。

（五）法人或其他组织合并或分立后债权债务关系的处理

《合同法》规定，当事人订立合同后合并的，由合并后的法人或其他组织行使合同权利，履行合同义务；当事人订立合同后分立的，除债权人和债务人另有约定的以外，由分立的法人或其他组织对合同的权利和义务享有连带债权，承担连带债务。

合并，指原存的两个或两个以上的法人或其他组织合并为一个法人或一个其他组织。合并分为吸收合并和新设合并。合并前的法人或其他组织的合同权利义务一并转移至合并后的法人或其他组织。

分立，指一个法人或其他组织分成多个法人或外个其他组织。原法人或其他组织可以解散，分立为多个法人或多个其他组织，也可以继续存续，从中派生出新的法人或其他组织。除另有约定外，分立后的法人或其他组织有权接受债务人履行全部或部分债务，也有义务依债权人的请求履行全部或部分债务。

第七节　合同的权利义务终止

一、合同权利义务终止的概念

合同权利义务终止，是指依法生效的合同，因具备法定情形和当事人约定的情形，合同债权、债务归于消灭，债权人不再享有合同权利，债务人也不必再履行合同义务，合同当事人双方终止合同关系，合同的效力随之消灭。

二、合同权利义务终止的具体情形

根据《合同法》规定，有下列情形之一的，合同的权利义务终止。

（一）债务已经按照约定履行

债务已经按照约定履行，是指债务人按照约定的标的、质量、数量、价款或报酬，履行期限、履行地点和方式全面履行。债务按照合同约定得到履行，一方面可以使合同债权得到满足，另一方面也可以使合同债务归于消灭，产生合同的权利义务终止的后果。

以下情况也属于合同按照约定履行：① 当事人约定的第三人按照合同内容履行，产生债务消灭的后果；② 债权人同意以他种给付代替合同原定给付，有时实际履行债务在法律上或事实上不可能，如标的物灭失无法交付或实际履行费用过高，这时经债权人同意，可以采用替代物履行的办法，达到债务消灭的目的；③ 当事人以外的第三人接受履行，当事人约定债务人向第三人履行，第三人已接受履行的，债务归于消灭。

（二）合同解除

合同解除是指合同有效成立后，因主客观情况发生变化，使合同的履行成为不必要或不可能，根据双方当事人达成的协议或一方当事人表示提前终止合同效力。当事人一方主张解除合同时，应当通知对方，合同自通知到达对方时解除。对方有异议的，可以请求人民法院或仲裁机构确认解除合同的效力。合同解除有约定解除和法定解除两种情况。

1．约定解除

根据合同自愿原则，当事人在法律规定范围内享有自愿解除合同的权利。当事人约定解除合同包括两种情况。

1）协商解除，指合同生效后，未履行或未完全履行之前，当事人以解除合同为目的，经协商一致，订立一个解除原来合同的协议，使合同效力消灭的行为。由于协商解除是双方的法律行为，应当遵循合同订立的程序，即双方当事人应当对解除合同意思表示一致。协议未达成之前，原合同仍然有效。如果协商解除违反了法律规定的合同有效成立的条件，如损害了国家利益或社会公共利益，则解除合同的协议就不能发生法律效力，原有的合同仍要履行。如依法必须获得有关部门批准才能解除的合同，当事人不得擅自协商解除。

2）约定解除权，指当事人在合同中约定，合同履行过程中出现某种情况，当事人一方或双方有解除合同的权利。解除权可以在订立合同同时约定，也可以在履行合同的过程中约定，可以约定一方解除合同的权利，也可以约定双方解除合同的权利。行使约定的解除权应当以该合同为基础。约定解除权必须符合合同生效的条件，不得违反法律、损害国家利益和社会公共利益。根据法律规定必须经有关部门批准才能解除的合同，当事人不得按照约定擅自解除。

2．法定解除

法定解除是指在合同成立后，没有履行或没有完全履行完毕之前，当事人一方或双方在法律规定的解除条件出现时，行使解除权而使合同关系消灭。

《合同法》规定，有下列情形之一的，当事人可以解除合同。

1）因不可抗力致使不能实现合同目的。不可抗力是指不能预见、不能避免并不能克服的客观情况。属于不可抗力的情况有：自然灾害、战争、社会异常事件、政府行为等。只有不可抗力致使合同目的不能实现时，当事人才可以解除合同。

2）因预期违约解除合同。即在履行期限届满之前，当事人一方明确表示或以自己的行为表明不履行主要债务的，对方当事人可以解除合同。

3）当事人一方迟延履行主要债务，经催告后在合理期限内仍未履行。主要债务依合同个案的不同而不同，一般来说是指影响合同目的实现的债务。

4）当事人一方迟延履行债务或有其他违约行为致使不能实现合同目的。其他违约行为主要包括：完全不履行合同、履行质量与约定严重不符、部分履行合同等。

5）法律规定的其他情形。如因行使不安抗辩权而中止履行合同，对方在合理期限内未恢复履行能力，也未提供适当担保的，中止履行的一方可以请求解除合同。

《最高人民法院关于适用〈中华人民共和国合同法〉若干问题的解释（二）》规定：合同成立以后客观情况发生了当事人在订立合同时无法预见的、非不可抗力造成的不属于商业风险的重大变化，继续履行合同对于一方当事人明显不公平或不能实现合同目的，当事人请求人民法院变更或解除合同的，人民法院应当根据公平原则，并结合案件的实际情况确定是否变更或解除。

合同解除后尚未履行的，终止履行；已经履行的，根据履行情况和合同性质，当事人可以要求恢复原状、采取其他补救措施，并有权要求赔偿损失。合同的权利义务终止，不影响合同中结算和清理条款的效力。

（三）债务相互抵消

债务相互抵消是指合同双方当事人互负债务时，各方相互充抵债务，而使各自的债务在对等额内相互消灭。《合同法》规定，当事人互负到期债务，该债务的标的物种类、品质相同的，任何一方可以将自己的债务与对方的债务抵消，但依照法律规定或按照合同性质不得抵消的除外。当事人主张抵消的，应当通知对方。通知自到达对方时生效。抵消不得附条件或附期限。

按照有关法律规定，下列债务不能抵消：① 按合同性质不能抵消，有些合同不实际履行就不能达到订立合同的目的，如债务标的为劳务的合同，如咨询、培训、医疗合同；② 按照约定应当向第三人给付的债务，如果双方当事人在订立合同时已约定债务人应向第三人履行义务，则债务人不得以对合同对方当事人享有债权而主张抵消该义务，否则将损害第三人的利益；③ 因故意实施侵权行为产生的债务，这种债务是对被害人的赔偿，如允许抵消，则意味着可以用金钱补偿对债务人的人身和财产权利的任意侵犯，是有悖社会正义的；④ 法律规定不得抵消的其他情形，如被人民法院查封、扣押、冻结的财产，当事人已无处分权，不能用来抵消债务。

（四）债务人依法将标的物提存

提存是指由于债权人的原因，债务人无法向其交付合同标的物而将该标的物交给提存机关，从而消灭债务、终止合同的制度。

债务的履行往往需要债权人的协助，如果债权人无正当理由拒绝受领或不能受领，债权人虽应负担受领迟延的责任，但债务人的债务却不能消灭，债务人仍得随时准备履行。因此，法律规定在一定情形下，债务人可以通过提存标的物终止合同。

《合同法》规定，有下列情形之一导致难以履行债务的，债务人可以将标的物提存：① 债权人无正当理由拒绝受领，指债务人依照约定履行债务，债权人有能力也有义务领受标的物，却无正当理由拒绝领受，如在仓储合同中，存储期届满，仓单持有人不提取仓储物，保管人催告其在合理期限内提取货物后，逾期仍不提取的，保管人可以提存该货物；② 债权人下落不明，包括债权人失踪，其财产尚无人代管、债权人不清、地址不详、无法查找等；③ 债权人死亡未确定继承人或丧失民事行为能力未确定监护人，此时债权人的财产没有合法的管理人，债务人无法交付；④ 法律规定的其他情形，如《担保法》规定，抵押人转让抵押物所得的价款，应当向抵押权人提前清偿所担保的债权或向与抵押权人约定的第三人提存，出质人转让股票所得的价款应当向质权人提前清偿所担保的债权或向与质权人约定的第三人提存。

标的物提存后，除债权人下落不明的以外，债务人应当及时通知债权人或债权人的继承人、监护人。标的物不适于提存或提存费用过高的，债务人依法可以拍卖或变卖标的物，提存所得的价款。

提存期间，标的物的孳息归债权人所有，提存费用由债权人承担。标的物提存后，毁损、灭失的风险由债权人承担。债权人可以随时领取提存物，但债权人对债务人负有到期债务的，在债权人未履行债务或提供担保之前，提存部门根据债务人的要求应当拒绝其领取提存物。

债权人领取提存物的权利，自提存之日起 5 年内不行使而消灭，提存物扣除提存物费用后归国家所有。

【例 7-24】甲向乙定制了一套西服，并预先支付了价款，但西服做好后，甲迟迟不来取，乙无法找到甲向其交付，于是半年后乙将该套西服变卖，将所得价款扣除了报酬和保管费用后，以甲的名义存入了银行。乙的行为属于什么性质？是否合法？

【解析】乙的行为属于依法将标的物提存，属于合法行为。

（五）债权人依法免除债务

债务的免除是指合同没有履行或未完全履行，权利人放弃自己的全部或部分权利，从而使合同义务减轻或使合同终止的一种形式。

债务免除分为单方免除和协议免除两种。单方免除是享有权利的一方单独向对方当事人作出意思表示，免除对方的义务；协议免除是合同双方通过协商达成一致，债权人免除债务人的义务。协议免除可以附条件和期限。

债权人免除债务人部分或全部债务的，合同的权利义务部分或全部终止，免除债权，债权的从权利如从属于债权的担保权利、利息权利、违约金请求权等也随之消灭。

（六）混同

混同，即债权债务同归于一人。由于某种事实的发生，使一项合同中原本由一方当事人享有的债权和由另一方当事人负担的债务统归于一方当事人，使得该当事人既是合同的债权人，又是合同的债务人，合同的履行就失去了实际意义，合同的权利义务终止。例如，由于甲、乙两企业合并，甲、乙企业之间原先订立的合同中的权利义务同归于合并后的企业，债权债务关系自然终止。再如，当债权人继承了债务人或债务人继承了债权人时，债权债务也同归于一人，合同终止。

但是，有一种情况例外，《合同法》规定，债权和债务同归于一人的，合同的权利义务终止，但涉及第三人利益的除外。例如，当债权为他人质权的标的时，为了保护质权人的利益，不得使债权因合并而消灭。

（七）法律规定或当事人约定终止的其他情形

《合同法》规定，委托人或受托人死亡、丧失民事行为能力或破产的，委托合同终止。《民法通则》规定，代理人死亡、丧失民事行为能力，作为被代理人或代理人的法人终止，委托代理终止。当事人也可以约定合同的权利义务终止的情形，如当事人订立的附解除条件的合同，当解除条件成就时，债权债务关系消灭，合同的权利义务终止。

三、合同权利义务终止的法律后果

合同权利义务终止所产生的法律后果，主要有以下几个方面：① 合同失效，即合同的终止解除了双方当事人履行和接受履行的义务，双方当事人不必继续履行合同义务；② 合同项下的从权利和从义务一并消灭，如债务的担保、违约金和利息的支付等也一并消灭；③ 负债字据的返还，负债字据是债权债务关系的证明，债权人应当在合同关系消灭后，将负债字据返还债务人；④ 在合同当事人之间发生后合同义务，《合同法》规定，合同的权利义务终止后，当事人应当遵循诚实信用原则，根据交易习惯履行通知、协助、保密等义务，合同终止后，一方当事人应当将有关情况及时通知另一方当事人，如债务人将标的物提存的，应当通知债权人标的物的提存地点和领取方式，当事人应当协助对方处理与合同有关的事务，如对需要保管的标的物协助保管，当事人应当保守国家秘密、商业秘密和合同约定的不得泄露的事项；⑤ 合同中关于解决争议的方法、结算和清理条款继续有效，直至结算和清理完毕，《合同法》规定，合同无效、被撤销或终止的，不影响合同中独立存在的有关解决争议方法的条款的效力，合同的权利义务终止，不影响合同中结算和清理条款的效力。

第八节　违约责任

一、违约责任的概念

违约责任即违反合同的民事责任，是指合同当事人一方或双方不履行合同义务或履行合同义务不符合约定时，依照法律规定或合同约定所承担的法律责任。依法订立的有效合同对当事人双方来说，都具有法律约束力。如果不履行或履行义务不符合约定，就要承担违约责任。

二、承担违约责任的形式

《合同法》规定，当事人一方不履行合同义务或履行合同义务不符合约定的，应当承担继续履行、采取补救措施或赔偿损失等违约责任。当事人一方明确表示或以自己的行为表明不履行合同义务的，对方可以在履行期届满之前要求其承担违约责任。

违约的当事人承担违约责任的主要形式有继续履行、采取补救措施、赔偿损失、支付违约金、给付或双倍返还定金等。具体适用哪种违约责任，由当事人根据自己的要求加以选择。

（一）继续履行

订立合同的目的是为了实现合同的约定，即实际履行合同。继续履行合同既是为了实现合同目的，又是一种违约责任。当事人一方未支付价款或报酬的，对方可以要求其支付价款或报酬。当事人一方不履行非金钱债务或履行非金钱债务不符合约定的，对方可以要求履行，但有下列情形之一的除外：① 法律上或事实上不能履行；② 债务的标的不适于强制履行或履行费用过高；③ 债权人在合理期限内未要求履行。

（二）采取补救措施

当事人一方履行合同义务不符合约定的，应当按照当事人的约定承担违约责任。受损害方可以根据受损害的性质及损失的大小，合理选择要求对方适当履行，如采取修理、更换、重作、退货、减少价款或报酬等措施，也可以选择解除合同、中止履行合同、通过提存履行债务、行使担保债权等补救措施。

（三）赔偿损失

当事人一方不履行合同义务或履行合同义务不符合约定的，在履行义务或采取补救措施后，对方还有其他损失的，应当赔偿损失。损失赔偿额应当相当于因违约所造成的损失，包括合同履行后可以获得的利益，但不得超过违反合同一方订立合同时预见到或应当预见到的因违反合同可能造成的损失。

当事人一方违约后，对方应当采取适当措施防止损失的扩大；没有采取适当措施致使损失扩大的，不得就扩大的损失要求赔偿。当事人因防止损失扩大而支出的合理费用，由违约方承担。

赔偿损失的方式有三种：① 恢复原状，即恢复到损害发生前的原状；② 金钱赔偿，是赔偿损失的主要方式，需加付利息；③ 代物赔偿，即以其他财产替代赔偿。

（四）支付违约金

为了保证合同的履行，保护自己的利益不受损失，合同当事人可以约定一方违约时应当根据情况向对方支付一定数额的违约金，也可以约定因违约产生的损失赔偿额的计算方法。

违约金是指合同当事人一方由于不履行合同或履行合同不符合约定时，按照合同的约定向对方支付的一定数额的货币。违约金有法定违约金和约定违约金之分。对违约金的约定是一种合同关系，违约金的标的物可以是金钱，也可以是金钱以外的其他财产。

违约金是对不能履行或不能完全履行合同行为的一种带有惩罚性质的经济补偿手段，不论违约的当事人一方是否已给对方造成损失，都应当支付。约定的违约金低于造成的损失的，当事人可以请求人民法院或仲裁机构予以增加；约定的违约金过分高于造成的损失的，当事人可以请求人民法院或仲裁机构予以适当减少。当事人就迟延履行约定违约金的，违约方支付违约金后，还应当履行债务。

当事人可以通过反诉或抗辩的方式，请求人民法院依照《合同法》第 114 条第二款的规定调整违约金。当事人依法请求人民法院增加违约金的，增加后的违约金数额以不超过实际损失额为限。增加违约金以后，当事人又请求对方赔偿损失的，人民法院不予支持。当事人主张约定的违约金过高请求予以适当减少的，人民法院应当以实际损失为基础，兼顾合同的履行情况、当事人的过错程度及预期利益等综合因素，根据公平原则和诚实信用原则予以衡量，并作出裁决。当事人约定的违约金超过造成损失的 30%的，一般可以认定为“过分高于造成的损失”。

（五）给付或双倍返还定金

定金是合同当事人一方为了确保合同的履行，依据法律规定或当事人双方的约定，由一方当事人按照合同标的额的一定比例，预先向对方支付的金钱。

《合同法》规定，当事人可以依照《担保法》约定一方向对方给付定金作为债权的担保。债务人履行债务后，定金应当抵作价款或收回。给付定金的一方不履行约定的债务的，无权要求返还定金；收受定金的一方不履行约定的债务的，应当双倍返还定金。

当事人既约定违约金，又约定定金的，一方违约时，对方可以选择适用违约金或定金条款。但由于二者在目的、性质、功能等方面具有共性而不能并用。当事人执行定金条款后不足以弥补所受损害的，仍可以请求赔偿损失。

三、违约责任的免除

一般来说，在合同订立之后，如果一方当事人没有履行合同或履行合同不符合约定，不论是自己的原因，还是第三人的原因，都应当向对方承担违约责任。但是，当当事人一方违约是由于免责事由的出现造成的，可以根据情况免除违约方的违约责任。

《合同法》规定了三种免责事由：法定事由、免责条款、法律有特别规定。

（一）法定事由

根据《合同法》的规定，因不可抗力不能履行合同的，根据不可抗力的影响，部分或全部免除责任，但法律另有规定的除外。当事人迟延履行后发生不可抗力的，不能免除责任。具体来说，即是在合同订立后发生不可抗力的，可以视不可抗力的影响变更、解除合同，由此产生的违约责任均予以免除，即当事人不负违约责任。但法律规定因不可抗力造成的违约也要承担违约责任的，违约方也要承担无过错的违约责任。

当事人一方因不可抗力不能履行合同的，应当及时采取一切可能采取的有效措施，尽量避免或减少损失；应当及时通知对方不能履行和不能完全履行合同的情况和理由；在合理期限内提供有关机关的证明，证明不可抗力及其影响当事人履行合同的具体情况。

（二）免责条款

免责条款是指合同双方当事人在合同中约定，当出现一定的事由或条件时，可免除违约方的违约责任。

（三）法律的特别规定

在法律有特别规定的情况下，可以免除当事人的违约责任。如《合同法》规定，承运人对运输过程中货物的毁损、灭失承担赔偿责任，但承运人证明货物的毁损、灭失是因不可抗力、货物本身的自然性质或合理损耗及托运人、收货人的过错造成的，不承担损害赔偿责任。

第九节 买卖合同

一、买卖合同的概念及内容

买卖合同是出卖人转移标的物的所有权于买受人，买受人支付价款的合同。买卖关系的主体是出卖人和买受人，转移买卖标的物的一方为出卖人，即卖方；受领买卖标的、支付价款的一方是买受人，即买方。买卖合同是诺成、双务、有偿合同，既可以是要式的，也可以是不要式的。

根据《合同法》的规定，买卖合同的内容应当包括：① 当事人的名称或姓名和住所；② 买卖标的物的名称、数量、质量及包装方式；③ 标的物的价格、金额、货币及价格术语；④ 价款的支付时间、地点和方式；⑤ 标的物交付的方式、时间和地点；⑥ 标的物的保险及运输方式；⑦ 检验标准和方法；⑧ 结算方式；⑨ 解决争议的方式、管辖机构及适用法律；⑩ 合同的份数、使用的文字及效力；⑪ 订立合同的时间、地点、当事人签字。

二、买卖合同的标的物

在买卖合同中，买和卖的物就是标的，称为标的物。《合同法》规定，出卖的标的物，应当属于出卖人所有或出卖人有权处分。法律、行政法规禁止或限制转让的标的物，依照其规定。

标的物的所有权自标的物交付时起转移。当事人可以在买卖合同中约定，买受人未履行支付价款或其他义务时，标的物的所有权属于出卖人。出卖具有知识产权的计算机软件等标的物的，除法律另有规定或当事人另有约定的以外，该标的物的知识产权不属于买受人。

因标的物的主物不符合约定而解除合同的，解除合同的效力及于从物；因标的物的从物不符合约定被解除的，解除的效力不及于主物。

标的物为数物，其中一物不符合约定的，买受人可以就该物解除，但该物与他物分离使标的物的价值显受损害的，当事人可以就数物解除合同。

出卖人分批交付标的物的，出卖人对其中一批标的物不交付或交付不符合约定，致使该批标的物不能实现合同目的的，买受人可以就该批标的物解除。出卖人不交付其中一批标的物或交付不符合约定，致使今后其他各批标的物的交付不能实现合同目的的，买受人可以就该批及今后其他各批标的物解除。买受人如果就其中一批标的物解除，该批标的物与其他各批标的物相互依存的，可以就已经交付和未交付的各批标的物解除。

三、当事人的权利义务

出卖人应当履行向买受人交付标的物或交付提取标的物的单证，并转移标的物所有权的义务，出卖人还应当按照约定或交易习惯向买受人交付提取标的物单证以外的有关单证和资料。

1）出卖人应当按照约定的期限交付标的物。约定交付期间的，出卖人可以在该交付期间内的任何时间交付；没有约定标的物的交付期限或约定期限不明确的，当事人可以协商达成补充协议；不能达成补充协议的，按照合同有关条款或交易习惯确定；如仍不能确定，出卖人就可以随时履行，买受人也可以随时要求出卖人履行，但应当给对方必要的准备时间。

2）出卖人应当按照约定的地点交付标的物。当事人没有约定交付地点或约定不明确的，可以协商达成补充协议；不能达成补充协议的，按照合同有关条款或交易习惯确定。仍不能确定的，适用下列规定：① 标的物需要运输的，出卖人应当将标的物交付给第一承运人以运交给买受人，出卖人将标的物交付给第一个承运人后，标的物毁损、灭失的风险由买受人承担；② 标的物不需要运输，出卖人和买受人订立合同时知道标的物在某一地点的，出卖人应当在该地点交付标的物，不知道标的物在某一地点的，应当在出卖人订立合同时的营业地交付标的物。

3）出卖人应当按照约定的质量要求交付标的物。出卖人提供有关标的物质量说明的，交付的标的物应当符合该说明的质量要求；当事人对标的物的质量要求没有约定或约定不明确的，可以补充协议；不能达成补充协议的，按照合同有关条款或交易习惯确定；如仍不能确定，按照国家标准、行业标准履行；没有国家标准、行业标准的，按照通常标准或符合合同目的的特定标准履行。出卖人交付的标的物不符合质量要求的，买受人可以依照合同约定要求出卖人承担违约责任，对违约责任没有约定或约定不明确，并不能达成补充协议或按有关条款或交易习惯确定的，买受人可以根据标的物的性质及损失的大小，合理选择要求对方承担修理、更换、重作、退货、减少价款或报酬等违约责任。

4）出卖人应当按照约定的包装方式交付标的物。对包装方式没有约定或约定不明确的，可以协商达成补充协议；不能达成补充协议的，按照合同有关条款或交易习惯确定；仍不能确定的，应当按照通用的方式包装；没有通用方式的，应当采取足以保护标的物的包装方式。

5）出卖人交付标的物后，买受人应对收到的标的物在约定的检验期间内检验。没有约定检验期间的，应当及时检验；当事人约定检验期间的，买受人应当在检验期间内将标的物的数量或质量不符合约定的情形通知出卖人。买受人怠于通知的，视为标的物的数量或质量符合约定。当事人没有约定检验期间的，买受人应当在发现或应当发现标的物的数量或质量不符合约定的合理期间通知出卖人。买受人在合理期间内未通知或自标的物收到之日起2年内未通知出卖人的，视为标的物的数量或质量符合约定；但对标的物有质量保证期的，适用质量保证期，不适用该2年的规定。出卖人知道或应当知道提供的标的物不符合约定的，买受人不受上述规定的通知时间的限制。

四、标的物毁损、灭失风险的承担

标的物毁损、灭失的风险，在标的物交付之前由出卖人承担，交付之后由买受人承担。因买受人的原因致使标的物不能按照约定的期限交付的，买受人应当自违反约定之日起承担标的物毁损、灭失的风险。

出卖人出卖交由承运人运输的在途标的物，除当事人另有约定的以外，毁损、灭失的风险自合同成立时起由买受人承担；出卖人按照约定或将标的物置于交付地点，买受人违反约定没有收取的，标的物毁损、灭失的风险自违反约定之日起由买受人承担；出卖人就交付的标的物，负有保证第三人不得向买受人主张任何权利的义务，但买受人订立合同时知道或应当知道第三人对买卖的标的物享有权利的，出卖人不承担该义务；出卖人按照约定未交付有关标的物的单证和资料的，不影响标的物毁损、灭失风险的转移，标的物毁损、灭失的风险由买受人承担的，不影响因出卖人履行债务不符合约定，买受人要求其承担违约责任的权利。

因标的物质量不符合质量要求，致使不能实现合同目的的，买受人可以拒绝接受标的物或解除合同。买受人拒绝接受标的物或解除合同的，标的物毁损、灭失的风险由出卖人承担。买受人有确切证据证明第三人可能就标的物主张权利的，可以中止支付相应的价款，但出卖人提供适当担保的除外。

【例 7-25】甲某到乙商场购买自行车，经挑选后决定购买单价为800元的一辆，当时甲付款600元，约定所欠200元在第二天取货时付清。为防止这辆车再被别人买走，甲某要求乙商场将其挑选出的车子另行存放。乙商场将该车放在了后院，不幸该车当晚被盗。第二天，乙商场要求甲交清欠款，并不承担自行车被盗的责任，甲不服，诉至法院。法院应如何审理判决此案？标的物的毁损、灭失责任应由谁承担？

【解析】《合同法》规定，标的物毁损、灭失的风险，在标的物交付之前由出卖人承担，交付之后由买受人承担，但法律另有规定或当事人另有约定的除外。法院应当根据《合同法》的这一规定审理此案，判决乙商场返还甲某预付的货款600元。

本案中的自行车是在交付前丢失，其毁损、灭失风险责任应由乙商场负责。

五、买卖合同价款的支付

买卖合同中买受人应当按照约定的数额支付价款。对价款没有约定或约定不明确的，可以补充协议；不能达成协议的，除依法由政府定价的以外，按照订立合同时履行地的市场价格履行。出卖人多交付标的物的，买受人可以接收或拒绝接收多交付的部分。买受人接收多交付部分的，按照合同的价格支付价款；买受人拒绝接收多交付部分的，应当及时通知出卖人。标的物在交付之前产生的孳息，归出卖人所有，交付之后产生的孳息，归买受人所有。

买受人应当按照约定的地点支付价款。对支付地点没有约定或约定不明确的，可以协议补充；不能达成补充协议的，买受人应当在出卖人的营业地支付，但约定支付价款以交付标的物或交付提取标的物单证为条件的，在交付标的物或交付提取标的物单证的所在地支付。

买受人应当按照约定的时间支付价款。对支付时间没有约定或约定不明确的，可以协议补充；不能达成协议的，买受人应当在收到标的物或提取标的物单证的同时支付。

分期付款的买受人未支付到期价款的金额达到全部价款的 1/5 的，出卖人可以要求买受人支付全部价款或解除合同。出卖人解除合同的，可以向买受人要求支付该标的物的使用费。

复习思考题

一、单项选择题

1．根据《合同法》的规定，下列情形中，要约没有发生法律效力的是（　　）。

A．撤回要约的通知与要约同时到达受要约人

B．撤销要约的通知在受要约人发出承诺通知之前到达

C．同意要约的通知到达要约人

D．受要约人对要约的内容作出实质性变更

2．下列各项中，属于要约的是（　　）。

A．寄送的价目表　　B．招股说明书

C．拍卖公告　　D．符合要约规定的商业广告

3．美达家具厂得知 Z 机关所建办公楼要购置一批办公桌椅，便于 2 月 1 日致函 Z 机关以每套 1 000 元的优惠价格销售办公桌椅。Z 机关考虑到美达家具厂生产的家具质量可靠，便于 2 月 2 日回函订购 300 套桌椅，提出每套价格 800 元，同时要求 3 个月将桌椅送至 Z 机关，验货后 7 日内电汇付款。美达家具厂收到函件后，于 2 月 4 日又发函 Z 机关，同意 Z 机关提出的订货数量，交货时间及方式、付款时间及方式，但同时提出其每套桌椅定价 1000 元已属优惠价格，考虑 Z 机关所订桌椅数量较多，可以按每套桌椅 900 元出售。Z 机关于 2 月 6 日发函表示同意。2 月 7 日，美达家具厂电话告知 Z 机关收到 2 月 6 日函件。该合同的要约为（　　）。

A．2 月 1 日美达家具厂发出的函件　　B．2 月 2 日 Z 机关发出的函件

C．2 月 4 日美达家具厂发出的函件　　D．2 月 6 日 Z 机关发出的函件

4．甲与乙订立合同后，乙以甲有欺诈行为为由向人民法院提出撤销合同申请，人民法院依法撤销了该合同。下列有关被撤销合同的法律效力的表述中，正确的是（　　）。

A．自合同订立时无效　　B．自乙提出撤销请求时起无效

C．自人民法院受理撤销请求时无效　　D．自合同被人民法院撤销后无效

5．根据《合同法》规定，合同保金措施中的撤销权，自债务人的行为发生之日起一定期间内，没有行使撤销权的，该撤销权消灭，该期间为（　　）。

A．1 年　　B．2 年　　C．3 年　　D．5 年

6．甲企业向银行借款 100 万元，乙企业为甲企业的贷款提供保证，后经银行的同意，甲企业将其中的 30 万元债务转让给丁企业，但是该转让行为未经乙企业的书面同意，根据规定，下列说法中，正确的是（　　）。

A．乙企业不再承担全部保证责任

B．乙企业仅就剩余的 70 万元承担保证责任

C．乙企业仍需承担全部的保证责任

D．乙企业应对其转让的30万元承担保证责任，剩余的70万元不再承担

7．根据《物权法》和《担保法》的规定，债务人或第三人有权处分的下列权利中不可以出质的是（　　）。

A．汇票、支票、本票　　B．仓单、提单

C．著作权中的署名权　　D．可以转让的基金份额、股权

8．根据《合同法》规定，赠与人的继承人或法定代表人的撤销权，自（　　）之日起（　　）内行使。

A．知道或应当知道撤销原因1年　　B．赠与合同成立之日6个月

C．受赠人行为发生之日3个月　　D．知道或应当知道撤销原因6个月

二、多项选择题

1．A公司因更新办公设备向数家办公设备供应商发函，内称“我公司急需某型号的电脑30台，如贵公司有货，请速告之”。B公司接函后于次日将30台该型号的电脑送至A公司，而A公司此时已决定购买另一型号的电脑，拒绝接受B公司送来的电脑，双方因此发生纠纷。关于本案的下列表述中正确的是（　　）。

A．A公司的发函属于要约

B．A公司的发函属于要约邀请

C．A公司拒绝B公司已送来电脑的行为构成违约

D．A公司拒绝B公司已送来电脑的行为不构成违约

2．下列关于要约的说法错误的是（　　）。

A．要约自承诺作出时生效

B．商业广告符合要约规定的，视为要约

C．招股说明书属于要约

D．采用数据电文形式订立合同，收件人指定特定系统接收数据电文的，该数据电文进入该特定系统的时间，视为要约到达时间

3．根据《合同法》规定，下列属于承担缔约过失责任情形的有（　　）。

A．假借订立合同，恶意进行磋商

B．故意隐瞒与订立合同有关的重要事实

C．故意提供与订立合同有关的虚假信息

D．通过订立合同不正当使用对方的商业秘密

4．根据《合同法》规定，下列合同中，属于无效合同的有（　　）。

A．一方以欺诈、胁迫的手段订立的，损害国家利益的合同

B．损害社会公共利益的合同

C．以合法形式掩盖非法目的的合同

D．显失公平的合同

5．下列各项中，可以中止履行合同的情形有（　　）。

A．经营状况严重恶化　　B．转移财产、抽逃资金以逃避债务

C．丧失商业信誉　　D．有丧失履行债务能力的其他情形

6．合同变更需要具备的条件包括（　　）。

A．当事人之间已存在合同关系　　B．合同内容发生了变化

C．必须对主体进行改变　　　　D．必须涉及合同性质和标的性质的改变

三、判断题

1．提供格式条款的一方免除其责任，加大对方责任，排除对方主要权利的格式条款无效。（　　）

2．采用数据电文形式订立合同，收件人未指定特定系统的，该数据电文进入收件人的任何系统的首次时间，视为要约或承诺到达时间。（　　）

3．拍卖公告、招标公告即是拍卖人、招标人发出的要约表示。（　　）

4．受要约人对要约的内容作出实质性变更，这种情况属于反要约。（　　）

5．甲向乙发出要约，通过传真的方式发给乙。则乙做出承诺的期限的起算时间是甲发出要约时。（　　）

6．甲与乙签订了以城市房地产作为抵押标的的合同，那么该合同的生效时间为合同签订之日。（　　）

7．行为人没有代理权而以被代理人名义订立的合同，且相对人知道该情形的，相对人可以催告被代理人在 1 个月内予以追认，被代理人未作表示的，视为同意追认，该合同有效。（　　）

8．当事人约定由债务人向第三人履行债务的，债务人未向第三人履行债务或履行债务不符合约定，应当向第三人承担违约责任。（　　）

9．企业法人的分支机构、职能部门不得为保证人，但它们有法人书面授权的，可以在授权范围内提供保证。（　　）

10．以建筑物抵押的，该建筑物占用范围内的建设用地使用权可以不抵押。以乡镇、村企业的厂房等建筑物抵押的，其占用范围内的建设用地使用权也可以不抵押。（　　）

11．抵押期间，抵押人经抵押权人同意转让抵押财产的，应当将转让所得的价款向抵押权人提前清偿债务或提存。转让的价款超过债权数额的部分归抵押人所有，不足部分由债务人清偿。（　　）

12．甲企业与乙企业签订 100 万元的买卖合同，甲企业向乙企业支付了 30 万元作为合同履行的定金，甲企业支付的定金数额符合法律规定。（　　）

13．债务人将合同的义务转移给第三人，不需要经债权人同意，但应当通知债权人。（　　）

14．甲乙双方对于购销合同中的标的物交付，货款支付等权利义务履行后，该合同关于货款的担保、违约金的计算等从权利并未因主合同的终止而失效。（　　）

15．在合同订立后，如果一方当事人没有履行合同或履行合同不符合约定，无论何种原因，违约方都应该承担违约责任。（　　）

四、案例分析

1．甲公司法定代表人以书面形式授权其供销科长王某与乙公司签订购入 A 商品的合同。委托书规定：① 时间 2015 年 3 月 12 日到 2015 年 4 月 12 日；② 购入 A 商品 1 000 件，每件单价不超过 420 元；③ 可以选择担保方式。

供销科长王某于 2015 年 3 月 20 日与乙公司签订购销 A 商品合同如下：① 乙一次性向甲供货 1 200 件，每件单价 400 元，供货时间为 2015 年 4 月 15 日；② 甲公司于 2015 年 4 月 5 日向乙预付定金 8 万元，预付货款 10 万元，余款在收货后一次付清；③ 任何一方违约

均承担标的额 10%的违约金。

乙公司就供货数量、价格和时间于 2015 年 3 月 25 日向甲公司以传真方式确认，甲公司法定代表人于 2015 年 3 月 28 日以传真方式表示认可。

2015 年 4 月 5 日甲公司将面值 18 万元的银行汇票背书转让给乙。2015 年 4 月 15 日乙公司发来全部货物，甲公司发现货物质量不符合合同要求，拒绝收货并拒绝支付余款，要求乙公司同时返还预付货款 10 万元，定金 8 万元且支付 10%的违约金。乙公司认为货物质量不存在任何问题，并要求甲公司支付余款，由此引起纠纷。

经查证，甲公司收取的货物质量不符合工艺要求，无法满足甲公司生产的需要，乙公司并无短期内生产 1 200 件 A 商品的能力，为了做该笔业务，只有委托丙公司加工生产，最终造成质量问题。

要求：根据上述情况，分析回答下列问题：

（1）该合同采用的是哪种担保方式？担保何时生效？

（2）约定的定金数额是否符合规定？并说明理由。

（3）合同中关于购货数量的规定是否有效？

（4）甲公司是否可以解除合同？并说明理由。

（5）甲公司要求乙公司同时返还预付货款 10 万元，定金 8 万元且支付 10%的违约金的请求是否符合规定？并说明理由？

2．甲、乙双方签订合同，甲向乙购入价值 800 万元的商品，承诺 5 个月后付款，该买卖合同中没有订立所有权保留性质的条款。由 A、B 两家公司为乙公司的债权提供担保，签订书面保证协议，但是在保证合同中没有约定各自的担保份额。

6 月 15 日乙向甲按期供货后，甲又将购入的该批货物（设备）作为固定资产于 7 月 22 日为甲欠银行的贷款提供抵押担保，并办理抵押登记手续。抵押担保的债权期限 2 年。

为及时筹集所需的生产经营资金，9 月 20 日甲公司又将该部分用于抵押的设备以 900 万元的价款转让给丙公司，该转让合同签订时甲忘了通知银行，也未将转让的设备已用于抵押的情况告诉丙。

同时，甲在承诺的付款期满后，未能向乙支付所欠的款项，乙要求 A、B 两位担保人代为偿还。A 认为合同中未注明保证的方式，属于一般保证，拒绝承担保证责任；B 认为保证人为两人，各自应承担一半的保证责任，故只同意代甲偿还 400 万元债务。

要求：根据以上资料及有关规定，分析回答以下问题：

（1）甲将购入后尚未付款的设备用于银行贷款抵押担保是否合法？

（2）在设备抵押担保期间，甲又与丙签订的抵押物转让合同是否有效？

（3）A、B 的理由是否成立？

3．9 月 1 日，甲公司在网站上发布广告，广告称寻求一家企业加工一批新产品的配件，并注明该配件的详细技术要求。9 月 5 日，乙企业向甲公司发来电子邮件，表示愿意承揽该配件的加工。

9 月 10 日，甲公司与乙企业签订加工承揽合同，双方在合同中约定：甲公司委托乙企业为其加工一批配件，甲公司提供主要材料，乙企业提供辅助材料；合同签订后 5 日内，甲公司向乙企业预付 5 万元辅助材料费；乙企业于 12 月 10 日前向甲公司交货，全部货物验收合格后 10 日内，甲公司向乙企业支付 30 万元加工费。

9 月 15 日，甲公司向乙企业支付了 5 万元辅助材料费用。

10 月 20 日，乙企业掌握了确切证据，证明甲公司经营状况严重恶化，遂停止为其生产配件。乙企业与甲公司交涉，要求甲公司在 1 个月内提供担保，否则无法继续履行合同。

11 月 10 日，甲公司与乙企业签订了抵押担保合同，抵押物为甲公司的两辆汽车。甲公司又请丙公司为自己提供保证担保，在保证合同中约定的保证方式为一般保证，但未约定保证期间。上述担保合同签订后，乙企业恢复了加工生产。（提示：对于实现债权的方式，甲公司和乙企业并未约定。）

11 月 30 日，甲公司由于生产经营发生重大变化不再需要该批配件，于是通知乙企业解除合同，由此给乙企业造成一定损失。乙企业要求甲公司赔偿损失，遭到甲公司拒绝。

12 月 10 日，乙企业要求丙公司履行保证责任，丙公司表示拒绝，并先后提出三个理由：第一，在主合同纠纷未经审判或仲裁前，乙企业无权要求自己承担担保责任；第二，保证合同未约定保证期间，保证合同无效；第三，保证与物的担保并存时，一定要先执行物的担保。

问题：

（1）甲公司发布的广告是否属于要约？乙企业发送的电子邮件是否属于承诺？

（2）乙企业单方中止履行合同并要求甲公司提供担保的行为是否合法？说明理由。

（3）甲公司单方解除合同的行为是否合法？乙企业的损失由谁承担？说明理由。

（4）丙公司拒绝履行保证责任的三个“理由”是否正确？分别说明理由。

参考答案

一、单项选择题

1．【正确答案】A

【答案解析】本题考核要约的效力。① 要约自“到达”受要约人时生效，要约的撤回是指“不让要约生效”，因此撤回要约的通知应当比要约先到，至少同时到，因此选项 A 是正确的；② 要约的撤销是指“让生效的要约失效”，因此撤销要约的通知应当在要约生效后、对方承诺之前到达，尽管选项 B 可以依法撤销要约、使之失效，但要约生效在先，因此选项 B 是错误的；③ 选项 C 意味着“承诺生效、合同成立”，因此选项 C 是错误的；④ 选项 D 意味着“使原要约失效”，但原要约生效在先，因此选项 D 是错误的。

2．【正确答案】D

【答案解析】本题考核要约的范围。根据《合同法》规定，寄送的价目表、拍卖公告、招标公告、招股说明书等都属于要约邀请，商业广告的内容符合要约规定的，视为要约。

3．【正确答案】C

【答案解析】本题考核要约与承诺的区分。① 2 月 1 日美达家具厂发出的函件属于要约邀请；② 2 月 2 日 Z 机关发出的函件属于要约；③ 2 月 4 日美达家具厂发出的函件属于新要约，即该合同的要约；④ 2 月 6 日 Z 机关发出的函件属于承诺。

4．【正确答案】A

【答案解析】本题考核可撤销合同的相关规定。可撤销合同在未被撤销前是有效的合同，但被撤销后，自“合同订立之日起”无效。

5．【正确答案】D

【答案解析】本题考核撤销权的时效。撤销权自债权人知道或应当知道撤销事由之日起1年内行使。自债务人的行为发生之日起5年内没有行使撤销权的，该撤销权消灭。

6．【正确答案】B

【答案解析】本题考核债务人转让债务时，保证人的责任承担。根据规定，债权人许可债务人转让部分债务未经保证人书面同意的，保证人对未经其同意转让部分的债务，不再承担保证责任。本题中，甲企业转让30万元债务未经保证人书面同意，因此乙企业对该部分债务不再承担保证责任。

7．【正确答案】C

【答案解析】本题考核权利质押的规定。根据《物权法》和《担保法》的规定，债务人或第三人有权处分的下列权利可以出质：汇票、支票、本票；债券、存款单；仓单、提单；可以转让的基金份额、股权；可以转让的注册商标专用权、专利权、著作权等知识产权中的财产权；应收账款；法律、行政法规规定可以出质的其他财产权利。

8．【正确答案】D

【答案解析】本题考核赠与人的继承人和法定代表人的撤销权。根据《合同法》规定，赠与人的继承人或法定代表人的撤销权，自知道或应当知道撤销原因之日起6个月内行使。

二、多项选择题

1．【正确答案】BD

【答案解析】本题考核要约与要约邀请的区别。A公司的发函内容不具体确定，属于要约邀请，合同并未成立。A公司拒绝B公司已送来电脑的行为不构成违约。

2．【正确答案】AC

【答案解析】本题考核要约的规定。要约到达受要约人时生效。招股说明书属于要约邀请，不属于要约。

3．【正确答案】ABCD

【答案解析】本题考核缔约过失责任的情形。以上四种情形均构成缔约过失责任。

4．【正确答案】ABC

【答案解析】本题考核无效合同的范围。根据规定，显失公平的合同属于可撤销的合同。

5．【正确答案】ABCD

【答案解析】本题考核中止履行合同的情形。根据《合同法》规定，应当先履行债务的当事人，有确切证据证明对方有下列情形之一的，可以中止履行：① 经营状况严重恶化；② 转移财产、抽逃资金，以逃避债务；③ 丧失商业信誉；④ 有丧失或可能丧失履行债务能力的其他情形。

6．【正确答案】AB

【答案解析】本题考核合同的变更。根据规定，合同的变更是在合同的主体不改变的前提下对合同的内容或标的的变更，合同性质和标的性质并不改变。

三、判断题

1．【正确答案】对

【答案解析】本题考核格式条款。题目的表述是正确的。

2．【正确答案】对

【答案解析】本题考核要约的生效时间。根据规定，采用数据电文形式订立合同，收件人指定特定系统接收数据电文的，该数据电文进入该特定系统的时间，视为到达时间；未指定特定系统的，该数据电文进入收件人的任何系统的首次时间，视为要约或承诺到达时间。

3.【正确答案】错

【答案解析】本题考核点是要约邀请。拍卖公告、招标公告、招股说明书等都是要约邀请。

4.【正确答案】对

【答案解析】本题考核反要约的规定。题目的表述是正确的。

5.【正确答案】错

【答案解析】本题考核承诺期限的有关规定。根据规定，要约以电话、传真等通讯方式作出的，承诺期限自要约到达受要约人时开始计算。

6.【正确答案】对

【答案解析】本题考核合同的生效时间。根据目前《物权法》的规定，抵押合同的成立和生效时间与抵押登记没有必然的关系，没有特殊约定下，抵押合同均自签订之日起生效。

7.【正确答案】错

【答案解析】本题考核合同的效力。根据规定，行为人没有代理权而以被代理人名义订立的合同，相对人可以催告被代理人在1个月内予以追认，被代理人未作表示的，视为拒绝追认。

8.【正确答案】错

【答案解析】本题考核约定第三人履行债务的相关规定。根据规定，当事人约定由债务人向第三人履行债务的，债务人未向第三人履行债务或履行债务不符合约定，应当向债权人承担违约责任。

9.【正确答案】错

【答案解析】本题考核保证人的资格。只有企业法人的分支机构有法人书面授权的，可以在授权范围内提供保证，职能部门在任何情况下均不得为保证人。

10.【正确答案】错

【答案解析】本题考核抵押财产。根据规定，以建筑物抵押的，该建筑物占用范围内的建设用地使用权一并抵押。以乡镇、村企业的厂房等建筑物抵押的，其占用范围内的建设用地使用权一并抵押。

11.【正确答案】对

【答案解析】本题考核抵押人转让抵押物的情况。以上的表述符合规定。

12.【正确答案】错

【答案解析】本题考核定金的数额。根据规定，定金的数额由当事人约定，但不得超过主合同标的额的20%。本题中已经超过了这一限制，因此是不符合规定的。

13.【正确答案】错

【答案解析】本题考核合同义务的转让规定。根据《合同法》的规定：① 债务人将合同义务全部或部分转移给第三人的，必须经债权人同意；② 债权人将合同权利转移给第三人，不需要经债务人同意，但应当通知债务人，债务人接到债权转让通知后，债权让与行为生效。

14.【正确答案】错

【答案解析】本题考核合同权利义务的终止。根据规定，合同的权利义务终止后，合同项下的从权利和从义务一并消灭，如债务的担保、违约金和利息的支付等也一并消灭。

15.【正确答案】错

【答案解析】本题考核违约责任的确定。根据规定，在合同订立后，当事人一方没有履行合同或履行合同不符合约定的，如果是由于免责事由的出现造成的，则可根据情况免除违约方的违约责任。

四、案例分析

1.【正确答案】（1）该合同采用的是定金担保方式，于 2015 年 4 月 5 日甲公司交付定金时担保生效。根据规定，定金合同从实际交付定金之日起生效。

（2）约定的定金数额符合规定。根据规定，定金的数额由当事人约定，但不得超过主合同标的额的 20%。本题中，主合同标的额为 480000 元（1 200×400=480 000 元），其 20%为 96 000 元，因此约定定金数额 8 万元是符合规定的。

（3）购货数量有效。根据规定，行为人没有代理权、超越代理权或代理权终止后以被代理人名义订立的合同，属于效力待定合同。相对人可以催告被代理人在 1 个月内予以追认，被代理人表示同意的，由被代理人承担合同责任。在本案中，甲公司的代理人王某于 2015 年 3 月 20 日超越代理权限（购货数量）与乙公司签订买卖合同，该合同处于效力待定状态，但乙公司在 1 个月内（2015 年 3 月 25 日）以传真方式催告甲公司予以追认，甲公司及时予以追认后，则王某的代理行为有效，甲公司应承担合同义务。

（4）甲公司可以解除合同。根据规定，当事人一方迟延履行债务或有其他违约行为致使不能实现合同目的的，可以解除合同。本题中，乙公司的行为已经导致甲公司无法实现合同的目的，因此甲公司可以解除合同。

（5）甲公司要求乙公司同时返还预付货款 10 万元，定金 8 万元且支付 10%的违约金的请求不符合规定。根据规定，当事人既约定违约金，又约定定金的，一方违约时，对方可以选择适用违约金或定金条款，但不能同时适用。

2.【正确答案】（1）抵押担保合法。根据规定，标的物的所有权自标的物交付时起转移，但法律另有规定或当事人另有约定的除外。本题中甲拥有了设备的所有权，且办理了抵押物登记，抵押权自抵押合同生效时设立。

（2）在设备抵押担保期间，甲与丙签订的抵押物转让合同无效。根据规定，抵押期间，抵押人未经抵押权人同意，不得转让抵押财产，但受让人代为清偿债务消灭抵押权的除外。本题中甲转让抵押物时未通知银行，所以转让合同是无效的。

（3）A、B 的理由均不成立。根据规定，当事人在保证合同中对保证方式没有约定或约定不明确的，保证人应承担连带保证责任。故 A、B 二人应承担连带保证责任，债权人可以直接要求 A 承担保证责任。

其次，B 的观点也不正确。根据规定，同一债务有两个以上保证人的，保证人应当按照保证合同约定的份额承担保证份额；没有约定保证份额的，应当认定为连带共同保证，保证人承担连带保证责任。本题的保证合同中，A、B 二人没有约定保证份额，故债权人乙可以要求任何一个保证人承担全部保证责任。A、B 二位保证人都负有承担全部债权实现的义务。

3.【正确答案】（1）甲公司发布的广告不属于要约；乙企业发送的电子邮件不属于承诺。

（2）乙企业的行为合法。根据《合同法》规定，应当先履行债务的当事人，有确切证据证明对方有丧失或有可能丧失履行债务能力的情形，可以行使不安抗辩权，中止履行合同。

本题中，乙企业掌握了确切证据，证明甲公司经营状况严重恶化，可以行使不安抗辩权。

（3）甲公司单方解除合同的行为合法，乙企业的损失由甲公司承担。根据《合同法》规定，加工承揽合同的定作人可以随时解除承揽合同，但定作人因此造成承揽人损失的，应当赔偿损失。

（4）①丙公司的第一个理由正确。根据《担保法》规定，一般保证的保证人享有先诉抗辩权，在主合同纠纷未经审判或仲裁，并就债务人财产依法强制执行用于清偿债务前，对债权人可拒绝承担保证责任。②丙公司的第二个理由不正确。根据《担保法》规定，保证人与债权人未约定保证期间的，保证期间为主债务履行期届满之日起 6 个月。③丙公司的第三个“理由”不正确。根据《物权法》规定，被担保的债权既有物的担保又有人的担保的，债务人不履行到期债务或发生当事人约定的实现担保物权的情形，债权人应当按照约定实现债权；没有约定或约定不明确的，第三人提供物的担保的，债权人可以就物的担保实现债权，也可以要求保证人承担保证责任。提供担保的第三人承担担保责任后，有权向债务人追偿。

第八章 消费者权益保护法律制度

本章要点

- 消费者的权利
- 经营者的义务
- 消费争议的解决途径
- 经营者承担责任的原则与方式

第一节 消费者权益保护法概述

一、消费者权益保护法的概念

消费者权益是指在社会生产发展的一定阶段，在某种商品经济关系和社会制度下，消费者在进行具体消费行为和完成具体消费过程时所享受的权利和利益的总和。消费者权益保护法是在调整在保护消费者权益过程中发生的经济关系的法律规范的总称，是经济法的重要部门法。

上述定义表明，消费者权益保护法有其独特的调整对象，即在保护消费者权益过程中发生的经济关系。由此可知，消费者权益保护法最重要的主体是消费者，保护的核心消费者权益保护法，这就首先必须弄清楚什么是消费者。

消费是作为社会再生产的一个重要环节，是生产、分配、交换的目的和归宿，包括生产性消费和生活性消费两种。生活消费是指为了满足个人物质和文化生活需要而进行的各种物质和精神产品及劳动服务的消费行为，包括人民的衣、食、住、行各方面。消费者就是指为了社会需要购买、使用商品或接受服务的个体社会成员。

1）消费者是以生活消费为目的的个体社会成员，即自然人或家庭，不包括法人和其他社会组织。

2）消费者是以生活消费为目的。《消费者权益保护法》第 2 条规定："消费者为生活消费需要购买、使用商品或接受服务，其权益受本法保护"。该法第 54 条同时规定："农民购买、使用直接用于农业生产的生产资料，参照本法执行。"这是为强化对农民合法权益的保护而作出的例外性规定。

3）消费者的消费表现为购买、使用商品或接受服务，即消费者获得商品或接受服务可以通过有偿或无偿的形式表现出来。如商家为了宣传或达到其他目的，向个体社会成员免费提供服务或赠送商品，都属于消费行为。

二、消费者权益保护法的历史沿革与中国消费者权益保护的现状

（一）消费者权益保护法的历史沿革

消费者问题的出现是商品经济发展到一定时期的特有现象。随着市场竞争的日益激化，普通消费者在市场上越来越处于软弱不利的地位，消费者纷纷组织起来，维护自身的合法权益。1891 年美国纽约市首先成立了消费者协会，1898 年由全美国各地方的消费者协会联合成立了一个全国消费者联盟。把早期的消费者受损后的单纯互助式的保护发展到建立庞大的消费者社团组织，形成蓬勃发展、声势浩大的消费者运动。消费者运动得到了各国政府的普遍重视，为此他们分别在各自的政府机关中设置或成立专门的机构来负责处理消费者保护的事宜。各国政府积极推动对消费者保护运动，对消费者权益保护法律制度的发展起了巨大的推动作用，使各国在消费者权益保护方面进行专门立法，并促进了消费者保护运动的国际化。1960 年国际消费者联盟组织（International Organization of Consumers Unions，IOCU）成立，它是由世界各国、各地区消费者组织参加的国际消费者问题议事中心；它是一个独立的、非盈利的、非政治性组织，其宗旨为在全世界范围内做好消费者权益的一系列保护工作，包括收集和传播消费者权益保护的情报资料，开展消费者教育，促进国际合作交流，组织有关消费者权益问题的国际研讨，援助不发达地区消费者组织开展工作，在国际机构代表消费者说话。

（二）中国消费者权益保护的现状

中国消费者权益保护运动起步较晚，1983 年国际消费者组织联盟将每年的 3 月 15 日确定为“国际消费者权益日”。1984 年 9 月广州市消费者委员会作为中国第一个消费者组织率先成立，1984 年 12 月中国消费者协会由国务院批准成立。之后，各省市县等各级消费者协会相继成立。中国消费者协会于 1987 年 9 月被国际消费者联盟组织接纳为正式会员。1993 年 10 月 31 日颁布的《中华人民共和国消费者权益保护法》(以下简称《消费者权益保护法》)，是我国制定的第一部保护消费者权益的专门法律，对推动社会经济的稳定增长和社会的协调健康发展，保护消费者合法权益，加强对商品的流通等有重要意义。该法根据 2009 年 8 月 27 日第十一届全国人民代表大会常务委员会第十次会议《关于修改部分法律的决定》进行了第一次修正，根据 2013 年 10 月 25 日第十二届全国人民代表大会常务委员会第五次会议《关于修改的决定》进行了第二次修正，自 2014 年 3 月 15 日起施行。《消费者权益保护法》与《产品质量法》、《食品卫生法》、《反不正当竞争法》等法律法规组成的消费者权益保护法律体系，使消费者权益在法律上有了切实的保障。

三、消费者权益保护法的基本原则

《消费者权益保护法》规定了 4 项基本原则。

1．经营者与消费者进行交易应当遵循自愿、平等、公平、诚实信用原则

自愿，即消费者与经营者进行交易，应当是完全出于自己的真实意愿，不受任何他方的干涉或强迫；平等，即消费者与经营者在法律地位上平等的、同样的受法律保护和制裁；公平，即消费者与经营者进行交易时，双方的权利均受到尊重；诚实，即经营者在交易过程中，应信守承诺，不做虚假或隐瞒陈述。经营者不得强行销售、强行服务、强迫消费者接受其规

定的价格及其他不合理的条件。

2．经营者应当依法提供商品或服务的原则

即经营者应当依照《反不正当竞争法》、《广告法》、《产品质量法》及其他法律法规的规定履行义务。

3．国家保护消费者的合法权益不受侵犯的原则

在实际生活当中，消费者大多是分散、孤立的个人，经济实力较弱，在保护自己的手段、识别商品的知识、手段、科学技术手段等方面相对生产者、经营者处于劣势的地位。这种强弱不平衡以传统法律的平等、公平、诚实信用等原则是解决不了的，必须以专门的法律原则、方式和手段，予以纠正和平衡。因此，国家制定专门的法律，保障消费者依法行使权利，维护消费者的合法消费权益。

4．一切组织和个人对损害消费者合法权益进行社会监督的原则

这一原则突出了国家和社会在保护消费者合法权益方面的责任。工商行政管理部门和技术监督、卫生、物价等有关行政部门在各自职权范围内，依法加强对经营者的管理和监督，保护消费者的合法权益。消费者协会依法开展对商品和服务的社会监督，各级人民政府应当支持消费者协会的工作，保障其职能的正常履行和必要的经费。大众传播媒介应当做好维护消费者合法权益的宣传，对损害消费者合法权益的行为予以揭露、批评。任何单位和个人不得干涉、压制有关保护消费者合法权益的真实报道。

第二节 消费者的权利和经营者的义务

一、消费者的权利

消费者权利是消费者在消费生活中所享有的权利，是消费者利益在法律上的表现。从美国总统肯尼迪1962年向国会提出赋了消费者四项具体公民权，即获得商品的安全保障权利、获得商品信息资料的权利、对商品有自由选择的权利和提出消费意见的权利，消费者保护就成为全世界共同倡导推进的运动。国际社会和世界各国在保障公民权的同时，注重对消费者在消费行为中公民权的实现，并相应制定了具有实际操作性和法律保障性的具体规定。我国《消费者权益保护法》规定消费者有九大权利，即：安全权、知情权、自主选择权、公平交易权、求偿权、结社权、获得有关知识权、人格尊严和民族风俗习惯受尊重权、批评监督权。

1．安全权

安全权是指消费者在购买、使用商品和接受服务时享有人身、财产安全不受损害的权利，简称安全权。安全权包括人身安全权和财产安全权。人身安全权是指消费者的生命健康权，即消费者在购买、使用商品和接受服务时，享有身体健康及生命不受危害的权利。财产安全权则表现为消费者的财产不受损失的权利，这不仅包括消费者购买、使用的商品或接受的服务本身，还包括其他的财产，如因电器不合格引发火灾烧毁了家具。被烧毁的家具就属于安全权保证的范围。

安全权是消费者最基本的权利，也是宪法赋予公民的人身权、财产权在消费领域的体现。在现实生活中，经营者侵犯消费者人身、财产安全的事件屡见不鲜。如美发美容不成反被毁发毁容；就餐、购物时钱包被盗；农民购买假劣种子导致庄稼减产甚至绝产等。因此，为了使这一权利真正得到体现，消费者有权要求经营者提供的商品和服务符合保障人身、财产安全的要求。有国家标准、行业标准的，消费者有权要求商品和服务符合国家标准或行业标准，如食品、药品、家用电器等；对于没有国家标准、行业标准的，如某些新开发的商品和服务项目，消费者有权要求经营者保证其购买、使用的商品或接受的服务，不具有危害人身、财产安全的缺陷存在。

2．知情权

知情权是指消费者享有知悉其购买、使用的商品或接受服务的真实情况的权利，又称为获取信息权、了解权。该项权利表明：凡是消费者在购买、使用商品或接受服务时，有权询问、了解商品或服务的有关真实情况；提供商品或服务的经营者有义务真实地向消费者说明有关情况。从消费者消费的实际过程来看，充分了解商品或服务的真实情况，是使消费者产生消费冲动的重要诱因，是消费者进行安全正确地消费所必不可少的认识前提，因此法律赋予消费者知情权。

《消费者权益保护法》第 8 条规定："消费者享有知悉其购买、使用的商品或接受服务的真实情况的权利。消费者有权根据商品或服务的不同情况，要求经营者提供商品的价格、产地、生产者、用途、性能、规格、等级、主要成分、生产日期、有效期限、检验合格证明、使用方法说明书、售后服务，或者服务的内容、规格、费用等有关情况。"明确了消费者的权利，确立和加强了保护消费者权益的法律基础，特别是对于因提供和接受服务而发生损害消费者权益的问题，作出了全面、明确的规定。根据这一规定，消费者的知情权主要包括以下几层含义。

1）消费者有权要求经营者按照法律、法规规定的方式标明商品或服务的真实情况。例如，凡提供有偿服务的单位和个人，均须在其经营场所或交缴费用地点的醒目位置公布其收费项目明细价目表，价格主管部门对某些商品规定有最高限价、最低保护价或参考价的，市场管理部门应在市场醒目位置予以公布。

2）消费者在购买、使用商品或者接受服务时，有权询问和了解商品或服务的有关情况。

3）消费者有权知悉商品或服务的真实情况。这就要求经营者向消费者提供商品或服务时，无论商品或服务的优点还是缺点，均应毫不掩盖地向消费者进行真实客观的介绍。经营者所提供的有关商品或服务的信息不实，或者因其引人误解的宣传而使消费者接受该商品或服务时，消费者对于经营者在进行交易时未如实披露有关信息，可以主张彼此的交易无效。

【例 8-1】消费者在某商场看中一件衣服，营业员明知道是次品，却未告知消费者，这侵犯了消费者的何种权利（　　）

A．知情　　B．受尊重　　C．公平交易　　D．选择

【解析】正确答案为 A 选项。消费者有权知悉该服装的合格标准。

3．自主选择权

消费者享有自主选择商品或服务的权利，简称为自主选择权。主要包括以下几个方面的内容。

1）有权自主选择提供商品或服务的经营者；

2）有权自主选择商品品种或服务方式；

3）有权自主决定购买或不购买任何一种商品、接受或不接受任何一项服务；

4）在自主选择商品或服务时，有权进行比较、鉴别和挑选。

4．公平交易权

消费者享有公平交易的权利，简称公平交易权。市场交易的基本规则是自由、公平、诚实信用、遵守法律规范、不得违反公认的商业道德。因此，消费者和经营者都享有公平交易的权利。但由于在市场交易中，消费者往往处于弱者的地位，更需要突出强调享有公平交易的权利以便从法律上给予保护。根据《消费者权益保护法》的规定，这项权利主要体现在两个方面：① 有权获得质量保障、价格合理、计量正确等公平交易条件；② 有权拒绝经营者的强制交易行为。

现实生活中侵犯消费者公平交易权的事例比比皆是。例如，许多酒店、餐馆有规定“禁带酒水”，这就是对消费者的选择权和公平交易权的侵害。另外，一些档次较高的酒店里规定了最低的酒水消费金额，如果消费没有达到规定的标准，仍然按规定额计算，这种强制交易显然是损害消费者公平交易权的行为。

5．求偿权

消费者因购买、使用商品或接受服务受到人身、财产损害的，享有依法获得赔偿的权利，简称为求偿权。享有求偿权的主体是因购买、使用商品或接受服务而受到人身、财产损害的消费者，包括：商品的购买者、商品的使用者、服务的接受者、第三人。第三人是指除商品的购买者、使用者或服务的接受者之外的，因为偶然原因而在事故现场受到损害的其他人。

为了保障消费者获得赔偿权的实现，《消费者权益保护法》对在不同情况下，消费者应向谁要求赔偿的具体规定如下。

1）消费者在购买、使用商品时，其合法权益受到损害的，可以向销售者要求赔偿。销售者赔偿后，属于生产者的责任或属于向销售者提供商品的其他销售者的责任，销售者有权向生产者或其他销售者追偿。这里规定的是商业先行赔偿的原则。

2）消费者或其他受害人因商品缺陷造成人身、财产损害的，可以向销售者要求赔偿，也可以向生产者要求赔偿。属于生产者责任的，销售者赔偿后，有权向生产者追偿；属于销售者责任的，生产者赔偿后，有权向销售者追偿。

3）消费者在接受服务时，其合法权益受到损害的，可以向服务者要求赔偿。

4）消费者在购买，使用商品或接受服务时，其合法权益受到损害，因原企业分立、合并的，可以向变更后承受其权利义务的企业要求赔偿；

5）使用他人营业执照的违法经营者提供商品或服务，损害消费者合法权益的，消费者可以向其要求赔偿，也可以向营业执照的持有人要求赔偿。

6）消费者因经营者利用虚假广告提供的商品或服务，其合法权益受到损害的，可以向经营者要求赔偿；广告的经营者发布虚假广告的，消费者可以请求行政主管部门对其予以惩处。广告的经营者不能提供经营者的真实姓名、地址的，应当承担赔偿责任。

7）消费者在展销会、租赁柜台购买商品或接受服务，其合法权益受到损害的，可以向销售者或服务者要求赔偿。展销会结束或柜台租赁期满后，也可以向展销会的举办者、柜台的出租者要求赔偿。展销会的举办者、柜台的出租者赔偿后，有权向销售者或服务者追偿。

6．结社权

结社权是消费者为了维护自身的合法权益而依法组织社会团体的权利。赋予消费者以结社权，使消费者通过有组织的活动，维护自身合法权益是非常必要的，也是国家鼓励全社会共同保护消费者合法权益的体现。

7．获得有关知识权

消费者享有获得有关消费和消费者权益保护方面的知识的权利，简称为获得有关知识权。这一权利包括两方面的内容：一是有权获得有关消费方面的知识，比如有关消费观的知识，有关商品和服务的基本知识，有关市场的基本知识；二是有权获得有关消费者权益保护方面的知识，比如消费者权益保护的法律、法规和政策，以及保护机构和争议解决途径等方面的知识。

8．人格尊严受尊重、个人信息受到保护权

获得尊重权是指消费者人格尊严和民族风俗习惯受尊重的权利。人格尊严是消费者的人身权的重要组成部分，包括姓名权、名誉权、荣誉权、肖像权等。消费者的人格尊严受到尊重是消费者最起码的权利之一。在实践中，侵犯消费者人格尊严权大量表现为侮辱消费者，即侵犯消费者名誉权的行为，此外还有搜查消费者的身体及其携带物品，甚至限制消费者人身自由的行为。

尊重民族风俗习惯，是党和国家民族政策的重要内容。中国是统一的多民族国家，各民族都有不同的风俗习惯，与消费密切相关，因此，尊重少数民族的风俗习惯，对于保护少数民族消费者的合法权益，贯彻党和国家的民族政策，都有极其重要的意义。

以往，消费者在购物和接受服务时个人信息被泄露的情况时有发生。公民的个人信息长期处于“裸奔”状态。《消费者权益保护法》对个人信息的保护作了相应的规定，在一定程度上约束了经营者的行为。

【例8-2】超市人员搜身非法，判赔25万元。

上海一女大学生逛街时进入上海某超市，当其从超市的正门出来时，门口的警报器突然鸣叫起来，该超市人员闻声而来，阻止其离开超市，并不顾其强烈反对，强行将其带入地下商场的办公室内，进行全身检查。该女生两次含泪被检查，结果一无所获。最终女大学生将该超市告上法院，获赔25万元，并且该超市公开道歉。

【解析】公民依法享有名誉权和人格尊严，并受法律保护，任何公民和法人不得以侮辱、诽谤等方式加以侵害。被告对原告进行的搜查，非法律所赋予的权利，被告亦无权要求原告承担配合的义务。

9．批评监督权

消费者享有对商品和服务及保护消费者权益工作进行监督、批评的权利，也称监督权。这一权利可具体表现为：消费者有权检举、控告侵害消费者权益的行为和国家机关及其工作人员在保护消费者权益工作中的违法失职行为；有权对保护消费者权益工作提出批评和建议。

消费者的监督权对于维护消费者的合法权益有着重要的作用。通过消费者的监督，可以促使经营者提高商品和服务质量及经营水平，促使从事保护消费者权益的国家机关及其工作人员改进工作作风，全心全意为消费者服务。消费者监督权的行使，既可以与购买、使用商品或接受服务行为有关系，也可以毫无关系。消费者购买、使用某种商品或接受某种服务时当然可以提出批评、建议或进行检举、控告；没有进行某种消费时，也可以提出批评、建议或进行检举、控告。另外，消费者行使监督权应当是善意的，监督权和无理取闹、恶意诽谤有严格区别，消费者不能以行使权利为由做出违法的事情。

二、经营者的义务

经营者的义务是指经营者在经营活动中应该履行的法律义务。经营者的义务是与消费者的权利对立统一的，不规定经营者的义务，消费者的权利就难以实现；不规定消费者的权利，经营者的义务就失去了存在的意义。《消费者权益保护法》以专章的形式明确规定了经营者的义务。

1．依法定或约定履行义务，禁止强制交易

《消费者权益保护法》第 16 条规定：经营者向消费者提供商品或服务，应当恪守社会公德，诚信经营，保障消费者的合法权益；不得设定不公平、不合理的交易条件，不得强制交易。

2．听取意见和接受监督的义务

《消费者权益保护法》第 17 条规定：经营者应当听取消费者对其提供的商品或者服务的意见，接受消费者的监督。

这是与消费者的批评、监督权相对应的经营者的义务，是指经营者应当虚心听取消费者关于商品或服务的看法、批评和建议，把消费者的意见作为改进商品质量，提高服务水平的重要依据，自觉接受消费者的监督和考察。

3．安全保障义务

《消费者权益保护法》第 18 条规定：宾馆、商场、餐馆、银行、机场、车站、港口、影剧院等经营场所的经营者，应当对消费者尽到安全保障义务。

消费者享有安全权，与之对应的，经营者有义务保证消费者的人身财产安全不受到侵害，针对公共场所的人身伤害事件屡见不鲜，故《消费者权益保护法》要求人员密集场所的经营者，应当对消费者尽到安全保障义务。这样规定，加重了公共场所经营者的安全保障义务，有利于维护稳定和谐的社会秩序。

4．缺陷产品召回义务

《消费者权益保护法》第 19 条规定：经营者发现其提供的商品或服务存在缺陷，有危及人身、财产安全危险的，应当立即向有关行政部门报告和告知消费者，并采取停止销售、警示、召回、无害化处理、销毁、停止生产或服务等措施。采取召回措施的，经营者应当承担消费者因商品被召回支出的必要费用。

2013 年 1 月 1 日起《缺陷汽车产品召回管理条例》开始实施，明确规定汽车领域实行召回制度。此外，我国目前还有 11 种产品的管理制度中含有召回的用语表述，如：食品、乳制品、儿童玩具等。但关于召回，我国各类法律法规，没有完整表述，此次“召回”被首次列入《消费者权益保护法》中，同时规定召回范围适用所有商品或服务，不再局限于那 11 种产品，扩大缺陷产品召回范围。同时将召回由行政法规、规章提升至基本法律。

5．提供全面、真实信息的义务

《消费者权益保护法》第 20 条规定：经营者向消费者提供有关商品或服务的（真实信息）质量、性能、用途、有效期限等信息，应当真实、全面，不得作虚假或引人误解的宣传。这条强调了经营者的告知义务。

《消费者权益保护法》第 20 条还规定：经营者提供商品或服务应当明码标价。经营者明码标价已经是家喻户晓的的规则，可现实生活中，趁火打劫式的漫天要价的现象时有发生。

对此，《消费者权益保护法》要求：“经营者提供商品或服务应当明码标价。”着重强调提供服务，也应当明码标价，规范服务者的收费行为。同时把“商店”换成“经营者”表述范围更广、更全面、更准确：不只商店应当明码标价，凡是提供商品或服务的都应当明码标价。

6．标明真实名称和标记的义务

《消费者权益保护法》第 21 条规定：经营者应当标明其真实名称和标记。租赁他人柜台或者场地的经营者，应当标明其真实名称和标记。

经营者的名称和标记，其主要功能是区别商品和服务的来源。如果名称和标记不实，就会使消费者误认，无法正确选择喜欢或信任的经营者，在发生纠纷时，则无法准确地确定求偿主体。对租赁柜台或场地的行为，该条强调承租方有义务标明自己的真实名称和标记，目的在于区分承租方和出租方，一旦发生责任问题，便于确定责任承担者。

7．出具购货凭证或服务单据的义务

《消费者权益保护法》第 22 条规定：经营者提供商品或服务，应当按照国家有关规定或商业惯例向消费者出具发票等购货凭证或服务单据；消费者索要发票等购货凭证或服务单据的，经营者必须出具。

这条主要让消费者树立索要发票等凭证意识。消费者的法律风险意识不够强，出现消费纠纷后，苦于维权没有证据，常吃哑巴亏，甚至自认倒霉者大有人在。《消费者权益保护法》规定，经营者应当向消费者出具“发票等购货凭证或服务单据”，消费者索要凭证经营者必须出具。这样明文规定发票作为购货凭证，帮助消费者树立风险意识，为维权奠定证据基础。

8．保证商品和服务质量的义务

《消费者权益保护法》第 23 条规定：经营者应当保证在正常使用商品或接受服务的情况下其提供的商品或服务应当具有的质量、性能、用途和有效期限；但消费者在购买该商品或接受该服务前已经知道其存在瑕疵，且存在该瑕疵不违反法律强制性规定的除外。

经营者以广告、产品说明、实物样品或者其他方式表明商品或服务的质量状况的，应当保证其提供的商品或服务的实际质量与表明的质量状况相符。

《消费者权益保护法》第 23 条还规定：经营者提供的机动车、计算机、电视机、电冰箱、空调器、洗衣机等耐用商品或装饰装修等服务，消费者自接受商品或服务之日起 6 个月内发现瑕疵，发生争议的，由经营者承担有关瑕疵的举证责任。

在消费维权中，按照“谁主张谁举证”的一般原则，消费者就要承担举证责任，这对消费者来说，是很困难的。消费者往往处于不利地位，有时消费者很难证明自己的主张成立，如电冰箱、照相机这些产品，因为不掌握技术等信息，消费者很难证明这个商品是否存在瑕疵。因此要求消费者对专业性和技术性较强的产品承担举证责任，无疑会挫伤维权的积极性和主动性。鉴于此，《消费者权益保护法》作出了这样的规定。对于 6 个月内发现商品问题后产生争议，举证的负担就转到经营者，经营者要证明商品在消费者购买时是没有问题和瑕疵的。经营者若不能证明商品没有瑕疵就要担责。其实新法规定的只有一种情况的瑕疵除外：即这一种情况必须具备两个构成要件：一是消费者在购买该商品或者接受该服务前已经知道其存在瑕疵的；二是这种瑕疵不违反国家强制性规定的。

9．包修、包换、包退等善后服务义务

《消费者权益保护法》第 24 条规定：经营者提供的商品或服务不符合质量要求的，消费者可以依照国家规定、当事人约定退货，或要求经营者履行更换、修理等义务。没有国家规定和当事人约定的，消费者可以自收到商品之日起 7 日内退货；7 日后符合法定解除合同条件的，消费者可以及时退货，不符合法定解除合同条件的，可以要求经营者履行更换、修理等义务。依照前款规定进行退货、更换、修理的，经营者应当承担运输等必要费用。

1995 年出台的《部分商品修理更换退货责任规定》（简称“三包”）明确规定了产品的三包有效期自开具发票之日起计算。但在现实操作过程中，这种计算方法存在一定问题。比如，造成发票开具日期与消费者收到货物的日期存在较大的差距。这种家电还没有送到消费者家中安装就开始计算三包期，显然不合理。如果仍从开发票之日起计算三包期，就会导致消费者实际享有三包时间缩短，从而侵害消费者的合法权益。“自收到商品之日起”，也就是说标的物真的交到消费者手里才转移了，“三包”权利才可以真正开始实现。

自《部分商品修理、更换、退货责任规定》出台以来，有关行政部门按照产品不同属性分别制定了一些三包规定。如：移动电话、固定电话、微型计算机等。在解决消费者与经营者的消费纠纷中发挥了积极作用。但随着社会发展，三包制度也存在一些问题，如覆盖范围过窄等。原“三包”规定涉及商品仅有 20 余种。大多数商品没有三包，出现问题，也比较难以处理。如今，有了这一规定，这条规定的外延是，“三包”规定从 20 多种商品扩至所有商品，适用于所有商品，我们可以理解为：只要有质量问题，7 天内都可以退货。

《消费者权益保护法》还明确了，依法进行退货、更换、修理的，经营者应当承担运输等必要费用。

【例 8-3】丁某在某家用电器商店购买了一台 21 英寸彩电，使用半年后，彩电便出现图像抖动、画面灰暗等毛病。在“三包”有效期内，经修理后，彩电仍不能正常使用。依据有关法律规定，此事应当如何解决？（　　）

A. 丁某可以要求家用电器商店更换 1 台同型号的新彩电，该家用电器商店应无条件予以更换

B. 丁某可以要求家用电器商店退货，该家用电器商店应无条件予以退货

C. 丁某可以要求家用电器商店赔偿双倍于货款的损失

D. 丁某应当请求家用电器商店再次修理，若仍不能正常使用，再请求家用电器商店退货或予以更换

【解析】正确答案为 D 选项。“三包”是指包修、包换、包退，在保修期内两次修理仍不能正常使用的，经营者应当负责更换或退货。

10. 网购等方式销售商品 7 天无理由退货义务

《消费者权益保护法》第 25 条规定：经营者采用网络、电视、电话、邮购等方式销售商品，消费者有权自收到商品之日起 7 日内退货，且无需说明理由，但下列商品除外：① 消费者定做的；② 鲜活易腐的；③ 在线下载或者消费者拆封的音像制品、计算机软件等数字化商品；④ 交付的报纸、期刊。除前款所列商品外，其他根据商品性质并经消费者在购买时确认不宜退货的商品，不适用无理由退货。消费者退货的商品应当完好。经营者应当自收到退回商品之日起 7 日内返还消费者支付的商品价款。退回商品的运费由消费者承担；经营者和消费者另有约定的，按照约定。

案例：消费者李小姐在网上看中了一款皮包，货品到手一看，色差极大，淡米黄色变成土黄色，拉链根本没有照片上的质感，想退货，却以无质量问题被拒。这是网购中最高发的纠纷之一。网购成为消费新方式后，很多人都青睐网购的便利，但是冲动消费后，反悔者比

比皆是。此外还有很多人发现购买的商品与图片、描述、想象中的不一样。遇到这种情况，可以依据新法行使 7 天无理由退货的权利。当然也有一些商品不在无理由退货范畴。

同时还要注意到，消费者退货也是有条件的：① 消费者承担运费；② 要求退货商品完好；③ 7 日内及时退还。这样也兼顾保护了经营者的利益，限制了消费者随心所欲网购，事后反悔情况的频发，提醒大家，反悔权仅适用于网络等远程购物方式，消费者直接到商店购买的物品，不适用该条规定。

11．不得以格式合同的等方式单方做出对消费者不利规定的义务。

《消费者权益保护法》第 26 条规定：经营者不得以格式条款、通知、声明、店堂告示等方式，作出排除或限制消费者权利、减轻或免除经营者责任、加重消费者责任等对消费者不公平、不合理的规定，不得利用格式条款并借助技术手段强制交易。

格式条款在缩短缔约时间、提高效率、降低成本和加速交易等方面具有一定的优越性，同时也存在一定缺陷。由于格式条款是经营者按照自己单方意愿拟定的，重点必然落在自身利益的维护上。一些经营者利用其优势地位，在制定格式条款时只强调权利，有意识地逃避法定义务引起消费者的强烈不满。

目前，霸王条款在消费领域比较常见，比如“本店拥有最终解释权”、“谢绝自带酒水”、等，都属于典型的“霸王条款”。《消费者权益保护法》对于经营者以不公平格式条款损害消费者权益的行为进行了进一步规制。一是要求经营者使用格式条款的，应当以显著方式提醒消费者注意与自身有重大利益关系的内容，如安全注意事项、风险警示、售后服务、民事责任等。比如去酒店、餐馆消费时，可能在很小的地方写上餐具要另行收费，这种不显著的标注方式往往会引起消费者不满。按照新规定，必须以显著的方式提醒消费者注意收费的问题。二是“不得利用格式条款并借助技术手段强制交易”。这一条款主要针对网络交易等过程中，经营者利用技术手段要求消费者必须同意所列格式条款，否则就无法继续交易。还有，在手机等电子设备的使用过程中，会出现一些格式条款，要求消费者提供个人信息进行注册，如果消费者不注册就无法继续下一步操作，也就无法使用。只有在消费者提供个人信息完成注册后才能使用。这种情况也属于利用格式条款并借助技术手段强制交易。

12．不得侵犯消费者的人格尊严权的义务

《消费者权益保护法》第 27 条规定：经营者不得对消费者进行侮辱、诽谤，不得搜查消费者的身体及其携带的物品，不得侵犯消费者的人身自由。

经营者必须对消费者的人格尊严和人身自由予以尊重，不得对消费者进行侮辱、诽谤，并且不得以任何借口、用任何形式对消费者的人身自由加以侵犯。经营者不得搜查消费者的身体及其携带的物品，且不能利用一般合同条款予以免责。

13．网站、金融业经营者信息披露义务

《消费者权益保护法》第 28 条规定：采用网络、电视、电话、邮购等方式提供商品或者服务的经营者，以及提供证券、保险、银行等金融服务的经营者，应当向消费者提供经营地址、联系方式、商品或服务的数量和质量、价款或费用、履行期限和方式、安全注意事项和风险警示、售后服务、民事责任等信息。

《消费者权益保护法》增加了网购等非现场购物的信息披露制度。本条规定的核心是保障消费者的知情权。要求经营者提供经营地址、联系方式，有助于明确经营主体，解决非现场购物面临的突出问题；《消费者权益保护法》要求经营者把安全注意事项和风险警示告诉消费者，让消费者在购买商品前能全面、详尽、客观地了解其负面问题，据此决定是否购买。

14．不得泄露消费者信息的义务

《消费者权益保护法》第 29 条规定：经营者及其工作人员对收集的消费者个人信息必须严格保密，不得泄露、出售或非法向他人提供。

这条主要指要保护个人信息。据中国消费者协会 2013 年上半年投诉统计数据显示，互联网服务投诉居于投诉量前五位。消费者反映的主要问题包括个人信息丢失、泄露等网络安全问题。很多人有同样的经历，比如，才买了新车就有人来推销保险；刚生完孩子就接到了孕婴产品销售商的问候电话；新房钥匙还没到手，装修公司就上门“拜访”等，这一切消费案例都反映了个人信息被泄露的现实情况。目前我国个人信息泄露严重，信息安全无法得到根本上的保护，严重影响消费者正常生活，《消费者权益保护法》，正式确认了中国公民的个人信息受保护的权益，首次将个人信息受到保护作为消费者的一种权益确认下来。这条主要体现 4 项内容，一是经营者及其工作人员对收集的消费者个人信息必须严格保密，不得泄露、出售或非法向他人提供。二是经营者应当采取技术措施和其他必要措施，确保信息安全，防止消费者个人信息泄露、丢失。三是在发生或者可能发生信息泄露、丢失的情况时，应当立即采取补救措施。四是经营者未经消费者同意或请求，或消费者明确表示拒绝的，不得向其发送商业性信息。这就规范了经营者对所收集个人信息的保密义务，并且限制了商业信息的发送，对于保护消费者权益具有积极意义。

第三节　消费争议的解决与法律责任的确定

一、消费争议的解决

（一）争议的解决途径

依据《消费者权益保护法》的规定，消费者和经营者发生消费者权益争议的，可以通过下列途径解决。

1）与经营者协商和解。一般争议均可由双方在平等自愿的基础上进行，重大纠纷或双方无法协商解决的，可寻求其他解决方式。

2）请求消费者协会调解。其调解结果由双方自愿接受和执行。

3）向有关行政部门申诉。主要是根据具体情况，向工商部门、物价部门、质量监督等部门提出申诉，寻求救济。

4）提请仲裁。但需有双方事先订立的书面仲裁协议或条款。

5）提起诉讼。

（二）消费争议解决的特定规则

1）消费者在购买、使用商品时，其合法权益受到损害的，可以向销售者要求赔偿。这一求偿规则所确定的是销售者的先行赔偿义务。

2）消费者或其他受害人因商品缺陷造成人身、财产损害的，可以向销售者要求赔偿，也可以向生产者要求赔偿。这一规则赋予消费者行使求偿权的更多选择机会，便于消费者更充分地行使权利。

3）消费者在接受服务时，其合法权益受到损害的，可以向服务者要求赔偿。

4）消费者在购买、使用商品或接受服务时，其合法权益受到损害，经营者发生变更的，可以向变更后承受其权利义务的企业要求赔偿。

5）使用他人营业执照的违法经营者提供商品或服务，损害消费者合法权益的，消费者可以向使用他人营业执照的经营者要求赔偿，也可以向营业执照的所有人要求赔偿。营业执照依法是不得出让的，如果出让，出让人和受让人对消费者造成的损害承担连带责任。

6）消费者在展销会、租赁柜台购买商品或接受服务，其合法权益受到损害的，可以向商品或服务的经营者要求赔偿；展销会结束或柜台租期届满，也可以向展销会的举办者和柜台的出租者要求赔偿。

7）消费者因经营者利用虚假广告提供商品或服务，其合法权益受到损害的，可以向经营者要求赔偿。如果广告的经营者不能提供经营者的真实名称、地址的，其应当承担赔偿责任。这里的广告经营者包括广告的制作者、广告的发布者，他们同经营者承担连带责任。

【例 8-4】小王在展销会上购买名牌衣服一件，不久发现该衣服是假冒产品，此时展销会已经结束，小王应当向（　　）要求赔偿。

A. 该衣服的生产商

B. 该衣服的经销商

C. 展销会场地的出租者

D. 既可以是服装的经销商，也可以是展销会的举办者

【答案】D

【解析】消费者在展销会、租赁柜台购买商品或接受服务，其合法权益受到损害的，可以向商品或服务的经营者要求赔偿。展销会结束或柜台租期届满，也可以向展销会的举办者和柜台的出租者要求赔偿。

二、经营者的法律责任

（一）民事责任

中国《消费者权益保护法》规定，经营者提供商品或服务有下列情况之一的，除本法另有规定外，应当依照《产品质量法》和其他有关法律、法规的规定，承担民事责任：① 商品存在缺陷的；② 不具备商品应当具备的使用性能而出售时未作说明的；③ 不符合在商品或者其包装上注明采用的商品标准的；④ 不符合商品说明、实物样品等方式表明的质量状况的；⑤ 生产国家明令淘汰的商品或销售失效、变质的商品的；⑥ 销售的商品数量不足的；⑦ 服务的内容和费用违反约定的；⑧ 对消费者提出的修理、重做、更换、退货、补足商品数量、退还货款和服务费用或赔偿损失的要求，故意拖延或无理拒绝的；⑨ 法律、法规规定的其他损害消费者权益的情形。经营者对消费者未尽到安全保障义务，造成消费者损害的，应当承担侵权责任。经营者的民事责任主要有以下几种。

1. 人身伤害的民事责任

《消费者权益保护法》第 49 条规定：经营者提供商品或服务，造成消费者或其他受害人人身伤害的，应当赔偿医疗费、护理费、交通费等为治疗和康复支出的合理费用，以及因误工减少的收入。造成残疾的，还应当赔偿残疾生活辅助具费和残疾赔偿金。造成死亡的，还应当赔偿丧葬费和死亡赔偿金。

《消费者权益保护法》第 51 条规定：经营者有侮辱诽谤、搜查身体、侵犯人身自由等侵害消费者或其他受害人人身权益的行为，造成严重精神损害的，受害人可以要求精神损害赔偿。精神损害赔偿是中国法律向前迈进的一个标志。但需注意，这些侵权行为必须是造成了受害人严重精神损害，带来了严重精神痛苦，并产生明显的后果，才能够获得精神损害赔偿。而遭受一般的精神损害，即使得不到赔偿，法院也可判令停止侵权、恢复名誉、消除影响、赔礼道歉。

2．财产损害的民事责任

《消费者权益保护法》第 52 条规定：经营者提供商品或服务，造成消费者财产损害的，应当依照法律规定或当事人约定承担修理、重做、更换、退货、补足商品数量、退还货款和服务费用或赔偿损失等民事责任。

《消费者权益保护法》第 53 条规定：经营者以预收款方式提供商品或服务的，应当按照约定提供。未按照约定提供的，应当按照消费者的要求履行约定或退回预付款；并应当承担预付款的利息、消费者必须支付的合理费用。

《消费者权益保护法》第 54 条规定：依法经有关行政部门认定为不合格的商品，消费者要求退货的，经营者应当负责退货。

【例 8-5】经营者以邮购方式提供商品，应当按照约定提供。未按照约定提供的，应当按照消费者的要求履行约定或（　　）。

A．退回货款　　　　B．承担消费者支付的所有费用

C．赔礼道歉　　　　D．依法追究刑事责任

【答案】A

【解析】本题考核以邮购方式和预收款方式提供商品或服务的民事责任。以邮购方式或以收预付款方式提供商品或服务而没有按照约定提供的，经营者应当按照消费者的要求履行约定或退还货款，并应当承担预付款的利息和消费者必须支付的合理费用。

3．惩罚性赔偿的民事责任

《消费者权益保护法》第 55 条规定：经营者提供商品或服务有欺诈行为的，应当按照消费者的要求增加赔偿其受到的损失，增加赔偿的金额为消费者购买商品的价款或者接受服务的费用的 3 倍；增加赔偿的金额不足 500 元的，为 500 元。法律另有规定的，依照其规定。经营者明知商品或服务存在缺陷，仍然向消费者提供，造成消费者或其他受害人死亡或健康严重损害的，受害人有权要求经营者依照本法第 49 条、第 51 条等法律规定赔偿损失，并有权要求所受损失两倍以下的惩罚性赔偿。

《消费者权益保护法》在惩罚性赔偿方面作出了很大调整，一是提高了针对一般性欺诈行为的赔偿数额，由过去的增加赔偿一倍的商品、服务价款，提升到现在的增加赔偿 3 倍的商品、服务价款；二是规定了最低赔偿金，规定最低赔付额为 500 元；三是规定了经营者明知商品和服务存在缺陷，仍向消费者提供，造成消费者或者其他受害人死亡、健康严重受损的，还有权要求所受损失两倍以下的惩罚性赔偿。以造成消费者死亡为例，所受损失可能包括人身伤害损失（如：医疗费、护理费、交通费、误工费、丧葬费和死亡赔偿金）、财产损失、精神损害赔偿等，计算惩罚性赔偿时要将所有损失合计后再乘以二。这一规定大大提升了惩罚性赔偿额度，有助于对不法经营者形成有效震慑。

（二）行政责任

《消费者权益保护法》不仅规定了违法经营者的民事责任，而且还规定了相应的经济责任和行政责任。《消费者权益保护法》第 56 条规定：经营者有下列情形之一，除承担相应的民事责任外，其他有关法律、法规对处罚机关和处罚方式有规定的，依照法律、法规的规定执行；法律、法规未作规定的，由工商行政管理部门或者其他有关行政部门责令改正，可以根据情节单处或者并处警告、没收违法所得、处以违法所得 1 倍以上 10 倍以下的罚款，没有违法所得的，处以 50 万元以下的罚款；情节严重的，责令停业整顿、吊销营业执照。

1）提供的商品或者服务不符合保障人身、财产安全要求的；

2）在商品中掺杂、掺假，以假充真，以次充好，或以不合格商品冒充合格商品的；

3）生产国家明令淘汰的商品或销售失效、变质的商品的；

4）伪造商品的产地，伪造或者冒用他人的厂名、厂址，篡改生产日期，伪造或冒用认证标志等质量标志的；

5）销售的商品应当检验、检疫而未检验、检疫或伪造检验、检疫结果的；

6）对商品或服务作虚假或引人误解的宣传的；

7）拒绝或拖延有关行政部门责令对缺陷商品或服务采取停止销售、警示、召回、无害化处理、销毁、停止生产或服务等措施的；

8）对消费者提出的修理、重做、更换、退货、补足商品数量、退还货款和服务费用或赔偿损失的要求，故意拖延或无理拒绝的；

9）侵害消费者人格尊严、侵犯消费者人身自由或者侵害消费者个人信息依法得到保护的权利的；

10）法律、法规规定的对损害消费者权益应当予以处罚的其他情形。

经营者有前款规定情形的，除依照法律、法规规定予以处罚外，处罚机关应当记入信用档案，向社会公布。

（三）刑事责任的确定

依据我国《消费者权益保护法》的有关规定，追究刑事责任的情况主要包括以下几种。

1）经营者提供商品或服务，造成消费者或其他受害人人身伤害，构成犯罪的，依法追究刑事责任。

经营者提供商品或服务，造成消费者或其他受害人死亡，构成犯罪的，依法追究刑事责任。

2）以暴力、威胁等方法阻碍有关行政部门工作人员依法执行职务的，依法追究刑事责任；拒绝、阻碍有关行政部门工作人员依法执行职务，未使用暴力、威胁方法的，由公安机关依照《中华人民共和国治安管理处罚条例》的规定处罚。

3）国家机关工作人员有玩忽职守或包庇经营者侵害消费者合法权益的行为的，由其所在单位或上级机关给予行政处分；情节严重，构成犯罪的，依法追究刑事责任。

复习思考题

一、单项选择题

1．新消法（　　）开始实施。

A．2015 年 1 月 1 日　　B．2013 年 6 月 31 日

C．2014 年 3 月 1 日　　D．2014 年 3 月 15 日

2．《消法》明确规定消费者有（　　）权利。

A．9　　B．7　　C．12　　D．8

3．消费者向有关行政部门投诉的，该部门应当自收到投诉之日起（　　）工作日内，予以处理并告知消费者。

A．9　　B．5　　C．15　　D．7

4．经营者以预收款方式提供商品或服务的，应当按照约定提供。未按照约定提供的，应当按照消费者的要求履行约定或退回预付款；并应当承担预付款的（　　）、消费者必须支付的合理费用。

A．本金　　B．罚金　　C．分红　　D．利息

5．消费者协会和其他消费者组织是依法成立的对商品和服务进行社会监督的保护消费者合法权益的（　　）。

A．社会组织　　B．行政机关　　C．事业单位　　D．执法部门

6．经营者侵犯消费者人格尊严时，应当承担的责任不包括以下（　　）。

A．赔礼道歉　　B．消除影响　　C．恢复名誉　　D．罚金

7．消费者王某在购买商品后，发现商品存在问题时，下列说法正确的是（　　）。

A．王某只能向该商品生产者主张赔偿

B．王某可以向该商品的销售者主张赔偿

C．王某可以向销售者要求赔偿，但不可以向生产者要求赔偿

D．若销售者有证据表明该瑕疵是在销售过程中其他销售者所致，有权拒绝赔偿

8．经营者有明知商品或者服务存在缺陷，仍然向消费者提供欺诈行为，造成消费者或其他受害人死亡或健康严重损害的，依法追究刑事责任；受害人有权要求所受损失（　　）以下的民事赔偿。

A．一倍　　B．两倍　　C．三倍　　D．四倍

9．甲厂生产一种易拉罐装碳酸饮料。消费者丙从乙商场购买这种饮料后，在开启时被罐内强烈气流炸伤眼部，下列答案中正确的是（　　）。

A．丙只能向乙索赔

B．丙只能向甲索赔

C．丙只能向消费者协会投诉，请其确定向谁索赔

D．丙可向甲、乙中的一个索赔

10．消费者协会应受理消费者投诉，并对投诉事项进行调查（　　）。

A．分析　　B．警告　　C．调解　　D．行政处罚

二、多项选择题

1．国家倡导（　　）的消费方式，反对浪费。

A．文明　　B．健康　　C．节约资源　　D．保护环境

2．消费者的安全保障权包括（　　）方面内容。

A．人身安全权　　B．个人隐私权　　C．财产安全权　　D．公平交易权

3．提供（　　）金融服务的经营者，应当向消费者提供经营地址、联系方式、商品或者服务的数量和质量、价款或者费用、履行期限和方式、安全注意事项和风险警示、售后服务、民事责任等信息。

A．证券　　B．保险　　C．银行　　D．医院

4．经营者采用（　　）方式销售商品（法定商品除外），消费者有权自收到商品之日起 7 日内退货，且无须说明理由。

A．网络　　B．电话　　C．邮购　　D．电视

5．消费者和经营者发生消费者权益争议的，可以通过下列（　　）途径解决。

A．与经营者协商和解

B．请求消费者协会或者其他调解组织调解

C．向有关行政部门申诉

D．根据与经营者达成的仲裁协议提请仲裁机构仲裁

E．向人民法院提起诉讼

6．广告的经营者不能提供下列（　　）经营者信息，应当承担赔偿责任。

A．真实名称　　B．地址　　C．申诉　　D．价格处理恰当

7．消费者在购买、使用商品和接受服务时，享有（　　）、（　　）得到尊重的权利，享有（　　）。

A．民族风俗习惯　　B．人格尊严

C．个人信息得到保护的权利　　D．特有性格

8．下列（　　）在网络上销售的商品不适用 7 日内无理由退货。

A．消费者定做的

B．鲜活易腐的

C．在线下载或者消费者拆封的音像制品、计算机软件

D．服装号码不适的

9．经营者不得对消费者进行（　　）、（　　），不得（　　）消费者的身体及其携带的物品，不得侵犯消费者的人身自由。

A．侮辱　　B．诽谤　　C．搜查　　D．怀疑

10．对于经营者违法行为，工商行政管理机关可以根据情节单处或并处警告，没收违法所得，处以违法所得 1 倍以上 10 倍以下的罚款，没有违法所得的，处以（　　）以下的罚款；情节严重的，责令停业整顿、（　　）。

A．50 万元　　B．吊销营业执照　C．30 万元　　D．暂扣营业执照

三、判断题

1．经营者提供商品或者服务有欺诈行为的，应当按照消费者的要求增加赔偿其受到的损失，增加赔偿的金额为消费者购买商品的价款或者接受服务的费用的 3 倍；增加赔偿的金

额不足 500 元的，为 500 元。法律另有规定的，依照其规定。（　）

2．经营者明知商品或者服务存在缺陷，仍然向消费者提供，造成消费者或者其他受害人死亡或者健康严重损害的，受害人有权要求经营者依照本法第四十九条、第五十一条等法律规定赔偿损失，并有权要求所受损失 3 倍以下的惩罚性赔偿。（　）

3．消费者或者其他受害人因商品缺陷造成人身、财产损害的，只能向销售者要求赔偿。（　）

4．农民购买、使用直接用于农业生产的生产资料，适用《消费者权益保护法》。（　）

5．经营者提供的商品或者服务不符合质量要求的，消费者可以依照国家规定．当事人约定退货，或者要求经营者履行更换、修理等义务。消费者要求退货、更换、修理的，经营者不用承担运输等费用。（　）

6．某市移动公司为了扩大业务范围，在消费者同意的情况下，每天向消费者手机发送天气预报，同时每月收取消费者 5 元的增值业务费用，是正当合法的。（　）

7．消费者向消费者协会投诉，需要交纳一定的费用。（　）

8．消费者在展销会．租赁柜台购买商品或者接受服务，其合法权益受到损害，一旦展销会结束或者柜台租赁期满后，找不到经营者，只能自认倒霉。（　）

9．依法经有关行政部门认定为不合格的商品，消费者可以要求退货。（　）

10．经营者不得搜查消费者身体，但对其随身携带的财务可根据实际情况进行检查。（　）

参考答案

一、单项选择题

1．【正确答案】D

【答案解析】中华人民共和国主席令第七号，《全国人民代表大会常务委员会关于修改〈中华人民共和国消费者权益保护法〉的决定》已由中华人民共和国第十二届全国人民代表大会常务委员会第五次会议于 2013 年 10 月 25 日通过，现予公布，自 2014 年 3 月 15 日起施行。

2．【正确答案】A

【答案解析】《消费者权益保护法》明确规定消费者有安全权，知情权，自主选择权，公平交易权，求偿权，结社权，获知权，人格尊严受尊重、个人信息受到保护权，监督权等 9 项权利。

3．【正确答案】D

【答案解析】《消费者权益保护法》第四十六条规定，“消费者向有关行政部门投诉的，该部门应当自收到投诉之日起 7 个工作日内，予以处理并告知消费者”。

4．【正确答案】D

【答案解析】《消费者权益保护法》第 53 条规定，“经营者以预收款方式提供商品或服务的，应当按照约定提供。未按照约定提供的，应当按照消费者的要求履行约定或退回预付款；并应当承担预付款的利息、消费者必须支付的合理费用”。

5．【正确答案】A

【答案解析】《消费者权益保护法》第36条规定，“消费者协会和其他消费者组织是依法成立的对商品和服务进行社会监督的保护消费者合法权益的社会组织”。

6.【正确答案】D

【答案解析】《消费者权益保护法》第50条规定，“经营者侵害消费者的人格尊严，侵犯消费者人身自由或侵害消费者个人信息依法得到保护的权利的，应当停止侵害，恢复名誉，消除影响，赔礼道歉，并赔偿损失”。

7.【正确答案】B

【答案解析】《消费者权益保护法》第11条规定，“消费者因购买，使用商品或者接受服务受到人身，财产损害的，享有依法获得赔偿的权利”；《消费者权益保护法》第40条规定，“消费者在购买，使用商品时，其合法权益受到损害的，可以向销售者要求赔偿。销售者赔偿后，属于生产者的责任或者属于向销售者提供商品的其他销售者的责任的，销售者有权向生产者或其他销售者追偿”。

8.【正确答案】B

【答案解析】《消费者权益保护法》55条规定，“经营者明知商品或服务存在缺陷，仍然向消费者提供，造成消费者或其他受害人死亡或者健康严重损害的，受害人有权要求经营者依照本法第49条、第51条等法律规定赔偿损失，并有权要求所受损失两倍以下的惩罚性赔偿”。

9.【正确答案】D

【答案解析】《消费者权益保护法》第40条第2款规定“消费者或其他受害人因商品缺陷造成人身，财产损害的，可以向销售者要求赔偿，也可以向生产者要求赔偿。属于生产者责任的，销售者赔偿后，有权向生产者追偿。属于销售者责任的，生产者赔偿后，有权向销售者追偿”。

10.【正确答案】C

【答案解析】《消费者权益保护法》第37条五款规定，“消费者协会履行下列公益性职责：(五)受理消费者的投诉，并对投诉事项进行调查、调解”。

二、多项选择题

1.【正确答案】ABCD

【答案解析】《消费者权益保护法》第5条新增第3款：“国家倡导文明、健康、节约资源和保护环境的消费方式，反对浪费。”。

2.【正确答案】AC

【答案解析】《消费者权益保护法》第7条规定，“消费者在购买、使用商品和接受服务时享有人身、财产安全不受损害的权利”。

3.【正确答案】ABC

【答案解析】《消费者权益保护法》通过第28条明确地规定，把证券、保险、银行等金融服务的经营者纳入到《消费者权益保护法》的调整范围之内。

4.【正确答案】ABCD

【答案解析】《消费者权益保护法》第25条规定，经营者采用网络、电视、电话、邮购等方式销售商品（法定商品除外），消费者有权自收到商品之日起7日内退货，且无须说明理由。

5．【正确答案】 ABCDE

【答案解析】《消费者权益保护法》第 39 条规定，“第 39 条 消费者和经营者发生消费者权益争议的，可以通过下列途径解决：① 与经营者协商和解；② 请求消费者协会或者依法成立的其他调解组织调解；③ 向有关行政部门投诉；④ 根据与经营者达成的仲裁协议提请仲裁机构仲裁；⑤ 向人民法院提起诉讼”。

6．【正确答案】 AB

【答案解析】《消费者权益保护法》第 45 条规定，“消费者因经营者利用虚假广告或其他虚假宣传方式提供商品或服务，其合法权益受到损害的，可以向经营者要求赔偿。广告经营者、发布者发布虚假广告的，消费者可以请求行政主管部门予以惩处。广告经营者、发布者不能提供经营者的真实名称、地址和有效联系方式的，应当承担赔偿责任”。

7．【正确答案】 ABC

【答案解析】《消费者权益保护法》第 14 条规定，“消费者在购买、使用商品和接受服务时，享有人格尊严、民族风俗习惯得到尊重的权利，享有个人信息依法得到保护的权利”。

8．【正确答案】 ABC

【答案解析】《消费者权益保护法》第 25 条规定，“经营者采用网络、电视、电话、邮购等方式销售商品，消费者有权自收到商品之日起 7 日内退货，且无须说明理由，但下列商品除外：① 消费者定作的；② 鲜活易腐的；③ 在线下载或者消费者拆封的音像制品、计算机软件等数字化商品；④ 交付的报纸、期刊。除前款所列商品外，其他根据商品性质并经消费者在购买时确认不宜退货的商品，不适用无理由退货”。

9．【正确答案】 ABC

【答案解析】《消费者权益保护法》第 27 条规定，“经营者不得对消费者进行侮辱、诽谤，不得搜查消费者的身体及其携带的物品，不得侵犯消费者的人身自由”。

10．【正确答案】 AB

【答案解析】《消费者权益保护法》第 56 条规定，“经营者有违法行为的，除承担相应的民事责任外，其他有关法律、法规对处罚机关和处罚方式有规定的，依照法律、法规的规定执行；法律、法规未作规定的，由工商行政管理部门或其他有关行政部门责令改正，可以根据情节单处或者并处警告、没收违法所得、处以违法所得 1 倍以上 10 倍以下的罚款，没有违法所得的，处以 50 万元以下的罚款；情节严重的，责令停业整顿、吊销营业执照”。

三、判断题

1．【正确答案】对

【答案解析】《消费者权益保护法》55 条规定，“经营者提供商品或服务有欺诈行为的，应当按照消费者的要求增加赔偿其受到的损失，增加赔偿的金额为消费者购买商品的价款或接受服务的费用的 3 倍；增加赔偿的金额不足 500 元的，为 500 元。法律另有规定的，依照其规定”。

2．【正确答案】错

【答案解析】经营者明知商品或服务存在缺陷，仍然向消费者提供，造成消费者或其他受害人死亡或健康严重损害的，受害人有权要求经营者依照本法第 49 条、第 51 条等法律规定赔偿损失，并有权要求所受损失 2 倍以下的惩罚性赔偿。

3．【正确答案】错

【答案解析】《消费者权益保护法》第40条第2款规定，“消费者或其他受害人因商品缺陷造成人身、财产损害的，可以向销售者要求赔偿，也可以向生产者要求赔偿”。

4．【正确答案】对

【答案解析】《消费者权益保护法》第62条规定，“农民购买、使用直接用于农业生产的生产资料，参照本法执行”。

5．【正确答案】错

【答案解析】《消费者权益保护法》第24条规定，“经营者提供的商品或服务不符合质量要求的，消费者可以依照国家规定．当事人约定退货，或要求经营者履行更换．修理等义务。没有国家规定和当事人约定的，消费者可以自收到商品之日起7日内退货；7日后符合法定解除合同条件的，消费者可以及时退货，不符合法定解除合同条件的，可以要求经营者履行更换、修理等义务。依照前款规定进行退货、更换、修理的，经营者应当承担运输等必要费用”。

6．【正确答案】对

【答案解析】《消费者权益保护法》第29条规定，“经营者未经消费者同意或请求，或消费者明确表示拒绝的，不得向其发送商业性信息”。

7．【正确答案】错

【答案解析】《消费者权益保护法》第38条规定，“消费者组织不得从事商品经营和营利性服务，不得以收取费用或其他牟取利益的方式向消费者推荐商品和服务”。

8．【正确答案】错

【答案解析】《消费者权益保护法》第43条规定，“消费者在展销会、租赁柜台购买商品或接受服务，其合法权益受到损害的，可以向销售者或服务者要求赔偿。展销会结束或者柜台租赁期满后，也可以向展销会的举办者、柜台的出租者要求赔偿”。

9．【正确答案】对

【答案解析】《消费者权益保护法》第54条规定，“依法经有关行政部门认定为不合格的商品，消费者要求退货，经营者应当负责退货”。

10．【正确答案】错

【答案解析】《消费者权益保护法》第27条规定。“经营者不得对消费者进行侮辱、诽谤，不得搜查消费者的身体及其携带的物品，不得侵犯消费者的人身自由”。

第九章 反垄断和反不正当竞争法律制度

本章要点

- 中国反垄断法
- 中国反不正当竞争法
- 反垄断法在中国目前的立法状况及在中国经济社会发展中的重要作用
- 不正当竞争行为的界定、垄断行为的表现
- 不正当竞争行为、垄断行为及其应承担的法律责任

第一节 反垄断法

一、反垄断法律制度概述

1．垄断的概念

垄断，是指经营者或其利益代表者，滥用已经具备的市场支配地位，或者通过协议、合并或其他方式谋求或谋求并滥用市场支配地位，借以排除或限制竞争，牟取超额利益，依法应予规制的行为。简言之，垄断是指经营者或其利益代表者排除或限制竞争的违法行为。

2．反垄断法的概念

反垄断法，有广义和狭义之分。广义上的反垄断法，是调整在国家规制垄断过程中所发生的社会关系的法律规范的总称，是由反垄断法律规范构成的系统；狭义上的反垄断法，是作为规范性法律文件的反垄断基本法律，在我国，就是指 2007 年 8 月全国人大常委会通过的《中华人民共和国反垄断法》。不同的国家，反垄断基本法律的形式和名称不同。

3．反垄断法的地位

从法的体系来看，反垄断法是经济体系中市场规制法的重要部门法之一；从法域归属看，反垄断法属于公法；从法的作用看，反垄断法是保障市场竞争公平、自由和秩序的重要部门法，被称为“经济宪法”。反垄断实务的经济色彩很浓，大量法律问题的界定需要运用包括会计、审计的知识、规则和方法。随着我国《反垄断法》诸多配套法规、规章的制定和实施，会计、审计人员参与反垄断执法、诉讼案件的会越来越多，越来越深入。

二、滥用市场支配地位

1. 相关市场

相关市场，是指与经营者的产品和服务之间存在竞争关系的产品和服务市场。认定市场支配地位，首先要界定相关市场。相关市场的相关性，是指与经营者的产品和服务存在相互竞争关系的特性，具体表现为在产品和服务种类上的相关性、空间上的相关性和时间上的相关性。要界定相关市场，需要运用经济学的方法，需要有会计、审计人员协助进行市场调查。

2. 市场支配地位

市场支配地位，是指经营者在相关市场内具有能够控制商品价格、数量或其他交易条件，或者能够阻碍、影响其他经营者进入相关市场能力的市场地位。

3. 市场支配地位的认定依据

认定市场支配地位的依据，一般以市场份额为主，兼顾市场行为及其他相关因素。在认定市场支配地位的实践中，需要大量会计、审计专业人员与法律人员参与。依据主要有：① 该经营者在相关市场的市场份额，以及相关市场的竞争状况；② 该经营者控制产品销售市场或者原材料采购市场的能力；③ 该经营者的财力和技术条件；④ 其他经营者对该经营者在交易上的依赖程度；⑤ 其他经营者进入相关市场的难易程度；⑥ 与认定该经营者市场支配地位有关的其他因素。

依据市场份额标准时，可以根据被告的市场份额，依法推定其具有市场支配地位。被推定具有市场支配地位的经营者，有证据表明不具有市场支配地位的，不应当认定其具有市场支配地位。

4. 滥用市场支配地位的行为

滥用市场支配地位行为，是指具有市场支配地位的经营者利用其市场支配地位所实施的妨碍竞争的行为。这是一种重要、常见的垄断行为之一。滥用市场支配地位行为主要有以下几方面。

（1）垄断高价和垄断低价

即具有市场支配地位的经营者，以不公平的高价销售商品或以不公平的低价购买商品的行为。电信、邮政、电力、交通、城市自来水、管道燃气等自然垄断行业的经营者易于实施垄断高价和垄断低价行为。

（2）掠夺性定价

即具有市场支配地位的经营者，没有正当理由，以低于成本的价格销售商品的行为。这里所称的正当理由，包括销售鲜活商品、季节性降价、处理积压商品、转产或歇业及其他有正当理由的情形。成本的标准，要有具体标准和会计人员的核定。

（3）拒绝交易

即具有市场支配地位的经营者，没有正当理由，拒绝与交易相对方进行交易的行为。拒绝交易的目的往往是为了排除竞争对手，或者推高价格、牟取暴利。

（4）独家交易

即具有市场支配地位的经营者，没有正当理由，限定交易相对人只能与其进行交易或只能与其指定的经营者进行交易的行为。独家交易，会损害交易相对方、竞争对手的合法权益。

（5）搭售

即具有市场支配地位的经营者，没有正当理由，在销售其市场份额高的商品和服务时，搭配销售其市场份额低的商品和服务的行为。例如，微软在20世纪90年代搭售IE的案件。

（6）差别待遇

即具有市场支配地位的经营者，没有正当理由，对条件相同的交易相对人设定不同的交易价格等交易条件的行为。差别待遇会导致排除竞争对手、牟取垄断暴利。

三、联合限制竞争

1. 联合限制竞争行为的概念

联合限制竞争行为，是指经营者为限制竞争而达成协议、决定或其他协同一致的行为。中国《反垄断法》称为“垄断协议”。

根据参与联合的经营者所处的产业链环节是相同还是相续，可分为横向联合限制竞争行为和纵向联合限制竞争行为。

联合限制竞争行为的主体为经营者、行业协会。

2. 横向联合限制竞争行为

横向联合限制竞争行为，是指处于产业链同一环节的两个或两个以上经营者所为的联合限制竞争行为，如彩电销售商之间的固定价格、划分市场的行为。主要包括以下几个方面。

（1）固定价格

即处于产业链同一环节的经营者通过协议、决议或其他协同一致的方式确定、维持或改变价格的行为。例如，2008年一些方便面厂家通过协议统一上调出厂价的行为。固定价格对竞争的损害至为严重，各国对其处罚也至为严厉。

（2）划分市场

即处于产业链同一环节的经营者通过协议、决议或其他协同一致的方式限定商品的生产数量或销售数量、分割销售市场或原材料采购市场的行为。

（3）联合抵制

即处于产业链同一环节的经营者通过协议、决议或其他协同一致的方式拒绝与特定交易相对人交易的行为。

（4）不当技术联合

即经营者以排除或限制竞争为目的，制定技术标准，限制购买新技术、新设备，或者限制开发新技术、新产品的行为。

3. 纵向联合限制竞争行为

纵向联合限制竞争行为，是指处于同一产业链上下环节（即有交易关系或供求关系）的两个或两个以上经营者所为的联合限制竞争行为，如电脑整机生产商和电脑整机销售商之间所为的联合限制竞争行为。我国《反垄断法》所规定的纵向联合限制竞争行为，主要包括：

1）固定转售价格，即同一产业链上一环节经营者，通过协议确定下一环节经营者销售价格的行为；

2）限定转售最低价格，即在同一产业链中上一环节经营者利用其市场支配地位，通过协议确定下一环节经营者销售价格的行为。

这两种行为也可以统称为限制转售行为。此外，一些国家还将某些不符合豁免条件的独家交易、特许协议列为禁止的行为。

【例 9-1】下列各项中，属于滥用市场支配地位行为的是（　　）。

A. 固定价格　　B. 垄断高价　　C. 固定转售价格　　D. 联合抵制

【答案】B

【解析】根据反垄断法法理和我国《反垄断法》的规定，垄断高价是滥用市场支配地位行为之一，上述选项中的其他三种属于联合限制竞争行为。

4．联合限制竞争行为的豁免

在实际生活中，部分联合限制竞争行为有利有弊，并且可能利大于弊，因此，经营者能够证明所达成的协议属于下列情形之一的，可以免于处罚：① 为改进技术、研究开发新产品的；② 为提高产品质量、降低成本、提高效率，统一产品规格、标准或实行专业化分工的；③ 为提高中小经营者经营效率，增强中小经营者竞争力的；④ 为实现节约能源、保护环境、救灾救助等社会公共利益的；⑤ 因经济不景气，为缓解销售量严重下降或者生产明显过剩的；⑥ 为保障对外贸易和对外经济合作中的正当利益的；⑦ 法律和国务院规定的其他情形。

同时，经营者还应当证明所达成的协议不会严重限制相关市场的竞争，并且能够使消费者分享由此产生的利益。

四、经营者集中行为

1．经营者集中的概念

经营者集中，是指经营者通过合并、收购、委托经营、联营或其他方式，集合经营者经济力，提高市场地位的行为，包括经营者合并和经营者控制。经营者集中是获得市场支配地位最常见的途径之一。因此，经营者集中行为的规章制度，也就成为反垄断规章制度中的一项重要内容。

2．经营者合并

经营者合并，是指两个或两个以上经营者合为一个经营者，从而导致经营者集中的行为。根据合并后原经营者主体资格存续与否，经营者合并可分为新设合并和吸收合并。新设合并，是指两个或两个以上的经营者合为一个新的经营者，原来几个经营者的主体资格均消失的合并行为；吸收合并，是指两个或两个以上的经营者合为一个经营者，其中一个经营者的主体资格存续下来，其他经营者的主体资格消失的合并行为，也称兼并，如波音公司和麦道公司合并后，波音公司存续下来。

根据参与合并的经营者在产业链上的关系，经营者合并可分为横向合并和纵向合并。横向合并，是指处于同一产业链同一环节的经营者之间的合并；纵向合并，是指处于同一产业链上下环节的经营者之间的合并。

经营者合并规制，涉及反垄断法、公司法、证券法，实务中涉及大量的会计、审计业务。

3．经营者控制

经营者控制，是指经营者通过收购、委托经营、联营和其他方式控制其他经营者，从而导致经营者集中的行为。

根据获得控制权的途径，可分为股权式控制、联营式控制和债权式控制；根据控制的内容，还可分为财产型控制、业务型控制和人事型控制；根据控制与被控制的经营者所处的产业链关系，又可分为横向控制和纵向控制。由于基于上述控制关系，形成紧密的经济关系，使参与者迅速提高市场支配地位，为实施滥用市场支配地位行为提供了前提。因此，经营者合并和经营者控制都需要进行规制。

4．经营者集中行为的申报许可

根据我国《中华人民共和国反垄断法》的规定，中国经营者集中申报许可制度主要包括下列几个内容。

（1）实体条件。

1）参与集中的所有经营者上一会计年度在全球范围内的营业额合计超过 100 亿元人民币，并且其中至少两个经营者上一会计年度在中国境内的营业额均超过 4 亿元人民币。

2）参与集中的所有经营者上一会计年度在中国境内的营业额合计超过 20 亿元人民币，并且其中至少两个经营者上一会计年度在中国境内的营业额均超过 4 亿元人民币。营业额的计算，应当考虑银行、保险、证券、期货等特殊行业、领域的实际情况。

（2）申报程序。

符合上述条件的经营者应当事先向国务院商务主管部门申报，未申报的不得实施集中。申报书应当按照主管机关的要求提交相应的文件、资料。

（3）审查的程序。

1）初审。主管机关自收到经营者提交的符合法定条件的文件、资料之日起 30 日内进行初步审查，作出不实施进一步审查的决定或逾期未作出决定的，经营者可以实施集中，否则进行进一步审查。

2）进一步审查。进一步审查自决定之日起 90 日内审查完毕，作出决定并书面通知经营者。作出禁止决定的，应当说明理由。如有法定特殊情形，可以延长审查期限。逾期未作出决定的，经营者可以实施集中。

（4）审查的内容和结果。

1）审查的内容包括：参与集中的经营者在相关市场的市场份额及其对市场的控制力；相关市场的市场集中度；经营者集中对市场进入、技术进步的影响；经营者集中对消费者和其他有关经营者的影响；经营者集中对国民经济发展的影响；主管机关认为应当考虑的影响市场竞争的其他因素。对外资并购境内企业或以其他方式参与经营者集中，涉及国家安全的，还应当按照国家有关规定进行国家安全审查。

2）禁止的决定。经营者集中具有或可能具有排除、限制竞争效果的，主管机关应当作出禁止经营者集中的决定。

3）许可的决定。经营者能够证明该集中对竞争产生的有利影响明显大于不利影响，或者符合社会公共利益的，主管机关可以作出对经营者集中不予禁止的决定。对不予禁止的经营者集中，主管机关可以决定附加减少集中对竞争产生不利影响的限制性条件。

（5）公布审查结果。

五、行政性垄断

1．行政性垄断的概念

行政性垄断，是指行政机关和法律、法规授权的具有管理公共事务职能的组织，滥用行政权力、违反法律规定实施的限制市场竞争的行为。

2. 行政性垄断的表现

1）行政性强制交易。所谓行政性强制交易，是指行政机关滥用行政权力，违反法律规定，限定或变相限定经营者、消费者经营、购买、使用其指定的经营者提供的商品。例如，某县政府要求县属所有机关、事业单位购买某啤酒厂质次价高、没有竞争力的啤酒，并且下达具体购买任务。

2）行政性限制市场准入。所谓行政性限制市场准入，是指行政机关滥用行政权力，违反法律规定，妨碍商品和服务在地区之间的自由流通，排除或限制市场竞争的行为。包括：① 对外地商品设定歧视性收费项目、实行歧视性收费标准，或者规定歧视性价格；② 对外地商品规定与本地同类商品不同的技术要求、检验标准，或者对外地商品采取重复检验、重复认证等歧视性技术措施，限制外地商品进入本地市场；③ 采取专门针对外地商品的行政许可，限制外地商品进入本地市场；④ 设置关卡或采取其他手段，阻碍外地商品进入或本地商品运出；⑤ 滥用行政权力，以设定歧视性资质要求、评审标准或不依法发布信息等方式，排斥或限制外地经营者参加本地的招标投标活动；⑥ 妨碍商品和服务在地区之间自由流通的其他行为。

3）行政性强制经营者限制竞争。所谓行政性强制经营者限制竞争，是指行政机关滥用行政权力，违反法律规定，强制经营者从事反垄断法所禁止的排除或限制市场竞争的行为。例如，强制本地区、本部门的企业合并，或者通过经营者控制组建企业集团；强制经营者通过协议等方式固定价格、划分市场、联合抵制等。

以上三种行为，可能仅是具体行政行为，有时可能是具体行政行为和抽象行政行为合一。上述行政性垄断行为，都是我国《反垄断法》禁止的垄断行为。

六、反垄断法的执行和适用

1. 反垄断法的执行主体制度

反垄断法的执行，是指反垄断主管机构实施反垄断法的行为，也称反垄断执法。

1）反垄断法执行主体。即反垄断法执行职责的承担者和相应权力的享有者。在中国，国务院反垄断委员会和国务院反垄断执法机构共同承担反垄断职责。

2）反垄断法执行主体的职责。包括：① 特定行为许可，依法受理、审查和核准依法需要审查、核准的经营者市场竞争行为，如经营者集中行为、市场联合行为等；② 违法行为查处，依法受理或自行启动对违法垄断行为的调查、审议和制裁，审议，或由主管机构径行作出决定，或组织听证，或运用类似诉讼程序作出裁决，然后由本机构或其他机构执行，对反垄断案件进行裁决，当事人不服的可诉到法院；③ 竞争状况监控；④ 制定行为规则。

3）反垄断法执行主体的权力。包括：① 调查权，包括检查权、询问权、资料调阅复制权、查封和扣押证据权、账户查询权；② 许可权，如对经营者集中行为、联合行为等的申报行使许可权和许可废止权；③ 制裁权，反垄断执行主管机构有权对违反反垄断法强行规范的经营者进行制裁，包括劝告权、告诫权、禁止权、经营者集中行为解散权、宣布联合行为无效权、拆分权、命令经济同业团体接纳特定企业的权力、罚款权、强制赔偿权、不当利益没收权等；④ 调研权；⑤ 规则制定权；⑥ 起诉权，有的国家规定，反垄断主管机关有就特定经营者垄断行为向法院提起诉讼的权力。

2．反垄断法执行的一般程序

反垄断法执行的一般程序包括：① 启动，反垄断案件分因垄断行为受害人的申请或控告、其他组织或个人报告（举报）和主管机关自行启动三种；② 调查，调查的启动，调查的方式，调查的程序，调查的中止、终止和恢复都应当遵循《中华人民共和国反垄断法》（以下简称《反垄断法》）的规定；③ 审议，在调查取证的基础上，主管机构组织审议；④ 决定，主管机构应当作出违法与否的认定、违法处罚和合法许可的决定；⑤ 执行，经公布后，即进入执行环节，执行环节，可以是自动执行。如果被制裁人不服该决定的，可以向上级机关提起复议或向法院提起诉讼；被制裁人不服该决定，又不提起复议或诉讼的，主管机关可以依法强制执行。

3．反垄断法的域外效力

反垄断法不仅对在国外违反内国反垄断法的国内企业和在国内违反内国反垄断法的外国企业发生效力，而且还对在国内违反内国反垄断法并影响市场竞争的外国企业发生效力。这种内国反垄断法效力范围超越国家领土，适用于对内国市场竞争产生影响的垄断行为的现象，称为反垄断法的域外效力。

我国的《反垄断法》第 2 条规定，中华人民共和国境内经济活动中的垄断行为，适用本法；中华人民共和国境外的垄断行为，对境内市场竞争产生排除、限制影响的，适用本法。

4．反垄断法豁免和适用除外

由于垄断行为有弊有利，反垄断法往往会规定豁免和适用除外。反垄断法适用除外，是指在规定反垄断法适用范围和适用反垄断法时，将符合特定条件的领域、事项或行为作为例外而不适用反垄断法基本规定的一项制度。

中国《反垄断法》对滥用市场支配地位、联合限制竞争和经营者集中，均有不同的豁免和适用除外规定，其基本条件是应当符合国家整体利益。从正面看，应当是有利于改进技术、提高产品和服务质量、降低成本、提高经济效益、增强中小企业的竞争能力，或者有利于渡过经济低谷期，保障中国对外贸易和对外经济合作中的正当利益；从反面看，应当是不严重增加对地区竞争的限制，不阻碍某一行业、产业或区域经济发展，不强化市场支配地位，不严重妨碍市场竞争，不损害消费者权益且消费者能够分享由此带来的利益。

反垄断法豁免和适用除外还应当履行程序性要件。

七、违反《反垄断法》的法律责任

1．违法实施联合限制竞争行为的法律责任

经营者违反《反垄断法》规定，达成并实施垄断协议的，由反垄断执法机构责令停止违法行为，没收违法所得，并处上一年度销售额 1% 以上 10% 以下的罚款；尚未实施所达成的垄断协议的，可以处 50 万元以下的罚款。但是，经营者主动向反垄断执法机构报告达成垄断协议的有关情况并提供重要证据的，反垄断执法机构可以酌情减轻或免除对该经营者的处罚。

行业协会违反《反垄断法》规定，组织本行业的经营者达成垄断协议的，反垄断执法机构可以处 50 万元以下的罚款；情节严重的，社会团体登记管理机关可以依法撤销登记。

2．违法实施滥用市场支配地位行为的法律责任

经营者违反《反垄断法》规定，滥用市场支配地位的，由反垄断执法机构责令停止违法行为，没收违法所得，并处上一年度销售额 1% 以上 10% 以下的罚款。

3. 违法实施经营者集中的法律责任

经营者违反《反垄断法》规定实施集中的，由国务院反垄断执法机构责令停止实施集中、限期处分股份或资产、限期转让营业及采取其他必要措施恢复到集中前的状态，可以处 50 万元以下的罚款。

4. 违反《反垄断法》的损害赔偿责任

经营者实施垄断行为，给他人造成损失的，依法承担损害赔偿责任。

5. 行政性垄断的法律责任

行政机关和法律、法规授权的具有管理公共事务职能的组织滥用行政权力，实施排除、限制竞争行为的，由上级机关责令改正；对直接负责的主管人员和其他直接责任人员依法给予处分。反垄断执法机构可以向有关上级机关提出依法处理的建议。

法律、行政法规对行政机关和法律、法规授权的具有管理公共事务职能的组织，滥用行政权力实施排除、限制竞争行为的处理另有规定的，依照其规定。

6. 经营者抗拒反垄断审查和调查的法律责任

对反垄断执法机构依法实施的审查和调查，拒绝提供有关材料、信息，或者提供虚假材料、信息，或者隐匿、销毁、转移证据，或者有其他拒绝、阻碍调查行为的，由反垄断执法机构责令改正，对个人可以处 2 万元以下的罚款，对单位可以处 20 万元以下的罚款；情节严重的，对个人处 2 万元以上 10 万元以下的罚款，对单位处 20 万元以上 100 万元以下的罚款；构成犯罪的，依法追究刑事责任。

7. 反垄断执法机构工作人员违反《反垄断法》的法律责任

反垄断执法机构工作人员滥用职权、玩忽职守、徇私舞弊或泄露执法过程中知悉的商业秘密，构成犯罪的，依法追究刑事责任；尚不构成犯罪的，依法给予处分。

第二节　反不正当竞争法

一、反不正当竞争法律制度概述

1. 不正当竞争行为的概念和类型

不正当竞争行为，是指经营者有悖于商业道德且违反法律规定的市场竞争行为。判断不正当竞争行为，可以从竞争性、反道德性和违法性上分析。

不正当竞争行为的类型多样，包括：① 欺骗性标示行为；② 侵犯商业秘密行为；③ 诋毁商誉行为；④ 商业贿赂行为；⑤ 不当附奖赠促销行为。

2. 不正当竞争的危害

不正当竞争行为侵犯竞争者和消费者的权利，损害市场机制，破坏市场秩序，危害信用和社会公德，因此应当立法予以禁止。

3. 反不正当竞争法的概念

狭义上的反不正当竞争法，是指有关反不正当竞争法的规范性法律文件，在中国是指全国人大常委会通过的《中华人民共和国反不正当竞争法》（以下简称《反不正当竞争法》）。广义上的反不正当竞争法，是调整在国家规制不正当竞争行为过程中发生的社会关系的法律规范的总称。

《反不正当竞争法》作为经济法的部门法，与《反垄断法》、《知识产权法》、《合同法》、《侵权行为法》有密切的关系。

二、欺骗性标示行为

1. 欺骗性标示的含义

欺骗性标示，是指经营者对其所销售的商品和提供的服务作出不实标记或陈述的行为。例如，将一般白酒装瓶后贴上“茅台”商标的行为，或者在不含有人参成分的保健品外包装上成分一栏写上“含有人参 10%”等。欺骗性标示分为仿冒和虚假陈述两类。

2. 仿冒

（1）仿冒的概念

仿冒，是指经营者使用与他人相近或相同的商业标识和外观的行为。

（2）仿冒行为的表现

我国《反不正当竞争法》禁止以下四种仿冒行为：① 假冒他人的注册商标；② 擅自使用知名商品特有的名称、包装、装潢，或者使用与知名商品近似的名称、包装、装潢，造成和他人的知名商品相混淆，使购买者误认为是该知名商品；③ 擅自使用他人的企业名称或姓名，引人误认为是他人的商品；④ 在商品上伪造或冒用认证标志、名优标志等质量标志，伪造产地，对商品质量作引人误解的虚假表示。

（3）仿冒行为的特征

仿冒的对象是市场价值更高的商业性标志；仿冒的方式是使用与其他经营者相同或相近的商业性标志；仿冒的目的是分享市场价值更高的商业性标志的商业利益。

3. 虚假陈述

（1）虚假陈述的概念

虚假陈述，是指经营者对其产品或服务信息所作的不实介绍。

（2）虚假陈述的方式

根据《反不正当竞争法》的规定，虚假陈述的方式包括在包装、装潢或广告中对商品的质量、制作成分、性能、用途、生产者、有效期限、产地等作引人误解的虚假宣传。

（3）虚假陈述的特征

虚假陈述的主体是经营者，包括产品的生产者、销售者和广告经营者；虚假陈述的内容是与商品和服务有关的，除商业性标志以外的其他信息；虚假陈述的方式是对商品、服务或经营者自身所作的任何介绍；虚假陈述的目的是提高市场认知度，增加交易机会。

（4）虚假陈述的认定

一般的虚假陈述可以根据陈述内容与对象的一致性进行判断，相对比较容易，而对引人误解的虚假广告的判断则相对困难。概括立法和实施的经验，对引人误解的虚假广告可以从认知的致误性、受众的一般性、认知的常态性、广告的整体性和致误的可能性进行判断。

【例 9-2】甲欲买“全聚德”牌的快餐包装烤鸭，临上火车前误购了商标不同而外包装十分相似的显著标明名称为“仝聚德”的烤鸭，遂向“全聚德”公司投诉。“全聚德”公司发现，“仝聚德”烤鸭的价格仅为“全聚德”烤鸭价格的 1/3。如果“全聚德”起诉“仝聚德”，其纠纷的性质应当是下列哪一种？（　　）（司考）

A. 诋毁商誉的侵权纠纷　　　　B. 低价倾销的不正当竞争纠纷

C. 欺骗性交易的不正当竞争纠纷　　D. 企业名称侵权纠纷

【答案】C

【解析】本题考查使用与知名商品近似的名称的不正当竞争行为。根据《反不正当竞争法》第5条第2项的规定，擅自使用知名商品特有的名称、包装、装潢，或者是使用与知名商品近似的名称、包装、装潢，造成和他人的知名商品相混淆，使购买者误认为是该知名商品，属于欺骗性的不正当竞争行为。

三、侵犯商业秘密行为

1．商业秘密的概念

商业秘密，是指不为公众所知悉、能为经营者带来经济利益、具有实用性并经权利人采取保密措施的技术信息和经营信息。商业秘密可分为技术型商业秘密和经营型商业秘密两类。

2．商业秘密的属性与特征

从其本身的属性来看，商业秘密实质上是一种信息。商业秘密是一种无形财产权。

商业秘密的特征有：秘密性、实用性和保密性，这是理解商业秘密的要点。① 秘密性，商业秘密的特点是“不为公众所知悉”；② 实用性，商业秘密能够为拥有者带来经济利益，这是和其他秘密的区别所在；③ 保密性，采取保密措施，是商业秘密不同于专利的重要特点。

3．侵犯商业秘密行为

根据我国《反不正当竞争法》的规定，侵犯商业秘密的行为表现在：① 以盗窃、利诱、胁迫或其他不正当手段获取权利人的商业秘密；② 披露、使用或允许他人使用不正当手段获取的权利人的商业秘密；③ 违反约定或违反权利人有关保守商业秘密的要求，披露、使用或允许他人使用其所掌握的商业秘密。第三人明知或应知前款所列违法行为，获取、使用或披露他人的商业秘密，视为侵犯商业秘密。

四、诋毁商誉行为

1．商誉和诋毁商誉的概念

商誉是商业声誉的简称，是对经营者综合性的市场评价。

诋毁商誉行为，是指经营者传播有关竞争对手的虚假信息，以破坏竞争对手商业信誉的不正当竞争行为。

诋毁声誉，侵害竞争对手的商誉权，给竞争者带来精神和物质利益的损失，应予禁止。

2．诋毁商誉的构成

1）诋毁商誉行为的主体。作为竞争行为的诋毁商誉，其行为主体是经营者。

2）诋毁商誉行为的主观方面。诋毁商誉行为可以是故意，也可以是过失，总之存在主观过错。

3）诋毁商誉行为的客观方面，包括：① 诋毁商誉行为是传播信息的行为；② 传播的是虚假信息；③ 该虚假信息与竞争对手有关。

五、商业贿赂行为

1．商业贿赂的概念

贿赂行为，包括行贿行为和受贿行为。所谓商业贿赂，是指经营者为了获取交易机会或竞争优势，向能够影响交易的人秘密给付财物或其他经济利益的行为。例如，投标人为了中标，向招标人中的决策人员行贿；某医药公司为了推销其药品，向医院负责人或医院药房负责人行贿；等等，都属于商业贿赂。

2．商业贿赂的危害

商业贿赂的危害是多方面的：① 破坏市场机制，妨碍公平竞争，侵害了竞争者的利益；② 侵犯交易相对人、其他经营者和消费者利益；③ 危害社会公德，腐蚀社会风气。正是由于商业贿赂侵犯了其他相关主体的权利和利益，危害了公平竞争的市场秩序和社会管理秩序，应当受到《反不正当竞争法》的制裁，情形严重的还会受到刑事制裁。

3．商业贿赂行为的构成

1）商业贿赂行为的主体，包括行贿主体和受贿主体。商业贿赂的行贿主体是经营者；商业贿赂的受贿主体是行贿主体交易相对人中能够影响交易决策的个人。例如，企业的经办人员、业务员、业务主管、经理、董事、监事及其他工作人员；子公司的母公司和控股公司高级管理人员、分公司的总公司管理人员、其他组织的上级主管部门工作人员；有宏观调控权和市场规制权的国家主管机关公职人员及其他能够影响交易决策的人，等等。

是否存在"账外暗中"，是区分回扣、折扣和佣金是否属于商业贿赂的标准。经营者销售或购买商品，可以以明示方式给对方折扣，可以给中间人佣金。经营者给对方折扣、给中间人佣金的，必须如实入账。接受折扣、佣金的经营者必须如实入账。何为如实入账，按《会计法》和相关的会计准则办理。

2）商业贿赂的主观方面。以具有获取交易机会或相对于竞争对手优势的目的和故意，是其主观方面要件。

3）商业贿赂的客观方面。给付或收受金钱、实物和其他利益的行为，是行贿和受贿的客观方面。当前，在给付金钱、实物和其他利益的方式上，花样不断翻新，不胜枚举。

六、不当附奖赠促销行为

1．不当附奖赠促销的概念

不当附奖赠促销，是指经营者在销售商品或提供服务时，违反法律规定，通过附带地向购买者提供物品、金钱或其他经济利益作为赠予或奖励，以促进销售的行为。不当附奖赠促销分为不当附奖促销和不当附赠促销两种方式。

2．不当附奖赠促销的类型

根据附带提供方式的不同，附奖赠促销分为附奖促销和附赠促销。附奖促销，即经营者在销售商品或提供服务时，向通过抽签、摇号、对号码等方式面部分购买者提供物品、金钱或其他经济利益作为奖励，以促进销售的行为，获奖的或然性、结果的不均等性是其主要特征；附赠促销，是指经营者在销售商品或提供服务时，对所有购买者或所有符合其预先设定条件的购买者，附带地提供物品、金钱或其他经济利益作为赠予，以促进销售的行为，获赠的机会和结果均等是其主要特征。

3．附奖赠促销行为的特征

附奖赠促销行为的特征有：① 附奖赠促销行为的主体是经营者；② 其奖励或赠予实质上是购买标的的一部分，"奖励"或"赠予"不过是变相降价促销，其变相之处在于价格没有变，但所购买的标的增加了，其增加额就是赠予物或是获奖机会；③ 附奖赠促销行为利弊互现，它有利于扩大销售、促进竞争，但如果奖赠额度或比例过度或奖赠虚假，会导致价格虚高，价格信号失真，损害了大多数未获奖的购买者、消费者利益，因此应当予以禁止。

4．不当附奖赠促销行为表现

我国《反不正当竞争法》禁止的不当附奖赠促销行为如下。

1）附巨额奖赠促销，经营者采用抽奖式附奖销售的，最高奖的金额不得超过 5 000 元。

2）欺骗性附奖赠促销，经营者不得采用谎称有奖或故意让内定人员中奖的欺骗方式进行有奖销售。

3）所附奖赠品伪劣，经营者不得利用有奖销售的手段推销质次价高的商品。

【例 9-3】自 10 月 1 日起，新星商店进行附奖赠促销，设三个等次的现金奖，其中一等奖 10 000 元。10 月 5 日，该区工商局发现，以其违反《反不正当竞争法》所设定的奖励的最高限额，责令停止违法行为，并处罚款。《反不正当竞争法》所规定的奖励的最高限额是（　）。

A．9000 元　　B．8000 元　　C．5000 元　　D．4000 元

【答案】C

【解析】根据《反不正当竞争法》第 13 条的规定，附奖赠促销最高奖的金额不得超过 5000 元。

七、违反《反不正当竞争法》的法律责任

1．假冒仿冒的法律责任

经营者假冒他人的注册商标，擅自使用他人的企业名称或姓名，伪造或冒用认证标志、名优标志等质量标志，伪造产地，对商品质量作引人误解的虚假表示的，依照《商标法》、《产品质量法》的规定承担责任。

经营者擅自使用知名商品特有的名称、包装、装潢，或者使用与知名商品近似的名称、包装、装潢，造成和他人的知名商品相混淆，使购买者误认为是该知名商品的，监督检查部门应当责令停止违法行为，没收违法所得，可以根据情节处以违法所得 1 倍以上 3 倍以下的罚款；情节严重的可以吊销营业执照；销售伪劣商品，构成犯罪的，依法追究刑事责任。

经营者利用广告或其他方法，对商品作引人误解的虚假宣传的，监督检查部门应当责令停止违法行为，消除影响，可以根据情节处以 1 万元以上 20 万元以下的罚款。

广告的经营者，在明知或应知的情况下，代理、设计、制作、发布虚假广告的，监督检查部门应当责令停止违法行为，没收违法所得，并依法处以罚款。

2．侵犯商业秘密的法律责任

经营者侵犯商业秘密的，监督检查部门应当责令停止违法行为，可以根据情节处以 1 万元以上 20 万元以下的罚款。

3．商业贿赂的法律责任

经营者采用财物或其他手段进行贿赂以销售或购买商品，构成犯罪的，依法追究刑事责任；不构成犯罪的，监督检查部门可以根据情节处以 1 万元以上 20 万元以下的罚款；有违法所得的，予以没收。

4．不当附奖赠促销的法律责任

经营者违反《反不正当竞争法》第 13 条规定进行有奖销售的，监督检查部门应当责令

停止违法行为，可以根据情节处以1万元以上10万元以下的罚款。

5．违反《反不正当竞争法》的损害赔偿责任

经营者违反《反不正当竞争法》的规定，给被侵害的经营者造成损害的，应当承担损害赔偿责任，被侵害的经营者的损失难以计算的，赔偿额为侵权人在侵权期间因侵权所获得的利润，并应当承担被侵害的经营者因调查该经营者侵害其合法权益的不正当竞争行为所支付的合理费用。被侵害的经营者的合法权益受到不正当竞争行为损害的，可以向人民法院提起诉讼。

复习思考题

一、单项选择题

1．下列属于《反垄断法》中规定的可被豁免的垄断协议类型是（　　）。

A．限制开发新技术、新产品的垄断协议

B．限制商品的生产数量的垄断协议

C．为提供中小经营者经营效率，增强中小经营者竞争力的垄断协议

D．固定商品价格的协议

2．下列不属于《反垄断法》所禁止的滥用行政权力排除、限制竞争行为的是（　　）。

A．对外地商品设定歧视性收费项目

B．限制外地经营者参加本地招标投标

C．通过颁布行政规范性文件的方式限制外地企业与本地企业进行竞争

D．提高对市场上销售某类所有产品的检验标准

3．郭女士某日到北京一家港式餐厅就餐，发现该餐厅的营业场所装饰、营业用具的式样，甚至服务员的服饰都与自己在北京所拥有并经营的一家知名餐厅完全相同，郭女士当即找到餐厅经营者孙女士询问，孙女士表示自己的餐厅装饰风格虽然与郭女士的餐厅相同，名称却完全不同，不存在侵权的问题，下列关于孙女士的说法中，正确的是（　　）。

A．孙女士的说法是正确的

B．孙女士的行为应当界定为虚假宣传的行为

C．虽然两家餐厅的名称不同，但营业场所装饰、营业用具、服务员服饰相同的行为已经构成了不正当竞争行为

D．孙女士的行为属于假冒他人注册商标的行为

4．根据《反不正当竞争法》的规定，经营者利用广告或其他方法，对商品作引人误解的虚假宣传的，监督检查部门应当责令停止违法行为，消除影响，可以根据情节处以的罚款数额为（　　）。

A．10万元以上15万元以下　　B．1万元以上20万元以下

C．3万元以上5万元以下　　D．3万元以上7万元以下

5．某市政府所属有关部门的下列（　　）行为违反了《反不正当竞争法》的规定。

A．市卫生局成立的儿童保健专家组受某生产厂家委托，对其婴儿保健产品提供质量认证标志并收取赞助费

B．市工商局和市电视台联合举办消费者信得过产品评选活动，评选中违反公平程

序而使当选的前八名全部为本市产品

C．市交管局规定，全市货运车辆必须在指定的两种品牌中选择安装一款车辆运行记录器，否则不予年检；其指定品牌为本地的“波浪”牌和法国的 NJK 牌

D．市政府决定对市酒厂减免地方税以提供财政支持

二、多项选择题

1．某生产大型机器设备的甲企业产品市场占有率达到 80%，甲企业的下属企业乙企业主要生产小型家电，销路一直不好，甲企业规定凡购买甲企业设备，均须同时购买乙企业生产的小型家电一台，下列说法正确的是（　　）。

A．甲企业的行为构成滥用市场支配地位行为

B．甲企业的行为构成限制竞争行为

C．甲企业的行为构成垄断行为

D．甲企业的行为构成经营者集中行为

2．下列属于《反垄断法》所禁止的横向垄断协议的是（　　）。

A．固定或变更商品价格的协议　　B．限制商品的生产数量的协议

C．联合抵制交易　　D．为改进技术、研究开发新产品的协议

3．下列的经济活动中涉及的垄断行为，属于《反垄断法》的调整范围的是（　　）。

A．中华人民共和国境内经济活动中的垄断行为

B．中华人民共和国境内经济活动中的非垄断行为

C．中华人民共和国境外经济活动中的垄断行为，对境内市场竞争没有影响的

D．中华人民共和国境外经济活动中的垄断行为，对境内市场竞争产生排除影响的

4．某市甲、乙两厂均生产一种“记忆增强器”产品。甲厂产品的质量比乙厂产品好得多，因而其市场占有率远远高于乙厂。王某是甲厂技术人员，乙厂为提高本厂的市场占有率，付给王某一大笔“技术咨询费”，获取其提供的甲厂技术秘密。乙厂运用这些技术对自己的产品进行了改进，同时，乙厂在本市电视台发布广告，声称本厂生产的记忆增强器功效迅速、质量可靠，其他厂家生产的同类产品质量无保证，呼吁消费者当心。另外，乙厂还以高额回扣诱使本市几家大型商场的购货人员不再采购甲厂产品。本市消费者李某等人在使用乙厂产品一段时间后，不仅记忆力没有增强，反而出现了神经衰弱症状。李某等人在电视台的协助下，向乙厂反映了情况。乙厂随后发现，王某提供的甲厂技术资料缺少几项关键技术，致使乙厂产品存在质量缺陷。乙厂的下列行为，（　　）构成不正当竞争。

A．向甲公司的工作人员行贿，以获得甲厂的技术秘密

B．向本市大型商场的购货人员行贿，使他们只采购本厂产品

C．在电视广告中发布使人误解的虚假宣传

D．在电视广告中散布虚假事实，损害竞争者的商品信誉

5．甲旅行社的欧洲部副经理李某，在劳动合同未到期时提出辞职，未办移交手续即到了乙旅行社，并将甲社的欧洲合作伙伴情况、旅游路线设计、报价方案和客户资料等信息带到乙社。乙社原无欧洲业务，自李某加入后欧洲业务猛增，成为甲社的有力竞争对手。现甲社向人民法院起诉乙社和李某侵犯商业秘密。法院如认定乙社和李某侵犯甲社的商业秘密，须审查什么事实？（　　）

A．甲社所称的“商业秘密”是否属于从公开渠道不能获得的

B．乙社的欧洲客户资料是否有合法来源

C．甲社所称的“商业秘密”是否向有关部门申报过“密级”

D．乙社在聘用李某时是否明知或应知其掌握甲社的上述业务信息

三、判断题

1．我国《反不正当竞争法》规定了 12 种不正当竞争行为。（　）

2．引人误解的广告不属于不正当竞争行为。（　）

3．经营者搭售商品就构成不正当竞争行为。（　）

4．使用不知道是他人用盗窃等非法手段获取的商业秘密的，不视为侵犯商业秘密。（　）

5．凡宣传引人误解的虚假内容，不管经营者采用什么宣传方式都构成不正当竞争行为。（　）

参考答案

一、单项选择题

1．【正确答案】C

【答案解析】本题考核《反垄断法》豁免的垄断协议类型。选项 A、B、D 均属于反垄断法禁止的垄断协议类型。

2．【正确答案】D

【答案解析】本题考核《反垄断法》所禁止的滥用行政权力排除、限制竞争行为。选项 A 属于地区封锁；选项 B 属于排斥或限制外地经营者参与本地招标投标；选项 C 属于抽象行政性垄断行为。

3．【正确答案】C

【答案解析】本题考核仿冒行为的种类。根据人民法院司法解释的规定，由经营者营业场所的装饰、营业用具的式样、营业人员的服饰等构成的具有独特风格的整体营业形象，可以认定为反不正当竞争行为中擅自使用知名商品特有的“装潢”的行为，构成不正当竞争行为，因此本题孙女士的说法是错误的。

4．【正确答案】B

【答案解析】本题考核虚假宣传行为的法律责任。根据规定，经营者利用广告或其他方法，对商品作引人误解的虚假宣传的，监督检查部门应当责令停止违法行为，消除影响，可以根据情节处以 1 万元以上 20 万元以下的罚款。

5．【正确答案】C

【答案解析】根据《反不正当竞争法》第 7 条规定：“政府及其所属部门不得滥用行政权力，限定他人购买其指定的经营者的商品，限制其他经营者正当的经营活动；政府及其所属部门不得滥用行政权力，限制外地商品进入本地市场，或者本地商品流向外地市场。”可知 C 项正确，市交管局的规定是限制竞争行为。

二、多项选择题

1．【正确答案】ABC

【答案解析】本题考核滥用市场支配地位和限制竞争行为的规定。根据《反垄断法》规定，甲企业的行为构成垄断行为中的滥用市场支配地位的行为；根据《反不正当竞争法》规定，甲企业的行为构成限制竞争行为。

2．【正确答案】ABC

【答案解析】本题考核《反垄断法》所禁止的横向垄断协议。为改进技术、研究开发新产品的协议属于可被《反垄断法》豁免的垄断协议类型。

3．【正确答案】AD

【答案解析】本题考核《反垄断法》的适用范围。根据规定，中华人民共和国境内经济活动中的垄断行为，中华人民共和国境外的垄断行为，对境内市场竞争产生排除、限制影响的适用于《反垄断法》。

4．【正确答案】ABCD

【答案解析】本题考查的是不正当竞争行为的形式。

5．【正确答案】ABD

【答案解析】本题考查侵犯商业秘密的特征。

三、判断题

1．【正确答案】错

【答案解析】我国《反不正当竞争法》规定了11种不正当竞争行为。

2．【正确答案】错

【答案解析】本题考核不正当竞争行为的形式。

3．【正确答案】错

【答案解析】本题考核不正当竞争行为的形式。

4．【正确答案】对

【答案解析】本题考核侵犯商业秘密的行为。

5．【正确答案】错

【答案解析】本题考核不正当竞争行为的形式。

第十章 产品质量法律制度

本章要点

- 产品质量法的概念和特点
- 产品质量法的调整范围
- 企业质量体系认证制度
- 产品质量认证制度
- 产品责任的监督检查制度
- 生产者和销售者的产品质量责任和义务
- 产品责任
- 违反《产品质量法》的法律责任

第一节 产品质量法概述

一、产品质量与产品质量立法

产品质量涉及产品和质量两个方面。什么是产品？广义上可泛指与自然物相对的一切劳动生产物，法律上所称产品则又因各国法律制度不同而有差异。我国《产品质量法》对产品作出界定，“本法所称产品是指经过加工、制作，用于销售的产品”，“建设工程不适用本法规定”。这表明《产品质量法》所指产品并不包括初级农产品和建筑产品。但是，建设工程使用的建筑材料、建筑构配件和设备，属于产品。另外，《产品质量法》也不适用军工产品。

【例 10-1】根据《产品质量法》的规定，下列何种产品属于该法所称的产品？（　　）

A. 芝麻油　　B. 大坝　　C. 冰毒　　D. 电力

【答案】A

【解析】本题考查的是《产品质量法》第 2 条的规定。根据《产品质量法》第 2 条，在中华人民共和国境内从事产品生产、销售活动，必须遵守本法。本法所称产品是指经过加工、制作，用于销售的产品。建设工程不适用本法规定，但是，建设工程使用的建筑材料、建筑构配件和设备，属于前款规定的产品范围的，适用本法规定。所以，大坝属于建设工程，不适用本法的规定。冰毒属于违禁品，电力不属于经过加工制作的产品，只有 A 项属于法律中规定的经过加工、制作，用于销售的产品范畴。

什么是质量？依国际标准化组织颁布的 ISO8402《质量术语》中所作的界定，质量是指“产品和服务满足规定或潜在需要的特征和特性的总和”。具体可包括适用性、性能、安全性、可靠性、维护性、美学性、经济性等产品的内在和外在因素。

我国 1993 年制定出台《产品质量法》（2000 年修订），除此以外，有关产品质量的规范性文件还包括《标准化法》、《计量法》、《食品卫生法》、《药品管理法》、《工业产品质量责任条例》、《认证认可条例》（2003 年）、《工业产品生产许可证试行条例》等。

产品质量法作为市场规制法的一部分，主要是因为它从产品质量这一特定角度可对经营者的市场行为起到正面规范的作用。

二、产品质量监督管理机构

产品质量监督管理机构包括行政专职机构和行政有关机构。

专职机构，是指国家技术监督局和地方技术监督部门（主要限于省级，有些市县政府并没有专设此机构）。

有关机构，涉及行业主管部门、综合管理部门（如工商部门）等，它们在其职责范围内负责产品质量监督管理工作。

第二节　产品质量监督管理制度

国家为保证产品质量而采取的宏观管理和具体措施，构成产品质量监管的制度内容。

一、产品质量检验制度

产品质量应当经检验机构检验合格，检验机构必须具备相应的检测条件和能力，并经有关部门考核合格后，方可承担检验工作。未经检验的产品视为不合格产品。

二、产品质量标准（化）制度

我国现行的标准形式分国家用标准、行业标准、地方标准和企业标准，其中前二者又分为强制性标准和推荐性标准。凡有关保障人体健康和人身财产安全的标准和法律、法规规定强制执行的标准为强制性标准，其他标准为推荐性标准。强制性标准必须执行，不符合强制性标准的产品，禁止生产、销售和进口；推荐性标准，国家鼓励企业自愿采用。《产品质量法》第 8 条规定：“可能危及人体健康和人身、财产安全的工业产品，必须符合保障人体健康，人身、财产安全的国家标准、行业标准；未制定国家标准、行业标准的，必须符合保障人体健康，人身、财产安全的要求。”

三、产品质量认证认可制度

《认证认可条例》规定，国家根据经济和社会发展的需要，推行产品、服务、管理体系认证。为搞好认证工作，必须进行认可。认证，是指由认证机构证明产品、服务、管理体系符合相关技术规范、相关技术规范的强制性要求或标准的合格评定活动；认可，是指由认可机构对认证机构、检查机构、实验室及从事评审、审核等认证活动人员的能力和执业资格，予以承认的合格评定活动。

目前，在认证活动方面，包括多种形式。

（一）企业质量体系认证

这是指认证机构根据企业申请，对企业的产品质量保证能力和质量管理水平进行综合性评审，并对合格者颁发认证证书的活动。依规定，中国企业质量体系认证的依据是国际通用的质量管理标准，即国际标准化组织（ISO）推荐各国采用的 ISO9000《质量管理和质量保证》系列标准。企业根据自愿原则向认证机构申请企业质量体系认证，经认证合格的，由认证机构颁发企业质量体系认证证书。经过质量体系认证的企业，在申请生产许可证、产品质量认证及其他质量认证时，可免于质量体系审查。

ISO9000 族标准简介：这个标准是 ISO 第 176 技术委员会制定的（ISO/TC176）第一版族标准，最初（1987 年）只有 6 个，1994 年修订，族标准共有 16 个；第二版族标准，1994 年之后，ISO9000 族标准不断扩大，至 2000 年改版前，共有 22 个标准和 2 个技术报告（TR），通常称为 ISO9000 族第二版标准。2000 年对 ISO9000 族标准进行修订，规定四个核心标准即 ISO9000《质量管理体系基础和术语》、ISO9001《质量管理体系要求》、ISO9004《质量管理体系业绩改进指南》、ISO19011《质量和环境管理体系审核指南》。另外，还有 ISO14000 系列标准，这是 ISO 第 207 技术委员会（ISO/TC207）组织制订的环境管理体系标准，其标准号从 14001 至 14100，共 100 个标准号，统称为 ISO14000 系列标准。它是顺应国际环境保护的发展，依据国际经济贸易发展的需要而制定的。目前正式颁布的有 ISO14001、ISO14004、ISO14010、ISO14011、ISO14012、ISO14040 等 5 个标准，其中 ISO14001 是系列标准的核心标准，也是唯一可用于第三方认证的标准。

（二）（单一）产品质量认证

产品质量认证是指依据产品标准和相应的技术要求，经认证机构确认并通过颁发认证证书和认证标志，来证明某一产品符合相应标准和技术要求的活动。依规定，中国参照国际先进的产品标准和技术要求，推行产品质量认证。企业根据自愿原则向认证机构申请产品质量认证。经认证合格的，由认证机构颁发产品质量认证证书，准许企业在产品或其包装上使用产品质量认证标志。

我国目前批准发布的产品质量认证标志主要有方圆标志（分合格认证标志和安全认证标志）、长城标志（为电工产品专用）、PRC 标志（为电子元器件专用）等。

（三）GMP 认证

“GMP”是英文 Good Manufacturing Practice 的缩写，中文的意思是“良好作业规范”，或是“优良制造标准”，是一种特别注重制造过程中产品质量与卫生安全的自主性管理制度。它是一套适用于制药、食品等行业的强制性标准，要求企业从原料、人员、设施设备、生产过程、包装运输、质量控制等方面按国家有关法规达到卫生质量要求，形成一套可操作的作业规范帮助企业改善企业卫生环境，及时发现生产过程中存在的问题，加以改善。

随着 GMP 的发展，国际间实施了药品 GMP 认证。GMP 提供了药品生产和质量管理的基本准则，药品生产必须符合 GMP 的要求，药品质量必须符合法定标准。中国卫生部于 1995 年 7 月 11 日下达卫药发（1995）第 35 号“关于开展药品 GMP 认证工作的通知”。药品 GMP 认证是国家依法对药品生产企业（车间）和药品品种实施 GMP 监督检查并取得认可的一种制度，是国际药品贸易和药品监督管理的重要内容，也是确保药品质量稳定性、安全性和有效性的一种科学、先进的管理手段。同年，成立中国药品认证委员会（China Certification

Committee for Drugs，缩写为 CCCD）。1998 年国家药品监督管理局成立后，建立了国家药品监督管理局药品认证管理中心。自 1998 年 7 月 1 日起，未取得药品 GMP 认证证书的企业，卫生部不予受理生产新药的申请；批准新药的，只发给新药证书，不发给药品批准文号。严格新开办药品生产企业的审批，对未取得药品 GMP 认证证书的，不得发给《药品生产企业许可证》。

取得药品 GMP 认证证书的企业（车间），在申请生产新药时，药品监督管理部门予以优先受理；迄至 1998 年 6 月 30 日未取得药品 GMP 认证的企业（车间），药品监督管理部门将不再受理新药生产的申请。取得药品 GMP 认证证书的药品，在参与国际药品贸易时，可向国务院药品监督管理部门申请办理药品出口销售的证明，并可按国家有关药品价格管理的规定，向物价部门重新申请核定该药品价格。各级药品经营单位和医疗单位要优先采购、使用的药品 GMP 认证证书的药品和取得药品 GMP 认证证书的企业（车间）生产的药品。药品 GMP 认证的药品，可以在相应的药品广告宣传、药品包装和标签、说明书上使用认证标志。

食品 GMP 认证由美国在 20 世纪 60 年代发起，当前除美国已立法强制实施食品 GMP 外，其他如日本、加拿大、新加坡、德国、澳洲、中国等国家均采取劝导方式辅导从业者自动自发实施。

（四）“QS”认证（食品质量安全市场准入制度）

QS 是食品质量安全（Quality Safety）的英文缩写，带有 QS 标志的产品就代表着经过国家的批准，所有的食品生产企业必须经过强制性的检验，检验合格且在最小销售单元的食品包装上标注食品生产许可证编号并加印食品质量安全市场准入标志（“QS”标志）后才能出厂销售。没有食品质量安全市场准入标志的，不得出厂销售。

“QS”认证从 2004 年 1 月 1 日起实行。现已有三批。

第一批：大米、食用植物油、小麦粉、酱油和醋 5 类食品。

第二批：肉制品、乳制品、饮料、调味品、方便面、饼干、罐头、冷冻饮品、速冻面米食品、膨化食品 10 类食品。

第三批：糖果制品、茶叶、葡萄酒、啤酒、黄酒、酱腌菜、蜜饯、炒货制品、蛋制品、可可制品、焙炒咖啡、水产加工品、淀粉及淀粉制品 13 类食品。

（五）无公害农产品认证

无公害农产品认证参照《无公害农产品管理办法》（农业部和国家认证认可监督管理委员会）执行。

农业部农产品质量安全中心（简称中心）承担无公害农产品认证工作。

（六）有机食品认证

有机食品认证参照《有机食品认证管理办法》（2001 年国家环境保护总局）执行。

有机食品认证包括有机食品基地生产认证、有机食品加工认证、有机食品贸易认证。

有机食品的标志及其含义。（国家环境保护总局有机食品发展中心）OFDC 标志，有机食品标志由两个同心圆、图案及中英文文字组成。内圆表示太阳，其中的既像青菜又像绵羊头的图案泛指自然界的动植物；外圆表示地球。整个图案采用绿色，象征着有机产品是真正无污染、符合健康要求的产品，以及有机农业给人类带来了优美、清洁的生态环境。

有机食品这一名词是从英文 Organic Food 直译过来的，在其他语言中也有叫生态或生物食品的。这里所说的“有机”不是化学上的概念。有机食品是指来自于有机农业生产体系，根据国际有机农业生产规范生产加工、并通过独立的有机食品认证机构认证的一切农副产品，包括粮食、蔬菜、水果、奶制品、畜禽产品、蜂蜜、水产品、调料等。除有机食品外，还有有机化妆品、纺织品、林产品、生物农药、有机肥料等，它们被统称为有机产品。有机食品是一类真正源于自然、富营养、高品质的环保型安全食品。

（七）绿色食品认证

绿色食品标志及其含义。绿色食品标志是指“绿色食品”、“Green Food”、绿色食品标志图形及这三者相互组合等四种形式，注册在以食品为主的共九大类食品上，并扩展到肥料等绿色食品相关的类产品上。绿色食品标志图形由三部分构成：上方的太阳、下方的叶片和蓓蕾，象征自然生态；标志图形为正圆形，意为保护、安全；颜色为绿色，象征着生命、农业、环保。

AA 级绿色食品标志与字体为绿色，底色为白色；A 级绿色食品标志与字体为白色，底色为绿色。整幅图描绘了阳光照耀下的和谐生机，告诉人们绿色食品是出自纯净、良好生态环境的安全、无污染食品，能给人们带来蓬勃的生命力。绿色食品标志还提醒人们要保护环境和防止污染，通过改善人与环境的关系，创造自然界新的和谐。

绿色食品标志商标作为特定的产品质量证明商标，已由农业部中国绿色食品发展中心在国家工商行政管理局注册，其商标专用权受《商标法》保护。凡具有生产“绿色食品”条件的单位和个人自愿使用“绿色食品”标志者，须向中国绿色食品发展中心或省（自治区、直辖市）绿色食品办公室提出申请，经有关部门调查、检测、评价、审核、认证等一系列过程，合格者方可获得“绿色食品”标志使用权。标志使用期为 3 年，到期后必须重新检测认证。

（八）其他认证

如 HACCP 认证。HACCP 是危害分析关键控制英文单词首字母的缩写，是人们用来控制食品安全危害的一种通常技术、一个分析工具，也是一种重要的管理体系，它可以与任何操作相结合，能使正在进行的食品安全性项目保持经济有效。

食品生产者利用 HACCP 控制产品的安全性，比利用传统的最终产品检验法要可靠，实施时也可作为谨慎防御的一部分。HACCP 作为控制食源性疾患最为有效的措施，得到了国际和国内的认可，并被美国 FDA 和世界卫生组织食品法典委员会批准。

四、产品质量监督检查制度

国家对产品质量实行以抽查为主要方式的监督检查制度，对可能危及人体健康和人身、财产安全的产品，影响国计民生的重要工业产品及用户、消费者、有关组织反映有质量问题的产品进行抽查。监督抽查工作由国务院产品质量监督管理部门规划和组织。县级以上地方人民政府管理产品质量监督工作的部门在本行政区域内也可以组织监督抽查，但是要防止重复抽查。产品质量抽查的结果应当公布。

五、产品质量社会监督制度

依规定，用户、消费者有权就产品质量问题，向产品的生产者、销售者查询；向产品质量监督管理部门、工商行政管理部门及有关部门申诉，有关部门应当负责处理。保护消费者权益的社会组织可以就消费者反映的产品质量问题建议有关部门负责处理，支持消费者对因产品质量造成的损害向人民法院起诉。社会舆论单位也对产品质量具有监督作用。

六、其他

除上述以外，其他法律、法规也还规定了有关产品质量监督管理的内容，如计量制度、生产许可制度、进出口商品质量许可制度、商品检疫制度等。目前正在建立缺陷产品召回制度。

第三节　产品质量义务与产品质量法律责任

一、产品质量义务

《产品质量法》规定了经营者（包括生产者、销售者）的产品质量义务。产品质量义务，是指产品生产者、销售者应做的一定行为，以保证产品质量，包括作为的义务和不作为的义务。

（一）生产者的产品质量义务

1．质量保证义务

应当保证所生产的产品内在质量符合法定要求，包括：① 保证不存在产品缺陷，即不存在危及人身、财产安全的不合理的危险，有保障人体健康，人身、财产安全的国家标准、行业标准的，应当符合该标准；② 默示担保，具备产品应当具备的使用性能（但对产品存在使用性能的瑕疵作出说明的除外）；③ 明示担保，符合在产品或其包装上注明采用的产品标准，符合以产品说明、实物样品等方式表明的质量状况。

2．标识义务

应当附加产品标识，并要符合法定要求。依规定，除裸装的食品和其他根据产品的特点难以附加标识的裸装产品可以不附加产品标识外，其他任何产品均要在产品或其包装上附加标识，并且标识应当符合下列要求：有产品质量检验合格证明；有中文标明的产品名称、生产厂厂名和厂址；根据产品的特点和使用要求，需要标明产品规格、等级、所含主要成的名称和含量的，相应予以标明；限期使用的产品，标明生产日期和安全使用期或失效日期；使用不当，容易造成产品本身损坏或可能危及人身、财产安全的产品，要有警示标志或中文警示说明。

3．包装义务

产品包装应当符合要求。依规定，剧毒、危险、易碎、储运中不能倒置及有其他特殊要求的产品，其包装必须符合相应要求，要有警示标志或中文警示说明标明储运注意事项。

4．不作为义务

不作为义务包括：不得生产国家明令淘汰的产品；不得伪造产地，不得伪造或冒用他人的厂名、厂址；不得伪造或冒用认证标志、名优标志等质量标志；生产产品，不得掺杂、掺假，不得以假充真、以次充好，不得以不合格产品冒充合格产品。

（二）销售者的产品质量义务

1）进货检查验收义务。应当执行进货检查验收制度，验明产品合格证明和其他标识。

2）质量保证义务。应当采取措施，保持销售产品的质量。

3）标识义务。销售的产品应当附有标识，并符合法定要求。这与生产者的该项产品质量义务相同。

4）不作为义务。包括有：不得销售失效、变质的产品；不得伪造产地，不得伪造或冒用他人的厂名、厂址；不得伪造或冒用认证标志、名优标志等质量标志；销售产品，不得掺杂、掺假，不得以假充真、以次充好，不得以不合格产品冒充合格产品。

二、产品质量法律责任

产品质量法律责任，是指生产者、销售者及对产品质量负有直接责任的人违反产品质量义务所应承担的法律后果，包括有民事责任、行政责任和刑事责任，体现了综合责任的特点。

（一）产品质量民事责任

1. 产品合同责任

也称产品瑕疵担保责任，是指销售者提供的产品违反合同约定，致使用户、消费者造成财产损害所应承担的民事责任。

（1）责任条件

依规定，销售者售出的产品有以下情形的，承担产品合同责任：① 不具备应当具备的使用性能，且事先未作说明；② 不符合在产品或其包装上注明采用的产品标准；③ 不符合以产品说明、实物样品等方式表明的质量状况。

产品“瑕疵”有广义和狭义之分。广义上说，产品不符合其应当具备的质量要求，即质量不合格，就构成瑕疵，这包括了一般性的质量问题和严重的质量问题；但在《产品质量法》和《消费者权益保护法》中，“瑕疵”一词是从狭义上使用的，是与“缺陷”相区分而言的，指的是产品存在不合理危险以外的一般质量问题（如外观、使用性能等不合要求）。缺陷则是指产品存在不合理危险之严重质量问题。

（2）责任主体

产品合同责任的主体是销售者，因为销售者是合同的当事人。即使属于生产者的责任或属于向销售者提供产品的供货者的责任，销售者也应先向用户、消费者承担责任，然后再向生产者、供货者追偿。但是，如果销售者与生产者、供货者订立合同时，就产品瑕疵责任承担另有约定的，应按合同约定执行。

（3）责任形式

包括：① 销售者负责修理、更换、退货；② 给购买产品的用户、消费者造成损失的，销售者应当赔偿损失。

2. 产品侵权责任

也称产品责任，是指生产者、销售者因产品存在缺陷而造成他人人身、缺陷产品以外的其他财产（即他人财产）损害时所应承担的赔偿责任。

（1）责任构成要件

1）产品存在缺陷。缺陷是指产品存在危及人身、他人财产安全的不合理的危险；产品有保障人体健康，人身、财产安全的国家标准、行业标准的，是指不符合该标准。包括设计上的缺陷、制造上的缺陷、指示上的缺陷。

2）产品缺陷在销售时已经存在。

3）损害事实存在，即因产品缺陷已经给他人（包括用户或消费者和相关第三方）人身、财产造成损害。

4）产品缺陷与损害事实之间有因果关系。

（2）责任主体

涉及产品的生产者和销售者。依规定，因产品存在缺陷造成他人人身、财产损害的，受害人可以向生产者要求赔偿，也可以向销售者要求赔偿。生产者和销售者应当承担连带责任，无论谁接到受害人的请求，都有义务先行赔偿，然后再依责任由其中一方向另一方追偿（即属于生产者的责任，销售者赔偿的，销售者有权向生产者追偿；属于销售者的责任，生产者赔偿的，生产者有权向销售者追偿）。

（3）归责原则

《产品质量法》对生产者和销售者分别实行不同的归责原则。

生产者实行无过错责任，即只要因产品缺陷给他人造成人身、财产损害，不管生产者有无过错都应承担赔偿责任。但是，生产者能够证明有下列情形之一的，不承担赔偿责任：①未将产品投入流通的；② 产品投入流通时，引起损害的缺陷尚不存在的；③ 将产品投入流通时的科学技术水平尚不能发现缺陷存在的。

销售者实行过错责任，即由于销售者的过错使产品存在缺陷，造成他人人身、财产损害的，销售者才承担赔偿责任。但是，销售者不能指明缺陷产品的生产者，也不能指明缺陷产品的供货者的，销售者应当承担赔偿责任。

（4）损害赔偿范围

因产品缺陷造成受害人人身伤害的，侵害人应当赔偿医疗费、因误工减少的收入、残废者生活补助费等费用；造成受害人死亡的，并应当支付丧葬费、抚恤费、死者生前抚养的人必要的生活费等费用。因产品缺陷造成受害人财产损失的，侵害人应当恢复原状或折价赔偿；受害人因此遭受其他重大损失的，侵害人应当赔偿损失。

（5）关于产品侵权责任的诉讼时效

因产品存在缺陷造成损害要求赔偿的诉讼时效期间为2年，自当事人知道或应当知道其权益受到损害时起计算。因产品存在缺陷造成损害要求赔偿的请求权，在造成损害的缺陷产品交付最初用户、消费者满10年丧失，但尚未超过明示的安全使用期的除外。

另外，依规定，因产品质量发生民事纠纷时，当事人可以通过协商或调解解决。当事人不愿通过协商、调解解决，或者协商、调解不成的，可以根据当事人各方的协议向仲裁机构申请仲裁；当事人各方没有达成仲裁协议的，可以向人民法院起诉。

（二）产品质量行政责任

生产者、销售者违反产品质量义务，不仅可能承担民事责任，还可能承担行政责任。行政责任主要有责令改正、责令停止生产（或销售）、没收违法生产（销售）的产品、没收违法所得、罚款、吊销营业执照等形式。依规定，生产者、销售者承担行政责任，主要发生在以下情形：① 生产（销售）不符合保障人体健康，人身、财产安全的国家标准、行业标准的产品；② 在产品中掺杂、掺假，以假充真，以次充好，或者以不合格产品冒充合格产品；③ 生产国家明令淘汰的产品；④ 销售失效、变质产品；⑤ 伪造产品的产地，伪造或冒用质量标志和他人厂名、厂址；⑥ 产品标识不符合规定；⑦ 伪造检验数据或检验结论；⑧ 销售者未按照规定承担产品合同责任，给予修理、更换、退货或赔偿损失。

【例10-2】某酒厂用食用酒精勾兑制成白酒，使用本厂酿制的粮食白酒“幸福特曲”的包装及标贴向社会销售。该种勾兑制成的白酒理化、卫生指标符合国家标准，每瓶售价仅为

“幸福特曲”的 1/4，销售状况甚好。该厂的上述做法应定性为（　　）。

A. 属于以假充真行为

B. 有关指标符合国家标准，不属以假充真行为

C. 与“幸福特曲”差价显著，不属以假充真行为

D. 国家允许生产代粮白酒，不属以假充真行为

【答案】A

【解析】本题考查的是《产品质量法》中规定的所谓“以假充真”行为。《产品质量法》第 5 条规定，禁止伪造产品的产地，伪造或冒用他人的厂名、厂址；禁止在生产、销售的产品中掺杂、掺假，以假充真，以次充好。所谓以假充真，是指生产者或销售者为了牟取利润，用它产品冒充此产品的行为。本题选 A，其他选项并不能够排除该以假充真行为的非法性。

另外，依规定，吊销营业执照的行政处罚由工商行政管理部门决定，其他行政处罚由管理产品质量监督工作的部门或工商行政管理部门按照国务院规定的职权范围决定。当事人对行政处罚决定不服的，可以在接到处罚通知之日起 15 日内向作出处罚决定的机关的上一级机关申请复议，也可以在上述期间内直接向人民法院起诉；当事人逾期不申请复议也不向法院起诉、又不履行处罚决定的，作出处罚决定的机关可以申请法院强制执行。

（三）产品质量刑事责任

生产者、销售者违反产品质量义务，情节严重，构成犯罪的，要承担刑事责任。对此，《产品质量法》和新《刑法》都作出规定，尤其是新《刑法》在第 140 ~ 150 条专门规定生产、销售伪劣商品罪及其刑事责任。主要涉及有以下方面：① 在产品中掺杂、掺假，以假充真，以次充好，或者以不合格产品冒充合格产品，销售金额在 5 万元以上；② 生产、销售假药、劣药，已经或足以严重危害人体健康；③ 生产、销售不符合卫生标准的食品，足以造成严重食物中毒事故或其他严重食源性疾患；④ 生产、销售掺入有毒、有害物质的食品；⑤ 生产、销售不符合保障人体健康和保障人身、财产安全的国家标准、行业标准的医疗器械、医用卫生材料、电器、压力容器、易燃易爆产品等，造成严重危害后果；⑥ 生产、销售假农药、假兽药、假化肥、假种子，使农业生产遭受较大损失；⑦ 生产、销售不符合卫生标准的化妆品，造成严重后果。

复习思考题

一、单项选择题

1．甲公司售与乙商场一批玻璃花瓶，称花瓶上有不规则的抽象花纹为新产品，乙商场接货后即行销售，后受到很多消费者投诉，消费者说花瓶上的花纹实际为裂缝，花瓶漏水，要求乙商场退货并赔偿损失。乙商场与甲公司交涉，甲公司称此类花瓶是用于插装塑料花的，裂缝不影响使用，且有特殊的美学效果，拒绝承担责任。经查，消费者所述属实。下列答案中不正确的是（　　）。

A．乙商场应予退换并赔偿损失

B．乙商场退换并赔偿损失后可向甲公司追偿

C．消费者丙被花瓶裂缝划伤，可向甲公司直接索赔

D．乙商场无过错，不应当对此负责

2．某厂发运一批玻璃器皿，以印有“龙丰牌方便面”的纸箱包装，在运输过程中，由于装卸工未轻拿轻放而损坏若干件，该损失应由下列（　　）部门承担。

A．装卸工承担　　B．装卸工的雇主承担

C．运输部门承担　　D．某厂承担

3．一日，李女士在家中做饭时高压锅突然爆炸，李女士被炸飞的锅盖击中头部，经抢救无效死亡。后据质量检测专家鉴定，高压锅发生爆炸的直接原因是设计不尽合理，使用时造成排气孔堵塞而发生爆炸。本案中，可以以下列（　　）依据判定生产者承担责任。

A．产品存在的缺陷　　B．产品买卖合同约定

C．产品默示担保条件　　D．产品明示担保条件

4．某厂开发一种新型节能炉具，先后制造出 10 件样品，后样品有 6 件丢失。1996 年某户居民的燃气罐发生爆炸，查明原因是使用了某厂丢失的 6 件样品炉具中的一件，而该炉具存在重大缺陷。该户居民要求某厂赔偿损失，某厂不同意赔偿，下列理由中（　　）最能支持某厂立场。

A．该炉具尚未投入流通

B．该户居民如何得到炉具的事实不清

C．该户居民偷盗样品，由此造成的损失应由其自负

D．该户居民应向提供给其炉具的人索赔

5．某厂生产了一种治疗腰肌劳损的频谱治疗仪投放市场，消费者甲购买了一部，用后腰肌劳损大大减轻，但却患上了偏头疼症，甲询问了这种治疗仪的其他用户，很多人都有类似反应。甲向某厂要求索赔，某厂对此十分重视，专门找专家作了鉴定，结论是：目前科学技术无法断定治疗仪与偏头疼之间的关系。以下（　　）观点正确。

A．本着公平原则，某厂应予适当赔偿

B．因出现不良反应的用户众多，应将争议搁置，待科技发展到能够作出明确结论时再处理

C．该治疗仪的功能是治疗腰肌劳损，该功能完全具备，至于其他副作用是治疗中不可避免的，该厂可不负责任

D．由于治疗仪投入流通时的科学技术水平不能发现缺陷的存在，某厂不能承担赔偿责任

二、多项选择题

1．下列产品中存在《产品质量法》所称的“缺陷”的有（　　）。

A．致人中毒的假酒

B．口感不佳的劣酒

C．易醉人的高度酒

D．突然爆炸炸坏家具的汽酒（爆炸原因为气压过高）

2．下列产品中应有警示标志或中文警示说明的有（　　）。

A．有副作用的药品　　B．需稀释方可使用的农药

C．易燃易爆物　　D．书籍

3．销售者在产品质量方面承担民事责任的具体形式有下列（　　）。

A．修理　　B．更换　　C．退货　　D．赔偿

4．行政机关对产品质量违法行为作出行政处罚后，当事人不服的，可以在接到处罚通知之日起15日内采取如下（　　）办法。

A．向作出处罚决定的机关的上一级机关申请复议

B．向人民法院起诉

C．请求检察机关审查行政处罚的合法性

D．请求原处理机关复议

5．以下产品中，（　　）不是存在《产品质量法》所称“缺陷”的产品。

A．损伤皮肤的化妆品　　B．制冷效果不好的空调机

C．图像效果不佳的电视机　　D．保温效果不良的暖水瓶

三、判断题

1．未经加工、制作的天然形成的产品，如原煤、石油、天然气及初级农产品，不适用《产品质量法》。（　）

2．现代的产品责任法一般采用严格责任原则和适用过错推定原则。（　）

3．建筑工程不适用《产品质量法》规定，但是建筑工程使用的建筑材料、建筑构件和设备适用于《产品质量法》规定。（　）

4．《产品质量法》中规定的没收违法销售的产品，是指没收已经销售出的产品，包括尚未出厂的产品。（　）

5．发生产品责任诉讼，受害人只能向被告所在地人民法院起诉。（　）

参考答案

一、单项选择题

1．【正确答案】D

【答案解析】根据《产品质量法》第14条第2款和（二）项。本案中甲公司生产的这批花瓶未具备产品应当具备的使用性能。

2．【正确答案】D

【答案解析】根据《产品质量法》第16条规定，产品包装应符合规定的要求；剧毒、危险、易碎，储运中不能倒置及有特殊要求的产品，其包装必须符合相应要求，有警示标志或中文警示说明，以标明储藏运输的注意事项；否则，后果自负。

3．【正确答案】A

【答案解析】根据《产品质量法》第29条第1款规定：“因产品存在缺陷造成人身、缺陷产品以外的其他财产（以下简称他人财产）损害的，生产者应当承担赔偿责任。”

4．【正确答案】A

【答案解析】根据《产品质量法》第29条规定：“因产品存在缺陷造成人身、缺陷产品以外的其他财产（以下简称他人财产）损害的，生产者应当承担赔偿责任。生产者能够证明下列情形之一的，不承担赔偿责任：① 未将产品投入流通的；② 产品投入流通时，引起损害的缺陷尚不存在的；③ 将产品投入流通时的科学技术水平尚不能发现缺陷存在的。”

5．【正确答案】D

【答案解析】根据《产品质量法》第29条规定。

二、多项选择题

1．【正确答案】AD

【答案解析】根据《产品质量法》第34条规定：“本法所称缺陷，是指产品存在危及人身、他人财产安全的不合理的危险；产品有保障人体健康，人身、财产安全的国家标准，行业标准，是指不符合该标准。”

2．【正确答案】ABC

【答案解析】根据《产品质量法》第16条规定：“剧毒、危险、易碎、储运中不能倒置及有其他特殊要求的产品，其包装必须符合相应要求，有警示标志或中文警示说明标明储运注意事项。”

3．【正确答案】ABCD

【答案解析】根据《产品质量法》第28条第1款。

4．【正确答案】AB

【答案解析】根据《产品质量法》第45条第1款规定：“当事人对行政处罚决定不服的，可以在接到处罚通知之日起15日内向作出处罚决定的机关的上一级机关申请复议；当事人也可以在接到处罚通知之日起15日内直接向人民法院起诉。”

5．【正确答案】BCD

【答案解析】根据《产品质量法》第34条。

三、判断题

1．【正确答案】对

【答案解析】本题考核产品的定义。本法所称产品是指经过加工、制作，用于销售的产品。

2．【正确答案】对

【答案解析】本题考核产品责任法的归责原则。

3．【正确答案】对

【答案解析】本题考核“建设工程不适用本法规定”。这表明《产品质量法》所指产品并不包括初级农产品和建筑产品。但是，建设工程使用的建筑材料、建筑构配件和设备，属于产品。

4．【正确答案】对

【答案解析】本题考核产品质量行政责任。

5．【正确答案】错

【答案解析】本题考核解决纠纷的方式。依规定，因产品质量发生民事纠纷时，当事人可以通过协商或调解解决；当事人不愿通过协商、调解解决或协商、调解不成的，可以根据当事人各方的协议向仲裁机构申请仲裁；当事人各方没有达成仲裁协议的，可以向人民法院起诉。

参考文献

[1] 赵旭东．公司法[M]．北京：中国政法大学出版社，2013.

[2] 朱少平，等．中华人民共和国合伙企业法的修订：立法进程资料汇编[M]．北京：中信出版社，2004.

[3] 杨洋．民事诉讼法与仲裁制度[M]．北京：法律出版社，2014.

[4] 王利明，等．合同法（第3版）[M]．北京：中国人民大学出版社，2013.

[5] 杨紫烜，徐杰．经济法学（第6版）[M]．北京：北京大学出版社，2013.

[6] 张守文．经济法学[M]．北京：北京大学出版社，2014.

[7] 漆多俊．经济法学（第3版）[M]．北京：高等教育出版社，2014.

[8] 甘培忠．企业与公司法学[M]．北京：北京大学出版社，2014.

[9] 全国会计专业技术资格考试研究组．经济法基础[M]．北京：清华大学出版社，2014.

[10] 法律出版社法规中心．中华人民共和国合伙企业法注释本[M]．北京：法律出版社，2014.

[11] 中华人民共和国企业破产法[M]．北京：法律出版社，2014.

[12] 吴汉东．知识产权法（第5版）[M]．北京：法律出版社，2014.

[13] 刘春田．知识产权法[M]．北京：中国人民大学出版社，2014.

[14] 曲三强．现代知识产权法概论（第2版）[M]．北京：北京大学出版社，2014.

[15] 刘建民．消费者权益保护法[M]．北京：知识产权出版社，2014.

[16] 国务院法制办公室．中华人民共和国消费者权益保护法（含产品质量法）注解与配套[M]．北京：中国法制出版社，2014.

[17] 刘大洪．经济法学（第2版）[M]．北京：北京大学出版社，2014.

[18] 法律出版社数字出版中心．中华人民共和国反垄断法[M]．北京：法律出版社，2014.

[19] 孔祥俊．反不正当竞争法的创新性适用[M]．北京：中国法制出版社，2014.

[20] 史际春．经济法[M]．北京：中国人民大学出版社，2015.

[21] 邓保同．经济法[M]．北京：清华大学出版社，2015.

反侵权盗版声明